高等院校品牌管理系列

品牌文化
Brand Culture

（第二版）

刘光明◎主编　　勇　生　李中灵◎副主编

经济管理出版社
ECONOMY & MANAGEMENT PUBLISHING HOUSE

图书在版编目（CIP）数据

品牌文化/刘光明主编. —2 版. —北京：经济管理出版社，2017.1
ISBN 978-7-5096-4879-7

Ⅰ.①品…　Ⅱ.①刘…　Ⅲ.①品牌—企业文化—高等教育—自学考试—教材　Ⅳ.①F273.2

中国版本图书馆 CIP 数据核字（2016）第 324605 号

组稿编辑：勇　生
责任编辑：张　达
责任印制：黄章平
责任校对：超　凡

出版发行：经济管理出版社
　　　　　（北京市海淀区北蜂窝 8 号中雅大厦 A 座 11 层　100038）
网　　址：www.E-mp.com.cn
电　　话：(010) 51915602
印　　刷：玉田县昊达印刷有限公司
经　　销：新华书店
开　　本：720mm×1000mm/16
印　　张：19.75
字　　数：365 千字
版　　次：2017 年 4 月第 2 版　2017 年 4 月第 1 次印刷
书　　号：ISBN 978-7-5096-4879-7
定　　价：42.00 元

编委会

专家指导委员会

张世贤　中国社会科学院研究生院教授、博士生导师

张永平　中国铁通集团有限公司总经理

张昭珩　威海蓝星玻璃股份有限公司董事长

张树庭　中国传媒大学 MBA 学院院长，BBI 商务品牌战略研究所所长、教授

张梦霞　对外经济贸易大学国际经济贸易学院教授、博士生导师

李　飞　清华大学中国零售研究中心副主任、教授

李　蔚　四川大学工商管理学院教授

李天飞　云南红塔集团常务副总裁

李先国　中国人民大学商学院教授、管理学博士

李易洲　南京大学 MBA 导师，中国品牌营销学会副会长

李桂华　南开大学商学院教授

杨世伟　中国社会科学院工业经济研究所编审、经济学博士

杨学成　北京邮电大学经济管理学院副院长、教授

汪　涛　武汉大学经济与管理学院教授、博士生导师

沈志渔　中国社会科学院研究生院教授、博士生导师

周　赤　上海航空股份有限公司董事长、党委书记

周　南　香港城市大学商学院教授

周勇江　中国第一汽车集团公司副总工程师

周济谱　北京城乡建设集团有限责任公司董事长

周小虎　南京理工大学创业教育学院副院长、教授、博士生导师

周　云　北京农学院副教授、经济学博士

洪　涛　北京工商大学经济学院贸易系主任、教授、经济学博士

荆林波　中国社会科学院财经战略研究院副院长、研究员、博士生导师

赵顺龙　南京工业大学经济与管理学院院长、教授、博士生导师

赵　晶　中国人民大学商学院副教授、管理学博士后

徐　源　江苏小天鹅集团有限公司原副总经理

徐二明　国务院学位委员会工商管理学科评议组成员，中国人民大学研究生院
　　　　副院长、教授、博士生导师

徐从才　南京财经大学校长、教授、博士生导师

徐莉莉　中国计量学院人文社会科学学院副教授

晁钢令　上海财经大学现代市场营销研究中心教授

涂　平　北京大学光华管理学院教授

贾宝军　武汉钢铁（集团）公司总经理助理

郭国庆　中国人民大学商学院教授、博士生导师

高　闯　国务院学位委员会工商管理学科评议组成员，首都经济贸易大学校长
　　　　助理、教授、博士生导师
高德康　波司登股份有限公司董事长
黄升民　中国传媒大学广告学院教授
彭星闾　中南财经政法大学教授、博士生导师
焦树民　中国计量学院人文社会科学学院副教授
蒋青云　复旦大学管理学院市场营销系主任、教授、博士生导师
谢贵枝　香港大学商学院教授
薛　旭　北京大学经济学院教授
魏中龙　北京工商大学教授

前　言

随着经济增速的逐步下滑，中国经济进入了新常态！结构调整和产业升级成为供给侧结构性改革的主要方向。从宏观层面看，产业升级需要品牌战略的引领；从微观层面看，自主品牌成为企业获得市场竞争优势的必然选择。面对日益激烈的国内外市场竞争格局，中国企业是否拥有自主品牌已经关系到企业的生存和可持续发展。品牌越来越成为企业竞争力的集中表现。但是，目前的中国企业，绝大多数面临着有产品（服务）、没品牌，有品牌、没品牌战略，有品牌战略、没品牌管理的尴尬局面。其根源在于专业人才的匮乏！中国企业普遍存在品牌管理专业人员的巨大需求和人才匮乏的突出矛盾。从供给侧结构性改革的现实需求出发，我国急需培育出大批既懂得品牌内涵，又擅长品牌管理的专业人才，才能满足企业品牌管理和市场竞争的高端需求。

为解决这一现实中的突出矛盾，多层次、多渠道、全方位加快培养复合型品牌管理人才，促进企业健康可持续发展，中国企业管理研究会品牌专业委员会专门组织国内一流品牌专家和学者编写了这一套既符合国际品牌管理通则，又有国内特殊案例特征的大型系列教材。

本套教材不仅涵盖了品牌管理所需要的全部系统知识和理论基础，也包括了品牌管理的实际操作技能训练。其中，《品牌管理学》属于基础性通识教材；《品牌质量管理》、《品牌营销管理》、《品牌服务管理》、《品牌传播管理》属于专业性基础教材；《品牌形象与设计》、《品牌价值管理》、《品牌公共关系与法律实务》属于中高级管理人员必读教材；《品牌战略管理》、《品牌国际化管理》、《品牌危机管理》属于高级管理人员必修教材；《品牌案例实务》属于辅助教材。真正有志于品牌管理的各类人员，都应该全面学习、深入理解这些系统教材所包含的知识、理论，并掌握品牌发展的内在规律，运用相关知识和理论在实际的管理实践中不断提升自己的专业技能，使自己成为企业不可替代的品牌专家和高级管理人才。

本套教材的编写者虽然大都是在高校从事品牌教学与研究的学者，或是有

1

着丰富实战经验的企业品牌管理与咨询专家，但是由于时间仓促，难免会有诸多不妥之处，敬请读者批评指正！

杨世伟

中国企业管理研究会品牌专业委员会主任

目 录

目
录

第一章

品牌文化概论

学习目标
★★★★

知识要求 通过本章的学习，掌握：

● 品牌的概念与实质

● 品牌文化与品牌的文化性

● 企业的声誉资本及其评价

● 品牌文化的物质属性和精神属性

● 广告文化和包装文化的概念

● 商号、商誉的概念和作用

● 品牌文化的艺术性及其审美

技能要求 通过本章的学习，能够：

● 识别企业的品牌文化及其属性

● 评价某企业的声誉资本

学习指导
★★★★

1. 本章内容包括：品牌与文化，企业声誉，企业声誉与企业成功，品牌文化的物质属性和品牌文化的精神属性，品牌文化与提升企业软实力。

2. 学习方法：独立思考，抓住重点。与同学讨论文化及品牌对企业声誉的影响。识别某个企业的价值观及其品牌文化。模拟构建一个企业的品牌文化等。

3. 建议学时：6 学时。

第一节 文化工业背景概观：品牌与企业声誉

引导案例

水井坊的品牌文化

水井坊自 2000 年上市以来，已经成功确立了其中国高档白酒品牌的地位，销售额达到 20 多亿元人民币，成为白酒行业的一个奇迹。水井坊的成功看似偶然，其实是一个必然，是中国白酒市场演变的必然，更是文化诉求和文化营销的成功。水井坊充分利用天时、地利、人和的文化优势，成功将其打造成了"中国高档生活元素"。

水井坊的文化核心是历史的陈迹。正如其品牌宣传语："穿越历史，见证文明——水井坊，真正的酒。"它包括三个内容：①川酒文化。四川自古就是中国的酒都，名酒层出不穷，历史的积累形成了川酒霸气的文化内涵。水井坊坐落于酒都的中心地带——成都，无疑先天性地具备了这种优势的霸气文化。②窑址文化。窑址号称"中国最古老的酒坊"以及"中国浓香型白酒的一部无字史书"、"中国白酒行业的'秦始皇兵马俑'"、"中国白酒第一坊"。③原产地域文化。"水井坊"是"中国白酒第一坊"，是中国第一个浓香型白酒原产地域保护产品，具有独特的、不可替代的品质和文化。并且通过浓香和酱香差异化的宣传，其成功避开茅台的原产地域文化的影响。通过以上三个文化核心点的聚集诉求，水井坊在整个中国白酒行业中确立了自己的观念性第一地位，为它的高价销售和"风、雅、颂"品牌文化的传输打下了良好的理念基础。

资料来源：张灿：《水井坊的文化营销》，《企业改革与管理》，2007 年第 11 期。

思考题：

1. 什么是品牌文化？

2. 水井坊如何利用自身优势打造企业的品牌文化？

一、品牌与文化

为了理解品牌文化，首先应该了解什么是品牌，品牌与文化的关系是怎样的，品牌中如何体现文化，或者说品牌具有怎样的文化性。

品 牌 文 化

问题 1: 何谓品牌?

品牌(Brand)的定义最早是从品牌的功能角度来界定的,品牌是产品识别的符号、标记。大卫·艾克认为,"品牌是一种可辨识的名称和符号(比如标识语、商标或者包装样式),用于辨别某一销售者或某一群销售者的商品或服务,并使之与竞争者的产品和服务区别开来。因此,品牌就是一种让顾客了解相关产品来源的信号。它保护了顾客和产品制造者不受那些企图销售类似产品的竞争对手的影响"。菲利浦·科特勒认为,"品牌的要点是销售者向购买者长期提供的一组特定的特点、利益和服务。最好的品牌传达了质量的保证。然而,品牌还是一个更为复杂的符号。一个品牌能表达六层意思:属性、利益、价值、文化、个性和使用者……一个品牌最持久的含义应是它的价值、文化和个性。它们确定了品牌的基础"。

品牌从起源来看,是产品的标识、识别的符号,工业化生产的不只是产量,更是激烈的市场竞争,工业化进程强化了品牌在企业和市场中的效用。在现实营销活动中,企业家纷纷意识到:拥有品牌比拥有市场更重要(莱特,1999)。在市场上,品牌具有识别功能、信息浓缩功能、安全功能和附加价值功能,对生产者和消费者具有同样重要的意义。品牌成为企业的代名词,品牌是消费者购买产品的最便捷、最安全的选择方式。品牌代表了产品的品质、服务,代表了企业的精神、价值观和经营理念,代表了品牌所依托的企业与企业家,代表了企业与消费者间的联系。

问题 2: 品牌与文化的关系如何?

品牌是如何给企业带来附加价值的?它吸引消费者的非物质因素是什么?这些是如何形成的?对于这些问题,我们需要从企业价值角度对品牌进行重新界定。

品牌是企业物质文明和精神文明的高度统一。企业的物质文明是指产品对消费者效用的最大化满足,是企业立足于为消费者提供价廉物美、品质卓越的产品,一切为了顾客,它是企业市场营销的出发点。企业的精神文明是指企业在满足消费者消费需求的同时,实现顾客让渡价值最大化,适应消费者心理和情感的需要,实现社会效益最大化(如环保、绿色营销、树立社会道德等),体现企业作为社会公民的道德义务。

品牌文化不仅包括产品、广告等要素,还包括消费者、企业、竞争者和社会公众等诸方面,是多种文化的集合体,是社会文化经济体系的重要组成部分。只有对品牌所蕴涵的文化价值进行深入理解,从而从根本上领会品牌存在的价值（意义），才能将品牌融入消费者的心智模式，也才能建立真正具有营销力的品牌。

品牌的核心是文化，具体而言是其蕴涵的深刻的价值内涵和情感内涵，也就是品牌所凝练的价值观念、生活态度、审美情趣、个性修养、时尚品位和情感诉求等精神象征。在消费者心目中，他们所钟情的品牌作为一种商品的标志，除了代表商品的质量、性能及独特的市场定位以外，更代表他们自己的价值观、个性、品位、格调、生活方式和消费模式。他们对品牌的选择和忠诚不是建立在直接的产品利益上，而是建立在品牌深刻的文化内涵上，维系他们与品牌长期联系的是独特的品牌形象和情感因素。

品牌文化是品牌的价值核心，它决定品牌存在的方式、演变的路径，是品牌的精神理念，是企业和消费者共同构建的价值观。品牌战略要以品牌精神为核心，以品牌资产价值为目标，建立个性鲜明、形象亲和的品牌。

活动 1：识别某产品的品牌文化。

4~5 个同学为一组，选择一个感兴趣的产品，讨论该产品是如何吸引你的，它给我们带来了怎样的价值体验，以及这种价值体验有没有很好地体现出企业的文化和价值观。讨论结果由组长总结汇报给老师。

二、企业声誉

"企业声誉是人们看待某一公司是'好'还是'坏'的一种实质性的总体评价。"这一定义表明：①"企业声誉"是人们的一种普遍看法，它取决于人们的总体看法，也就是说，它在很大程度上取决于利益相关者。②"企业声誉"是一种价值判断和道德判断，它与企业的管理伦理密切相关。

不过到目前为止，学术界对"企业声誉"的概念尚未提出统一的定义，虽然企业声誉普遍存在，但对它的理解仍然是相对的。

问题 3：企业声誉与品牌之间有怎样的联系？

企业声誉（Corporate Reputation）的概念从 20 世纪 50 年代开始已经成为国外经济管理类学术文献所关注的焦点。但在国外学术文献中，存在着一些与"企业声誉"十分相近的概念，如企业形象（Image）、企业身份识别（Identity）、品牌（Brand）等。

究竟企业声誉与品牌之间有怎样的关系？如何塑造品牌文化才能获得良好的企业声誉？

Paul. A. Argenti 和 Bob Druckenmiller（2004）对企业身份识别、品牌和企

业声誉等概念做了比较，他们认为一个公司能够定义和沟通它的身份识别和企业品牌，但是它的形象和声誉来自于企业利益相关者群体对企业行为的印象，所以受企业的直接控制较少。这里只列举企业品牌与企业声誉的比较结果（见表1-1）。

表 1-1 企业品牌与企业声誉比较

术语	定 义	针对问题
企业品牌	一种跨越整个企业的品牌（在公司品牌之下也可以有截然不同的产品品牌）。包含了公司在产品、服务和顾客经历方面所期望传递的信息。品牌能够引领消费。	你说你是谁？ 你想成为谁？
企业声誉	利益相关者群体对企业所持有的各种印象的集中表现，随着时间流逝而建立并依赖于企业的识别项目、企业业绩以及利益相关者群体如何感知企业的行为。	利益相关者群体是如何看待你所告诉他们的关于你是谁的内容？ 你已经做了什么？

企业声誉与企业品牌有截然不同的概念，但是两者之间却存在着动态的作用关系，具体地说，企业声誉在很大程度上依赖于企业品牌，而企业声誉也会对品牌产生影响。

三、企业声誉资本与企业成功

企业声誉资本是决定企业成功与否的重要因素之一。Cone/Roper（1997）对美国消费者态度的一项调查显示，76%的消费者在选择购买商品时倾向于那些具有良好声誉的品牌，而这一比例在1993年是63%。虽然人们普遍承认企业声誉资本的重要性，但是对于企业声誉资本的价值、内涵以及企业声誉资本的形成机制的认识还是十分模糊的。所谓"声誉资本"是企业由于其行为方式和准则取得了社会的高度认同或者确信，从而在社会网络中取得较大的支持和较好的社会地位，并能以此获得所需的资源和机会或者抵御各种未来不确定因素的能力。

企业声誉资本的提高有利于企业获得关键利益相关者的支持，从而保证企业网络的良好运行状态。良好的声誉可以吸引优秀的员工，增强员工的自豪感、归属感和责任感；良好的声誉可以获得客户的青睐，提高顾客的忠诚度；良好的声誉有利于获得较好的供应商和金融机构的信贷条件。这些关键利益相关者的合作可以进一步提高关系资源的互补性，扩大企业网络效应；企业良好声誉形成的网络资源吸引力可以增强利益相关者对关系中的专用性资产投资的水平和加强持久性，这些投资行为通过网络效应在企业网络的不同层次扩散开来，进一步提高企业在社会网络中的声誉和地位。

问题 4：企业声誉资本如何测评？

对于企业声誉，已经很少有人质疑它的重要性了，但仍然难以对其界定、评估和量化。声誉到底由什么构成？它又由谁来控制？该如何对它进行测评？

企业声誉测评的方法有好几种，从纯粹的直觉方式——企业是否让人"感到"值得信赖，到对利益相关集团的调查，并对声誉的各个方面进行一整套复杂的测评，如企业的财务状况、目标、市场领导力以及企业的社会责任感等方面。

大部分学者一致认为对企业声誉的测评不应只是一种"好"或"坏"的综合判断（Poiesz，1989；Van Riel，2004），因为这样的测评设计不能有效指导企业的声誉管理实践。而且在多数情况下，声誉并不是一维的（针对企业声誉的构成而言），人们对于一个企业通常会持有各种感受（针对企业声誉的驱动因素而言），它们可能太复杂而不能仅用"好"或"坏"来简单概括（Benrens，Van Riel，2004）。所以，不少学者正热衷于构建能普遍适用于各种企业的多维企业声誉测评工具。

（1）基于驱动因素。企业声誉的驱动因素可分为产品质量、创新性、产地、产品包装、顾客关系、销售地、长期投资价值、吸引和留住人才、财务合理性等。

（2）基于认知主体。企业声誉认知主体大致有四种情况：①所有利益相关者群体。②多个利益相关者群体。③单个利益相关者群体。④机构认知主体。

（3）基于行业。测评在选择行业时有三种情况：①所有行业。②多种行业。③单个行业。

活动 2：测评某企业的声誉资本。

5 个同学为一组，分别扮演一家企业的 5 个利益相关者：顾客、员工、股东、供应商和社区。选择一家熟悉的企业为对象，5 个利益相关者分别站在自己的角度对该企业的声誉资本进行评价。测评结果由组长汇总，汇报给老师。

第二节 品牌文化的物质属性

引导案例

金誉包装的品牌文化

金誉（河南）包装科技股份有限公司（以下简称"金誉"）位于国家郑州经济技术开发区，属科、工、贸一体化的塑料软包装生产企业，主要从事医药包装、名牌食品包装、蜡纸、塑料片材的研发、生产和销售。企业拥有花园式的厂区，优雅的办公环境，功能齐全的员工生活、健身、学习和娱乐设施；拥有彩印营销中心、彩印生产中心、塑料包装印刷材料营销公司、国际商务部、省级企业技术中心、10万级净化标准的生产车间以及现代化的信息获取和物流配送体系。

2001年该公司通过ISO9000质量体系认证及国家软包装标准认证，2005年又成功开发了"抗菌聚乙烯膜"获河南省科技成果奖，同年还获得了GMP医药包装认证，成为国家食品医药监督管理局许可的"医药包装用材料生产定点企业"。2006年被中国包装联合会评为"中国包装龙头企业"，产品受到医药和高品牌食品企业的欢迎。

金誉（河南）包装有限公司于2008年9月被联合国企业社会责任与全球契约委员会授予"国际最具诚信精神的公司"，董事长李中灵同时被授予"国际最具诚信精神的企业家"，2008年12月被国际管理学会（IMI）授予卓越管理奖。

金誉品牌文化主要包括品牌宗旨、品牌使命、品牌价值观、愿景、宏愿几个部分。

一、金誉品牌宗旨

金誉品牌宗旨是：通过以德铸誉（以德铸誉、以誉造德），科技领先（产品研发、技术创新），做行业先锋。主要通过以下几个宗旨体现：

（一）人资宗旨

以品德第一、乐观进取为标准，选拔（选对人，干对事）、培养（品德第一，技能兼优）、考核（好马赛出来）、重用人才（因岗施才）。

（二）产品宗旨

精益求精；产品观念——提高价值；做事、品行观念——人品决定产品；

事虽小，不得省心；工虽繁，不得省力；物虽贵，不得减少；细微处，必做彻底。

（三）经营宗旨

通过天人合一（企业价值观、敬天爱人）、追求卓越来创造价值（企业使命、包装高品质）。

（四）管理宗旨

通过保证安全、保证质量、提高效率、降低成本来创造价值。

（五）研发宗旨

通过卫生、节能、环保来创造价值。

（六）服务宗旨

通过全心全意、创造喜悦来创造价值最大化。

二、金誉品牌使命

包装高品质：做，就做最好（投资最好的设备设施、国际最高标准的管理、安全高效保质降耗）；做，就与第一为伍（优秀的员工、优秀的客户、优秀的供应商、优秀的股东）；做，就用良心做（全心全意、100%投入、彻底到位、继续学习进步）。

三、金誉品牌价值观

（一）金誉品牌价值观

敬天爱人：善利他人——为人类健康生存，全力以赴，忠诚奉献。为员工创造幸福（改善工作环境、改善学习环境、改善生活环境、改善收入水平）；为顾客创造价值（改善产品价值、改善服务价值、创造潜在价值）；为企业创造利润（安全高效、节能降耗、创新技术）；为社会创造财富（提高税收、节约资源、保护环境、支持公益）。

（二）金誉品牌价值排序

员工第一（人的价值高于物的价值；创造价值高于劳动价值）、顾客至上（顾客价值高于生产价值）、关爱环境（共同利益高于一切，集体价值高于个人价值）、奉献社会（社会利益高于企业利润价值）。

（三）金誉品牌技术中心价值观

敬天爱人：思维创新致力于环境保护、技术创新致力于人类健康、材料创新致力于资源节约、工艺创新致力于循环利用。

四、金誉品牌愿景

誉满天下：为顾客创造喜悦（思维、语言、行动使顾客满意）、一诺千金（说到做到）、使生活更美好（快乐，幸福！德者，得也！）。

五、金誉品牌宏愿

为人类健康生存，全力以赴，忠诚奉献！金誉企业经营理念：天人合一，追求卓越！金誉员工工作作风：坚守承诺，迅速，彻底！

资料来源：作者整理。

→ **思考题：**

1. 金誉包装的品牌文化由哪几部分组成？
2. 金誉包装的品牌文化中的几个部分相互之间是什么关系？

一、起源：图腾文化

所谓"图腾文化"，就是由图腾观念衍生的种种文化现象，也就是原始时代的人们把图腾当做亲属、祖先或保护神之后，为了表示自己对图腾的崇敬而创造的各种文化现象，这些文化现象英语统称为 totemism。图腾文化是人类历史上最古老、最奇特的文化现象之一，图腾文化的核心是图腾观念，图腾观念激发了原始人的想象力和创造力，逐步滋生了图腾名称、图腾标志、图腾禁忌、图腾仪式、图腾生育信仰、图腾化身信仰、图腾圣物、图腾圣地、图腾神话以及图腾艺术等，从而形成了独具一格、绚丽多彩的图腾文化。

问题 5： 图腾文化如何体现在企业的品牌文化当中？

用一种动物、植物或符号、物象来形象地表达企业文化，目前正在成为一种企业风潮，有学者将其称为"企业文化的图腾化运动"。如 IBM 等国际化的世界 500 强企业比较青睐于将自己比喻成大象，推崇大象的"诚信、实力、稳健、敏锐、团队与和谐共生的品质"；土生土长的华为则将自己比喻成土狼，希望企业具有"狼性"，能够像狼那样富有攻击性和战斗力；蒙牛追求的则是牛的朴实与奉献精神：吃的是草，挤出的是奶；而海尔则聪明地将自己比喻成海，在首席执行官张瑞敏那篇著名的《海尔是海》的文章中，将海的"以博大的胸怀纳百川而不嫌弃细流，容污浊且能净化为碧水"的特质描述得大气磅礴，通过对海的凝聚力、海的生生不息的创造力、海的奉献精神的描绘，深入浅出地将海尔的企业文化呈现给大家！

图腾文化应用在企业的品牌文化中，就是品牌文化的物质属性，图腾文化是品牌文化物质属性的起源。品牌文化的物质属性由产品和品牌的各种物质表现方式等构成，它反映的是品牌理念、价值观和精神面貌，处于品牌文化的最外层，但却集中表现了一个品牌在社会中的外在形象。顾客对品牌的认识主要来自品牌文化的物质属性，它是品牌对消费者最直接的影响要素。因此，它是消费者和社会对一个品牌总体评价的起点。消费者了解一个品牌，首先就是从它的物质属性开始，一个有影响力的品牌，它的各种物质表现形式（如广告、商标、包装等）发挥着很大的作用。

下面我们就选取品牌文化物质属性中的广告和包装来具体说明它是如何影响品牌竞争力的。

二、商业竞争与广告文化

广告本质上是一种文化现象，它像一只无形的手，深深地影响着消费者的消费意识和审美心理。从文化上讲，广告传达给消费者的不仅仅是某种商品的相关信息，更是一种生活方式和精神追求。广告活动不仅是一种经济活动，而且还是一种文化交流，它像一只无形的手左右着人们的生活方式和消费习惯。广告文化是从属于商业文化的亚文化，同时包含商品文化及营销文化。商品本身就是一种文化载体，文化通过商品传播，商品通过文化增值。广告文化是品牌文化的一种物质属性，那么我们应该如何通过广告来传播品牌文化，进而提升产品的竞争力呢？

问题 6： 如何通过广告来传播品牌文化？

广告文化是蕴涵在广告运动过程中的，逐渐被人们所接受和认同的价值观念、风俗习惯等生活方式的总和，是以广告为载体、以推销为动力、以改变人们的消费观念和行为为宗旨的一种文化传播形式。广告的传播过程就是一个人们共享社会文化的过程，也是一个社会价值观念不断被传送、强化和公众接受社会文化教化的过程。

广告文化的结构与层次是一个复杂的综合体。我们可以认为，它大致由三部分构成：广告物质财富、广告精神产品和广告心理。广告物质财富主要包含了广告文化要素的物化形态，例如，为制作和发布广告而设置的媒介物、仪器设备、工作场所等。广告精神产品主要包括：规范广告行为的组织制度、法规、条例等；广告作品及其评价；关于广告行为认识的物化形态，如著作、研究报告等；广告知识的推广。广告心理是指存在于广告行为主客体内的观念，如价值观、思维方式、审美趣味、道德观念、宗教情感及民族性格等。广告心理是整个广告文化结构中极为稳定的一部分，时时在广告中得以体现。

基于广告文化这三个组成部分，我们就可以相对应地从以下五个方面来传播品牌文化：①选择恰当的广告媒介。②制定合理的广告行为制度、法规、条例等。③发表对广告作品进行评价等的相关研究报告或著作。④对广告知识进行推广。⑤针对目标客户的消费心理及审美偏好，融入恰当的文化内涵和价值观念。

阅读材料

多芬：用"真实"的广告打造健康品牌

2006年6月在广告界颇负盛名的艾菲（EFFIE）盛大的颁奖仪式上，多芬的"真美无界限"（Campaign for Real Beauty）荣获艾菲大奖（Grand EFFIE），这是营销界对最富效力的广告营销设立的奖项。"这是一场根植于人性魅力和文化洞察的广告营销：它推翻了以往媒体对美丽的定义，以真实女人重写美丽新概念。"2006Grand EFFIE大奖评审委员会主席迪蒙特娇如此评价多芬广告。

多芬的广告不仅得到了业界的认可，更有市场数据为证："真美无界限"系列广告推出两个月之后，在美国的销量上升了600%；半年之后，在欧洲的销量上升了700%。这场营销远远超过公司的期望值，2004年全球销售超过10亿美元。

一、一切源自颠覆

早在2003年，联合利华从一份全球调查报告中读到了一个信息：在被调查的3200名女性中，只有2%的女性认为自己是漂亮的，76%的女性希望改变人们对美丽的看法。联合利华意识到这是一个很好的市场基础，公司可以充当这场思维变化的催化剂，正好以这份调查为契机，为旗下多芬品牌（Dove）发起一轮强大的营销攻势，宣传一种完全不同的美丽新概念，从而为多芬树立与众不同的市场形象。但出乎意料的是，多芬的这次广告营销最终发展成了一场改变美丽世俗传统观念、推动重新定义美丽的社会大讨论。

时机对于站在文化潮头冲浪的品牌来说至关重要。过早推出新概念会被看成怪招，代价惨重，过晚则又会有拾人牙慧之嫌。于是在2004年9月，正当网络视频受众被身材修长、体无瑕疵的超模们演绎的护肤品晃得眼花缭乱之时，经奥美一手策划，一系列以"真美无界限"为主题的多芬产品广告粉墨登场，在全球主要市场上演了一场精彩的多芬护肤品营销大戏。

二、真美无界限

多芬为此活动推出网站特邀观众评判女性的相貌身材，请他们参与美丽话题的讨论。多芬在这场运动中传递的理念是无论体形胖瘦、个子高矮、年龄长幼，美都存在于真实的女人身上。这一概念颠覆了传统文化中对美丽的最基本定义，即所谓的年青貌美、窈窕淑女才是美。多芬通过网络视频、印刷广告、互动节目、巨幅广告牌等媒介，把"真女人，真曲线"的广告语和活动网站推向千千万万的女性，在全球范围内引发了广大女性对于"真美"的探讨，多芬品牌也自然得到了有效的推广。

作为活动的一部分，女性消费者还被邀请重新发现自己的美丽秀发。是不是乌黑亮丽的"飘逸长发"才是最美呢？多芬的洗发水广告试图颠覆这种传统的狭隘观念，鼓励女性大胆彰显她们各种各样、个性突出的发色和发型，让她们相信只要适合自己的就是真美。

三、成功的秘密

实际上，在美容和时装广告中采用真实女人展示并不是什么新鲜的手段。几年前，邮寄品牌 Boden 就曾经在产品目录中让消费者和专业模特同时亮相。当时，马莎也正推出以"普通"女性（较胖）为主角的广告。Boden 的平民模特身材漂亮，长相迷人，着实吸引了不少消费者，但是马莎的"真实"模特仍然是在传统美丽的思维框架范围内，因此没能在市场上赢得共鸣，以失败收场。

而多芬的成功关键就在于它以"转变观念"为出发点，围绕同一个核心主题：自然最美——颠覆了传统的外表美观念，以自尊、自信的信息取而代之。联合利华美国公司总裁迈克尔·波克说，多芬之所以成功，是因为它改变了在一个类别概念中的现有思维定势。

在对手如林的市场上，多芬把旗下各种产品统一在"真美无界限"的大旗帜下，通过多种角度，全面地诠释了这个命题，成功地制造了美丽新定义，打造了多芬积极向上的健康品牌形象。

资料来源：http://www.chinaprblog.net/u/shouxiscg/archives/2007/1380.html。

活动 3：塑造广告文化。

3~5 个同学为一组，进行广告文化塑造的训练。首先，挑选一件感兴趣的产品，对其进行广告设计，从广告文化的三个构成部分（广告物质财富、广告精神产品和广告心理）着手，广告要能够充分体现出该产品品牌的价值观念和文化内涵。其次，由小组组长将讨论结果展示给其他小组，由其他小组成员来评价该广告所塑造的品牌形象。最后，本组成员总结其他小组的评价结果，判断是否符合原本所要展现的品牌形象。

三、商业竞争与包装文化

包装文化，一般被界定为文化与商品包装相结合、相融会，在商品包装活动中创造出的物质成果和精神成果的总称，体现于包装设计、包装技法、包装结构、包装装潢、包装工艺过程等。包装文化的内涵是指通过商品包装反映出来的人类所创造的精神生活发展成果和精神生产的进步状态，就是通过商品包装所表达和折射出来的思想蕴涵、道德蕴涵、法律蕴涵、艺术蕴涵等多方面内容的总和。包装文化，从一定意义上来说，即是人的包装经济活动及其结果。所以，包装文化有着重要的经济意义。在商品经济时代，包装文化表现为获利文化，包装文化的最终经济功能和经济意义不仅是物品使用价值的保存，还是为了获得交换价值，占领市场，取得竞争优势。

问题 7：如何利用包装文化来提高产品的市场竞争力？

包装文化体现了企业创牌与经营的各个环节，所以在设计中，一方面，要从产品的内在工作做起，借助产品自身的文化特征或产品的文化背景去获得消费者的认可；另一方面，包装设计作品也不能一味追求独特的个性，因为所有的商业活动都是围绕人而展开的，所以在包装设计之前要进行充分的市场调研，以便能切实把握消费者对产品特色的需求。

现代社会的节奏越来越快，人们始终处于高度兴奋的状态，在包装设计时就要注意到这一点，尽量设计出平和、清新的包装。如书的包装就要在设计上达到"简洁、新奇、实用"，而书本身就是艺术品，它散发出的油墨气息是一种自然的气息。所以，可以在造型上多下工夫，以新奇的造型来激发消费者的好奇心。在包装造型下表现创意，已经是现代包装发展的新趋势。因此，在内容与形式上要体现浓厚的文化气氛，既要体现书龄、文化的深久，又要突出现代设计的美感。

企业产品的形象还应该由内在包装逐渐向外在包装展开。一般来说，内在包装是指厂名、产品包装和员工着装等；而外在包装是指企业开展的树立企业形象、融合企业外部关系的文化活动，也称为外在文化包装，如企业策划创办报刊、参加公益活动等。

利用包装文化进行营销，从而提高产品的市场竞争力的策略有很多种，概括起来主要有以下几点：①分档包装策略。就是把同一类产品的包装分为高、中、低和大、中、小等若干档次，以适应不同消费者的需要。②零整结合策略。这主要是针对不同种类或不同规格的一系列商品而言的，可分为单个包装和组合包装。所谓"单个包装"就是我们前面所说的个体包装，即对某一商品进行的单个包装。而组合包装则是指把几种商品组合在一个包装中的包装。③复用包装策略。复用包装，就是指能够重复使用的包装。复用包装一般又可以分为两种：一种是用途相同的重复使用的包装，如酒瓶、饮料瓶等，回收以后还能再次使用，可以减少材料的消耗；另一种是顾客购买的商品使用以后可以移作他用的包装，如瓶装果酱，当果酱吃完以后，瓶子可以用作茶具，装月饼、饼干之类的盒子，可以用来放糖果等其他物品。④附赠包装策略。这是目前市场上比较流行的一种包装策略。如在市场上购买玩具、糖果等商品，附赠连环画、小玩具等；化妆品包装中附有奖券，积满后可得到不同的赠品；有些商品，在顾客购买后还可赠送一个手提袋之类的物品，既方便了顾客携带，又为自己的产品发布了广告。⑤家族包装策略。所谓"家族包装"，就是指商品生产者或销售者为了突出本单位生产、销售的商品的形象，对本企业所有的商品，采用统一的、独具特色的包装风格、包装图案、包装色泽。例如，日本富士胶卷、美国可口可乐，不管什么型号、品种的产品，其包装均采用基本相似的颜色、图案等。⑥改变包装策略。一般来说，对于企业来讲，频繁改变商品的包装是不利的，因为一种商品的包装在市场上流传久了就会给消费者留下深刻的印象，形成一种购买习惯。一旦企业改变商品的包装，就会使消费者对商品产生一种陌生感，使消费者拒绝接受。因此，企业不在万不得已的情况下是不宜改变旧有包装的。这种策略主要适用于：当该商品的质量出了问题，在顾客心目中声誉不佳之时；虽然质量尚好，但同类产品竞争者众多，该产品久久打不开销售局面之时；销售局面尚好，但这种包装使用已久，在消费者心中产生了陈旧感之时。

14

活动4： 设计产品包装，打造包装文化。

3~4人为一小组，选择一种产品并对其进行包装设计，包括产品的名称、商标设计、包装图案、包装材料以及包装方式等的选择。可以从六种包装策略当中选择其中一种，关键是要体现出产品所要展现的品牌文化。最好选择新的、还未在市场中广泛流通的产品。

另外，也可以选择一种大家比较熟悉的产品，对它的包装设计进行评价，分析这种包装体现出了怎样的品牌文化特征。

第三节 品牌文化的精神属性

引导案例

索尼公司"SONY"的由来

盛田昭夫获得王立艺术学院荣誉金奖,在颁奖典礼上他做了以下的致辞:"SONY 一直在创造新的东西。"出席者听了之后,觉得这句话充满玄机,说不定其中也有人暗笑着,认为 SONY 不过是利用欧洲人的发明而成功的典型例子罢了。盛田的目光慢慢扫视听众后,继续说了下去:"所谓新的东西,就'SONY'这个名称,与'WALKMAN'同样是新出现的英语。"此言一出,即使是在一个满是英国绅士的会场中,也会引发一阵突如其来的笑声。这样的演讲内容,会员纷纷提出应该颁发"高级英语会话的名誉证书"给盛田,可见这是个十分具有幽默感的民族。

SONY 所制作的第一项产品,是日本第一次使用半导体开发而成的 TR-52型收音机,但公司名称并不是盛田在英国演讲所说的命名。在 TR-52 外销美国时,所使用的是 TORT-SUKO(卜-ツ-コ日文的发音)这个名字,可能是觉得美国人会不喜欢严谨的发音,因此考虑要改品牌的名称。当时东通工出售自行研发录放音机、录音带的名字为 SONI-TAPE。英语的 SONICI(音)是语源拉丁语的 SONUS 的复数形式,这个 SONI 和当时的流行语"SONNY BOY"(可爱小男孩)合而为一,则为 SONNY,但为易于发音,所以将字母改为四个,因此目前已闻名全世界的 SONY 就这样诞生了。新的半导体收音机"TR-52",也借着这个新名称开始发光。当时甚至有上班族特地订做大口袋的衬衫,以便放半导体收音机,TR-52 一时间风靡全国。1958 年索尼正式将公司改名为"SONY 株式会社",同时股票也在东京证券交易所上市。

盛田第一次带着刻有"SONY"的 TR-52 到美国去,以 29.95 美元的价格跑遍各个零售店,但却卖不出去。这个时候有一家"BURORBA 公司"订了 10万个,但被盛田拒绝了。主要原因是这家公司要求 SONY 必须使用它的商标在美国发售。当时的 BURORBA 公司是美国少数几个手表厂商之一,但盛田不愿

意成为卫星工厂。该公司员工向盛田表示，"本公司拥有50年以上的历史，并且是一个有传统的公司。"但盛田也不客气地回答说："本公司在50年后一定不会输给你，一定会成名。"然而不用经过50年，结果已经很明显了。知道BURORBA公司的只有对手表有兴趣的人。很讽刺的是，现在20世纪50年代的BURORBA手表确实是十分有价值的，因为这样的手表已经可以列入古董了。相比之下，SONY现在已经成为世界知名的品牌。"我对拒绝这样的订单，一点也不觉得可惜，相反的，对自己的品牌反而有信心。"在当时10万订单简直就像一个梦境，而盛田竟然拒绝了。因此很容易了解盛田在发现一个巧克力厂商利用SONY名称推出产品而提出控告的心情。"商标是企业的生命，即使是排除万难也要保护，我在平常都是这样想的。商标、公司名称必须负起责任，保证产品品质。因此使用他人一点一滴努力所建立的商标，也算是一种盗窃。我们绝对无法原谅这样的小偷。"

资料来源：http://baike.china.alibaba.com/doc/view-d2614105.html。

➡ **思考题：**

1. 索尼公司的商号反映了一种怎样的企业文化？
2. 品牌对一个企业软实力的塑造有何影响？

一、品牌文化：商号与商誉

商号即厂商字号，或企业名称。商号作为企业特定化的标志，是企业具有法律人格的表现。商号经核准登记后，可以在牌匾、合同及商品包装等方面使用，其专有使用权不具有时间性的特点，只在所依附的厂商消亡时才随之终止。在一些生产厂家中，某种文字、图形既是商号，又用来作为商标。但对于大多数生产厂家来说，商号与商标是各不相同的。一般而言，商标必须与其所依附的特定商品相联系而存在，而商号则必须与生产或经营该商品的特定厂商相联系而存在。

商誉是指能在未来期间为企业经营带来超额利润的潜在经济价值，或一家企业预期的获利能力超过可辨认资产正常获利能力（如社会平均投资回报率）的资本化价值。商誉是企业整体价值的组成部分。在企业合并时，它是购买企业投资成本超过被合并企业净资产公允价值的部分。

问题8： 商号如何影响商誉？

商号是商誉的载体。商号是企业的特定名称，是其主体资格的外在表现形式，是企业在营业中用于区别其他企业的标识。商号可使企业特定化和人格化，因而它具有重要的识别价值。企业长期使用某一商号，其经营的产品或服务的质量和信誉便会得到人们的认同和信赖，从而起到维系顾客和扩大服务的作用，即商号维系和反映了企业的商业信誉。商誉是社会成员对企业经营能力、资信状况、服务质量等整体经营素质的评价。商誉是企业的总体商业形象，商誉良好意味着社会成员对某一企业的经营能力、资信状况、服务质量具有良好的评价，意味着商业主体的市场优势和消费者的较高忠诚度，能够给企业带来无限的财富，从而具有财产属性。但商誉本身不具有识别性，它伴随每一个企业的第一项经营活动而产生。为了防止竞争企业"搭便车"的行为，商誉必须寻找具有识别价值的具体载体。这样，尽管商誉的抽象性使其无法直接受到法律的保护，但是可以借助于其具体的载体来实现法律对它的间接保护。商号以特定的文字形式存在，具有具体的特性。商号具有识别功能的特性使其能够充当商誉的载体，商号的识别功能能将商誉固定化、特定化于某一个企业之上，从而使得不同企业的商誉仅为本身服务，得以排除其他企业"搭便车"的可能性。

问题 9：商号与商誉如何体现品牌文化？

商号与商誉同属于企业的无形资产，是品牌文化的精神属性部分。

商号是商誉的载体，具有识别价值，通常由特定的文字或者图案来呈现，在一些企业中，某种文字、图案等既可以是商号，也可以是商标。商标是用来区分商品的，代表着商品的信誉，而商号是用来区别企业的，代表着厂商的信誉。两者经常出现在同一商品中，商号在有的情况下也可以成为商标的一个组成部分，或者两者就是同一内容。消费者从这样的商号中一般就可以很直观地了解到这个企业的主要产品是什么，企业所展现的是一种怎样的品牌文化。如耐克公司的商号 NIKE，这个单词其实是胜利女神的意思（Greek Goddess of Victory），耐克商标象征着希腊胜利女神翅膀的羽毛，代表着速度，同时也代表着动感和轻柔。小钩子造型简洁有力，一看就让人想到速度和爆发力。首次以"耐克"命名的运动鞋，鞋底有方形凸粒以增强稳定性，鞋身的两旁有刀形的弯钩，象征女神的翅膀。

商誉更多体现的是一种经济价值，一个品牌的经济价值就体现在它的商誉上面。商誉的本质是企业的一种无形资产，它是由诸如优越的地理位置、良好的企业声誉、广泛的社会关系、卓越的管理队伍和优秀的员工等构成的。商誉作为一种无形资产，它所具有的价值是可以被评估的，商誉评估是资产评估学的重要课题。商誉作为品牌文化的精神属性，它的价值同样体现着一个企业的品牌价值。商誉良好意味着社会成员对某一企业的经营能力、资信状况、服务质量具有良好的评价，意味着商事主体的市场优势和消费者的较高忠诚度，同样也意味着企业的品牌文化具有良好的经济价值性。

活动 5：企业商号与企业形象设计练习。

4~5 个同学为一组，模拟企业品牌形象设计。包括企业商号、企业品牌标志、广告设计、品牌宣传等。由老师对小组讨论结果进行指导和评分。

二、品牌文化：艺术与审美

品牌文化另一种精神属性是它的艺术与审美。品牌文化作为一种文化现象，必然具有它的文化艺术性与审美情趣。商品对消费者来说不再仅仅是使用价值，更重要的是附着在其中的非经济价值。尤其是进入以消费为主导的商品时代以来，品牌的非经济价值更多地体现在商品的审美价值上，品牌的审美价值越来越受到企业和消费者的重视。

问题 10：品牌文化如何展现它的艺术性与审美价值？

品牌文化的艺术与审美在于它给予消费者一种愉悦、欢乐的内心感受，具体而言，品牌文化的艺术与审美可以通过以下三种途径来展现：

1. 寓意

寓意或叫含义，一个品牌的视觉形象并不直接与其宣传、广告内容具有相关性，而是通过寄托某种含义，将情感充分表现于形象中。其艺术价值在于人们在情感的推动下，达到一种探讨曲径通幽的美感。因为人们在知解品牌的过程中感受到一种强烈的智慧参与感，感受到人的本质力量的高度展开和认可，从而获得一种自我尊重和自我实现的心理体验，精神上得到满足的愉悦。成功的品牌形象能够恰到好处地诉诸人们的审美情趣，引发人们的美感，并将这种不断追求美的情感转移到与意境相连的商品上，从而引导消费者去接近某种感情，体验某种情绪，品味某种生活，给人隽永的回味。品牌文化的塑造与传播需要运用美学原理创造其艺术性和审美情趣，对企业及其商品的形象赋予美的情感，使品牌达到与审美的统一。

2. 温情

情感是与人类社会历史进程中所产生的社会性需要相联系的体验。因为人是最富有感情的动物，在情感付出、情感享受、情感幻想方面具有特殊的需求。随着现代社会的发展，当今人们的消费需求已不仅仅局限于低层次的生理的需求，对于朋友、夫妻、父母、子女之爱的情感需求成为人们消费需求中一个极其重要的方面。情感诉求方面最为典型的手法就是表现人情味。表现家庭的温馨与和睦，血脉相连的亲人之情、朋友之间的友谊之情、恋人之间的爱情以及对弱者和不幸者的怜悯之情。通过这些人们所熟知的情感，把产品的特性融入其中，以情感为载体使人们对产品及品牌产生亲近感，缩短了品牌与消费者之间的心理距离，贴近了生活。

3. 人文关怀

在品牌传播中，由于企业及产品的信息是宣传的核心，带有强烈的商业色彩，有时会引起受众的抵触心理。因此，如能注入一定的情感因素，运用审美情感进行包装，创造浓烈的情感氛围和情节，就会在物性（产品个性）和人性（消费者生理需求和心理渴望）之间搭建起沟通的桥梁，从而大大减少商业气息，变商业化为人情化，增强品牌的传播效应。现代意识的核心是人本主义，它从人性角度关怀人的生存状态、人格实现和精神需求。以人性、人文关怀为本，真诚地尊重人、关爱人，这是现代品牌传播的发展趋势。现代品牌不能只把消费者看成消费者，而要将他们视为生活者，真诚地关怀他们的生存状态，融入受众的精神世界，成为他们的知心朋友和生活导师，从而达到有效的心理沟通。

三、品牌文化与提升企业软实力

软实力（Soft Power）一词由美国哈佛大学肯尼迪学院院长、美国前国防部长 Joseph Nye 提出，意指国际软实力，其含义是指在国际政治领域中，通过非强制性的文化、理念和政策等无形的力量来影响其他国家人民的行为能力。Nye 提出软实力是一种"使他人产生与己相同偏好"的能力，是一种"建立偏好"的能力。这种能力更倾向于同无形的资源相联系，如文化、意识形态和制度。

企业软实力的概念本质目前还缺乏明确的界定，我们认为企业软实力是一个能力体系，但它可以外在地表现为企业资源、竞争优势的重构，进而带来企业竞争力的演化。提出企业软实力的意义在于它强调了以往企业能力体系中被人们忽视或尚未开发的那一部分，而这部分正在成为未来社会发展的需求点和企业成长、竞争的关键要素。更为重要的是，这种重构必将带来企业战略思维和行为方式的转变。

那么，企业软实力究竟是什么？我们认为企业软实力是在一定的竞争环境中，作为社会行为主体的企业，为了达到自身的目的和满足利益相关群体的需要，在拥有、运用特定资源的基础上，以一定的传播方式获取企业利益相关者客体的价值认同，使他们产生企业预期行为的能力及过程。

问题 11：怎样通过塑造品牌文化来提升企业软实力？

1. 制定品牌战略

品牌战略是企业对围绕品牌展开的形象塑造活动所进行的全局性谋划和设计，是企业品牌活动的总纲和统帅。一般说来，有以下几个战略环节：战略目标、战略定位（品牌定位）、品牌决策、品牌的传播与推广、品牌的管理与维护。企业应分析自身的实力与资源（SWOT 分析），确定适应企业实际情况、符合企业总体发展目标的品牌战略。

2. 融入核心价值

人无灵魂，则如行尸走肉。品牌缺少核心价值则无法体现品牌个性，不能触动消费者的内心世界。品牌核心价值使消费者明确、清晰地识别并记住品牌的利益点和个性，是促使顾客认同、维系顾客忠诚的主要手段。核心价值应具有两项基本特征：①个性鲜明、与众不同，即高度差异化。品牌的一项基本功能就是产品和服务的识别，与众不同才能引起关注。②拨动消费者的心弦，人性化的核心价值具有很强的感染力，能够引起消费者的共鸣，产生认同并喜爱品牌。

3. 致力于专业

"集中优势兵力，各个歼灭敌人"是军事作战的原则。商场如战场，没有一个企业在各个方面都技高一筹，企业应"以己之长，克人之短"。具体来说，就是运用核心能力，集中优势资源，开发核心产品，培育旗帜品牌。

4. 建立品牌联盟

品牌联盟又称品牌联合，是指两个或多个品牌相互联合、相互借势，以实现"1+1>2"的做法。通过品牌联盟实现优势互补，提高各自品牌的核心竞争力。

5. 不断创新

这个世界唯一不变的就是一切都在变。社会在不断进步，消费者的需求也趋向个性化与多元化，品牌应顺应需求的改变而发展，品牌创新是品牌自我发展的必然要求。

活动 6：打造企业品牌文化战略。

4~5 个同学为一组，以模拟的企业为对象，打造品牌文化战略。分别从战略目标、战略定位（品牌定位）、品牌决策、品牌传播与推广以及品牌管理与维护等方面进行考虑。由老师对小组讨论结果进行评分和指导。

考试链接

学员应重点掌握如何通过品牌文化提升企业软实力：

1. 制定品牌战略，围绕品牌形象塑造活动进行全局性的谋划和设计。
2. 将核心价值观融入企业品牌文化。
3. 致力于培养企业核心竞争力，塑造企业独特的品牌优势。
4. 不断地进行品牌创新，顺应市场发展的需要。

案例分析

三星品牌从优秀到卓越之路

三星十年磨一剑，从优秀品牌成长为卓越品牌，联想、海尔、TCL 等企业如何从优秀走向卓越？

20 世纪 90 年代中期，三星还只是一个三线品牌，仅在韩国广为人知，三星的产品物美价廉，在国际市场上却默默无闻。但在短短的 10 年间，昔日名不见经传的三星已经成长为一个世界一流品牌，每年品牌价值以数十亿美元递增，最终在 2005 年超越索尼成为全球消费电子类第一品牌。

众所周知，在 1997 年的亚洲金融危机中，韩国经济受到重创，三星也未能幸免，负债累累，危机重重，一度徘徊在破产的边缘。三星品牌在危急关头，不是向下沉沦走向平庸乃至消亡，就是向上提升走向卓越从而成就辉煌。三星未来之路在何方？三星的答案是打造世界一流品牌。"皮之不存，毛将焉附？"此时三星已前途未卜，谈何打造世界一流品牌？但是三星集团总裁李健熙力排众议，1998 年在负债 170 亿美元的情况下，出资 4000 万美元签约成为奥林匹克全球合作伙伴，三星品牌正式走上了国际化征途。

在三星集团总裁李健熙的积极推动下，三星品牌新生之旅开始扬帆起航，最终从凤凰涅槃中获得重生，进入品牌价值高速增值的快车道。三星聚焦于品牌但又不拘泥于品牌，而是形成了品牌管理、产品战略、营销模式的良好互动，最终实现了三星品牌从优秀到卓越的飞跃。

一、系统化品牌管理

在 20 世纪 90 年代中期之前，三星作为韩国的四大企业财阀之一，在政府的扶持之下业务领域从衣食住行到宇宙航空无所不包，庞大的企业规模使得三星无可争议地成为韩国知名品牌。但三星集团品牌管理混乱，一度曾有 55 家全球广告代理公司负责三星的品牌推广业务,这使得三星品牌形象模糊,在全球市场中毫无品牌竞争力可言。20世纪90年代,三星集团总裁李健熙率领下属公司负责人在美国市场考察,在洛杉矶的家电商场中通用电气、索尼、飞利浦等世界一流公司的产品干净整齐地摆放在醒目的位置,而三星的产品则摆放在角落,积满灰尘,无人问津。三星集团总裁李健熙深受震撼,三星作为韩国的一流品牌在海外市场竟是如此境遇?此后三星历经亚洲金融危机,几近破产,这更使李健熙认识到品牌才是外强中干的三星的致命弱点。

于是,三星对全球50余家广告代理公司进行整合,由全球五大广告集团之一的IPG统一负责三星集团的全球品牌业务,三星的品牌形象得以简化和统一,三星单一品牌策略得以确立。同时,三星深有远见地意识到消费电子产业从模拟时代向数字时代的转变,用数字化概念整合全部品牌内涵,提炼出了"Samsung Digital"这样一个核心品牌概念,为三星品牌塑造提供了一个有效的传播点和支撑点。此后,三星进行了全球范围内的广告整合运动,强化了"Samsung Digital Everyone's Invited"的宣传口号,树立了三星作为数字化时代领导者的品牌形象。

1999年,三星正式从集团层面组建了品牌战略团队,设立了"集团品牌委员会",规定所有三星集团下属公司在海外市场使用三星品牌时都需获得"集团品牌委员会"许可。与此同时,集团设立每年预算高达1亿美元的集团共同品牌营销基金,以有效推进公司的品牌战略。三星品牌的系统化管理构架得以确立,但仅此还不够,高档化产品战略和差异化营销模式才是三星品牌腾飞的双翼。

二、高档化产品战略

在消费电子领域,产品是品牌的主要载体。没有领导市场的产品,品牌塑造便是无源之水,无本之木。在20世纪90年代中期,三星通过对世界一流消费电子产品进行标杆分析(Benchmarking),认识到打造全球领导地位产品不可或缺的三个要素是质量、技术和设计。于是,三星推出了"World Best, World First"的产品战略,以最快的速度向市场推出堪称"世界最佳"或"世界第一"的产品。这些产品在同类产品中卓尔不群,再辅以有效的营销方式打造成市场的热门产品,最终成为领导市场的旗舰产品。目前,三星已经拥有了8个在全球占有率排名第一的产品。

三星对产品质量有着近乎苛刻的标准,三星产品在公司内部的可靠性测试是全世界最为严格的测试。为了强化质量管理,中国海尔在20世纪80年代有过著名的"砸洗衣机"事件,韩国三星则在20世纪90年代有过著名的"烧手机"事件,三星集团总裁李健熙把价值5000万美元的库存问题手机付之一炬,并宣布"产品缺陷就是癌症"。经过长期不懈的努力，三星产品质量优异的报道开始不时见诸报端，甚至有报道称三星手机在2吨重的汽车压过之后或者在洗衣机浸泡之后仍然可以使用。

三星对技术投资不遗余力，公司拥有近27000名研究人员，约占全球员工的40%，分布在全球17个研发中心。三星的技术研发费用占营业收入的比例也达到9%以上，这在全球500强高科技公司中无出其右者。2005年末，三星集团宣布在未来5年中将投入450亿美元用于研发新技术、新产品。2006年，三星在美国申请专利数位居第二，仅次于IBM，并且多年超过昔日的标杆公司索尼，这也是对三星卓有成效技术研发的最好例证。

三星对工业设计情有独钟，三星甚至将1996年定为"设计革命年"。三星目前在全球拥有伦敦、东京、旧金山、首尔4个设计中心，设计人员超过500人。三星在工业设计业界屡获殊荣，在2005年，三星在IF工业设计"奥斯卡"中荣获45项大奖，在美国囊括美国工业设计师协会（IDEA）19项大奖，其获奖总数甚至超过了美国的苹果公司跃居首位。目前在设计领域，可以说只有美国的苹果公司能够与三星比肩，IBM、索尼等公司则都相形逊色。

三、差异化营销模式

三星品牌从优秀走向卓越，赞助营销模式功不可没，而在赞助营销模式之中，奥林匹克TOP计划的作用举足轻重。1997年，三星受累于亚洲金融危机，在资不抵债的情况下，三星集团总裁李健熙力排众议，签约成为奥林匹克合作伙伴，从1998年长野冬奥会开始启动奥林匹克TOP计划。从此之后，三星的体育营销一发不可收拾，奥运会赛事上都可看到三星作为顶级赞助商的身影。

2007年4月，三星集团总裁李健熙在北京和奥运会正式签约，三星作为奥运会无线通信正式赞助商与国际奥林匹克委员会（IOC）的奥运赞助合同将延长到2016年，而将奥运赞助合同签订到2016年的企业仅有可口可乐和三星两家。

随着计算机和互联网的普及，电子竞技运动得到了蓬勃发展。韩国是网络游戏的宗主国，在韩国政府的推动下，世界电子竞技大赛（WCG）成为全球参与人数最多、推广最为成功的电子竞技赛事之一，素有"电子竞技奥运会"的美誉。三星作为韩国的明星企业，无可争议地成为WCG的官方冠名赞助商。自2001年以来，三星电子已连续7年成为WCG的全球官方合作伙伴。三星品牌的核心概念是"Samsung Digital"，通过赞助WCG打造一个实现数字整合的公众体验平台，让人们感受到三星时尚、动感、科技的品牌魅力，进而提升三星的品牌影响力。

资料来源：http://www.ce-c.com/2008/1230/530.html。

➡️ **问题讨论：**

1. 三星企业的品牌文化战略是什么？
2. 你认为三星的品牌文化战略对中国企业的品牌文化建设有何借鉴意义？

本章小结

★★★★

品牌文化是"品牌"与"文化"的有机融合。品牌文化的作用是为了打造企业的品牌，主要是影响管理的职能。从某种意义上来说，品牌文化本身就是打造品牌的一种方式，现在越来越得到关注。

品牌与企业声誉是紧密相连的，声誉资本是企业重要的无形资产。正确地测评声誉资本对企业品牌文化的塑造起到关键作用，可以从三个不同的维度进行测量：驱动因素、主体和行业。

广告文化和包装文化是品牌文化的两个重要的物质属性。广告文化的塑造可以从五个方面加以考虑：选择恰当的广告媒介；制定合理的广告行为制度、法规、条例等；发表对广告作品进行评价等的相关研究报告或著作；对广告知识进行推广；针对目标客户的消费心理及审美偏好，融入恰当的文化内涵和价值观念。包装文化的打造有以下几种策略：分档包装策略、零整结合策略、复用包装策略、附赠包装策略、家族包装策略和改变包装策略。

商誉和商号是品牌文化的精神属性，商号是商誉的载体，具有识别价值。商誉更多体现的是一种经济价值，即品牌的经济价值体现在它的商誉上。

艺术与审美性是品牌文化另一个精神属性，它可以从三个方面来体现企业的品牌文化：寓意、温情和人文关怀。

企业软实力是在一定的竞争环境中，作为社会行为主体的企业，为了达到自身的目的和满足利益相关群体的需要，在拥有、运用特定资源的基础上，以一定的传播方式获取企业利益相关者客体的价值认同，使其产生企业预期行为的能力及过程。利用品牌文化提高企业软实力的方法策略有：制定品牌战略、融入核心价值、致力于专业、建立品牌联盟和不断创新。

知识扩展 ★★★★

品牌名称与品牌标志

品牌名称是品牌价值和品牌特征的基础，是表现品牌持久声誉的基础。品牌名称的表述能够影响到人们对它的理解和联想。每种品牌的名称都包含一定的价值取向和文化取向，企业在决定品牌名称时，必须将自己的价值和文化取向贯彻其中。充满文化精神的品牌名称能为品牌增添光彩。

品牌名称在顾客心目中成为类别的替代物。如果企业能够使得品牌最先进入顾客的心智模式，那么，在"初始效应"的作用下，该品牌将会给顾客以深刻的印象和影响，极易成为类别产品的代名词。

与品牌名称的联系最为密切的是品牌标志和图案。标志和图案是对品牌特征内涵的深度展现，是品牌给予市场、顾客和社会的"定位提示"，是品牌自我塑造的一种理念策划。品牌标志和图案的创造和策划，应坚持下列原则：

（1）创意性。品牌名称和标志图案贵在标新立异，具有独特的个性和风格，不落俗套，这样才能发挥品牌名称和标志图案的独到魅力，给予顾客鲜明的印象和感受。

（2）传播性。品牌名称和标志必须有利于传播，这就要求在进行名称标志设计时，应尽可能做到标准化和规范化。

（3）理念性。品牌名称和标志等是企业经营理念的重要载体。品牌名称标志设计必须能够表达和传承企业宗旨、任务和使命、企业经营战略方向、企业价值观以及企业精神等。

（4）文化导向性。品牌名称和标志是企业通过品牌对其文化意蕴的最集中充分的表达。

（5）情感导向性。品牌名称和标志设计要赋予人性化、感性化。

（6）图形、形象与概念的一致性。名称、标志和图案是将品牌内在的基本信息、品牌传递给顾客和市场的"定位提示"，必须保持其内在一致性。

（7）联想与顾客体验。在可能的情况下，赋予品牌名称和标志关于其所代表的产品功能的某种寓意，或明示或暗喻。

答案

第一节：

1. 品牌文化（Brand Culture），指通过赋予品牌深刻而丰富的文化内涵，建立鲜明的品牌定位，并充分利用各种强有效的内外部传播途径形成消费者对品牌在精神上的高度认同，创造品牌信仰，最终形成强烈的品牌忠诚。

2. 水井坊充分利用了自身历史积淀深厚的品牌优势，以古老的酒窖作为标志，通过宣传酒窖遗址等手段，使消费者对水井坊的历史渊源形成心理认可，成功地树立了水井坊作为"川酒历史见证"的文化地位，并借此成就了自身的品牌文化特点，锁定了消费人群。

第二节：

1. 金誉包装品牌文化主要由品牌宗旨、品牌使命、品牌价值观、愿景、宏愿几个部分组成。其中金誉的品牌宗旨主要从人资宗旨、产品宗旨、经营宗旨、管理宗旨、研发宗旨、服务宗旨几个方面体现。

2. 金誉包装品牌文化中的几个部分中，金誉的品牌宗旨（以德铸誉、科技领先）是核心。正是通过这一品牌宗旨，才会产生其高品质的品牌使命，以及敬天爱人，善利他人，为顾客创造价值，为社会创造财富的品牌价值观。

第三节：

1. 索尼的商号反映的是索尼公司不断创新的企业文化。

2. 对于一个企业来说，软实力包括企业文化、企业制度、企业执行力、企业形象、企业品牌等一系列非物质性因素。而一个企业的品牌对内影响公司的生产经营管理，对外影响社会对企业的认同，是企业软实力的重要构成部分，所以在企业构建软实力的过程中，必须要重视品牌战略，通过品牌文化的准确定位和品牌文化的提升来带动企业软实力的飞跃。

案例分析：

1. 三星采取的是高档化品牌战略，针对特定消费群体的消费树立品牌形象。同时三星建立完善的品牌管理系统和差异化的营销模式对品牌战略进行辅助。

2. 中国企业在品牌建设中应着重借鉴三星的品牌管理体系，不能将品牌战略与企业经营相割裂，而应该将品牌战略放在企业经营的整体背景中综合考虑。通过制定与品牌文化相配套的经营管理体系和品牌推广体系来使品牌文化战略得以真正落实，使企业品牌文化发展形成良性循环，实现品牌战略的战略目标。

第二章

品牌文化时代

学习目标
★★★★

知识要求 通过本章的学习，掌握：

● 品牌文化如何推动企业发展

● 如何建立并维护企业品牌

● 国内外品牌文化的发展概况

● 品牌文化建设与树立企业社会责任

技能要求 通过本章的学习，能够：

● 掌握品牌建设和维护的方法和策略

学习指导
★★★★

1. 本章内容包括：品牌文化与企业发展、品牌文化的助推力、品牌文化的智慧、品牌文化的先驱者、建立企业品牌的长期性、如何建立并维护企业品牌、国际品牌文化的发展、国内品牌文化的发展、品牌文化的社会责任。

2. 学习方法：独立思考，抓住重点；小组讨论，案例分析；模拟练习等。

3. 建议学时：6学时。

第一节　品牌文化大发展的历史潮流

引导案例

太平鸟的品牌文化战略

太平鸟作为服装的中国名牌，其企业形象战略策划与设计是较为成功的。太平鸟CI值得称道的有两个方面：一是形象定位得当；二是CI标识设计精湛。

其一，众所周知，企业在经营上能否取得成功，与其市场定位和目标市场的确定得当与否有直接的因果关系。随着形象营销与"品牌消费"时代的到来，企业与品牌形象定位准确与否，也直接关系到企业经营的成败。因此，CI设计的关键是企业形象定位。太平鸟要跻身于众多著名服装品牌之中，便要寻找市场需求的空档，太平鸟经过详尽周密的市场调查与分析，认为中国的休闲服饰几乎是个空白，于是市场定位在开发休闲系列服装，并由此来确立企业实态和形象要素。太平鸟形象可以基本诠释为：

拥有飞翔腾飞的无限空间，符合企业振翅发展的远大理想，展翅九万里。凸显出轻松、随意、自由、现代的个性风采。

自然生物的自然属性，崇尚自然，恰与休闲服饰回归自然的寓意相吻合。

太平鸟的生长旅程，极符合企业羽翼渐丰，最终腾飞的发展规律。

现代生活在竞争氛围中的人们渴望温情，太平鸟能赋予一种柔情，给予更多的吉祥和如意生活主旋律，渲染出文明的至尊主调。

太平鸟的总形象又可归结为拥有无限发展的空间和远大搏取的理想，奉献和平、吉祥、随意、自然的生活，至情至境，志在蓝天，心有绿洲。

第一，太平鸟持休闲观，打休闲牌，"寻找自己的季节"，可以说是有独到见解的。服装在细分市场后应当形成自己的品牌个性。如上海的几个衬衫品牌都有自己的准确定位，"开开"的紧贴大众，"海螺"的强调正规，"司麦脱"的突出洒脱和古朴，"康派司"和"舒乐"的崇尚稳重，皆体现了品牌个性。太平鸟崇尚休闲服饰的轻松愉悦，随意自由，也是个性化的一种显现，它区别于其他众多的服装品牌，而以"我的空间，我是我"独显风采，正是与CI设计强调个性化相吻合。

第二，太平鸟开发休闲服饰，顺应了当今的时尚。所谓"休闲"即是人们在物质文明高度发达的同时寻找一种忙碌之后的休憩，或者是现代竞争之后的一种宽松。"闲是文明的母亲"，一切文明制度的优美大抵是闲暇中研究出来的。闲适，属于一种生活艺术，亦是服饰艺术的一种概念。太平鸟找到休闲感觉，由此而演绎成太平鸟的休闲风格，又迎合消费者追求休闲的心理诉求，因而创造潮流、引导消费便获得了成功。为与形象个性的设定相匹配，CI 设计紧扣休闲风尚亦是恰当的。

第三，太平鸟的形象要素之一——品牌名称及标识极有"图腾式"文化价值。命名、标志与品种定位及扩展关联度大，名称与标识也有个性及冲击力，可以充分开拓其蕴涵着的文化内涵，便于企业文化的造势。在企业形象定位方面，太平鸟 CI 设计主创者所设计的形象要素与基本风格，可以说是得体的。

一个 CI 设计的成功，关键一点是企业形象定位的准确。形象的设定，从目的上讲，它是指企业理念定位；从经营上讲，它是指发展战略定位；从传播上讲，它则是指广告诉求定位。而企业理念定位与发展战略定位，一般总是互为前提，相互求真的定位过程，广告诉求定位又是前两者的形式运用。太平鸟经营理念"中国一流—品牌领袖—只有优势"，它与发展目标"中国休闲服的领袖品牌"显然是互为前提，相互求真。广告诉求"我的空间，我是我"又可作为理念与发展目标的动态运作过程的联结物，从而衍生出"奉献和平、吉祥、文化、自由"的品牌个性。

CI 堪称"问题解决学"，它最终要通过企业与品牌的形象力去提升产品的销售力。对于服装企业来说，尤其如此。时下众多服装企业在对市场驾驭及反应上显得手段单调，营销策划对地区、时节、环境、价位、消费对象、自我宣扬等方面缺乏科学性、系统性，将市场营销看做是简单的买卖交易，甚至让无任何服装知识及社会素养的人担当品牌与消费者的中介，又不注重产品在消费者中的亲和力，宣传媒体没有定位，广告口号缺乏个性，品牌形象塑造又缺少创意，形象定位不当。殊不知，在当今激烈的市场竞争中，每个工商企业都要有自己独具个性的企业形象设定以及稳定的消费对象。故此，给自己的整体形象定位，即确认自己所扮演的角色，再使角色内容广泛地被社会公众知晓和认同，便显得尤为重要。企业形象模糊不明或形象定位不当，一般人就无法了解它对社会及消费者有何功用，发展定然受到局限。只有使定位的企业形象设定自己的种种行为，通过企业的讯息传递活动，让公众记牢，以成为识别的标志，才能展示这一定位，强化这一定位，使这一定位得到社会公众以及消费群体的熟知。太平鸟正是用企业形象识别系统的规范来统率自己的形象定位，并且循于品牌发展规律行事，产品定位讲究市场生命力，形象定位追求个性，从而挖掘出行业中有前景的开发区域。太平鸟 CI 的成功也就在于此。

其二，太平鸟 CI 标识设计采用抽象的表现形式，它的英译 PEACE BIRD 的第一个字母"P"，自为设计体，设计者以明快的线条描绘了太平鸟形象，其鸟头、鸟身与鸟翼构成的正好是太平鸟品牌英译字头"P"的变形，双翼富有动感，宛如太平鸟在休闲服饰的空间里，任意自由飞翔。整个图形具有深邃的内涵和抽象的美感，且有很高的记忆值。标识的含义充分体现休闲服饰的轻松休憩，又是蓄势待搏的再一次腾飞。整个造型构图，达到了意念和形态的较为完美的组合。可以肯定地说，太平鸟 CI 标识设计是成功的。纵观商标设计的发展史，由包豪斯设计思想影响而产生的将商标图形设计由老派的"绘画、写实式的琐碎表现"革新为"象征、简洁的几何形处理"是一大进步，而近来对此又提出了挑战，代之以"随意、自然"的图形处理。太平鸟的设计体现了企业标识设计的新趋势，因而给人以一种鲜活的感觉，一个符号、一个图形构成了相映成趣的构图。深邃至远的寓意，却在简练、自由、灵巧的构图中浑然自成。其创意之构图写意，简直有如莎士比亚所言"简洁是智慧的灵魂"。

太平鸟的企业专用色由蓝白两色配搭而成，底色蓝，"P"为白色，蓝天白鸟，既折射出太平鸟"志在蓝天，心有绿洲"那种振兴海派服装的精神风貌，又显示出最新的海派休闲服饰的风致神韵。

资料来源：朱惠民：《品牌文化战略的成功实践——太平鸟 CI 评述》，《宁波经济丛刊》，2001 年第 6 期。

⇨ **思考题：**

1. 什么是品牌文化战略？
2. 品牌文化战略在企业发展中起着什么样的作用？

一、品牌文化与企业发展

品牌文化是企业文化的重要组成部分，尤其是品牌文化具有的市场导向和竞争导向使品牌文化成为企业参与竞争并得以不断发展的重要因素。品牌是企业最重要的资产，是企业发展战略的核心，唯有品牌才是企业最持久的资产。以文化为导向的品牌文化战略，提升了品牌的价值内涵，以品牌的精神理念为核心，强化了品牌的生命力。

问题 1： 品牌文化在企业发展中起什么作用？

1. 品牌文化是企业可持续发展的保证

以文化为基础的品牌文化战略，能够提升品牌的价值内涵，以品牌的精神理念为核心，强化品牌的生命力。而品牌又是企业最重要的无形资产，在企业的竞争要素中，由于品牌的形成机理和作用的形式不同，品牌不同于技术和产品，品牌没有生命周期，它的维系是价值维系，而非功能维系。品牌文化战略能有效提升品牌的资产价值，建立品牌优势，为企业带来长期稳定的价值回报。品牌文化战略能塑造强势品牌，它与产品战略相比更具有利益优势。品牌文化战略的优势为品牌战略的实施提供了强有力的理论支撑，确立了品牌战略在企业战略中的重要地位。竞争是企业发展的主旋律，品牌战略是企业市场竞争的有效战略。通过品牌战略驱动企业经营战略，建立基于品牌的企业战略。"让消费者参与品牌的创建对消费者造成的影响，是其他方式（如向消费者提供大量产品信息，尤其是使用媒体广告）所无法比拟的。在品牌文化战略中，品牌名称定位文化，品牌形象塑造文化，品牌理念提升文化，品牌管理创新文化，品牌广告传播文化。品牌文化战略将品牌文化力转变为品牌竞争力和市场营销力。

2. 品牌文化是企业的核心竞争力

企业之间的竞争，无论是技术的竞争、知识的竞争、人才的竞争，还是资本的竞争，归根到底是文化的竞争。企业所有的优势，无论是技术的优势、知识的优势、人才的优势，还是资本的优势，最终都体现在企业的品牌上。

品牌文化战略是品牌从知名度到品牌美誉度，再到品牌忠诚度的过程。品牌的价值不是品牌的知名度，而是品牌的美誉度和忠诚度，是品牌所形成的顾客价值。

品牌是企业核心竞争力的最直接体现。在市场上一切竞争都归结为企业间争夺顾客的竞争，品牌文化竞争力能帮助企业有效建立"顾客—品牌"关系，并且通过文化的沟通维系关系的稳定，实现顾客的品牌忠诚。品牌文化赋予品牌个性，增加品牌价值，进而使消费者满意。通过达成消费者满意可以为公司带来竞争优势，增强公司盈利能力，提高公司收入水平，从而提升公司绩效。

二、品牌文化的助推力

问题 2：如何发挥品牌文化的助推力？

1. 建立品牌客户关系

营销的发展使企业意识到，维系顾客、保持较高的顾客忠诚度是企业营销的核心，它从营销成本和收益两方面为企业带来长期价值。企业的品牌塑造过程，实际上就是如何建立品牌与顾客关系的问题，品牌文化的助推力就是通过建立忠诚的品牌客户关系来体现的。

品牌文化是顾客品牌关系的核心。从品牌的价值内核分析，构成品牌认知的根本是品牌与顾客本身所具有的文化特质，是由文化基础形成的价值观的体现，因而品牌关系的建立源于品牌与顾客文化的交互作用。文化才是品牌关系

31

建立的基础。品牌不是产品，品牌不是个人，品牌不是企业，品牌是产品、个人与企业在与消费者进行交易和往来过程中形成的相互关系的反映。在营销活动中，品牌的价值就在于处理各种关系，进一步保持顾客忠诚。关系营销理论强调，企业的营销就是以关系为核心来展开，通过各种手段和途径建立顾客关系，特别是顾客关系管理（CRM），并以关系的维系为目标。然而，从消费者与企业关系的建立方式来看，唯有以品牌为纽带建立的顾客关系才是最牢固和最持久的。品牌是最简洁和富有内涵的表征方式；品牌不会因为人员变动、产品和服务问题而破坏品牌关系。曾被广大品牌捍卫者广为传播的可口可乐事例：只要有可口可乐品牌，可口可乐可以在一夜之间重建，表明可口可乐品牌的价值。其根源并非表面的可口可乐的品牌知名度，而是可口可乐已建立的牢固的品牌顾客关系。消费者与品牌之间的相互态度，是不同文化的体现。消费者希望品牌是诚实的、可信的，是能为他们解决需要解决的所有问题的，是能够与他们平等对话的，是他们愿意交往的；品牌希望消费者是忠诚的，是能互相理解和支持的，是善于合作的。消费者希望品牌能站在消费者的角度考虑问题，能从品牌处获得他们所需要的。消费者通过对品牌及其营销所表现的一切态度和行为，判断品牌对待他们的态度，从而确定关系的建立。

2. 将品牌文化转化为企业的核心竞争力

一般来讲，品牌文化能使品牌保持差异化，增强企业核心竞争优势。品牌是文化的载体，文化既是凝结在品牌中的企业精华，又是渗透到品牌经营全过程、全方位的理念、意志和行为规范。企业通过产品、品牌将视野扩展到文化领域，以对内增强凝聚力，对外增强竞争力，并努力将文化效应转化为市场效应和经济效益。正是因为品牌附着特定的文化，才使得品牌独一无二，个性特征各异。对品牌而言，如果说产品的质量、特色、功能、设计等要素是品牌的"肢体"，那么蕴涵在其中的文化是品牌的"头脑"。品牌正是透过其文化力去赢得消费者对其产品的认同感、亲和力，进而有利于提升品牌形象，促进产品销售。世界上每个拥有成功品牌的企业，正是将品牌文化中这种难以移植和模仿的文化价值转化为有形的品牌价值，将品牌价值转化为企业竞争优势的资本。也就是说，品牌文化可以为企业带来可持续的竞争优势。

综观世界上拥有知名品牌的企业，如美国通用电气公司、日本松下电器公司等，其经营绩效长盛不衰的主要原因是有优秀的品牌文化。正如《财富》杂志一篇评论员文章所说，世界500强企业的经营绩效胜过其他企业的根本原因，就在于这些企业善于不断地给它所拥有的品牌注入鲜活的文化。IBM咨询公司对世界500强企业的调查表明这些企业出类拔萃的关键是具有优秀的品牌文化，它们令人瞩目的技术创新、体制创新和管理创新根植于优秀而独特的品牌文化，从而使它们具有不断产生竞争优势的企业核心竞争力。

三、品牌智慧：品牌文化的力量

问题 3： 品牌文化的力量如何体现？

品牌的力量集中体现在它的文化价值上，品牌的文化价值是吸引消费者的根本原因。可口可乐和麦当劳的例子表明：百年品牌的奥秘在于消费者对于其背后的文化价值的认同。塑造品牌文化价值内涵，这将是企业品牌战略的重中之重。如今的市场竞争实质上是品牌的竞争。强势品牌、知名品牌就意味着高附加值、高利润、高市场占有率。当今的世界，企业的成功和其品牌的成功密不可分——世界 500 强有哪一家是"默默无闻"的？品牌的力量在于它独特的文化价值内涵，它已成为企业征服消费者的利器。一旦消费者认可了某一品牌背后的文化价值，这个品牌也就牢牢地拴住了消费者的钱包。品牌，以其独特的个性和风采超越了国界，超越了民族，超越了意识，吸引着世界人民共同消费。可口可乐和麦当劳就是这样的例子。可口可乐其自身独特的价值与长期形成的消费特点和品牌价值的定位，使消费者在消费其产品时能感受到活力、青春、运动、快意。这些未必是实在的心理感受，却像上瘾一样，使消费者不自觉地形成了口渴就得饮用可口可乐这个消费习惯；同样地，作为全球第一快餐品牌的麦当劳，在提供给每一个消费者汉堡包、辣鸡翅、冰淇淋和薯条时，它更多的是灌输给大家一种美国式的生活方式——快速、愉快地就餐，努力工作，享受高质量的生活。在窗明几净的就餐环境下，这种文化氛围让你的身心都可以彻底放松，繁重的工作任务也变得不那么可怕了。不仅如此，它还根据不同国度的饮食习惯做出适时调整，在不改变其文化传统的前提下，最大程度地给予消费者宾至如归的感觉。如在嗜好啤酒的德国，麦当劳除提供可口可乐外还提供啤酒；在意大利提供通心粉面食；在日本提供当地的海鲜等。同时，麦当劳还非常关注所在国度的社会生活，如在日本倡导了"周末休闲"工薪生活模式，而且还旗帜鲜明地支持某个弱势群体的利益或主张，传达自己对人性关爱的文化内涵。如"9·11 事件"后作为灾后第一个开业的店面，麦当劳向世人传达了不畏恐怖、自强不息的精神理念。同样的例子还发生在北约对南斯拉夫实施空袭时，麦当劳在自己的店门口插上南斯拉夫的国旗，以示对北约组织的抗议和对当地人民的支持。正是这些行为构成了麦当劳"质量、服务、清洁、价值"的品牌文化。当一个品牌的内涵如此宽容、丰富，并且经营者也"言行一致"，那么百年常青绝非天方夜谭。以上的事例证明，品牌必须要有一定的品牌文化，它才可能全面地满足消费者的需要，而实际这种被称为"品牌文化"的东西，就是产品在实际使用价值之外给予消费者的一种印象、感觉和附加价值，如归属感、身份感、荣耀感等。它实际上是企业文化的升华。企业文化是一个企业在共同价值观基础上形成的所有的思维模式、产品模式和行为模式的总和，主要反映在企业精神、理念、内部规章制度和相对一致的行为方式上，是向内的；而品牌文化则是企业文化的外在表现，是企业文化通过产品销售、公关事件、广告宣传、公司人物等传达给顾客的一种文化精髓。所以，品牌文化价值是企业竞争优势的主要源泉和富有价值的战略财富。拥有明确定位且充满自信的品牌，是企业将本身的价值及文化清楚、明确、持续地传达给消费者的最重要的途径。

第二节　品牌理论实践的新发展

引导案例

滇虹药业——保卫"康王"

昆明滇虹药业有限公司坐落于昆明国际高新技术产业开发区，前身为滇虹天然药物厂，于1993年成立，1997年与美国大东企业合资，正式注册为中美合资昆明滇虹药业有限公司，由中方云南药业集团股份有限公司控股。通过巨资投入和持续的创牌、护牌工程，滇虹药业注册商标"康王"以其广泛的美誉度和影响力，于2006年元月被认定为"中国驰名商标"，"康王"成为国内医药产业的响亮品牌。滇虹"康王"旗下产品以质量可靠、疗效显著赢得众多患者青睐，销售网络覆盖全国、东南亚及非洲地区，企业以良好的发展态势傲视同侪。随着"康王"品牌社会知名度和美誉度的不断提升，滇虹药业也遭遇了品牌被侵权的尴尬事件，品牌发展受到严重的损害。无奈之下，滇虹药业奋起抗争，打响品牌"保卫战"，并将品牌维权之路进行到底。

1997年，该公司"康王"商标获准注册，核定使用在中药、西药、中药制剂、西药制剂等药品上。为最大限度地保护"康王"商标，滇虹药业紧接着通过原始取得、继受取得等方式，又获准注册或受让取得"康王"商标12件。此外，还向国家商标局申请了与"康王"商标相同或相近的商标21件。2000年，滇虹药业"康王"商标被国家工商行政管理总局列入"全国重点商标保护名录"，2003年10月又被云南省工商行政管理局认定为"云南省著名商标"。

正当滇虹药业力图把"康王"品牌打造成皮肤类用药中的大品牌时，2004年，汕头市康王精细化工实业有限公司将只核准注册于牙膏、香皂上的"康王kanwan"商标扩大使用到洗发水上。至此，大量冒牌洗发水倾销于市场，给滇虹药业造成了巨大的损失和恶劣的影响，滇虹药业为此奋起维权。

……

汕头公司对滇虹药业"康王"商标实施的一系列侵权行为先后受到全国数十家行政及司法机关处罚，生效的判决书和行政处罚决定书达 30 多份。看似滇虹药业的维权富有成效，但事实上，法院的判决和工商局的处罚并没有使这家企业有所收敛，更没有受到损失，反而在侵权诉讼和法院、工商局的查处中不断"发展壮大"。经过四年的煎熬和努力，滇虹药业的品牌维权终于取得了实质性的进展。2007 年 6 月 14 日，云南高院终审判决认定滇虹药业"康王"商标为驰名商标，并判汕头康王赔偿其经济损失 50 万元。至此，康王品牌"完璧归赵"。

资料来源：杨小鹏：《滇虹将"康王"品牌保卫战进行到底》，《中国品牌》，2008 年第 1 期；李华：《勇立潮头唱大风——滇虹药业创品牌、护品牌之路》，《中国食品药品监督》，2006 年第 3 期。

➡ 思考题：

1. 云南滇虹药业为何要花如此大的代价去维护品牌形象？

2. 企业应该如何建立并维护品牌形象？

一、品牌文化的先驱者

传统的经济学理论认为，消费者在进行消费时，一般会受朴素的等值观念（即价格与产品的价值相等）的影响，产品的品质和价值决定了消费者对消费品的取舍。然而，在产品同质化程度越来越高的今天，这种朴素的等值观念正受到来自现实的挑战！消费者在购买力相同的情况下，市场上符合他们这种传统等值标准的产品往往不止一种，传统的消费观念使消费者陷入了一种取舍两难的境地。

那么，消费者该如何选择呢？除了对产品品质和价值的认同外，还有一种力量正在影响着消费者的选择，这就是品牌文化。品牌文化与消费者内心认同的文化和价值观一旦产生共鸣，这种力量就显得非常强大。因为它是除了服务以外，品牌所赋予产品的又一附加值。正是这种无形的附加值影响了消费者对同质化产品的选择！

品牌是市场竞争强有力的手段，但同时也是一种文化现象。优秀的品牌具有良好的文化底蕴，消费者购买产品，不仅选择了品牌的功效和质量，也同时选择了品牌的文化品位。在建设品牌时，文化必然渗透和充盈其中并发挥着不

35

可替代的作用；创建品牌就是一个将文化精致而充分地展示的过程；在品牌的塑造过程中，文化起着凝聚和催化的作用，使品牌更有内涵；品牌的文化内涵是提升品牌附加值、产品竞争力的源动力。

在品牌文化领域，早先的很多研究都只是局限于品牌文化的塑造和认知，在企业建立品牌的时候赋予品牌一种文化内涵，使得品牌能够很好地体现企业文化和企业商品特色。但是这些品牌文化的先驱者们并没有将品牌文化上升到战略的高度，没有将品牌文化当做企业的一种核心竞争力，品牌文化战略的研究和企业如何建设品牌和维护品牌在以后很多研究和实践中逐步地体现出来。品牌文化不仅仅是体现在文化上，更重要的是将这种文化的价值性和文化所推动的企业核心竞争能力充分地发挥出来，这样才能真正体现出企业品牌的价值。

阅读材料

铸造品牌腾飞之魂——波司登品牌文化建设

2007年9月1日，一个令全体波司登人喜悦和振奋的日子，从北京人民大会堂传来喜讯："波司登"登上了品牌新高峰，荣获"世界名牌"这一中国企业界产品的最高荣誉，这预示着波司登品牌进入世界名牌产品的新时代。

多年来波司登坚持不懈创名牌，持之以恒攀新高，走出了一条民营企业实施名牌战略的成功之路。1999年以来，"波司登"羽绒服曾先后被国家工商总局认定为中国驰名商标、连续两次被国家质检总局认定为中国名牌产品、国家免检产品和国家进出口免检商品。为塑造"波司登"国际品牌形象、实现品牌的良性发展和永续经营，公司专门成立品牌经营公司，负责品牌的整体规划与推广、提升、维护工作。公司聘请国内外知名专家团队对"波司登"品牌进行系统的规划，制定品牌国际化的发展战略，包括国际化的定位、推广、营销策划等。同时，为使"波司登"品牌在国内、国际市场上能与国际品牌形象相吻合，品牌公司重点打造定位高档的"波司登"防寒服与羽绒服，并在短短的时间内，取得了良好的销售业绩。"波司登"已逐步成为为全球消费者服务的国际化品牌。在品牌的资产价值迅速放大之后，如何科学地经营、管理品牌，成了波司登名牌战略道路上的一个重要问题。毕竟羽绒产品的性能比较单一，波司登要想进一步做大做强，仅仅满足于在羽绒领域出类拔萃是行不通的。实现品牌产品结构系列化和完善化，成为波司登的必然选择。2008年以来，波司登"四季化"战略逐步推进，产品系列化和拓展一年四季产品的品牌战略正式"浮出水面"。波司登四季产品以时尚休闲男装、时尚休闲女装、T恤、羊毛衫、羊绒衫、衬衫为主，以简约、自然、飘逸的风格，强调"内在气质的适度张扬"，产品定位于以合理的价格来实现奢侈品的平民化。

成为中国服装行业第一品牌、国际羽绒服行业第一品牌是波司登的发展目标，波司登将以更加务实的态度，把波司登打造成名副其实的、为世界消费者所公认的世界名牌。

资料来源：翟月：《铸造品牌腾飞之魂——波司登品牌文化建设纪实》，《东方企业文化》，2009年第5期。

活动1： 讨论企业的品牌文化建设。

4~5人为一小组，选择一家感兴趣的企业，对该企业的品牌建立和维护以及品牌文化的建设进行探讨，并根据企业历年来所取得的业绩分析品牌文化在企业的发展中起到何种作用，企业是如何将品牌转化成核心竞争力的。由老师对小组讨论结果进行点评。

二、建立企业品牌的长期性

企业品牌的建立不是一个短暂的过程，它需要长期的维护与管理。企业建立品牌时必须考虑到它的长期性，在较长的时间内都能够发挥它的价值和对顾客的吸引力，品牌代表着一个企业的形象和声誉，同时也体现着企业所蕴涵的文化内涵，因此它必须能够长期有效地发挥作用。

37

问题4： 如何建立品牌的长期性？

1. 根据顾客的遗忘规律，适时地调整品牌传播策略

德国著名心理学家艾宾浩斯（Hermann Ebbinghaus，1850~1909）在研究人的记忆时经过反复实验，绘出了一条记忆的遗忘曲线，其横坐标表示回忆的时间间隔，纵坐标表示记忆的保持程度。人们在记忆一个材料后间隔一段时间，对内容的记忆程度就越来越低，其遗忘规律是先快后慢，

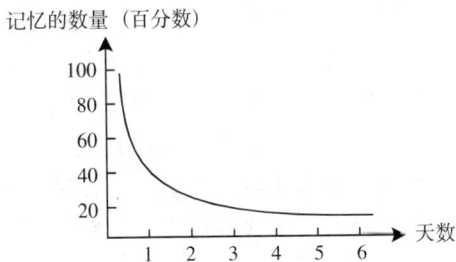

图 2-1 记忆遗忘曲线

是一个具有共性的群体规律。这个规律主要表明人们记忆痕迹的衰退过程。在其痕迹没有完全消退的时候，如果及时地重复、巩固这个痕迹，加深印象，那么高程度记忆的保持就会更长久。如果间隔时间长了，再次记忆就几乎等于完全重新学习。

在实际生活中，消费者的记忆产生于品牌有效传播过程中，品牌一旦开始

传播就会逐渐产生消费者记忆并诱发其市场效应。但是根据艾宾浩斯遗忘曲线，消费者对品牌的记忆信息会随着时间的延长而逐渐消退。那么企业要想在激烈的市场竞争中有效地抓住消费者的记忆，就应该根据消费者的遗忘规律，适时地调整自己的品牌传播策略，更新宣传内容和形式等，及时地巩固消费者对品牌的记忆痕迹，使得品牌形象在消费者的头脑中形成一个稳固的印象。

2. 品牌传播要始终保持品牌的核心价值

要使企业的品牌传播具有长期有效性，得到更高的回报，就必须坚持品牌的核心价值。很多企业没有认识到品牌核心价值的巨大作用，对于设定品牌核心价值毫无概念或概念模糊。部分企业开始建立自己的品牌核心价值，却常常不能保持，其品牌规划未经深思熟虑，在传播实践中经常偏离品牌核心价值，大量浪费企业的资金。因此，很多企业尽管时常推出一些费用高昂、制作精美、创意十足的传播广告，仍然只能维持一段时期的效用。保障企业品牌核心价值的方法，就是准确确定符合相应社会文化价值的品牌核心价值，并在长期传播中不发生偏移。这需要做好以下两点：

（1）必须准确地确定品牌的核心价值。迈克·莫泽认为，可以采用一个简易可行的好方法来确定企业的品牌核心价值，即在清单上写下足够多的社会文化价值观念，如敬业、快乐、真诚、质量、家庭、健康等，再与企业一一对应，寻找出其中最恰当的一两项。需要注意的是，不能错误地将某种文化或精神的载体当做核心价值。例如，酒文化只是作为表达个人或者民族的某些精神与追求的载体之一，作为企业品牌的核心价值，应该选用酒文化所表达或传诵的这种具体的精神和追求，而不是酒文化本身。

（2）品牌的核心价值一经确定就要长期坚持下去。时代在发展，市场在变化，产品要创新，品牌要防止老化，品牌宣传诉求的主题和方式可以变化，但是品牌核心价值不可变。即使在因时而生的短期广告宣传中，也应尽力融合品牌的核心价值，一定要确保其提高品牌知名度的努力都与品牌核心价值定位密不可分。否则即使投入再多的传播费用，也只能产生短期的市场效用，甚至还可能引导企业品牌传播走上歧路。很多企业就曾因此不得不连续大幅度增加广告投入，从而导致企业利润不断下滑甚至亏损。只有长期一致地保持品牌核心价值，才能保证品牌传播的长期有效性，产生和积累起真正的品牌资产。

三、建立并维护企业品牌

问题 5：企业品牌如何建立？

建立品牌的 10 个步骤：

步骤一：了解产业环境，确认自己的强弱项，决定"核心"生意。根据自身的强项，发展竞争者不易追赶的项目。

步骤二：形成企业长远发展目标及可操作的价值观，如文化确认长期的基本策略。企业本身需要有一个目标，这个目标至少是5~10年，或许在中国的市场至少要5年。这有一个前提，就是目标必须是大胆的，而且是成熟的。像迪斯尼建立的时候就很清楚，就是要把欢乐带给世界。索尼在早期时的目标非常清楚，就是要把产品卖到世界各地去，改变西方对自己产品品质的印象。

步骤三：完整的企业识别形成维护管理系统。一般来讲，面对CI改变的时候最主要是要问几个问题，即多少员工知道企业的长远目标？企业的价值观是什么？多少人讲得出来？主管单位是否知道企业的愿景？供应商是否了解我们是什么样的公司？顾客怎么看待我们的企业形象？这些问题如果回答不出来，很可能需要策划CI。

步骤四：确认品牌与消费者的关系。如果企业本身面对很多消费者，第三步骤可能要跟第四步骤对调，就是要先确认产品品牌跟消费者的关系。

步骤五：品牌策略/品牌识别。这要从大平台角度去看，该品牌是要走向全世界的品牌，还是全国性的品牌，抑或地区性的品牌？这些都是策略性的问题。你了解基本的品牌策略是什么，是单一的品牌策略还是多元的品牌策略，是母体品牌或是副品牌，是企业品牌还是产品品牌？当能够回答清楚这些问题之后，品牌识别系统才可以调整。

步骤六：品牌责任归属与组织运作。企业建立品牌的一个最大问题就是组织的运作不明确，到底品牌责任在哪里。另外一个比较大的问题就是行销或者是业务跟传播的功能在很多企业里是分开的，这实际上是很危险的，也是很难去维持一个品牌的威信的。

步骤七：360度整合行销传播计划及执行。一般整合行销传播比较偏向于四个方面：广告、公共关系、促销以及直效行销。在未来的企业，真正企业跟企业相互之间的竞争的关键就是掌握了多少有信誉度的顾客，不只要有顾客名单，而是要深入地了解其生活、价值观，以及跟品牌的关系是什么，这些都是企业未来的关键。

步骤八：直接接触消费者，持续记录，建立活的客户资料库，不断建立品牌忠诚度。

步骤九：建立评估系统，追踪品牌资产。去了解不同品牌资产的不同项目，需要有一个持续性的、统一的调查方法，以这个评估基础解释整个计划，做一些调整。

步骤十：投资品牌持续一致，不轻易改变。建立品牌实际上是不容易的，是需要很长时间的，在这个过程中，需要去坚持，不景气的时候还是必须要继续投资。

问题 6：企业品牌如何维护？

1. 强化内部管理、提高产品质量是维护品牌的基础

企业应将品牌管理的重点放在品牌维持上，操作中不能脱离品牌关怀战略，否则品牌便无法生存和发展。现今阶段，品牌的发展已从信誉阶段升华到情感阶段，国内虽然有的品牌有了一定的知名度，但是还要在关注需求上加大力度，否则客户很容易"移情别恋"。

2. 品牌需要时间和历史来锻造与维护

一个企业品牌的创立是要以一个百年老店的理念来锻造形成的，而不是仅凭在央视拿一个标王以及扩大知名度就能创立品牌。什么样的品牌最长久？企业时时刻刻在维护着品牌的长久性。品牌的建立需要不间断地进行宣传，这其中包含了公共宣传。公共宣传不完全是进行广告的"狂轰滥炸"，也不是一相情愿地标榜自己的"最好"，而是要让顾客随着时间推移而对品牌有更加全面和深刻的认知。

3. 品牌维护需要品牌战略统揽全局，根据品牌规律进行维护

当企业明确提出了创知名品牌的企业目标时，基于对市场趋势的敏锐把握和对市场的深刻认知，企业应把品牌战略列为公司的战略之一，通过不懈的努力，成为国内著名的现代化企业，从以人为本、创顾客价值的理念出发，构筑自身独具特色的理念。

（1）要了解品牌的价值核心。品牌建设是一个漫长的过程，这个阶段商家的广告投入、企业文化塑造、品牌竞争力分析，都将对品牌的成长起到关键作用。广告投入引导消费者对品牌进行认知，企业文化塑造使得品牌深度得以加强并趋于人性化，品牌竞争力分析则使品牌的内涵得以转化为营销力，帮助企业达到市场或利润最大化目标。

（2）要认识到品牌的无形价值。如可口可乐，该公司总裁曾宣称，即使可口可乐在全球的所有工厂在一夜间化为灰烬，只要拥有可口可乐的品牌使用权，就可以在最短的时间内使可口可乐再度辉煌。显然，可口可乐的品牌是一种具有价值的品牌，是可以出让的无形资产。

（3）要客观地进行品牌细分。和产品一样，品牌也存在着同质化现象。品牌也可以和产品一样进行细分，来促进产品的销售。

（4）要正确进行品牌内涵的推敲。品牌维护的先决条件是，企业必须客观地认识自身的品牌内涵。杉杉（FIRS）是国内一个著名的男装品牌，有着很高

的美誉度。就 FIRS 本身而言应该是一个较中性的品牌，性别区分不太明显，作为著名的服装公司，杉杉集团却对杉杉延伸至女装品牌进行了反复推敲。经过大量的调查认证，发现 FIRS 的中文译名杉杉更适合男性服饰广告诉求，于是在女装品牌上就有了杉杉的新译名"法涵诗"，并很快成为女装市场的一朵奇葩。

活动 2：模拟企业品牌的建立。

4~5 人为一小组，模拟企业品牌的建立和维护过程。首先建立一家企业，明确主营业务，然后根据品牌建立的十步骤逐步建立起企业的品牌，并讨论如何在以后的长期经营过程中，提高品牌的长期有效性。由老师对小组讨论结果进行点评。

第三节　品牌文化战略与企业发展

引导案例

同仁堂的品牌塑造之路

一个有历史积淀的品牌如同一个睿智的老者，给人以安全感和依赖感。每一个国人在第一次接触到同仁堂时，单凭这三个字就能对其产生天然的好感，其间奥妙全在一个"仁"字。作为儒家思想的核心，中华民族传统道德观的最高准则，"仁"字为世人所推崇，为商家所青睐。

双人为仁，人人为我，我为人人，这是对"仁"最为通俗的解释。从企业的角度出发，能和社会真正形成这种互利互惠的和谐关系，并非易事。同仁堂历经北京乐氏十代人的用心经营，历经社会主义改造、改革开放大潮的洗礼，时至今日，共走过三百多年的风雨历程，最终诠释了"仁"，并使之成为企业文化精髓，成为中华老字号中最有价值的品牌之一。

一、早期同仁堂的品牌策略

早在清朝时期，乐平泉就特别注重扩大同仁堂的知名度和提高其声誉，经常在做公益慈善事业之余将同仁堂的品牌及其药物加以传播。每逢全国会试，同仁堂就向各地会馆里住着的举子们免费赠送助消化、防伤风感冒、祛水土不服的平安药，宣传成本低却效果显著。同仁堂的药和名声被返乡的举子们带到了全国各地。当时，北京城内每年都有一个月要挖城沟，乐平泉就在四面城门将印有"同仁堂"三个字的大红灯笼高悬于城沟之上，方便行人的同时更成就了同仁堂积德行善的口碑。这是非常好的品牌推广策略，这样的举措在今天都是成功的广告宣传方式。

二、新时期同仁堂的品牌崛起

改革开放后，同仁堂作为中国本土民族企业，尽管作为百年字号有着自己的优势，但在市场竞争日益激烈的环境下，要想常胜就必须突出重围，走出一片新的蓝海。同时，品牌的再次崛起需要种种品牌策略。品牌策略首先要运用同仁堂的固有优势：传统文化与百年屹立不倒的价值观，要做到"以文化树品牌"、"以仁德立形象"。除此之外，同仁堂"以传奇揽人心"这一新的手段对其品牌塑造产生了重要作用。

1. 以文化树品牌

拥有独特的品牌是一个企业得以成功的重要因素，而文化是一个品牌的灵魂。因此，挖掘企业自己特有的文化，并将其作为树立企业品牌的核心元素是至关重要的。

同仁堂是中药行业著名的老字号，翻开同仁堂的历史，我们立刻可以感受到其浓厚的文化底蕴。挖掘同仁堂的企业文化，就不得不从其品牌的名称"同仁堂"三个字开始研究。"同仁堂"的核心即"仁"，"仁"字不仅是医药界的关键词，也是中华传统文化儒学的核心内容。古语有云：为仁者安天下、仁者胜乃万古之理、仁者无敌等。同仁堂将中华民族共同认可的"仁"文化，注入同仁堂的企业文化中，使企业和消费者之间产生情感共鸣。同仁堂正是抓住了人们这种文化心理，从古到今，不论遭遇发展路途中的任何荆棘坎坷，"仁"字品牌都深入人心，在340年的漫长道路中发挥了重要作用。这也是同仁堂在数次濒临破产之际，都能顺利渡过难关的原因。

同仁堂人历来遵循两条祖训：一是关于药品质量的"炮制虽繁必不敢省人工，品味虽贵必不敢减物力"。二是行医售药必备素质的"同修仁德，济世养生"。这两条都是同仁堂显著于世的"仁德"形象。发展到今天的同仁堂，更是以"同修仁德，济世养生"作为集团的企业精神。

2. 以传奇揽人心

同仁堂是拥有几百年历史的老字号，发展到现在金字招牌仍然闪闪发亮、屹立不倒，几百年的历史本身就充满了故事。而同仁堂在百年商海浮沉中，几起几落更是充满了戏剧化和神秘色彩。乐氏家族的几位传奇人物也历来是人们茶余饭后摆龙门阵、唠嗑拉呱的话题。同仁堂的传奇故事更是小说、戏剧、影视剧作最好的素材。它来源于生活又高于生活，并将中国文化的主旋律融入其中，将同仁堂的品牌、形象、文化传播开来，使同仁堂的品牌深入人心。像《大宅门》、《同仁堂传说》、《戊子风雪同仁堂》、《大清药王》、《风雨同仁堂》等都是以同仁堂故事为原型加以修饰和演绎而成为大众喜爱的经典电视剧。《大清药王》的顾问是乐家传人乐崇熙，而《大宅门》的编导郭宝昌更是乐氏家族乐镜宇的养子，从小听着同仁堂的传奇故事长大，这些人生经历都为他们的创作提供了丰富的资源。《风雨同仁堂》的策划就是现在的同仁堂集团的宣传部长金永年。《戊子风雪同仁堂》也是由同仁堂赞助拍摄的。

在当今传媒条件下，影视剧作的传播效果日益得到肯定。同仁堂在其品牌塑造的过程中，运用其悠久历史、故事传奇的特有优势，通过投资影视来达到其传播目的，被证明是一种成功的品牌策略。而当前流行的有关同仁堂的电视剧大都成为经典剧作，深受大众喜爱。与此同时，同仁堂的品牌影响力也在不知不觉中深入人心。尤其在《大清药王》播出后，上至80岁的老人，下至几岁的小孩，莫不知晓同仁堂。

同仁堂以传奇揽人心的这一品牌策略，利用其特有优势达到了其他企业无法比拟的宣传效果，取得了很大成功。

资料来源：http://www.cqvip.com/Main/Detail.aspx?id=34273033&AspxAutoDetectCookieSupport=1。

➡ **思考题：**

1. 同仁堂为什么能够从1669年延续到现在？

2. 同仁堂的品牌塑造之路对于中国企业的品牌建立和形象塑造具有哪些启示？

一、国际品牌文化的发展

1. 原始品牌的发展

从原始广告的产生到1450年德国人古登堡发明活字印刷术，品牌一直是在一种自然的、朦胧的状态下发展的。但是，人们在商业活动中已经自觉或不自觉地产生了品牌的观念和意识，运用了品牌传播的手段和方法。当时品牌传播方式多是口耳相传，直到古埃及文字广告的出现，情况才有所改观，实物品牌开始出现。在已发现的古埃及的纸草、泥版，以及古希腊和古罗马时期的陶器、金器和灯具上都刻有文字或图案的标记，这被认为是最早的广告商标品牌。特别是公元前6世纪，罗马建立了奴隶共和国后，由于经济繁荣和商业活动的增多，闹市和商业贸易区树立起大量的招牌广告和墙壁户外广告来进行品牌宣传，使品牌的传播扩散到更为广泛的领域。

2. 品牌的萌芽和发育

中世纪出现了印刷匠的标志、水印、面包标记及各种各样的手工协会标志。这些标记用来吸引顾客，同时也可以用来管制侵害行业垄断的人及找出生产低劣产品的制造者。中世纪后，欧洲人来到美洲，也把品牌化的实践带到了美洲。美国的医药和烟草制造商是培育品牌的先驱。在美国内战之前，一些药品制造商已经开始将小瓶作为产品包装而使其变得比较有名，而且为更好地吸引消费者，这些制造商开始使用商标，典型的做法是在商标图案中央印刷业主的肖像。

3. 品牌的成长壮大

19 世纪末 20 世纪初，西方国家生产力水平有了显著提高。电力的出现使得电动机器代替了人工和蒸汽机作业。高效率机器的采用，使企业规模不断扩大，企业界掀起合并的热潮，进而产生了一大批优秀品牌。例如，1880 年，梦特娇诞生；1886 年，可口可乐诞生，同年，德国奔驰制造了第一辆配有单缸发动机的汽车；1895 年，吉列剃须刀出现；1896 年，路易威登问世；1898 年，伊士曼发明小巧简便的照相机，命名为"柯达"；1907 年，劳斯莱斯推出银色幽灵车；1908 年，亨利·福特推出了福特 T 型汽车，这种用流水线生产的汽车引发了汽车工业的变革和其他生产部门的技术革命，同一年，劳力士手表诞生；1913 年，雪铁龙公司成立；1916 年，威廉·波音与韦斯特·维尔特创办太平洋航空公司，次年改名"波音"；1924 年，万宝路品牌诞生；1938 年，雀巢咖啡诞生。这些品牌长盛不衰，经过百年的洗礼，至今仍然焕发着勃勃生机。

44

二、国内品牌文化的发展

现代营销理论中的"品牌"概念在我国的提出是近二十年的事情，其内涵和价值为我国企业真正认识和重视更是短短十几年的事。但纵观整个中国社会的发展历史，品牌并不是现代社会才有的现象，品牌的雏形在中国古代早已有之。

1. 品牌雏形阶段

我国品牌的历史源头可以追溯到远古时代。"三皇"时期，人们在陶器上绘图作画，使用各种标记符号。这些标记符号可看做是我国品牌的历史源头。到了汉代，由于手工业高度发展，商品种类逐渐增多，出现了一定范围内的市场竞争。商人为了保住自己的市场，开始以生产该产品的能工巧匠的姓名或与商品有关的故事情节、历史背景为商品名称。唐宋时期，由于商品交换进一步发展，先后出现了行铺和作坊，并且出现了使用行铺、作坊名称作为商品标记的情况，各行各业的商品能在市场中自由买卖，同一行业的商品种类也逐渐增多。商人为了使自己的产品尽快卖出去，开始对产品进行宣传推广，买主也养成了认牌购货的习惯。到了明清，品牌雏形有了很大的发展，主要体现在名称和内涵的变化上。明清时代的商人通常赋予招牌文字以言简意赅的内容，将儒家思想融入其中，在商业活动中也极为讲究商业道德与信誉。

2. 品牌形成阶段

1840 年鸦片战争，西方列强敲开中国市场的大门，开始对中国进行资本输出。外国商人大量倾销洋货，使得中国市场上充斥着许多洋货。在国外商品的冲击下，一些国内商人开始重视商品的宣传。与此同时，品牌的载体也扩展到报纸、杂志、路牌、霓虹灯及橱窗等。20 世纪 30 年代初到抗战前夕，是旧中国品牌发展的鼎盛时期。

3. 品牌意识淡漠时期

从 1949 年新中国成立到 1956 年完成社会主义改造，这一时期经济比较落后，生产力水平低下，物质极度匮乏，产品严重供不应求，国家实行计划经济体制，产供销由国家统一管理，品牌失去了它的基本功能。

4. 品牌意识觉醒时期

（1）品牌意识启蒙阶段（20 世纪 70 年代末至 20 世纪 80 年代）。这一阶段，国外品牌进入中国市场经历了从纯粹的商品进口到后来的合资办厂的转变过程。20 世纪 80 年代以前，对于中国企业来说，"品牌"还是一个崭新的名称，企业的品牌意识还很薄弱。80 年代初期，中国还不允许外资在中国设厂，很多国外品牌主要通过直接进口渗透到中国市场。1985 年，外商投资的政策有所松动，但是外企在华直接投资仍受到很多限制。为了绕过政策壁垒，外企大多通过合资形式进入中国市场。与此同时，一些国内企业通过为外资品牌贴牌生产来赢得生存和发展。但后来的研究证明，贴牌生产的运作模式使国内企业付出了沉重的代价，国内企业在贴牌的过程中只赚取一点微薄的加工费，而国外品牌却获得了高额利润和市场份额，导致中国成为世界的"制造车间"。

（2）自创品牌阶段（20 世纪 90 年代初至 90 年代中期）。经过上一阶段竞争的锤炼，中国企业开始感受到品牌的价值和威力，意识到贴牌生产并不能成为企业持久发展的运作方式，只有创出自己的品牌，才能与实力雄厚的外企相抗衡。这一阶段，各类品牌的创建活动相继展开。1991 年，我国举办第一届"中国驰名商标"评比活动，选出了 14 个全国驰名商标。1992 年，国内贸易部、国家经贸委、电子工业部等机构联合举办"全国畅销国产商品展销会"，评选"金桥奖"。1993 年，《中国名牌》杂志创立。1994 年，中华商标协会成立。1995 年，北京名牌资产评估有限公司开始发布《中国品牌价值报告》，以促进国内企业与学者对品牌与品牌资产开展深入研究。这一阶段，中华老字号也开始转变观念，借鉴国外市场经济的运作经验，运用现代营销管理理论重新打造老字号。例如，"同仁堂"、"全聚德"通过运用丰富多样的影响策略来塑造现代强势医药和餐饮服务品牌，使历史积淀下来的品牌资产得以激活。

（3）品牌竞争阶段（20世纪90年代中期到90年代末）。中国经济加速发展，各种品牌随处可见，竞争加剧。很多企业开始意识到，唯有建立强有力的品牌，才能在激烈的竞争中立于不败之地。这一阶段，品牌的竞争主要在一些品牌之间展开。其主要表现为：一方面，每个名牌企业都在自己的拳头产品上拼命扩大规模，以期获得越来越多的市场份额；另一方面，在保持自己原有产品优势的同时，开始进入其他领域。

（4）品牌国际化阶段（2000年至今）。我国品牌进入前所未有的发展时期。随着中国加入WTO，中国企业开始意识到国际竞争的紧迫性和必要性，纷纷提出了品牌国际化战略，开始走向国际。2001年13月4日，美国格林尼治储蓄银行大楼更名为"The Haier Building"，海尔品牌进一步国际化；2003年8月20日，海尔集团在东京银座点亮灯箱广告，这是中国企业首次在世界四大黄金广告位树立广告牌。2003年，联想标识由"legend"更换为"lenovo"，开始国际化变脸；2004年，其又以12.5亿美元收购了IBM全球PC业务，迈出了国际化的重要一步。

三、品牌与企业社会责任

"企业责任"这个概念起源于欧洲，尤其是英、美等国，是诸多科学领域的一个重要概念。早期，人们认为企业只是一个盈利性的社会经济实体，是为谋求经济利益最大化的经济组织，没有人会对其提出企业以外的社会责任。但是随着生产力水平的提高，资本主义生产方式从简单手工业到机器大工业的发展，企业组织形式从独资到合伙再到股份公司、跨国公司，企业承担的社会责任越来越重。企业为国家提供资本积累，为国民贸易提供了便利服务。企业的生存与发展是与国家和社会同步的，企业只有分担与之相适应的社会责任，才能更加有效地营造出赖以生存和发展的宏观和微观环境。

企业社会责任是指企业在创造利润、对股东承担法律责任的同时，还要承担对员工、消费者、社区和环境的责任。企业的社会责任要求企业必须超越视利润为唯一目标的传统理念，强调要在生产过程中对人的价值加以关注，强调对消费者、对环境、对社会的贡献。

问题7：企业社会责任与品牌有怎样的关系？

企业履行社会责任，有迫切的外部压力和内部合理性。而品牌建设则是一个企业立足于市场的必要保证。两者有着密切的关系。首先，企业社会责任是企业品牌建设的重要内涵已经成为共识。其次，企业履行社会责任成为提升其品牌形象的重要途径。基于社会责任的品牌建设，也为企业承担社会责任提供了其内部合理性。

1. 企业社会责任对企业的责任要求是企业品牌建设的重要内涵

企业社会责任强调企业作为一个重要而特殊的社会成员，其行为要符合社会道德的要求，要履行一定的社会责任。该理论认为，企业应履行的社会责任包括：消费者责任、员工责任、环境责任、社区责任等。品牌建设是一个综合系统，企业的品牌形象除了包括产品品牌、雇主品牌、企业品牌等方面，其内涵也包括很多丰富的内容，不但和企业性质、行业特点有着密切的关系，而且和时代特征、社会文化息息相关。在前面我们已经论述过，企业社会责任在近几十年的蓬勃发展，是很多社会因素综合作用的结果，是时代的产物，企业的社会责任必将成为企业品牌建设的重要内容，这是社会的要求，是消费者的要求，甚至是企业生存的必要条件。

2. 企业履行社会责任成为提升其品牌形象的重要途径

越来越多的实例表明，企业特别是知名度较高的跨国企业，如沃尔玛、星巴克、耐克等，在品牌建设方面的路径正在由传统的广告方式转型为履行社会责任的方式，即通过积极主动地履行社会责任来重塑企业形象，再造企业文化，并由此提升企业品牌影响力。例如，沃尔玛公司正在主动采取两项举措：一是将其庞大的物流车队的效率提高 100%，以减少企业二氧化碳排放量。二是将其各卖场的能源耗费量减少 30%，以达到节约利用资源的目标。沃尔玛这样做的动机很简单，就是使自身的品牌力量不会因对资源与环境责任的缺失而受到削弱。

实践已经并将继续证明，企业履行社会责任会提升企业品牌影响力；而社会责任缺失，则会丑化企业形象，令企业品牌蒙羞。我们可以断定，企业履行社会责任与企业品牌建设将产生直接的、深刻的正向关联度，履行社会责任终将成为企业品牌建设的新的路径依据。

3. 品牌建设的作用为企业履行社会责任提供了内部合理性

企业履行社会责任大多起因于外部的压力，有一个从不愿意到愿意的过程。若想使企业自愿自觉地履行社会责任，必须让企业认识到履行企业社会责任的重要性，而品牌建设在企业经营中的巨大作用正可以提供这种重要性的证明。

以我国企业为例，大部分企业已经清醒地认识到品牌建设重要性，而且正在积极进行着品牌的建设和巩固。同时，虽然迫于承受我国现阶段假冒伪劣产品问题、劳工问题、环境问题等问题的巨大压力，但与西方的公司积极提倡企业社会责任不同的是，目前我国企业履行社会责任大多不是自愿行为。只有让我国大部分企业认识到积极履行企业社会责任正在成为品牌形象的重要内涵以及提升企业品牌形象的重要途径，让企业积极主动地将履行企业社会责任纳入品牌建设的体系中，才能从根本上为我国企业履行企业社会责任提供内部动力。

活动 3： 讨论国内外品牌文化的发展对中国中小企业品牌文化建设的借鉴作用。

以小组为单位展开讨论，列举出五个以上值得借鉴的方面，谈谈从国内外品牌发展的历史进程中受到了哪些启发？

考试链接

1. 学员应着重注意品牌文化时代的特征，以及在这样的时代背景下企业面临的品牌发展问题。

2. 了解品牌建立与企业长期发展的联系。

3. 重点应掌握企业塑造并维护品牌的方法和所应背负的品牌责任。

案例分析

星巴克：文化成就品牌传奇

有人把公司分为三类：一类公司出售的是文化，二类公司出售的是服务，三类公司出售的是质量。星巴克公司出售的不仅仅是优质的咖啡、完美的服务，更重要的是顾客对咖啡的体验文化。在星巴克看来，人们的滞留空间分为家庭、办公室和除此以外的其他场所。星巴克致力于抢占人们的第三滞留空间，把赚钱的目光紧紧盯住人们的滞留空间。现场精湛的钢琴演奏、欧美经典的音乐背景、流行时尚的报纸杂志、精美的欧式饰品等配套设施，力求给消费者营造高贵、时尚、浪漫、文化的感觉氛围。让喝咖啡变成一种生活体验，让喝咖啡的人感觉到自己在享受咖啡时不仅是消遣休闲还能体验时尚与文化。如果三四个人一起去喝咖啡，星巴克就会为这几个人专门配备一名咖啡师。顾客一旦对咖啡豆的选择、冲泡、烘焙等有任何问题，咖啡师会耐心细致地向他讲解，使顾客在找到最适合自己口味的咖啡的同时，体味到星巴克所宣扬的咖啡文化。正是通过咖啡这种载体，星巴克把一种独特的格调传送给顾客。咖啡的消费很大程度上是一种感性的文化层次上的消费，文化的沟通需要的就是咖啡店所营造的环境文化能够感染顾客，并形成良好的互动体验。

资料来源：http://www.51cmc.com/article/200604/20060413161200739409.shtml。

➡ **问题讨论:**

1. 你认为星巴克成功的最主要原因是什么?
2. 星巴克是怎样塑造它的品牌文化的?

本章小结

★★★★

　　品牌文化是企业文化的重要组成部分,品牌文化是企业重要的无形资产,是企业战略的核心,是企业可持续发展的保障。优秀的品牌文化可以转化成企业的核心竞争力。当今时代,品牌在企业发展方面的作用日益凸显,品牌文化的塑造显得尤为重要。品牌的建立是一个漫长的过程,必须根据建立品牌的十个步骤有条不紊地进行企业品牌的建立,并且在日后的经营过程中还要不断地进行品牌的维护,采用适当的营销策略和品牌推广策略,将品牌的价值发挥到最大程度。国内外许多优秀品牌的发展历程将会给我们很多启示和借鉴。

深入学习与考试预备知识

★★★★

品牌维护

49

　　企业创出品牌之后,如果不思进取、缺乏创新,就会导致品牌逐渐失去市场。如果不注意对自己的品牌进行保护,让别人钻空子,品牌就会渐渐失去光芒。品牌作为企业的重要资产,其市场竞争力和品牌的价值来之不易。但是,市场不是一成不变的,因此需要企业不断地对品牌进行维护。

　　所谓"品牌维护",是指企业针对外部环境的变化给品牌带来的影响所进行的维护品牌形象、保持品牌市场地位和品牌价值的一系列活动的统称。品牌维护的意义在于:①有利于保持品牌的市场地位。②有助于保持和增强品牌生命力。③有利于预防和化解危机。④有利于抵御竞争品牌。

　　品牌维护又可分为经营维护、自我保护和社会维护。

　　所谓"经营维护",是指企业经营者在具体的营销活动中所采取的一系列维护品牌形象、保持品牌市场地位的活动。不同的品牌,其所面临的内部和外部环境存在差异,自然经营者所采取的维护活动也各不相同。

　　品牌经营者努力营造高知名度的品牌,然而枪打出头鸟,品牌的知名度越高,假冒者就越多,技术失窃的可能性也就越大,品牌搏杀竞争、品牌之间互相攻击斗争以及两败俱伤的现象也就越普遍。因此,品牌经营者为使品牌健康成长，必须注意进行自我保护。

品牌维护还需要全社会的力量，包括传媒的维护、社会团体的维护、政府的维护以及消费者的法律维护等众多力量。

知识扩展 ★★★★

名牌效应

名牌是知名品牌或强势品牌，其巨大的作用在于它的名牌效应，这种名牌效应表现在以下七个方面：

（1）聚合效应。名牌企业或产品在资源方面会获得社会的认可，社会的资本、人才、管理经验甚至政策都会倾向名牌企业或产品，使企业聚合人、财、物等资源，形成并很好地发挥名牌的聚合效应。

（2）磁场效应。当企业或产品成为名牌，拥有了较高的知名度，特别是较高的美誉度后，会在消费者心目中树立起极高的威望，企业或产品就会像磁石一样吸引消费者，消费者会在这种吸引力下形成品牌忠诚，反复购买，重复使用，并对其不断宣传，而其他品牌产品的使用者也会在名牌产品的磁场力下开始使用此产品，并可能成为此品牌的忠实消费者。

（3）衍生效应。名牌积累、聚合了足够多的资源，就会不断衍生出新的产品和服务，名牌的衍生应使企业快速发展，并不断开拓市场，占有市场，形成新的名牌。

（4）内敛效应。名牌会增强企业的凝聚力。如联想集团、以民族品牌为号召的四川长虹和倡导"明天会更好"的海尔集团等，它们的良好形象使生活、工作在这些企业中的员工产生自豪感和荣誉感，并能形成一种企业文化、工作氛围，给每一位员工以士气、志气，使员工精神力量得到激发，从而更努力认真地工作。

（5）宣传效应。名牌形成后，就可以利用名牌的知名度、美誉度传播企业名声，宣传地区形象，甚至宣传国家形象。

（6）带动效应。名牌的带动效应是指名牌产品对企业发展的拉动作用，名牌企业对城市经济、地区经济甚至国家经济的带动作用。名牌的带动效应也可称为龙头效应，名牌产品或企业像龙头一样带动着企业的发展、地区经济的发展。

（7）稳定效应。当一个地区的经济出现波动时，名牌的稳定发展一方面可以拉动地区经济，另一方面起到稳定军心的作用，使人、财、物等社会资源不致于流失。

答案

★★★★

第一节：

1. 品牌文化战略是指企业为了提高其品牌文化内涵，增强市场竞争力而制订的一系列长期的带有根本性的总体规划和行动方案。实施品牌文化战略是知识经济时代的客观要求，是品牌发展的逻辑，是增强企业核心竞争力的有效途径。塑造个性化、人性化、兼容性和可持续发展的品牌文化是实施品牌文化战略的选择。

2. 品牌是一个民族素质的重要特征，是一个国家和地区经济、科技和文化等综合实力的重要象征，是提高企业核心竞争力的重要手段。品牌维系着企业的存亡，把品牌文化上升到战略高度对我国企业适应国内外激烈竞争的环境是十分重要的。

第二节：

1. 假冒商品近年来日益泛滥，成为我国经济生活中的一大恶症。云南滇虹药业树立"康王"品牌不易，在面临针对品牌的侵权时，只有采取措施去维护品牌形象，才不至于使得"康王"品牌在消费者心中的形象受损，才能有效维护企业的长期利益。同时投入巨资进行品牌保护活动也能够引起社会的对于品牌保护的广泛关注，提升"康王"在消费者心中的地位。

2. ①了解品牌价值核心。这个阶段企业的广告投入，企业文化塑造，品牌竞争力分析，都将对品牌的成长起到关键作用。②客观进行品牌细分。和产品一样，品牌也存在着同质化现象，企业要真正了解品牌建设的趋势，认清品牌同样可以用细分法则来促进销售。③理性的品牌延伸。谙熟市场营销法则的企业可以同时打造几个品牌，利用市场细分概念在各个层次的消费市场获取品牌收益。④确定品牌属性。利用企业独特的产品优势确立不同于他人的品牌属性是锁定市场的不二法则。⑤及时的品牌危机公关。在品牌战略的实施过程中，企业要时刻警惕可能出现的品牌危机，及时处理产品问题，避免品牌形象受损。

第三节：

1. ①同仁堂十分重视产品质量，恪守"炮制虽繁必不敢省人工，品味虽贵必不敢减物力"的祖训，这使得消费者对于同仁堂的产品质量充满信赖，为同仁堂应对各种经营环境奠定了基础。②同仁堂重视品牌形象，讲求"同修仁德，济世养生"，为企业赢得了良好的口碑，取得了消费者的信任。③同仁堂注重品牌营销手段，利用戏剧、影视作品等手段拉近与消费者的距离，奠定了同仁堂在消费者心中独特的地位。

2.①重视产品质量，质量是品牌的基础，也是奠定企业形象的最基本条件。②利用企业产品特点，树立独特的品牌文化。③注重品牌宣传，根据产品特点采用有效的宣传手段。

案例分析：

1. 星巴克成功的最主要原因是它创造了属于自己的品牌文化模式，它将传统的咖啡厅向顾客出售商品转变为向顾客出售文化。星巴克的品牌服务人群清晰地定位于注重享受、休闲、追求知识、崇尚人本位的都市白领及中产阶级，将咖啡作为一种载体，通过咖啡，星巴克把一种格调传递给顾客，与顾客形成良好的互动体验。

2. 星巴克以美国作家麦尔维尔的小说《白鲸》中一位处事极其冷静、极具性格魅力的大副星巴克命名，首先明确了自身的品牌定位，同时它通过店内精湛的钢琴演奏、欧美经典的音乐背景、精美的欧式视频等配套设施，给消费者营造了高贵、时尚、浪漫的互动文化效果。正如杰斯帕·昆德在《公司宗教》一书中指出："星巴克的成功在于，在消费者需求的中心由产品转向服务，再由服务转向体验的时代，星巴克成功地创立了一种以创造'星巴克体验'为特点的'咖啡宗教'。"

第三章

品牌文化建设

学习目标
★★★★

知识要求 通过本章的学习，掌握：

● 品牌认知度的概念
● 品牌知名度和美誉度的概念及其意义
● 品牌柔性管理的方法
● 提升品牌知名度、美誉度的方法

技能要求 通过本章的学习，能够：

● 运用品牌文化的管理模式进行品牌文化的管理
● 列举出能够提升品牌知名度和美誉度的方法
● 明确创建品牌的宗旨和目的
● 明确创建品牌的内容

学习指导
★★★★

1. 本章内容包括：品牌的认知度、品牌的柔性管理、品牌文化的管理模式、品牌的知名度和美誉度及其管理方法、提升品牌知名度和美誉度的方法、创建品牌的宗旨和目的、实施创建品牌的内容。

2. 学习方法：独立思考，抓住重点；小组讨论，案例分析；模拟练习等。

3. 建议学时：6 学时。

第一节 品牌与认知度管理

引导案例

宝洁：品牌管理的先驱

宝洁连续多年被评为美国"十大最受尊敬的企业"，被《财富》杂志评为最值得长期投资的企业。宝洁每年花费 30 多亿美元在全球进行品牌营销，所营销的 300 多个品牌的产品畅销全球 140 多个国家和地区，拥有 50 亿消费者，美国 98%的家庭使用宝洁产品，远胜过世界上任何一家企业。宝洁成功的原因除了 160 多年来一直恪守的产品高质量原则，独特的品牌管理系统也是其获得成功的重要原因之一。

宝洁 1931 年引入品牌管理系统。宝洁公司品牌管理系统的基本原则是：让品牌经理像管理不同的公司一样管理不同的品牌，此管理系统是品牌管理的鼻祖。这一管理理念目前已成为品牌管理的基石之一。

1930 年，理查德·杜普利出任宝洁公司总裁。宝洁自 1923 年推出新的肥皂品牌"佳美"后，佳美的业务发展一直不尽如人意。市场部人员认为，这主要是由于佳美的广告和市场营销"太过于'象牙皂'化的思维"。"象牙皂"是宝洁公司的重要产品之一，自 1879 年诞生以来，"象牙皂"已成为消费者心目中的名牌产品，销售业绩一直很好。"佳美皂"之所以不能畅销，是因为佳美的广告受到"象牙皂"广告的影响，广告意念被削弱，一定程度上成了"象牙皂"的翻版。鉴于此，宝洁当时的副总裁罗根提议专门为"佳美皂"请一家新的广告公司。根据罗根的建议，宝洁选择了纽约的派得勒和瑞恩广告公司。这家新广告公司得到了宝洁公司的许诺，绝不为竞争设定任何限制。"佳美皂"有了自己的广告公司后，销售业绩迅速增长。

此时，公司认为指派专人负责该品牌的促销及与广告公司的日常联系是非常必要的，这一重任落在了尼尔·麦凯瑞的身上。1931 年，麦凯瑞来到宝洁总部，向当时的市场部副总裁谈起了他的"一个人负责一个品牌"的构想。罗根很喜欢这个构思，但他指出如果公司不批准在市场部增设人员的话，这个计划就不可行。麦凯瑞在文件里写道：品牌经理应能够把销售经理大部分工作接过来，使销售经理将主要精力放在销售产品的工作上。杜普利赞同这种品牌管理方法，从此，宝洁公司的市场营销理念和市场运作方法开始发生改变。但麦凯瑞的方案随即遇到公司内外的阻力。反对者认为这个新方案是打着优质品牌的旗号鼓励品牌间相互"残杀"，而且就像"在家庭内部开战，不会有好结果"。而麦凯瑞坚持认为不会发生"内战"，他认为，公司的各品牌就像是一个家族里的兄弟，而不是敌人。这种内部的竞争，将促使品牌经理运用他所有的智慧、能力和方法，使自己管理的品牌赢得成功。

资料来源：http：//www.cgjlr.com。

➡ **思考题：**

1. 宝洁的品牌管理模式是什么？
2. 宝洁的品牌管理给了你什么启示？

一、认知度

消费者对品牌由知之甚少到认同乃至最终内化的过程就是品牌的成长过程，即品牌会经历品牌认知、品牌联想、品牌美誉以及品牌忠诚等发展阶段。显然，品牌认知是品牌发展过程的基础。下面来介绍一下关于认知度的内容。

问题1：什么是品牌认知度？

品牌认知度（Brand Awareness），是指消费者对品牌的了解、记忆和识别的程度，具体表现为消费者在想到某一类别产品时，在脑海中想起或辨别出某一产品品牌的程度。

品牌认知度由品牌再认和品牌回忆构成。品牌再认（Brand Recognition）是指消费者通过品牌暗示，确认之前见过该品牌的能力。换句话说，品牌再认是顾客来到商店时能够辨别出以前见过的某一品牌的能力。品牌回忆（Brand Recall）是指在给出品类、购买或使用情景等暗示性的条件下，消费者在记忆中找出该品牌的能力。

对不同类别的产品，品牌再认和品牌回忆的重要程度会有所不同。研究表明，对于在销售点销售的产品，品牌再认非常重要，因为产品的品牌名称、标识、包装等元素清晰可见；对于不在销售点销售的产品，品牌回忆将会起到关键作用。例如，对服务和在线产品来说，品牌回忆至关重要，因为消费者会主动寻找品牌，并将合适的品牌从记忆中搜寻出来。

二、品牌柔性管理

问题 2：什么是品牌柔性管理？

柔性管理（Soft Management）从本质上说是一种对"稳定和变化"进行管理的新方略。柔性管理理念的确立，以思维方式从线性到非线性的转变为前提。线性思维的特征是历时性；而非线性思维的特征是共时性，也就是同步转型。从表面混沌的繁杂现象中看出事物发展和演化的自然秩序，洞悉下一步前进的方向，识别潜在的、未知的需要开拓的市场，进而预见变化并自动应付变化，这就是柔性管理的任务。

柔性管理以"人性化"为标志，强调跳跃和变化、速度和反应、灵敏与弹性，它注重平等和尊重、创造和直觉、主动和企业精神、远见和价值控制，它依据信息共享、虚拟整合、竞争性合作、差异性互补、虚拟实践社团等，实现管理和运营知识由隐性到显性的转化，从而创造竞争优势。

品牌柔性管理，顾名思义就是用柔性管理的方式方法来管理品牌，用跳跃、变化、灵活、富有弹性的手段来对品牌进行有效的管理，以使品牌运营在整个企业管理的过程中起到良好的驱动作用，不断提高企业的核心价值和扩大品牌资产，从而为品牌的长期发展打下基础。

三、品牌文化管理模式

品牌文化管理是品牌文化建设的重要任务，是品牌塑造的主要内容。品牌文化管理与品牌形象在公众中的优秀传播率、形象吸引力、品牌忠诚度、销售增长率、市场占有扩大率紧密相关，同时，品牌文化管理也是企业品牌价值提升的重要环节。

问题 3：品牌文化管理可遵循怎样的模式？

1. 坚持品牌价值，强化品牌精神

在品牌创建中，企业要始终围绕品牌精神实施品牌战略计划，保持品牌战略的高度统一。品牌塑造是持久的工作，品牌是靠一个一个的行为积累而形成的，因而品牌文化塑造最重要的是坚持。坚持不懈、日积月累是品牌文化管理工作的主要标准。

（1）强化品牌个性。品牌个性是品牌间相互区别的特征，是品牌营销的出发点。品牌个性是差异化的核心，是品牌区别于竞争对手、突出竞争优势的主要内容。在品牌营销中，企业要寻求准确的品牌特性，并将其贯穿于品牌文化塑造的各个方面。

（2）强化品牌形象。品牌形象是其在消费者和社会公众心目中的形象，是外界看待品牌的方式。品牌形象影响消费者对品牌的态度，进而影响消费者的消费选择和消费行为。良好的品牌形象缩短了品牌与消费者之间的距离，有助于产品的销售。

（3）维护品牌的一致性。在品牌塑造过程中，除了不断强化品牌个性外，还要保持品牌的一致性。一是所有要素的一致，在视觉输出和传播上保持一致。二是品牌营销行为的统一，品牌形象贵在营销传播，每一次营销行为都要为品牌形象塑造服务。品牌塑造的一致性能帮助消费者形成统一的品牌形象，加深他们对品牌的印象，建立较高的品牌意识。维护品牌的一致性，就是品牌视觉输出、营销行为与企业价值观的高度统一，是以品牌文化为核心的企业营销战略的必然选择。

2. 完善品牌文化系统

品牌塑造是积累的过程，同样，品牌文化塑造也是全方位的。它要求企业从各个方面传播品牌价值，影响消费者。品牌形象塑造不只限于广告、公共关系和新闻传播及产品营销，品牌塑造是企业所有对外和对内活动的集合，即企业的一切活动均可归为品牌塑造。这就要求企业建立完善的品牌文化系统，规范企业所有的行为，将企业的所有活动纳入品牌建设的轨道，实施以品牌文化为核心的企业发展战略。完善的品牌文化系统，包括品牌文化和品牌营销，它是全过程、全方位和全员品牌行为的统一。

57

活动 1： 以宝洁公司为例，讨论如何进行品牌的柔性管理。

第二节　品牌与知名度、美誉度管理

引导案例

格兰仕借力"中国红行动"提升品牌美誉度

2008 年 3 月 28 日中国红十字基金会、格兰仕集团联手发起"中国红行动"。自该日开始，每一台在中国市场实现销售的格兰仕"中国红"系列全能型光波微波炉都将为"中国红行动"慈善项目捐出 1 元利润，以用于中国红十字基金会的"红十字天使计划"和"博爱助学计划"。该计划旨在关注贫困农民和儿童的生命与健康，对患有重大疾病的贫困农民和儿童实施医疗救助，且建立博爱基金，在贫困地区农村援建博爱小学，改善贫困地区办学条件。

中国红十字基金会副秘书长刘选国表示，格兰仕集团是第一时间给予"中国红行动"积极响应的企业。据介绍，中国红十字基金会对联合发起单位选择的条件，首先要看企业的综合实力、行业地位和企业的号召力、美誉度；其次要看企业的公民意识和举措。格兰仕在"非典"、禽流感、东南亚海啸等非常时期，都是最早发起捐赠义举的企业之一。此外，格兰仕遍布全球的营销服务渠道也将促进"中国红行动"在全球的迅速推广。据分析，格兰仕通过此活动进一步提升了品牌的社会美誉度，同时助推了"中国红"光波炉系列产品在全球更大范围内产生影响的大营销效果。

资料来源：周绍雷：《格兰仕借力"中国红行动"提升品牌美誉度》，《现代家电》，2008 年第 8 期。

➡ **思考题：**

格兰仕提升品牌美誉度的措施对你有何启示？

一、知名度、美誉度

问题 4：什么是品牌的知名度、美誉度？

1. 知名度的含义

品牌知名度是指潜在购买者认识到或记起某一品牌是某类产品的能力。它涉及产品类别与品牌的联系。品牌知名度被分为三个明显不同的层次。

2. 美誉度的含义

品牌美誉度是品牌竞争力的组成部分之一，它是市场中人们对某一品牌的好感和信任程度，也是现代企业形象塑造的重要组成部分。通过事件营销、软文化以及各种营销载体建立的企业及产品知名度，往往不是企业所一相情愿等同的品牌美誉度，于是一些 CEO 惊呼在产品知名度空前的同时，产品的销量波动很大，总是要靠权威的媒介广告和无休止的促销战才可以拉动销售，这个时候 CEO 们才意识到：品牌知名度只是品牌美誉度的一个组成部分。

问题 5：知名度与美誉度之间有什么关系？

品牌知名度是美誉度的基础；而品牌美誉度才能真正反映品牌在消费者心目中的价值水平，两者都是衡量品牌价值外延度的重要指标。美誉度是品牌在消费者心中的良好形象。美誉度是以知名度为前提的，没有很好的知名度，就不用说有很好的品牌形象。知名度可以通过宣传手段快速提升，而美誉度则需要通过长期的细心的品牌经营，十年如一日地保持良好的品牌形象，才能建立起来。

二、知名度、美誉度管理

问题 6：如何进行品牌知名度、美誉度的管理？

（一）知名度管理

1. 品牌知名度的层次

品牌知名度被分为三个明显不同的层次。

品牌知名度的最低层次是品牌识别。这是根据提供帮助的记忆测试确定的，如通过电话调查，给出特定产品种类的一系列品牌名称，要求被调查者说出他们以前听说过哪些品牌。虽然需要将品牌与产品种类相连，但其间的联系不必太强。品牌识别是品牌知名度的最低水平，但在购买者选购品牌时却是至关重要的。

品牌识别可以让消费者找到熟悉的感觉。人们喜欢熟悉的东西，尤其是对于香皂、口香糖、纸巾等低价值的日用品，有时不必评估产品的特点，熟悉这一产品就足以让人们做出购买决策。研究表明，无论消费者接触到的是抽象的图画、名称、音乐还是其他东西，接触的次数与喜欢程度之间呈正相关。

品牌知名度的第二个层次是品牌回想。通常是通过让被调查者说出某类产品的品牌来确定品牌回想，但这是"未提供帮助的回想"，与确定品牌识别不同的是，不向被调查者提供品牌名称，所以要确定回想的难度更大。品牌回想往往与较强的品牌定位相关联。

品牌回想往往能左右潜在购买者的采购决策。采购程序的第一步常常是选择一组需考虑的品牌作为备选组。例如，在选择广告代理商、试驾的车型或需评估的计算机系统时，通常要考虑三四个备选方案。在这一步，除特殊情况外，购买者可能没有接触到更多品牌。此时，要进入备选组的品牌回想就非常关键。哪个厂商生产计算机？能够想到的第一家公司就占有优势，而不具有品牌回想的厂商则没有任何机会。

第一提及知名度，这是一个特殊的状态，是品牌知名度的最高层次。确切地说，这意味着该品牌在人们心目中的地位高于其他品牌。企业如果拥有这样的主导品牌，就有了强有力的竞争优势。

2. 建立品牌知名度的原则

（1）简单。一定要明确你现在的任务就是建立知名度，告诉人家你是谁，是做什么的，就足够了，即首先要解决的是脸熟，不要奢望在广告中表达太多的东西，让消费者连有多少条生产线、工艺流程都记住，这些都是以后的问题，你现在首要的任务是大声地喊出来——我来了！

（2）直接。尽量少绕弯子，一切创意都围绕产品。斯达舒上市的时候，巧妙地借助斯达舒的谐音"四大叔"，直接突出了品牌的名字，整个创意就是围绕名字展开的。同样的例子还有清嘴含片，"想知道亲嘴的味道吗？想哪儿去了，我说的是清嘴含片……"

（3）出奇。要想让顾客记住，就要使自己显得与众不同。美国家庭人寿保险公司（AFLAC）最初做了十多年的广告，但是几乎没有人记住这家公司，直到它以鸭子的"呱！呱！"声作为创意为止。当你大声地把 AFLAC 读出来的时候，听起来就好像鸭子叫，于是，其大胆地把鸭子的呱呱声引入创意中来，当别人在交谈时，总会有一只鸭子在旁边呱呱地插嘴。这个在一般人看来疯狂、幼稚、不合传统的广告，居然取得了巨大的成功：在广告播出的 6 天之内，AFLAC 网站的访问量比前一年的总数还多，销售额共增长了 55%，91% 的美国人都知道了 AFLAC。更有趣的是，其中的 1/3 不是说出 AFLAC，而是像鸭子一样喊出来。不仅如此，这居然成了流行现象，大家总是时不时地喊出AFLAC，这相当于价值不菲的免费广告。

（4）以产品为主角。广告不能为了创意而忽略产品，尤其是第一次亮相，更应该对产品进行充分的展示，把产品作为整个创意的主角而放大。当然，这样说绝非像有的广告那样，只是让产品在屏幕上飞来飞去，而是巧妙地进行展示。

（5）记忆点。人最容易被细节吸引和打动，在人的脑海里，经常会浮现出一些断章式的情节，也许某一部电影的具体内容忘掉了，但是对里面的某个情节却记忆犹新，如《英雄本色》中小马哥咬着火柴梗的情节，很多人对此过目不忘，这就是记忆点。一条广告播完之后，必须有一个细节，或画面或语言让消费者牢记，农夫果园的"喝前摇一摇"就是记忆点方面非常好的例子。

（6）多说两遍产品名。人是需要进行提醒记忆的，第一次和人家打交道，为了让对方记住自己，就要多说两遍自己的名字。同样，在 30 秒或者 15 秒的广告里，只出现一次品牌名称绝对是一个失误，只有多说两遍产品名称消费者才可能听到，别怕重复，宁多毋少。

3. 建立品牌知名度的策略

（1）与众不同使人难忘。要提高知名度就必须让公众注意到这条信息，并留下难以磨灭的印象，最关键的一点是制造差异，做到与众不同。例如，将汽车放在一座与世隔绝的山峰顶部，虽令人难忘，但观众可能难以回忆起是哪个品牌的汽车被放在了山顶。

（2）品牌应该有标语或押韵。标语能够凸显产品的特征，强化品牌形象。诸如"漂浮于水面"或"今天你应该休息"等标语有助于人们回想品牌。对诸如香皂等产品而言，先提出"漂浮于水面"，之后再提出"象牙"这一名称，比直接提出"象牙"更易为消费者所接受。因此，企业应该创建与品牌或者产品类别息息相关的标语，并使之为公众所接受。

押韵是创建品牌知名度的强有力工具。有人对新上市的 58 种新产品进行了为期 13 周的测试，研究结果表明：之所以某些新产品的回想层次高于其他产品，其中非常重要的一点是这些产品的宣传用语押韵，易于人们记忆。

（3）标志展示。如果企业拥有与品牌紧密相连的标志，如 Colonel 的磨沙机、Transamerica 的角锥或旅行家集团（Travelers）的伞，那么在创建或维持品牌知名度时，标志就能够发挥主要作用。标志包括视觉形象，视觉形象比文字更易于为人们所理解与记忆。

（4）公共关系。广告适宜创建知名度，是展示品牌的有效方式。公共关系通常也会起到一定作用，有时甚至是关键作用。它不但比媒体广告的成本低，而且比媒体广告的效果好！与阅读广告相比，人们通常更愿意从新闻故事中获得信息。最理想的情景就是产品本身就能引起人们的关注，如新概念车或新的计算机芯片。但是如果产品本身不具备新闻价值，那就需要"制造"有新闻价值的事件。

（5）赞助比赛。大多数情况下，赞助比赛的最主要作用是创建或维持知名度。很久以前，啤酒品牌就意识到了促销的价值，百威（Budmeiser）、米勒（Miller）、库斯（Coors）以及其他一些品牌纷纷与上百场比赛建立了紧密的联系，向现场观看比赛的观众、通过电视观看比赛的观众以及那些在赛前或赛后阅读相关报道的读者展示其品牌。

（6）考虑品牌延伸问题 。获得品牌回想、凸显品牌名称的方法之一就是在其他产品上统一使用该名称。最典型的是许多知名的日本企业在其所有的产品上都使用相同的品牌，如索尼、本田、马自达、三菱和雅马哈等。事实上，索尼这一品牌名称是经过精挑细选的，因此可以广泛用于各种产品，同时在采用多重促销时可以收到显著成效。三菱的名称以及由 3 个钻石组成的标志出现在包括汽车、金融产品、蘑菇等 2.5 万个以上的产品中，可以说是无处不在。当然，如何进行品牌延伸也存在权衡问题。

（7）使用提示。最为有价值的品牌提示是包装，因为包装是购物者所面对的最真实的刺激因素。有时还可用提示使人们回忆起广告中所培育的联系。在 Life 谷物食品的麦克广告中，一个名叫麦克的聪明伶俐的小男孩非常喜欢 Life 谷物食品，为此，公司在包装上打印了麦克的小图片，以强调其与广告的联系。

（8）不断重复有助于品牌回想。要让消费者回想品牌比让消费者识别品牌更难。这就要求品牌名称更为突出，品牌与产品类别的联系更强。即使只展示几次，品牌识别就能持续下去，而随着时间的推移，品牌回想却在不断弱化，就好像我们能够认出面孔却难以回忆起名字一样。只有通过深入的学习体验或多次重复才能建立品牌回想。当然要想让消费者铭记在心，则需做更多努力。

（二）美誉度管理

1. 美誉度管理的意义

在市场经济日益发展的今天，品牌已经成为企业占领市场的制胜法宝，人们的生活变成了由各种品牌构成的缤纷世界：电脑芯片使用的是英特尔，购买饮料首选可口可乐，轿车考虑奔驰或者劳斯莱斯，手机还是诺基亚比较受消费者青睐……人们选择品牌是因为人们信任品牌，品牌给人们带来了超越于产品本身的价值，购买者认为产品物有所值或得到了超值享受。企业往往可以通过广告宣传等途径来实现品牌的知名度，而美誉度反映的则是消费者在综合自己的使用经验和所接触到的多种品牌信息后对品牌价值认定的程度，它不能靠广告宣传来实现，美誉度往往是消费者的心理感受，是形成消费者忠诚度的重要因素。

很多强势品牌之所以能够获得如此高的品牌美誉度，与其提供的产品、服务的高品质和高质量密不可分。沃尔玛的创始人山姆·沃尔顿有句名言："请对顾客露出你的 8 颗牙。"他还教导："当顾客走到距离你 10 英尺的范围时，你要温和地看着顾客的眼睛，鼓励他向你走来，向你求助。"这就是所谓的"10英尺态度"，沃尔玛由此传达了"向顾客提供更有价值的高品质"的理念，而使消费者对其产生信任感和忠诚度。

好的品牌美誉度来自于消费者之间的口碑传播，因此，为了更高的品牌美誉度，不仅要提高消费者的满意度，同时还要注意传播产品的正面信息，将负面效应降到最低程度，要精心呵护，因为创牌容易保牌难，品牌维护无小事。因此，可以说美誉度关乎品牌的生命。要打造强势品牌，一定要注意品牌的口碑建设。

2. 品牌美誉度管理策略

（1）企业主动参与解决特殊社会问题。企业是社会机体的一个重要组成部分。社会生活随时可能遇到这样那样的特殊困难，随时可能出现这样那样的特殊问题，企业应时时刻刻关心社会生活，对出现的各种特殊社会问题要积极主动参与解决。特殊社会问题，不仅因为其独特性能引起传媒和社会大众的关注，而且这种特殊性本身还蕴含着某种独特的文化和社会价值观。如果这种独特的文化和社会价值观与企业的理念属性相吻合，并为企业很巧妙地运用，那就十分有利于企业品牌美誉度的塑造与传播。

（2）准确满足公众特殊需要。举例来说，由于各种各样的原因，现在许多城市人戴手表的习惯有明显淡化的倾向，在那些时间显得特别重要的场所，这种倾向给人们带来了许多不便，特别是在公共汽车上，人们或因为上下班，或因为外出，对"时间"就特别关注。

这种因为生活习惯的改变所产生的公众特殊需要，被某企业敏感地触摸到了。于是这种企业便在车厢前端的看板上挂上一台有年历的时钟，上书"×××集团，时时刻刻提醒你保护环境、热爱生活"。这就是一个刚成立的、生产"绿色保健饮料"的企业的出场方式。这一"时钟"行动恰到好处地把公众的特殊需要、特殊信息场所及企业独特的品牌形象准确地融为一体。这一杰出策划被当地政府当作社会公益事业在全社会进行推广，一夜之间，市内几乎所有公共汽车上均安装上了这种特殊的"品牌时钟"，这不仅省掉了该企业数万元的广告费，使企业名声大振，而且更主要的是令消费者对该企业及其品牌产生了真诚的好感。

现代企业要时刻关心、善于发现社会大众的特殊需要，并且要以创造性的策略，通过满足这一需要的企业行为过程巧妙地把企业品牌及形象融合进去，这将大大提高企业品牌美誉度的塑造效果。

（3）让企业品牌与特别时空融为一体。时间和空间是一笔巨大的财富，利用得好，对企业品牌美誉度的塑造所产生的正面影响是不可估量的。在德国统一的时候，"西铁城"表曾被作为两德统一倒计时指定用表。通过与两德统一这一具有重要历史价值的"时间"信息的联系，"西铁城"表在广大消费者心中的形象魅力大大提高。

利用特定的时间或空间来塑造企业品牌美誉度，关键是要选择重要的有代表性的时间、空间材料，只有这样才能把单一的产品或企业与一种文化形象、优势角色联系起来，提升企业及品牌的美誉度。

（4）坚决占领重要传播场所。企业形象、企业信息出现的场所对企业品牌美誉度的形成具有决定性的影响。以产品的广告形象信息为例，一个产品的广告是出现在中央电视台还是地方电视台，对该产品在消费者心目中形成的印象是不一样的。企业信息出现的场所越具世界性、国际性和权威性，对提高企业的知名度、展示企业的实力、在消费者心目中建立良好的品牌信任度就越有利。

（5）真诚服务特别消费个体。真诚关心、信赖广大消费者，向所有消费者提供热情、周到的服务是每一个企业基本道德准则，也是一个企业为塑造品牌美誉度所必须做的最基本工作。每个企业在其发展过程中都会遇到这样那样的特殊消费个体、特别消费事件，企业应随时以高度的主动性和责任感将对这些特殊消费个体的服务、对这些特殊消费事件的处理转化成企业美誉度塑造的良好机会。

（6）巧妙关联著名人物和组织。1992年12月20日，著名《纽约商报》刊登了即将当选总统克林顿夫人希拉里畅饮"健力宝"的照片，这张照片的刊登拉开了"东方魔水健力宝"争夺西半球市场的序幕。虽然这则照片的拍摄是经过精心策划和组织方才获得的，但著名人物本身的形象魅力作为企业必须借用的无形资产，其意义是确定无疑的。

一个企业不仅花钱请名人做广告，而且要设法营造事实，使使用企业产品成为著名人物日常生活中的真实事实，这样更有利于企业品牌美誉度的塑造与传播。

（7）即时抓住社会重大事件。社会重大事件不仅只是因为其具备强有力的新闻传播价值而对企业品牌知名度的塑造有利，而且还因为每一重大的社会事件本身都有深刻的社会、人文背景，因而这些重大的社会事件在观念上成为企业品牌塑造的重要材料。

（8）精诚追求独特文化角色。文化是一种深层的心理和思维方式。企业角色的文化表现是企业美誉度得以持久、稳定的重要社会心理依据。企业应动用一切资源和智慧、抓住和创造一切社会机会来塑造一个清晰的、富有个性的品牌文化角色。可口可乐、麦当劳等著名品牌为之奋斗的全部理想就是要把自己塑造成为美国文化的代表者。

企业品牌文化角色的塑造，是中国企业的一个薄弱环节。这与人们对"商业"的理解有关。人们常说"商战需要谋略"、"商战即谋略战"，这话并没有错，然而，仅仅有谋略、计谋是远远不够的。现代商战从最深的层面上讲就是文化之战，"商战需要文化"。

（9）规范企业的经营行为，树立良好的企业形象。一个企业如果不能在消费者面前展现出良好的外在形象，那么消费者肯定不会对其品牌产生良好的印象，反而会避而远之。规范企业的经营行为是树立良好企业形象的基础，因此，企业需要做到合法经营、合法竞争，不能通过偷税漏税、偷工减料来获得非法的利益。好的品牌美誉度来自于消费者之间的口碑传播，因此，为了获得更高的品牌美誉度，不仅要提高消费者对产品的满意度，同时还要注意传播产品的正面信息，因为创牌容易保牌难，品牌维护无小事。

阅读材料

刘远长的美誉度管理

刘远长作为中国最著名的陶瓷艺术大师之一，非常重视从工厂美誉度、艺术产品美誉度到艺术家美誉度的管理。刘远长曾任雕塑瓷厂厂长，中国国家级工艺美术大师，系中国美术家协会江西分会会员、景德镇雕塑研究会秘书长。他擅长陶瓷雕塑，兼长城雕、泥塑。作品注重从生活中提炼题材，表现形式集塑、刻、捏、镂于一体，分精雕、意塑两类。他功力扎实，对艺术有良好的悟性。其作品构思严谨，寓情于理，章法洗练，形式多样。能取传统技艺之功，融现代画理之妙，以人物创作为主，概神怪道释、古今传人之全，涉走兽、翎禽，有虎、豹、熊、鸟、雀之神。

刘远长是一位多产的艺术创作者。30 年来，独立创作的 528 件作品无不体现着他的艺术造诣和美誉度管理水平。

自处女作《鄱湖渔歌》瓷雕问世后，刘远长摆脱书本知识的束缚，遍览祖国古代雕塑遗迹，收益颇丰。雁北云冈石窟、晋祠泥塑；中原龙门石窟、唐三彩圣地；西北霍去病墓前石刻、秦兵马俑；江南各庙宇佛寺木雕泥塑他都一一浏览，细心揣摩，结合瓷雕材质，潜移默化，寻找了新的感觉，创造出自己独特的瓷雕语言。

1983 年，刘远长主持《水浒 108 将》大型组雕设计制作工程，独立创作了李逵、李超、小霸王周通等 5 个梁山好汉瓷雕作品。这组瓷雕影响极大，创经济效益百万元人民币，成为中国瓷雕史上的壮举。

单件售价 15000 元人民币的瓷雕作品《飞天》，为刘远长瓷艺雕塑又一精品。此作费时 3 个月，集圆、捏、镂雕等工艺于一体，精心巧作而成。国内外报纸杂志、画册多次刊载发表，形成了一种文化特征，外交部将《飞天》瓷雕列为国礼瓷，使之享誉海内外。迄今，刘远长已获 30 多项专业奖励，其中一等奖 3 项，在全国工艺美术创作评比、景德镇市陶瓷美术"百花奖"评比中都榜上有名。并在专业刊物发表《创作古装人物的体会》等论文多篇。

刘远长还利用各种展览的机会进行艺术品美誉度的提升，曾赴中国香港、日本、泰国、意大利主持参加景德镇陶瓷展。1988 年 3 月，他在日本高岛屋参加"大中国展"，进行现场技艺表演，受到盛赞，当地人士对他的作品竞相购藏。《江西日报》、《景德镇日报》、《景德镇瓷雕作品选》、《景德镇陶瓷》等有专题或专版介绍刘远长的瓷雕艺术生涯及创作风格。

有形形色色、神态各异的罗汉菩萨，为芸芸众生辟邪攘灾、普度慈航；

有风姿绰约的仕女，巧笑倩兮、摄人魂魄；有富态、慷慨的福禄寿喜、三星高照、布施苍生、时来运转、升官发财、延年益寿；有琳琅满目的鹰击长空、鱼翔浅底、虎啸山岗、鸟鸣幽林……

刘远长将产品美誉同传统文化进行了完美的结合。他是文人型的瓷雕艺术家，是瓷雕王国的开拓者。那美轮美奂驰誉中外的国礼瓷雕《飞天》；那情趣盎然的《哈哈罗汉》、《笑口常开》、《喜洋洋》；那成为中国瓷雕史壮举的大型组雕《水浒108将》；那或怒或善或猛的《龙》、《牛》、《豹》等动物群落；更有那卓然不群、长啸华夏的历史文化名人形象系列……这500多件瓷雕，贯通了古往今来人类与自然，构成了一个风格异彩纷呈、个性恣肆张扬的瓷雕艺术世界。

刘远长的艺术品美誉度管理理念深受成长环境的影响，他当年求学的陶院是所颇具国际色彩的、世界唯一的陶瓷高等学府，有俄、德、捷、波、越等外籍师生。有朝一日，走向世界，成为国际知名的艺术家是他少年的梦想。只是，他当时对瓷都的认识远非现在这么深刻，似乎更钟情于国画、油画之类正宗造型艺术，希望借助它们实现走向世界的艺术家之梦。

身在景德镇，除了献身瓷雕，刘远长别无选择。这便有了毕业作品——现代人物瓷雕《鄱湖渔歌》：优美动人的造型、清新脱俗的色调、强烈的时代感和浓郁的生活气息，都使人耳目一新、赞誉不绝。

毕业后，刘远长来到罗汉菩萨林立的雕塑瓷厂，选择了主攻现代人物瓷雕。因为那些造型雍容精细、色彩艳丽炫目、神态超凡脱俗，而又千篇一律地复制不已的罗汉菩萨，实在不太投合刘远长那渴望创造、渴望突破的雄心，背离他热情拥抱现实生活的农民儿子艺术家的初衷。刘远长以独特的造型语汇、绝对真诚的感情，塑造出《欧阳海》、《儿童团员》、《采茶姑娘》、《女体操队员》等45樽瓷雕，给封闭得令人窒息的传统瓷雕界吹进了一缕缕清新之风。其中的《轧钢工人》、《小秋收》，还被省里选送参加了全国美展，这也算是天道酬勤吧。也许，这还培育了刘远长的现实主义创作意识。

刘远长认为让"神"还俗为人，把它们从天上的虚幻世界拉回到纷纷扰扰的红尘，化超凡脱俗为七情六欲以提升艺术品社会美誉度为核心。人，既然造出了"神"，就不应该仅仅是自慰的偶像，还应该成为自我娱乐的精神伴侣、自我倾诉的情感对象以及自我设计的理想模特。

于是，一座座世俗化了的神佛瓷雕各具风情地出现在20世纪80年代的瓷雕艺廊中：《牡丹仙子》的轰动不用繁言。这件源于明清诵本《秋翁过仙记》而创作的瓷雕，自然民俗风味浓厚，《飞天》也不用细说。它以空前难度的"s"形、姗姗飘逸的体姿、安详温馨的神态、典雅素净的色彩，成为"飞天仙女"系列的登峰造极杰作，成为"百花奖"一等奖得主，成为外交部礼品瓷；《哈哈罗汉》作为代表作，值得评叙几句，刘远长说："我总想做个有人情味的罗汉，让他给人多送些欢乐……"一语道破的：是人情、欢乐，不是神灵、祈福。因此，刘远长三易初稿塑出《哈哈罗汉》，《哈哈罗汉》与以往的正襟危坐的菩萨全然不同，浑圆的罗汉躬身笑得那么欢畅，那么幽默，还带有些许狡黠。这不是六根修净者的佯笑，而是凡胎肉骨发自心底的欢欣大笑；随后的《笑口常开》是刘远长近年来登峰之作，他花费了刘远长半生的心血，《笑口常开》寻求独特性和自我的真诚表现，造型简朴浑厚，糅合时代意识和自己的审美意识和审美情感，进行独特的创造，少雕琢繁琐，多自然简练，讲究夸张、概括、提炼，注重气势，追求一种原始自然，朴拙浑厚，笔法淋漓，形神兼备，意境深远。

刘远长对历史人物，却近乎虔诚地仰视，以文人艺术家的本能，塑造了《楚魂》等一系列中国文化名人的光辉形象。那些文化大师，以其光耀千秋的独立人格而耸立起一座"文化高峰"，《楚魂》通身披兰花袖，给屈原这个不无浪漫的理想主义悲剧英雄抹上一笔亮色，体态挺拔峻峭如刺破青天的巍峨山峰，头微昂，目仰视，似乎是三宫大夫在向苍穹发出愤慨的"天问"，忧国忧民的悲愤涕泪，流到袍袖上结为缕缕花白袖。《陶渊明》头部工笔刻划，一副恬淡幽远宁静神态，妙在躯干施以纯白袖，象征这位五柳先生洁身自好不肯同流合污，宁饿肚皮吟味着"归去来兮"，徘徊在虚幻的"桃花源"。

通过艺术技艺与美誉管理的结合，刘远长将其中国文化精粹的独到深刻理解完全融入了艺术创作之中，并获得了社会的空前认可。

67

三、提升企业知名度、美誉度

问题 7：如何提升企业知名度？

1. 准确的市场细分，特色鲜明的产品

在产品同质化的今天，强化市场细分尤为必要。通过细分市场，能够发现进而填补市场空白，做到人无我有；通过细分市场，发现已有产品的缺陷和不足，按照顾客的消费需求加以改进、提高，做到人有我精；通过细分市场，生产有鲜明特色的产品，树立不同于竞争对手的品牌形象，创造出有特色、有个性、受广大顾客青睐的产品，提高产品知名度，在激烈的市场竞争中立于不败之地。在国外，这一理念早已得到淋漓尽致的应用。细分市场、选择目标市场、产品和品牌定位是营销战略的三部曲和制胜法宝。没有市场细分，就没有明确的目标市场，就无法准确地为产品和品牌定位。我们的国产品牌在国内外的竞争实践也充分说明，只有深谙市场细分之道并针对目标市场打造品牌，塑造特色化、个性化品牌形象的企业，才能在与国际品牌的角逐中占有一席之地。

2. 品牌定位要突出品牌的核心价值

品牌定位就是锁定目标消费者，并在消费者心目中确立一个与众不同的差异竞争优势和位置的过程，它能突破消费者心目中的种种屏障，实现有效的市场区隔，使品牌在激烈的竞争中脱颖而出。品牌的核心价值是品牌的精神内涵，代表着品牌对消费者的意义和价值，牵引着消费者选择某一品牌的原动力和驱动力。品牌的定位不是宣传产品，而是要挖掘具体产品的理念，突出其核心价值，使消费者明白购买此产品的利益点。只有这样，才能让消费者明确、清晰地识别并记住品牌的个性和价值，才能使产品和品牌在消费者心目中占有无法替代的特定位置，从而提高品牌知名度。

问题 8：如何提升企业美誉度？

1. 用优质产品、超值服务赢得品牌美誉度

让产品品质和消费期望保持一致，甚至高过或大大超出消费者的期望，给消费者一种意想不到的惊喜。你实际具备的要比消费者期待的更多，因为消费者的期待很大程度上取决于你的承诺。承诺越重，消费者的期待越高。一些成功品牌对给予消费者的承诺往往非常慎重，一旦承诺就一定做到。做百年品牌须切记：承诺的必须是你可以兑现的，否则就会伤害品牌的美誉度。当品牌被人们视为"值得信赖"时，品牌在以后再提出自己的优点时，就能被人们所接受和相信，在品牌和消费者之间建立起牢固的感情基础。

除了产品优质以外，提升美誉度还要有超值的服务。要创造符合顾客价值评判、超出顾客期望值的服务，要主动以爱心、诚心、耐心给予顾客更多的人性化关怀，与顾客建立起长期友好关系，增强顾客对企业的信赖感，达到实际上不为其他竞争对手所撼动的程度。

2. 履行社会责任，提升品牌美誉度

企业社会责任也意味着健康、安全和环保。遵守社会责任的企业通常具有长期效益。企业主动积极地承担社会责任，可以为企业赢得良好的社会信誉。美国运通的一位总经理说："社会责任是一个很好的营销诱饵。"公益事业是以关心人的生存发展、社会进步为出发点的活动，最集中地体现出企业对社会的责任。所以，许多大公司不约而同地将公益事业作为提升美誉度的利器。壳牌石油公司的原则是：在强劲的收益率基础上为客户提供价值，保护环境，尊重和保护员工，服务社区，与相关利益方合作；柯达公司关注的重点是健康、安全、环境；可口可乐关注中国的体育事业和希望小学；诺基亚公司除了为社会

提供先进的科技、产品和服务外，还积极投身于具有广泛影响的社会活动，努力成为一个优秀的企业公民。

利用公益活动提升美誉度要选择恰当的时机。当社会出现重大事件或重大事故时，媒体、民众对事件的关注度最高，如果企业能够在第一时间主动表态，必然引来更多的注意力，也最能吸引媒体的报道。与市场营销一样，最重要的并不在于投入的数量，而是能够预先抓住最适合的时机，达到四两拨千斤的效果。比如，"非典"、申奥成功、汶川地震是影响受众的大事件，蒙牛、可口可乐、王老吉都积极地参与其中。同时，利用公益活动提升美誉度要长期坚持。企业参与公益不是权宜之计，而是一项长期性的营销策略。持续投入才会产生持续的回报，才能使企业积累起深厚的品牌美誉度。

3. 与顾客建立紧密联系，维护品牌美誉度

顾客是产品与服务的最终评判者，产品质量性能如何、服务有无欠缺都要由顾客判断。此外，随着时代的变革，顾客的需要也在变化，对企业的期望值也在提升。因此，要提升品牌的美誉度，企业必须通过与顾客建立紧密的联系来掌握这些动态。当我们考虑客户关系管理时，总是采用调查或者电话咨询来了解客户对上次沟通经历的感想。

阅读材料

规范管理，提升"坦洋工夫"品牌知名度

"坦洋工夫"红茶是历史名茶，因原产于福安坦洋而得名。近年来，我市高度重视茶产业发展，注册了"坦洋工夫"地理标志证明商标，并大力宣传，打造品牌，取得明显效益。茶叶产值逐年递增，从 2006 年到 2008 年分别比上年度增长 17.2%、53.65%、31.87%。2009 年全市茶业总产值 26.2 亿元，其中红茶产量 3200 吨，毛茶产值 4.46 亿元，商品总值 13.2 亿元，分别比 2008 年增长 60%、180%、175%。2009 年"坦洋工夫"获得福建省著名商标称号，2010 年又荣获中国驰名商标称号。在"坦洋工夫"品牌的引领下，进一步提升了福安市茶产业整体水平，我市被评为"全国十大产茶县市"，这是我市继荣获"中国茶叶之乡"、"全国无公害茶叶生产示范基地市"、"全国绿色食品原料（茶叶）标准化生产基地"后的又一称号。在"坦洋工夫"取得显著成效的同时，要清醒地认识到"坦洋工夫"在生产经营管理上也存在一些问题，以便认真研究对策，进一步提高"坦洋工夫"品牌的知名度。

品牌文化

一、"坦洋工夫"品牌生产经营管理现状

1. 适制"坦洋工夫"红茶的茶树品种种植面积不大

目前全市"福云6号"的种植面积占茶园面积的40%，福安大白茶占36%，比重较高，而适制"坦洋工夫"的茶树品种种植面积偏小，其结果导致采摘期集中、采制劳力紧张等问题。同时适合制造优质"坦洋工夫"的原料又偏少，这样就制约了"坦洋工夫"的生产规模和名优"坦洋工夫"产品的开发，从而使"坦洋工夫"红茶产量及优质"坦洋工夫"产品的开发受到影响，经济效益及"坦洋工夫"品牌知名度的提升受到制约。

2. 茶叶质量安全存在隐患

由于"坦洋工夫"品牌的崛起，我市各厂家都在生产红茶，统一管理存在实际困难。茶叶初制加工厂环境"脏、乱、差"现象较为突出；各厂家技术力量参差不齐，使得"坦洋工夫"茶叶品质良莠不齐；一些不法厂家在茶叶中掺杂造假现象时有发生，一些地方茶农仍在茶园使用高残毒农药，导致茶叶农残超标。

3. 茶叶品牌管理不够规范

"坦洋工夫"品牌逐渐受到市场的认可及知名度的提升，这带动了我市新一轮茶产业发展。而目前"坦洋工夫"在品牌管理上也存在漏洞：主管部门在"坦洋工夫"商标授权上把关不严；缺乏规范的管理制度；未制定出"坦洋工夫"红茶的最低品质标准；一些品质未能达标的红茶也以"坦洋工夫"品牌流入市场，甚至从外省调进工夫红茶冒充"坦洋工夫"，长此下去将严重影响"坦洋工夫"的声誉。

4. "坦洋工夫"红茶市场管理有漏洞

"坦洋工夫"品牌知名度逐渐提高，随之而来的是价格的混乱，加之相关部门缺乏管理，因此，现在市场上"坦洋工夫"的价格虚高，以致出现以次充好、价格混乱的现象。这将对"坦洋工夫"品牌的发展产生不良影响。为了稳定"坦洋工夫"的品质，使其持续稳定发展，不断提升其品牌知名度，必须做好"坦洋工夫"红茶生产经营管理现状的调查研究，找到"坦洋工夫"品牌可持续发展的路子，以不断提升"坦洋工夫"品牌的知名度。

二、提升"坦洋工夫"品牌知名度的对策

1. 狠抓质量安全，保证红茶品质

茶叶卫生安全攸关茶业发展大事，必须高度重视，坚持不懈，切实抓好。首先必须严把茶叶农残关，认真执行国家有关的农业投入品禁、限用规定，严堵高残毒农药销售使用源头，确保茶区不经营、不使用国家明令禁止的农药品种，保证我市红茶卫生安全。同时，加大茶叶企业开展无公害、绿色食品、

有机茶和企业 QS 认证的指导工作，扩大产品认证，推动我市茶叶质量跃上新台阶。

2. 优化茶树品种结构，提高红茶产量与质量

加大我市茶树品种适制红茶的研究，培育出更多适制红茶的新品种，积极引导群众加以推广、种植，扎实推进茶树品种的结构调整，早、中、晚品种合理搭配，为我市红茶生产提供丰富的原料，从而提高红茶产量与品质。同时，开展我市不同土壤条件、不同海拔高度与红茶品质的相关性研究，探索各"坦洋工夫"红茶生产地的品质特征，因地制宜地制出精品"坦洋工夫"红茶。

3. 扶持龙头企业，推进产业化进程

着力培育扶持一批具有较强竞争力、带动力的茶叶龙头企业，积极引导茶叶企业走规模化生产、集约化经营的路子。重点引导茶叶龙头企业进行技术改造，在一些基础条件好的乡镇设立红茶标准化初、精制加工厂试点，并组织现场观摩学习，示范带动，逐步推广，使全市茶叶加工技术得到显著提升。同时鼓励龙头企业和骨干企业，加强下属生产基地建设和协作基地的带动作用，形成紧密型关系，提高带动农户能力，加快产业化发展。

4. 加大科研力度，增强品牌竞争力

充分利用现代茶业发展建设的最佳时期，加大科研力度，深入研究"坦洋工夫"红茶加工技术，规范我市红茶加工技术，制定"坦洋工夫"红茶加工技术标准，提高"坦洋工夫"红茶加工技术的科技含量，稳定和保证我市"坦洋工夫"的品质，为增强品牌竞争力奠定坚实的基础。

5. 加强管理，提升品牌知名度

"坦洋工夫"作为我市红茶公共主打品牌，要建立健全公共品牌管理制度，工商、质检、卫生、农业等职能部门要加大品牌保护力度，严格按照《地理标志产品坦洋工夫》国家标准进行实施，尽快制定"坦洋工夫"红茶的最低品质要求，严禁以次充好、以假乱真的现象发生。保护好品牌形象，不断提升品牌知名度。同时，加强市场管理力度，注重诚信教育，做到诚信经营，文明经商。做好市场价格指导，挤下价格水分，避免出现泡沫，使之在有序的竞争中朝着良性的方向发展。

资料来源：陈志锋、潘玉华：《规范管理，提升"坦洋工夫"品牌知名度》，《茶叶科学技术》，2010 年第 2 期。

活动 2：讨论如何建立品牌知名度以及提升品牌美誉度。

以小组为单位，讨论"坦洋工夫"红茶的品牌管理所带来的启示，怎样运用建立品牌知名度的原则和方法来提高企业的知名度和美誉度。可以选择一个

企业作为分析对象，也可以小组自己模拟建立一家企业。由老师对讨论结果进行点评。

第三节　如何创建自己的品牌

引导案例

历久弥"新" 熠熠生辉——上海雷允上药业"雷氏"品牌建设

"绿色安全的品质保证、名医名药的专家承诺、服务健康的网络支持"，这是雷氏品牌内涵，也是企业对社会作出的品牌承诺。从药材种植到成品供应，"雷氏"产品拥有严格的品质保证体系，在用户心目中，使用雷氏产品意味着绿色健康，安全可靠；全市乃至全国的名老中医，尽入上海雷允上药业视线，完整的中医专家体系和多领域的药品供应，可以应对全病种医治及健康养生之需；覆盖全市、辐射全国、连接海外的终端服务网络，使雷氏用户尽享企业提供的完备周到呵护。

72 在品牌的发展壮大过程中，"绿色安全、名医名药、服务健康！"雷氏品牌内涵不仅已成为企业员工的共同意志，也为社会上广大消费者所认知和接受。"雷氏"品牌这几年的成绩，是通过内部的有效整合和独具特色的终端营销，以最小的资金投入，在短短的数年里，就赢得了巨大的市场美誉度，堪称重塑百年老品牌的一大典范。作为一个具有强烈社会责任感的医药企业，上海雷允上药业积极参与政府、协会的健康公益事业。上海雷允上药业与中国健康教育协会高血压健康教育（上海）中心合作成立雷氏高血压健康俱乐部，先后在曹阳街道、长征镇、凉城新村街道、田林街道等成立了高血压之友俱乐部，发展患有高血压疾病的会员 1500 名，直接为 3000 余名居民提供了专业的健康讲座及专家级的咨询。由于在社会公益事业上的突出表现，2006 年，上海雷允上药业被授予"全国卫生进社区——相约健康社区行社会公益奖"。

"雷氏"所传递给大众的不只是好的药品，还有传统中医药的优秀文化。连续 6 年的雷氏中医药保健节暨雷氏中医膏方节，请名老中医为居民提供冬令进补和保健养生的良方，弘扬传统中医药文化，使雷氏秉持的现代保健养生理念逐渐渗透到社区居民的心中。由上海雷允上药业参与编撰的《雷氏名中医谈病丛书》、《中医膏方指南》、《中医五行与四季保健》、《名贵中药的家庭进补》、

《家庭常用人参事典》等各类健康知识书籍的问世，成为传播中医药知识不可或缺的重要工具。

"雷氏"品牌在深入推广的过程中，已经融合了全市名老中医的资源、各大协（学）会的资源、中医药文化的资源，在外延不断扩张的同时，内涵不断得到充实，品牌影响深入人心。

资料来源：上海医药集团公司：《企业与文化》，2009 年第 4 期。

➡ **思考题：**

1. "雷氏"品牌建立的宗旨是什么？
2. 上海雷允上药业是如何进行品牌创建的？

一、创建品牌的宗旨

问题 9：什么是品牌的宗旨？

品牌宗旨是得到社会普遍认同的、体现企业自身个性特征的、促使并保持企业正常运作以及长足发展而构建的反映整个企业明确经营意识的价值体系。它包括企业使命、经营思想和行为准则三个部分。

（1）企业使命。企业使命是指企业依据什么样的使命在开展各种经营活动，是品牌理念最基本的出发点，也是企业行动的原动力。

（2）经营思想。经营思想是指导企业经营活动的观念、态度和思想。经营思想直接影响着企业对外经营姿态和服务姿态。不同的企业经营思想会产生不同的经营姿态，会给人以不同的企业形象的印象。

（3）行为准则。行为准则是指企业内部员工在企业经营活动中所必须奉行的一系列行为准则和规则，是对员工的约束和要求。

问题 10：品牌的宗旨有哪些功能？

确立和统整品牌宗旨，对于企业的整体运行和良性运转具有战略性功能与作用。具体而言，品牌宗旨具有如下主要功能：

（1）导向功能。品牌理念是企业所倡导的价值目标和行为方式，它引导员工的追求。因此，一种强有力的品牌理念可以长期引导员工为之奋斗。

（2）激励功能。品牌理念既是企业的经营宗旨、经营方针和价值追求，也是企业员工行为的最高目标和原则。因此，品牌理念与员工价值追求上的认同，构成了员工心理上的极大满足和精神激励，它具有物质激励无法真正达到的持久性和深刻性。

（3）凝聚功能。品牌理念的确定和员工的普遍认同，在一个企业必然形成一股强有力的向心力和凝聚力。它是企业内部的一种黏合剂，能以导向的方式融合员工的目标、理想、信念、情操和作风，并造就和激发员工的群体意识。企业即员工的行为目标和价值追求，是员工行为的原动力，因而品牌理念一旦被员工认同、接受，员工自然就对企业产生强烈的归属感，品牌理念就会产生强大的向心力和凝聚力。

（4）稳定功能。强有力的品牌理念和精神可以保证一个企业绝不会因内外环境的某些变化而使企业衰退，从而使一个企业具有持续而稳定的发展能力。保持品牌理念的连续性和稳定性，强化品牌理念的认同感和统整力，是增强企业稳定性和技术发展的关键。

二、创建品牌的目的

问题 11：创建品牌的目的是什么？

1. 创建品牌是企业更好、更有效地满足消费者需要的必然要求

当今时代已进入了品牌力时代，越来越多的消费者已开始深化品牌认识，并倾向于购买品牌产品，因为对消费者来说，品牌的益处多多。

（1）品牌能反映消费者的生活理念。现代意义的品牌，是指消费者和产品之间的全部体验。它不仅包括物质的体验，更包括精神的体验，品牌向消费者传递一种生活方式，人们在消费某种产品时，被赋予一种象征性的意义，最终反映了人们的生活态度及生活观念。产品是冰冷的，而品牌是有血有肉、有灵魂有情感的，它能和消费者进行互动交流。在产品日益同质化的今天，产品的物理性已相差无几，唯有品牌能给人以心理安慰与精神寄托。能够展现消费者的个性和身份。穿万宝路牛仔，表示你是个有男子汉气概的人；而穿李维斯牛仔，表示你是个自由、反叛、有个性的人。

（2）品牌能节省消费者的购买心力。品牌的功能在于减少消费者选择商品时所需要的分析商品的心力，选择知名的品牌无疑是一种省时、可靠而又不冒险的做法。在物质生活日益丰富的今天，国内产品多达数十、上百甚至上千种，消费者不可能逐一去了解，只有凭借过去的经验或别人的经验加以选择合适的品牌。如此而言，品牌是一种经验。因为消费者相信，如果在这棵果树上摘下的一颗果子是甜的，那么在这棵树上的其余的果子也是甜的。这就是品牌的"果子效应"，它能大大减少消费者购买商品耗费的心力。

（3）品牌能降低劝买风险。由于各种各样的因素，商业界充斥着信任危机感。对于陌生的事物，消费者不会轻易去冒险，对于品牌和非品牌的产品，消

费者更愿意选择的是具有品牌的产品，这时，品牌会使人产生信任和安全感，使消费者购买商品的风险降到最低。对于企业而言，最重要的不是你怎么样，而是消费者认为你怎么样，就是为了留住顾客的心，也要加强品牌建设。

2. 创建品牌是企业持续健康发展的需要

品牌是企业的无形资产，它对企业的根本的意义在于其代表着很高的经济效益和经济实力，是企业长远持续的产品高附加价值的来源。一个著名品牌本身就是企业的一笔巨大的无形资产。就像可口可乐的前任老板伍德拉夫曾说过的那样：即使可口可乐所有资产一夜之间被统统烧光，单凭"可口可乐"四个字，就可再创一个强大的企业。这样的海口是基于对品牌价值的信心，而不是吹牛。

（1）拓展企业市场空间和占有率。企业通过品牌而达到对某一市场的占有权，并实现一定的市场占有率，包括通过品牌延伸开发新产品，进入新市场，获得顾客忠诚，冲破各个地区，国别市场所面临的各种壁垒等，而这正是企业发展的战略目标。联合国工业计划署的调查表明，著名品牌在整个产品品牌中所占比例不足 3%，但著名品牌产品所拥有的市场份额则高达 40% 以上，销售额更超过 50%。

（2）形成竞争防线。品牌的差别是竞争对手难以仿效的，它融多种差别化利益于一体，是企业综合实力和素质的反映。强势品牌能够使企业长期保持市场竞争的优势，对于竞争对手的正面攻击，品牌资产筑起森严的壁垒；对于进入市场者，品牌资产代表的品质以及消费者对它的推崇往往会使竞争者放弃进入市场的念头。

（3）应对环境变化。品牌资产提供了公司与品牌面临恶劣环境的适应性与应变性，这为品牌赢得了时间。当面临自然灾害、原料与能源的短缺、消费者偏好的变化、新的竞争者的介入等环境变化时，由于品牌资产强有力的支持，品牌企业总是能轻而易举地获得稳定的物资供应渠道和足够的时间进行战略调整。

三．实施创建品牌的内容

问题 12： 创建品牌的途径有哪些？

1. 企业培训

对员工的培训是很重要的一个步骤。《让管理者成为培训者》一书中描述了康佳的企业培训体系以及企业培训给康佳带来的实质性回报，形成了公司与员工共同进步、共同被社会认同的和谐系统。更重要的是，其企业培训特色提升了企业品牌、产品形象，其吸引优秀人才的方式让同行羡慕。

2. 品牌的价值在客户中产生

所谓"品牌",实际上是由知名度、美誉度和口碑决定的。例如,2003 年,瑞和企业承接了最高人民法院旧办公楼的装饰修复工程,在工期和质量上的保证得到了最高法院领导的一致肯定和好评。

问题 13: 创建品牌的基本步骤有哪些?

1. 精确及个性化的品牌定位

产品的定位是指确保产品在预期客户的头脑里占据一个真正有价值的位置,其目的是有效地建立自身品牌与竞争对手品牌的差异性,在消费者心中占据一个与众不同的位置。因而,精确、深刻、个性化的品牌定位非常重要,它能使品牌运作人员准确地向消费者传达正确的产品信息,而非模糊甚至错误的产品信息以致误导客户。

2. 加强广告宣传,扩大品牌的知名度

品牌是信誉、质量、服务和文化等的象征,一个品牌在消费者心中的强度即品牌的知名度。品牌只有拥有了知名度才会有价值。消费者对品牌的感性认识往往会影响其购买决策过程,即使消费者未曾消费过某一品牌的产品,也很可能因为其是著名品牌而购买。品牌的内涵应在定位时被赋予,只有如此才能在品牌的宣传过程中找到塑造源和诉求点,才能创造出品牌的知名度。

3. 通过品牌延伸打造强势品牌

在品牌尚未形成之时,调动企业所有资源运作某一种产品,集中精力打造一个全新品牌是较优选择。但如果企业长期单纯依靠一个产品则是危险的。据调查,世界 500 强企业中的生产企业无一例外地实行了多元化生产。利用品牌效应进行品牌的多元化创建和产品的系列化生产是企业发展壮大的必由之路。

4. 注重品牌管理、品牌维护的工作

在产品不断推陈出新的过程中,一定要保持产品的理念和风格的一致性,不能偏离轨道。在售后服务、销售现场、服务态度、企业公关的过程中,任何一个环节都要传递出一致性,保持和维护品牌的完整,这就是品牌管理工作的重要使命和意义所在。

活动 3: 品牌创建的模拟练习。

以小组为单位,模拟企业品牌的创建过程。首先确立品牌的宗旨和目的,然后根据品牌创建的途径和步骤逐一进行品牌的创建。

考试链接

着重掌握品牌创建的基本步骤：

1. 精确及个性化的品牌定位。

2. 加强广告宣传，扩大品牌知名度。

3. 通过品牌延伸打造强势品牌。

4. 注重品牌管理、品牌维护工作。

案例分析

宜家：文化制胜

瑞典宜家（IKEA）是 20 世纪中少数几个令人炫目的商业奇迹之一，1943 年初创建从一点"可怜"的文具邮购业务开始，不到 60 年的时间就发展到在全球共有 180 家连锁商店、分布在 42 个国家、雇用了 7 万多名员工的企业航母，成为全球最大的家居用品零售商。

一、"娱乐购物"的家居文化

宜家一直以来都倡导"娱乐购物"的家居文化，它认为，"宜家是一个充满娱乐氛围的商店，我们不希望来这里的人们失望"。宜家宣扬其代表着"简约、自然、时尚"的生活方式。宜家的经营理念是"提供种类繁多、美观实用、老百姓买得起的家居用品"。宜家的家居风格完美地再现了大自然——充满了阳光和清新气息，同时又朴实无华。这些都形成了宜家无可替代的品牌魅力。

宜家还通过注重环保来提升企业形象。大约在 10 年前，宜家开始有计划地参与环境保护事宜，涉及的方面包括材料和产品、森林、供货商、运输、商场环境等。1990 年，制定宜家第一个环境保护策略；1991 年履行关于热带林木使用的严格规定；1992 年禁止在宜家产品及其生产过程中使用对高空大气臭氧层有害的 CFCs 和 HCFCs；1995 年采用严格标准，控制偶氮染料的使用；1998 年宜家按照环境标准评审宜家在欧洲的所有运载设备；2000 年为了推动林业的可持续发展，宜家在瑞典出资支持了一项林业专项研究……以上这些措施为宜家赢得了良好的社会声誉和品牌形象。

二、独特而丰富的目录文化

就宜家独特而丰富的商业文化而言，宜家每年都要推出的新产品目录已经成为宜家独特的经营手段之一。宜家每一年都要在各地免费向顾客分发印刷精美的目录册，据说在中国一年就要分发 200 万册，分发数量是惊人的，效果也是显著的。成千上万的中国人是通过这本比一般杂志大得多的目录认识了宜家，知晓了家居设计这个概念。

三、透明营销

跟国内的很多家具店动辄在沙发、席梦思床上标出"样品勿坐"的警告相反，在宜家，只要能坐的商品，顾客无一不可坐上去试试感觉。宜家出售一些沙发、餐椅的展示处还特意提示顾客："请坐上去！感觉一下它是多么的舒服！"

此外，宜家的店员不会像其他家具店的店员一样你一进门就对着你喋喋不休，你到哪里他们跟到哪里，而是非常安静地站在一边，除非你主动要求店员帮助，否则店员不会轻易打扰，以便让你静心浏览。

在宜家，用于对商品进行检测的测试器总是非常引人注目。在厨房用品区，宜家出售的橱柜从摆进卖场的第一天就开始接受测试器的测试，橱柜的柜门不停地开、关着，数码计数器显示着门及抽屉可承受开关的次数。看了以上的介绍，再坐上去亲身感受一番，你还担心自己购买后会上当吗？而且，宜家的《商场指南》里写着："请放心，您有 14 天的时间可以考虑是否退换。"

四、管理模式

宜家品牌的塑造和低成本运作模式的成功离不开它成功的管理模式。宜家集团的经营管理原则分为"有形的手"（一切看得见的商店、商品等）和"无形的手"（经营理念和管理流程）。宜家内务系统公司拥有宜家机构所有的商标、品牌、专利等知识产权，是宜家机构的"精神领袖"（"无形的手"），它可以请任何一家"不合要求"的宜家商店关门。宜家的通路策略是绝对的不打折扣的直销，为了保证对产品价格、销售记录、专利权的维护及整个销售体系的控制，宜家一直拒绝对旗下的产品进行批发，对大宗团队客户也不提供任何"让利"服务；另外宜家也不出租任何自己的柜台，连餐厅都是自己亲力亲为。

资料来源：http: //training.cyol.com/content/2009–01/21/content_991043.htm。

➡ **问题讨论：**

1. 谈谈你对宜家品牌文化的理解。
2. 宜家是怎样管理品牌文化的？

本章小结

★★★★

品牌认知是指消费者对品牌的了解、记忆和识别的程度，具体表现为消费者想到某一类别产品时，在脑海中想起或辨别出某一产品品牌的程度。它由品牌回忆和品牌再认构成。

品牌的柔性管理是用柔性管理的方式方法来管理品牌，用跳跃、变化、灵活、富有弹性的手段来对品牌进行有效的管理，以使品牌运营在整个企业管理的过程中起到良好的驱动作用，不断提高企业的核心价值和品牌资产，从而为品牌的长期发展打下基础。

品牌知名度是指潜在购买者认识到或记起某一品牌是某类产品的能力。它涉及产品类别与品牌的联系。

品牌美誉度是品牌力的组成部分之一，它是市场中人们对某一品牌的好感和信任程度，也是现代企业形象塑造的重要组成部分。

本章对如何进行品牌知名度、美誉度的管理以及如何提升品牌知名度、美誉度提出了几点方法。建立一个品牌，首先要明确品牌的宗旨，它由企业使命、经营思想和行为准则三个部分构成。品牌宗旨有导向、激励、凝聚和稳定的功能。要明确创建的目的是什么。此外，本章介绍了品牌创建可以参考的路径和步骤。

深入学习与考试预备知识

★★★★

快速提高品牌认知度的八大策略

（1）响亮的品牌名称。夸张地讲，一个好名字便成功了一半，日本索尼公司便是最好的例证。日本索尼公司原名为东京通信工业株式会社，英文译名为"Tokyo Telecommunications Engineering Company"，盛田昭夫发现，这个名字很不中听，好像是拗口令，便决定为公司改名。他无意发现拉丁语"Souns"这个词，意思是"声音"。在当时的日本，有人把聪明伶俐的小孩叫做"Sonny"，即"快乐的小子"。"Sonny"与"Souns"颇相似，都有乐观愉快之意。然而"Sonny"这个词按照日文的罗马字拼写与"Sohn-nee"同音，意思是输钱。便把一个重复的字母去掉，变成"Sony"。这个名字的特点是在任何语言中都没有真正的含义，而且发音都一样，它既易记，又表达了设计者需要的含义——产品与声音相关。"SONY"命名可以算是经典杰作，与此相似的有可口可乐等。可见，响亮是命名的原则。

（2）品牌的统一形象设计。品牌的统一形象设计有利于消费者对品牌的记忆，能较快地获得认知，并且品牌形象统一有利于消费者的正确理解，避免产生错误的理解。

（3）有新意的口号或押韵的诗句。一个有新意的口号或押韵的诗句在品牌认知上可能会有很大的不同。如荷兰著名品牌飞利浦"让我们做得更好！"的口号响亮全世界，让广大的消费者回味无穷，很容易得到品牌认知。

（4）能与消费者情感需求相吻合的广告创意。广告创意是现代广告的灵魂，美国著名广告专家大卫·奥格威指出："要吸引消费者的注意力，同时让他们来买你的产品，非要有很好的特点不可，除非你的广告有非常好的点子，不然它就像很快被黑夜吞噬的船只。"

（5）适当规模的广告宣传。广告宣传有利于品牌认知，我们今天的生活无时不受到广告的影响。广告宣传作为沟通的一种手段，成为营销者开拓市场的重要武器。广告规模要适当，并不是越大越好，过犹不及。

（6）有效的公告赞助活动。企业赞助活动的目的就是为了陈述或维护品牌认知。赞助者的品牌会随着赞助活动的推广而提高知名度，并且会使品牌镀上一层该项活动的意义色彩。

（7）发挥名人效应。名人的名气能够有效地带动品牌知名度的大幅提升。因为名人、明星、专家是许多消费者崇拜、模仿、学习的对象。体育明星、电影明星、歌星往往是年轻人崇拜的偶像，借助明星宣传产品、品牌，容易引起注意，加深印象，达到品牌认知深入人心的目的。

（8）借助新闻事件。由于新闻事件本身具有强大的新闻效应，不仅在各大媒体广而告之，而且也是人们在茶余饭后乐于谈论的话题，尤其是能够震撼人心的新闻。例如，在我国四川汶川地区发生大地震后，几乎所有其他与地震无关的消息都淹没在这个最重大的新闻事件中，倘若品牌能够借助此事件，就可以取得突飞猛进的效果。王老吉的巨额捐款立刻刮起王老吉的旋风，各大超市甚至出现供不应求的局面。

知识扩展

★★★★

品牌设计

品牌设计是现代企业价值的一种体现，同时也是企业生存的一种保证。在产品的价格、质量和功能都类似的情况下，品牌的设计就成为企业主导消费的一个重要因素。

广义的品牌设计包括战略设计（如品牌理念、品牌核心价值、品牌个性）、产品设计、形象设计、企业形象（CI）设计等；狭义的品牌设计则是品牌名称、标识、形象、包装等方面结合品牌的属性、利益、文化、表现进行的设计。此处选取前者作为品牌设计的定义。

品牌设计一般遵循的指导原则是：

（1）整体性原则。企业的品牌设计应从企业内外部环境、组织实施、传播媒介等方面综合考虑，做到品牌内在理念、核心价值、个性等与品牌外在表现形式如符号、标识、形象等的一致，以利于全面贯彻落实品牌战略。

（2）以消费者为中心原则。要做到以消费者为中心就要：①进行准确的市场定位，对目标市场不了解，品牌设计就"无的放矢"。②努力满足消费者的需要。③尽量尊重消费者的习惯。④正确引导消费者的观念。

（3）新颖性原则。品牌设计应力求构思新颖，造型美观，既要有鲜明的特点，与竞争品牌有明显的区别，又要切实反映企业或产品的特征。

（4）内涵性原则。品牌大多数都有独特的含义和解释。具有内涵的品牌能够唤起消费者和社会公众的联想。

（5）兼顾性原则。企业作为社会经济组织，在追求经济效益的同时，也应该努力追求社会效益，做到二者兼顾。

答案

第一节：

1. 采用品牌分别管理，让品牌经理像管理不同的公司一样管理不同的品牌。在品牌经营中针对每个品牌采取独立的营销策划方式，以使每个品牌保有自己独特的品牌特性。

2. 宝洁公司的品牌管理经验主要可以应用于采取多品牌经营策略的企业，企业在采用多品牌策略的时候，可以借鉴保洁的成功做法，将不同的品牌进行完全独立的品牌宣传，避免品牌之间相互影响，削弱各自的品牌效果。

第二节：

提升品牌美誉度要善于借助外界力量，善于利用全国知名的活动。企业不仅要注意市场中的品牌信息，还要对社会活动时刻保持敏感，当相应的机会来临时才能迅速反应以在品牌塑造与品牌提升中抢得先机。企业应当正确地处理和有效利用公共关系，公关营销不只是在推销产品，而且更是在推销企业与品牌，在树立一个良好的企业形象。由于公关活动的商业性与功利性不明显，所以很容易被人们认可与接受，自然会取得良好的效果。

第三节：

1. 绿色安全的品质保证，名医名药的专家承诺，服务健康的网络支持。

2. 上海雷允上药业通过各种医药保健节庆及活动，拉近了同消费者之间的距离，树立了良好的消费者认同，为雷氏药业的产品推广奠定了市场基础。同时雷氏药业还注重利用传统中医药文化树立品牌形象，通过中医现场讲座、编纂医药书籍的做法树立了雷氏医药权威的形象，增强消费者认可。

案例分析：

1. 宜家的成功是以顾客为核心的品牌理念的成功，这是不同于以往将企业利润置于企业经营的制高点，而是认真地考虑企业能为消费者带来什么，企业能为消费者提供什么样的服务。宜家在品牌塑造与推广的过程中注重与顾客的体验式互动，将宜家贴近家庭的家居文化零距离地呈现在每一位消费者面前，使其能够顺利地接受宜家的品牌理念。

2. 宜家的品牌管理分为商品管理和品牌文化管理两个方面。在商品管理中，宜家制定完整的企业运作流程，针对每一家连锁店的经营进行细致的考察，保证每一家店都能够按照宜家的统一模式进行管理。在文化管理方面，宜家重视企业的商标、品牌、专利等知识产权的维护。

第四章

品牌文化传播

学习目标
★★★★

知识要求 通过本章的学习，掌握：

● 信用的概念与功能
● 信用对于企业发展所起的关键作用
● 信用管理的概念和内容
● 信誉的概念及意义
● 建立诚信品牌的意义
● 建立诚信品牌的基本条件

技能要求 通过本章的学习，能够：

● 运用信用管理的方法进行企业信用管理
● 建立企业信用标准体系

83

学习指导
★★★★

1. 本章内容包括：信用的概念、信用的功能、品牌与信用管理、信用标准体系、品牌与信誉、诚信文化、诚信品牌的基本条件等。

2. 学习方法：独立思考，抓住重点；小组讨论，案例分析；模拟练习等。

3. 建议学时：6 学时。

第一节　品牌传播：信用为本

引导案例

打造诚信品牌，促进和谐发展
——太原酒厂诚信建设实践

人无信不立，业无信不兴。和谐社会，诚信为本。诚信是企业最好的品牌，是金字招牌，是市场竞争最有力的手段，是形象，是市场，是效益，是无形资产，是一种核心竞争力。

太原酒厂是太原市唯一一家专业酿酒的"中华老字号"国有企业，1950年建厂，已有60年历史。一路走来，太原酒厂走出一条"以人为本、质量第一、制度规范、品牌立业、科技兴企、文化强企、服务民众、奉献健康"的诚信发展之路，荣获国家、省、市级荣誉340余项，跻身于全国商办工业100强、省级先进企业行列。产品荣获国际国家食品博览会优、部优、省优、市优、中国名优白酒信誉品牌、中国知名品牌、山西著名商标、山西名牌产品等40余项。特别是近年来，面对侵权仿冒和金融危机带来的冲击，企业凭着诚信品牌，赢得了信赖，赢得了客户，赢得了市场，赢得了合作，赢得了发展，勇立潮头而不倒，并且焕发出勃勃生机。2007年以来，晋泉商标凭借产品的质量诚信、价格诚信、服务诚信，三次蝉联山西著名商标，树立了晋泉诚信品牌；企业以良好认知度和影响力，两次蝉联山西省商业诚信优秀企业，2007年获全国诚信先进单位和中国食品工业质量效益奖，2008年获全国食品工业优秀龙头食品企业、山西省优秀企业、山西市场首选品牌、太原市优秀企业文化建设先进单位、太原市文明和谐单位等20余项，同时傅山硒酒荣获国家专利产品、技术发明专利和科技进步优秀新产品，被列入山西省食品工业百项工程，企业发展后劲持续增强。

一、建立诚信体系，加强领导，完善制度，常抓不懈

首先，太原酒厂建立诚信建设领导组、办公室等管理机构，配备专兼职管理人员，形成了领导重视、常抓不懈的管理体系。其次，建立健全客户资信管理制度、内部授信制度、债权保障制度、应收款管理制度、合同管理制度、法律顾问制度、信用风险控制制度、员工雇用调查制度、诚信档案管理制度等各项诚信管理制度，形成全方位加强诚信建设的格局。再次，制定员工职业道德和行为规范，收录到《晋泉文化手册》中，结合企业文化月、职工教育培训、知识竞赛等形式，深入开展学习、贯彻、落实活动，提高执行能力。最后，建立健全诚信评估考核制度，制定实施"建诚信企业，做诚信员工"创建标准和考核标准，定期开展宣传教育和检查评比活动，营造浓郁气氛，提高诚信效果。

二、建设诚信文化，目标管理，量化考核，营造氛围

太原酒厂坚持不断创新诚信文化理念，用先进企业文化理念指导诚信创建实践，营造了浓郁的文化氛围和创建氛围。

三、加大建设投入，优化环境，改善面貌，提升形象

2007年以来，太原酒厂投入1200多万元，对企业进行了建厂以来第五次大规模的基础设施和技术设备改造，改造大小项目十余项。改造后的成装车间，先进生产线与高科技防伪技术配套，各工序之间分割有序，车间安装了中央空调，宽敞明亮，干净整洁，通风采光状况良好，生产设施和生产环境得到彻底改观；邀请演艺界著名影视明星何政军做形象代言人，首开山西白酒行业之先河；创办的《晋泉之声》报纸全面反映企业、职工、产品精神面貌；组建的局域网与互联网连接，开展网上学习、办公、订货、传输，成为展示企业的良好窗口。所有这些，对提升企业形象、提升诚信认知度和影响力、打造合作发展平台、拓展业务渠道发挥了重要作用，也成为企业诚信建设优异成果的良好展示。

四、履行社会职责，承担责任，付诸行动，树立诚信

诚信不是一句空话，需要实实在在的行动。积极履行社会责任，才能不断提高诚信的认知度和影响力。太原酒厂把维护职工权益放在首位，与职工签订了集体工资协商合同，确定每年工资增长幅度，按月向职工发放工资和福利，定期反馈工资合同执行情况，为职工办理了养老金保险、医疗保险、工伤保险、生育保险、失业保险、人身保险、家庭财产保险以及住房公积金等10种社会保险，解除了职工的后顾之忧，每年社会保险费用达200万元，在企业与职工之间建立了诚信。同时重视环境资源保护，改善职工生产、生活、工作环境，企业被授予"蓝色环保"企业。同时重视促进社会发展，建立社会诚信。

资料来源：周健、党崇贵：《打造诚信品牌促进和谐发展》，《观察与思考》，2009年第4期。

▶ **思考题：**

1. 信用对于企业品牌传播的意义是什么？
2. 太原酒厂是如何建立诚信品牌的？

一、信用的概念

信用是指能够履行诺言而取得的信任，信用是长时间积累的信任和诚信度。信用是很容易遗失的。十年工夫积累的信用，往往由于一时一事的言行而失掉。它还指我们过去履行承诺的正面记录，它还是一种行为艺术，是一种人人可以尝试与自我管理的行为管理模式。

从伦理道德层面看：信用主要是指在参与社会和经济活动的当事人之间所建立起来的、以诚实守信为道德基础的"践约"行为。

从法律层面来看：《民法通则》中规定"民事活动应当遵守自愿、公平、等价有偿、诚实守信的原则"；《合同法》中要求"当事人对他人诚实不欺，讲求信用、恪守诺言，并且在合同的内容、意义及适用等方面产生纠纷时要依据诚实信用原则来解释合同"。

从经济学层面看：信用是指在商品交换或者其他经济活动中授信人在充分信任受信人能够实现其承诺的基础上，用契约关系向受信人放贷，并保障自己的本金能够回流和增值的价值运动。

二、信用的功能

1. 信用具有分配资源的功能

信用分配资源是在不改变所有权条件下实现的。信用通过改变对资源的实际占有权和使用权，即利用所有权和使用权相分离的特点，改变对资源的分配布局，以实现社会资源的重新组合，达到充分合理运用的目的。

任何一个时期，都可以以收支的状况将社会经济单位划分为三种类型：收支相等单位；收大于支单位，即盈余单位；收不抵支单位，即赤字单位。如果盈余单位的盈余没有利用，赤字单位的赤字没有弥补，那么，一方面意味着相当于盈余数量的社会资源处于"闲置"状态，另一方面意味着相当于赤字数量的资源需求未能得到满足。从充分地利用资源的目的出发，必须寻找到一条合理利用盈余单位手中"盈余"和弥补赤字单位"赤字"的途径。能够为盈余单位接受的途径不能是"一平二调"，只能是信用。通过信用形式将盈余单位手中的"盈余"转移给赤字单位使用。这种转移，从形式上看是对货币余缺的调剂，实质上则是对资源的重新分配。

通过信用，借助于货币形式完成盈余单位和赤字单位之间的资源分配或调剂，可以经由银行信用来完成，也可以经由证券市场来完成。如果通过银行信用来完成，盈余单位只需将剩余收入以存款的形式存入银行，银行将这些存款进行再分配，通过贷款，解决赤字单位的资金需求。以吸收存款的形式发放贷款，从形式上看是进行货币分配或调剂，而实质上是进行资源分配或调剂。

如果通过证券市场，采取直接融资的形式分配资源，则需要赤字单位创造债务，通过发行股票、企业债券等形式来利用盈余单位手中的资源，即赤字单位在金融市场上发行股票或债券，盈余单位购买股票或债券，以此完成资源的重新分配和组合。

实际生活中的信用活动当然要复杂得多，但信用的主要经济功能是通过某种信用工具分配一部分社会资源。

2. 信用具有促进投资规模扩大的功能

社会经济的增长，有赖于不断扩大再生产，而追加投资则是扩大再生产的起点。如果一个社会为满足现时的消费而将全部产品或获得的全部收入都消耗花费掉，那就不可能使投资增加。因此，扩大投资的前提是增加储蓄。

储蓄是投资的前提。在储蓄转化为投资过程中，信用促进经济发展的经济职能才得以充分体现，成为推动资金积累的有力杠杆。

（1）现代化大生产要求的有效投入往往需要一定的规模，如铁路、大型矿山、水坝的新建，都需要巨大的投资，仅靠个别企业的自身积累，很难满足有效投资的要求。另外，从提高生产效率的角度看，需要贯彻规模经济节约的原则。如果每个企业新增投资额仅限于它自己的储蓄，这些企业就不能获得大规模生产所能带来的节约。借助于信用关系，则可以实现资本的集中和积聚。

（2）各个企业除了自己的储蓄外，在生产过程中还会因种种原因，出现暂时闲置的资金，如折旧、预提的工资、暂存的原材料款等。这些资金闲置的时间有长有短，闲置时间过短的资金，其所有者自己难以运用，信用则可以把它们连接起来，变成可供使用的资金。比如，银行信用就可以把365笔闲置一天的存款连接起来，发放一笔为期一年的贷款。这是因为甲存乙取，银行存款总有一定余额。这种情况就像载客的公共汽车，每站都有上有下，但车厢中总保留一定数量的乘客。由于信用有续短为长的作用，能够动员更多暂时闲置的资金形成现时的投资，从而更迅速地扩大投资规模。

（3）家庭的储蓄并非一定和现时的消费相交换。利用信用可以把已经确定为消费的家庭储蓄转化为生产资金，扩大积累规模，扩大社会再生产。

（4）由于各个企业的资本边际生产力增加投资所造成的产量增加有高有低，因此，如果不论资本边际生产力的高低，每个企业都支配自己的储蓄，就全社会而言，这样的投资是缺乏效率的。必须把投资的权利转交给那些能够取得较高资本边际生产力的企业，才能使资本对生产力做出最大贡献。这种转交通过信用活动而实现。

3. 信用具有提高消费总效用的功能

每个家庭都必须根据收入的多少来合理安排消费。但是收入与消费在时间上并不总是一致的。例如，某些家庭可能现在有支付医药费或是儿童教育费的迫切需要，本期的收入却不能满足这种要求，但预计将来的收入比本期要多，而消费的需求要小。其他家庭的情况可能相反，他们现在的需要比预期将来子女上大学或父母退休的需求要小，现在的收入却相对较多。显然，两类家庭对现时的消费与未来的消费有不同的估价。前者高估现时的消费，甚至愿意付出利息的代价以取得超过本期收入的消费；后者高估未来的消费。借助信用关系，把现时的消费与未来的消费进行交换，双方的利益都能得到满足。信用可以使每个家庭把他们的消费按时间先后进行最适当的安排，从而提高了消费的总效用。

不仅如此，信用还能指导消费，实现更为合理的消费结构。长期以来，我国城镇住房的消费一直很紧张，人们没有把更多的收入用于住房建设，建设资金有限。但同时，又有大量购买力拥向某些高档消费品，消费结构很不合理。通过信用对参加住宅储蓄的消费者发放住宅贷款，可以把群众的购买力引向住宅建设，解决住房紧张的问题。同时，把住房制度改革推向商品化、市场化。近年来，商品房住宅信贷的迅猛发展便是一个很好的例子。

4. 信用具有调节国民经济的功能

在现代商品经济条件下，信用成了调节国民经济的杠杆。信用的调节功能既表现在总量上，又表现在结构上。以银行信用为例，银行信贷规模的大小直接关系着货币量的多少。因此，首先，通过信贷规模的变动，调节货币供给量，使货币供给量与货币需求量一致，以保证社会总供求的平衡。其次，通过利率变动和信贷投向的变动，调节需求结构，以实现产品结构、产业结构、经济结构的调整。最后，通过汇率的调整和国际信贷的变动，以达到保证对外经济协调发展、调节国际贸易和国际收支的目的。

三、品牌与信用管理

问题 1： 什么是信用管理？信用管理对于品牌的传播有何意义？

1. 信用管理的概念

企业信用管理包括对方信用管理和自身信用管理两部分。对方信用管理是企业对于信用销售行为（赊销）对象进行科学管理的专业技术。其主要目的在于规避因赊销产生的相关风险，提高赊销的成功率。自身信用管理是根据企业本体的经营特点和经营需求，有意识地对自身信用进行科学管理，以使信用等级处于较高档次，从而在获取贷款和投资时减少成本，掌握主动。

2. 信用管理的主要内容

（1）收集客户资料。买方市场形成后，由于客户资源有限，企业销售已经转变为一种竞争性的销售，赊销方式普遍流行。信息收集已经成为信用社会经济繁荣与稳定的重要基础。信息缺乏导致在授予信息时只能凭借主观判断，没有任何基于事实依据的科学评估。于是，国内企业之间出现大量的拖欠和三角债，呆账、坏账问题十分普遍。近年来，由于企业开始重视收集客户的信息资料，应收账款逾期率、坏账率大幅下降，企业效益明显回升。目前国内征信（信用信息征集）市场从业机构较少，比较突出的包括华夏邓白氏、新华信、九蚁、中商、联信等，大约占据了整个市场份额的90%。

（2）评估和授信。评估客户的信用，决定给予客户怎样的信用额度和结算方式，是企业控制信用风险的重要手段。传统的信用评估是建立在经验基础上的，很难保证评估的准确性和科学性。科学的信用评估应该建立在经验和对信用要素进行科学分析基础上。它首先要求对信用要素进行详细分析，然后综合本企业的经验以及不同行业、不同企业的经验，经过比较权重、量化指标，最终达到一个统一的评价标准。信用评估系统通过大量的实践案例，分析出濒临破产企业、劣等企业、优良企业所具有的特征，再将这些特征分成各种项目和细目并授予不同的权重，力求最大限度地体现客户的信用特征。

3. 信用管理对品牌传播的意义

信用管理能够有效提升企业的品牌评价。信用管理规范的企业对于资信状况良好的客户给予超过市场平均水平的信用额度和信用期。而对于资信状况较差的客户则进行现款交易或给予较小的信用额度和较短的信用期。对后类客户，其本来就存在资金周转的问题，在企业不给予融资机会时，一部分会慢慢退出，另一部分则看到资信状况较好的客户能得到更优惠的信用环境，会不断改变自身的资信状况，最终企业会拥有一个稳定守信的客户群，由此企业的形象也会得到很大提高，企业品牌传播也会更加有效。

信用方式的广泛应用，使其已经取代传统的现金方式而成为占居主导地位的经营和贸易形式。因此，对于一个企业来说，信用既是一种企业形象和口碑，更是一种重要的战略资源和市场竞争工具。信用能力和信用风险管理水平已成为影响未来企业品牌塑造和推广的核心要素之一。

四、品牌与信用标准体系

问题 2：信用标准体系是什么？

目前，我国"信用标准体系结构"由基础、服务、信息技术、产品和管理五个分体系构成。这个体系结构全面、系统、先进、适用、有针对性、成熟，对我国开展信用标准化工作有重要的指导作用。

1. 一维信用：诚信度

一维信用即诚信，是从道德文化层面来理解信用，它是一种意识形态，也是信用文化的一种，但是并不是全部，这个时候的诚信和信用是分离的。准确地说，从这个意义上看，诚信与信用不是完全等同的。

一维信用是获得一般信任的基础资本，表现为信用主体的基本诚信素质，涉及信用主体的道德文化理念、精神素养、行为准则等内容，体现的是信用主体的信用价值取向，是一个意识形态层面的概念。一维信用存在于信用主体的潜意识中，影响着主体与社会交往的信用价值取向，人们普遍认同的信守诺言、以诚相待就体现了这种潜意识与潜规则。随着社会发展，一维信用这种潜规则逐渐外化为全社会对交往环境的共同要求。

一维信用形成社会环境，体现人类精神文明发展的水平。当一维信用这种潜规则逐渐固化，成为某一群体共同的价值追求和精神准则，就形成社会文化，成为一种历史的、社会的现象，在宗教信仰、价值观念、社会态度、风俗习惯、伦理道德、行为方式、生活方式等方面均有体现，象征着一个国家或地区、一个城市、一个民族的基本素质。

2. 二维信用：合规度

对于人们经常提到的"信任"，实际上是在社会关系中，在非经济活动中体现出来的信用主体之间，是社会一般行为的范畴。它不仅仅是一个道德理念范畴的东西，既然是社会共同追求的，它就一定存在社会共同追求的一个行为准则。当这种追求成为整个社会固定范式的时候，人们对这种固定的范式就有了一个基本的评价。

二维信用是获得管理者信任的社会资本，表现为信用主体在社会活动中遵守社会行政管理规定、行业规则、民间惯例的水平与能力，涉及信用主体的一般社会活动，体现的是信用主体在社会活动中的信用价值取向与信用责任。如果说一维信用仅仅是一种意识形态上的潜规则，不具有对人们行为的硬约束，那么二维信用则是具有明确的行政监管规定、行业行规要求、社会管理制度规定等，这是对人们行为的一种硬性约束，是明确的社会规则，是把一维信用中已形成的、被民间公认的潜规则上升为明规则，落实为社会管理规定。

二维信用作用于社会关系，影响社会秩序。在人人诚信的行为集合中，社会秩序呈现规范、有序、诚信、公平的良性特征；在人人失信的行为集合中，社会秩序必然出现弃约、违约、欺诈的恶性循环。这种恶性循环发展到一定程度，必然要求确立健全的社会信用管理制度。在现代法治社会中，这些硬性的约束规则和社会规范即成为信用法律法规的立法精神和立法原则，通过国家意志上升为法律法规。二维信用水平成为一个国家或地区、一个城市、一个民族信用成熟度的象征，这种成熟包括信用文化的成熟与信用管理制度及法律的成熟。

3. 三维信用：践约度

在经济活动领域里，人们谈论信用问题以及信用管理问题等，实际上是从经济交易行为层面来阐述信用。在这个层面，似乎广义的信用与狭义的信用重合了。信用变成一个简单的概念，但是事实上这仍然只是一种狭义的理解，仍然只是信用的一个维度，并不涵盖一维信用与二维信用。当今社会，特别是西方金融与商业活动讨论的信用问题，都是从这个角度出发的，西方征信国家界定的信用（Credit）完全是经济交易层面的概念。

三维信用是获得交易对手信任的经济资本，表现为信用主体在信用交易活动中遵守交易规则的能力，主要是成交能力与履约能力，体现的是信用主体在经济活动中的信用价值取向与信用责任。

三维信用是诚信度和合规度在经济交易领域的集中反映，信用主体自身的诚信素质和信用形象，直接关系到经济交易的水平与能力；信用主体自身的财务实力和自我约束意识，又直接关系到经济交易的履约能力。银行、企业等授信人的信用管理的核心就是信用申请人的践约度评价。

三维信用作用于经济关系，影响经济交易秩序与经济发展。在市场经济环境下，商品交换的基本原则仍是建立在信用基础上的等价交换。信用作为基本的经济关系要求，维系着错综繁杂的市场交换关系，影响交易行为的效率和成功率。任何违背诚信践约原则的人、事、机构，都会被记录、被披露。任何人、任何机构，都可以拒绝与这个不平等、不守信的人或机构发生交易。这就要求社会建立有效的信用制度。三维信用水平已成为社会经济发达程度、经济管理水平与成熟度的标志。

问题3：如何运用品牌打造企业信用标准体系？

1. 消除信用与品牌战略的制约因素

就企业内部而言，相互制约的主要因素有两个方面：一方面是资源配置的制约因素，如资金、人力、物力等方面。因此，要从消除资源配置上着手，理顺两者关系。如在拓展品牌的市场营销、广告宣传等方面投入，要与信用建设方面相当，在售后服务等岗位也要有高素质的人才把关，也要投入一定的财力予以保障。要加强信用、品牌两个领域的沟通，在信息交流、资源等方面实现共享，使两者协调发展。要建立"两条腿"走路机制，实施品牌战略要有相应的信用支撑，开展信用建设要有一定的品牌开路，要理顺内部各方面的关系。避免两极分化、强弱不均，造成弱者拖累强者的后果。另一方面要消除思维上的制约因素。管理层及员工的思想意识，也即企业文化的一部分，是整个企业的灵魂组成部分，对企业信用和品牌战略认识上的差异，往往是产生两者相互制约发展的根源。因此，要深刻领会两者的辩证关系，正确认识品牌、信用的各自作用及相互推动作用，全盘考虑，统筹兼顾，避免错误决策，使企业信用、品牌的"两条腿"都得到全面的发展。

2. 以信用为基础，实施品牌战略

企业要实施品牌战略，必须从信用抓起，把信用作为基础平台，在这个平台上进行品牌的一系列策划并实施。实施品牌战略无论在广告宣传、商标注册、品牌拓展、售后服务等方面，首先要以信用为先；否则，品牌战略就难以实施。试想，如果抢注他人在先的商标，利用虚假夸大或误导的广告宣传进行品牌包装，在品牌扩张和延伸方面，故意设置陷阱，诱骗其他合作伙伴或顾客上当；或者不为顾客提供良好的售后服务，商品使用、质量等出现问题无人处理、无处解决，最后只好投诉到政府部门，这样的信用，其品牌战略如何实施。这样的品牌势必会遭到顾客的痛恨和抛弃。因此，把信用放在首位，在诚信的基础上实施品牌战略，这是最起码的治企之道，是每个经营者的最低道德底线。只有遵守这一道德底线，才有发展的可能和潜力。

3. 以品牌为核心，开展信用建设

在信用建设时，必须紧紧围绕企业的品牌战略。试想，如果一个企业很好，但顾客不知道该企业提供的是哪一个品牌的产品，那么，这些良好的信用能给企业带来什么好处呢？让社会公众如何认可企业和产品呢？社会对企业的认可最主要的、最实在的也是企业所追求的，就是增强顾客对本企业产品的忠诚度、认知度，体现出对产品偏爱、执着的特性。企业追求的应该是社会效益和自身经济利益的统一，如果信用离开了品牌战略，那么，既会造成企业资源的浪费，又不能给社会提供一个明确的信号，以利于社会公众认可、购买企业产品。因而必定难以实现社会、企业的效益。因此，我们必须围绕品牌核心，利用信用建设打响品牌，为企业、为社会产生更多的效益。

4. 坚持品牌、信用统一策划原则

由于企业是一个以盈利为目的的经济组织，因此，企业首先考虑的是效益，企业是在不违背社会效益、道德、法律的前提下谋取最大的经济效益。而信用与品牌的关系既相互促进又相互制约。两者统一协调得好，就能利用较小的投入获取较大的回报；处理得不好，两者冲突会给企业造成损失，严重的甚至使企业消亡。因此，对这两者必须有一个统一明确的战略部署，以信用为基础，以品牌为核心，进行统一策划，既可省企业的经济支出，又可使两者发挥促进作用。统一策划的要求必须保证资金的统一调度、服务理念的统一性、制度的统一性、冲突解决机制的统一性、目标的统一性，这样才能避免两者的冲突，才能步调一致，统筹兼顾，发挥互促作用。

5. 采用信用、品牌损害分离机制

当失信情况出现时，通过强化企业名称宣传以突出名称，弱化品牌宣传，尽量使损害与品牌相分离，与名称相挂钩，这样既能反映企业为弥补失信而做的努力，又能避开品牌，确保品牌尽量少受损害。一旦失信危害消除，就要加大品牌宣传力度，转移顾客视线，使顾客更多地从品牌角度来信赖该企业，淡化对失信的印象，从而弥补失信造成的损失。当出现损牌行为时，要加强信用宣传，开展一系列诚信活动，提升企业信用，通过信用建设对损牌的损失进行弥补，从而提升品牌。

第二节　品牌、信用与企业发展

引导案例

为了品牌的信誉——北大方正"打假"纪实

北大方正集团公司是北京大学创办的高新技术企业，经过十多年的发展，现已成为一家以信息产业为核心、业务多元化的国际性公司，是国务院批准的120家大型试点企业集团之一和6家技术创新试点企业之一，并跻身国有最大工业企业500强。

方正在1994年是一家以出版系统软件开发、销售为主体的信息产业，软件开发占公司技术开发的比重达80%以上，软件收入占公司总销售收入的90%以上。1995年以前，公司的主要产品是电子出版系统，该产品的推广和应用，使中国印刷业告别了铅与火，迎来光和电，被誉为印刷业的"第二次革命"。在中文电子出版领域，方正集团已占有85%的国内市场和90%以上的海外市场，成为全球最大的中文电子出版公司。随着北大方正知名度和信誉度的不断提高，知识产权遭到侵犯，尤以软件盗版为严重。

从1992年开始，市场就陆续发现一些不法公司盗版方正软件，并使用北大方正的商标标记进行销售。盗版不仅侵害了软件著作权，而且侵害了商标专用权，使公司蒙受了巨大的经济损失，声誉也受到了严重损害。由于软件盗版与一般的假冒不同，调查取证难度大，而且涉及复杂的技术问题，如果企业不主动，打假工作便无法进行。为维护公司的合法利益，公司成立了打假办，成为全国第一家成立专门机构从事打击软件盗版行为的高新技术企业。

公司打假办在海淀区工商分局的大力支持下，于1994年8~10月在北京地区进行了一次大规模的"打假"行动。经过周密细致的调查，打假办发现北京市有30多家公司销售盗版的北大方正电子出版系统软件。这些公司既不是方正公司的代理，又未经公司授权，严重侵害了公司的软件著作权和商标专用权。它们大多集中在中关村电子一条街，公开在报刊和橱窗上刊登广告，具有极大的欺骗性。海淀区工商分局接到投诉后，专门成立了办案组，分析、讨论案情。对于打假而言，获得合法、有效的证据最为重要，证据要确凿、充分才经得起检验。为此，公司打假办对所获证据进行了公证。

执法人员在公司打假办的密切配合下，重点检查了15家企业，调查了盗版公司的几十家用户，收集证据，掌握盗版软件的销售数量。海淀区工商分局对4家盗版公司依法做出了行政处罚，责令其立即停止侵权行为，并处以罚款。由于调查取证工作做得好，被处罚公司没有异议。为此，公司还举行了知识产权保护新闻发布会，有40多家媒体进行了报道，产生了良好的社会效果。

1995年5月，方正公司在新疆技术监督局的支持下，在乌鲁木齐市又进行了一次专项"打假"活动，也取得了预期的效果。

盗版不仅抢占了市场份额、败坏了厂商信誉，而且侵害了公司的利益，损害了消费者的利益。软件产品具有成本高、投资大、周期长、风险大等特点，而盗版公司在侵犯厂商著作权的同时获取利益，是一种典型的不正当竞争行为。今后，公司将继续开展"打假"行动，切实维护企业和消费者的合法权益。

资料来源：方正：《为了品牌的信誉——北大方正"打假"纪实》，《北京工商》，1999年第7期。

◎ **思考题：**

1. 北大方正为何要花大力气"打假"？
2. 你从北大方正"打假"的整个过程中受到了哪些启发？

一、信用——发展之本

信用概念有狭义和广义之分。狭义上，信用指以付款或还款承诺为内容而发生的授信活动。从其内容上看，它是资产使用权的有偿让渡；从本质上看，是让渡财产使用权的同时维持所有权，是在一定的时间间隔下的对价交易行为，是一种价值运动。广义上，信用是一种主观上的诚实守信和客观上的偿付能力的统一。具体是指经济主体之间，以谋求长期利益最大化为目的，建立在诚实守信基础上的心理承诺与约定实现相结合的意志和能力以及由此形成和发展起来的行为规范及交易规则。由此可见，信用是经济制度范畴，它与市场经济相伴而生，反映的是一种社会经济关系，并体现为规章制度，具有规范性和强制性。作为一种制度安排，信用是外在的、客观的，它不取决于个别人的善意或恶意。

企业信用是社会信用的重要组成部分，它涉及银行信用、商业信用以及个人信用等方面。具体来看，企业信用涉及企业与企业之间、企业与银行之间、企业与政府之间以及企业与消费者、内部职工之间的信用行为。从理论上来说，企业信用是企业遵守诺言和实践成约的行为。体现了企业以诚实守信为基础的心理承诺和如期履行契约的能力，是企业基于长远利益和短期利益的比较，追求总体利益最大化的理性经济行为。

阅读材料

三鹿集团曾经优秀过

2009 年 3 月 26 日，河北省石家庄市中级人民法院对田文华案进行二审审判，河北省高院裁定全案驳回三鹿集团股份有限公司（下称三鹿集团）田文华等人的上诉，维持一审以生产、销售伪劣产品罪判处田文华无期徒刑，剥夺政治权利终身，并处罚金人民币 2468.7411 万元的判决。2008 年 12 月 24 日，石家庄市中级人民法院发出民事裁定书，正式宣布石家庄三鹿集团股份有限公司破产。拥有半个多世纪历史的三鹿集团从一个曾经优秀的企业走到了尽头。

1. 曾经优秀的三鹿集团

三鹿集团是集奶牛饲养、乳品加工、科研开发为一体的大型企业集团，曾经是中国食品工业百强、中国企业 500 强、农业产业化国家重点龙头企业，也是河北省、石家庄市的重点企业。企业先后荣获全国"五一"劳动奖状、全国先进基层党组织、全国轻工业企业、全国质量管理先进企业、科技创新型星火龙头企业、中国食品工业优秀企业等省以上荣誉称号 200 余项。

三鹿奶粉产销量连续 15 年实现全国第一，酸奶产量位居全国第二，液态奶产量位居全国第三。三鹿奶粉、液态奶被确认为国家免检产品，并双双获得"中国名牌产品"荣誉称号。2005 年 8 月三鹿品牌被世界品牌实验室评为中国 500 个最具价值品牌之一，2007 年被商务部评为最具市场竞争力品牌。"三鹿"商标被认定为"中国驰名商标"；产品畅销全国 31 个省、市、自治区。2006 年位居国际知名杂志《福布斯》评选的"中国顶尖企业百强"乳品行业第一位。经中国品牌资产评价中心评定，"三鹿"品牌价值达149.07亿元。

2. 产业竞争与添加三聚氰胺

《财经》记者调查发现：掺假已经是牛奶行业内公开的秘密，重点的关键环节便是奶农到乳企之间的奶站，这一产业路径存在着很大的隐患。中国牛奶行业发展起步于20世纪80年代初期，当时的产业模式基本上是牛乳企业拥有原料基地——奶场。自产自销一条龙的模式利于企业进行产业链的控制和监管。然而，随着企业的发展，这个模式渐渐暴露出缺陷：奶场的规模、奶源供给瓶颈直接制约企业的发展壮大。

三鹿集团作为中国乳品业中发展较早的企业，率先做出了改革：1987年，田文华就任三鹿集团总经理，提出了"奶牛下乡，牛奶进城"的模式，将产品链的下游部分——奶场——转移给农民。三鹿将奶牛卖给农民。对于没有资金买牛的农民，他们获得三鹿"送"的奶牛，通过喂牛用奶还债或者采用分期付款的方式还款。从某种意义上说，这个改革模式成本较小，揭开了三鹿集团扩大产能的改革序幕。

三鹿集团奶牛外包改革颇为成功，吸引了大量的农民加入奶制品的产业链，其产能得以迅速提高。同时，三鹿集团加强与农民和各级政府合作，大力建设收奶站，从而形成了"奶农—奶站—乳企"的奶源供应模式。

开始，奶源市场处于买方市场，各地的牛奶私人收购站扮演着被动的角色。就河北来说，三鹿集团拥有绝对的控制权，鲜奶的终极验收权就掌握在三鹿集团的手中，奶站送来的牛奶如果不合格，甚至可以当场倒掉。这个强大的控制权一直持续到2005年。2005年，随着全国乳品业竞争加剧，各大乳企纷纷在全国各地抢夺市场，导致河北省各乳企的总产能严重超过了河北省的奶源总量，各大乳企纷纷开始了奶源的争夺战。奶源市场进入卖方市场。

2006年，中国奶牛业危机出现，表现为奶牛养殖头数增速放缓，部分地区倒奶杀牛现象严重。一方面，奶农分散，无法在与乳企巨头的价格博弈中占据有利的地位，而乳企集团大打价格战，压低牛奶收购价格期望获得上游鲜奶价格优势。另一方面，2006年下半年起，奶牛饲料价格高涨。很多奶站不甘心微利，在利益的驱使下，开始在奶里面加"东西"。先是加动物源蛋白，后加植物源蛋白，再加其他提高蛋白含量的东西，结果奶站掺假越发猖獗。最终，部分掺假者于2008年初直接使用三聚氰胺。巨祸最终酿成！

资料来源：http://baike.baidu.com/view/1284352.htm，http://news.hz66.com/main/news/chinahome/2008123141784.htm，http://news.hz66.com/main/news/chinahome/2008123115441784_2.htm。

→ **思考题:**

1. 在三鹿集团由优秀走向灭亡的事件中,你受到哪些启发?
2. 三鹿集团乃至整个奶制品行业的信用体系存在哪些问题?

活动1: 企业信用体系建设模拟练习。

以小组为单位,选择一家企业,可以以上述三鹿集团为例,为其信用体系的建设提出几点建议,建议要具有可行性。由老师对小组讨论结果进行点评。

二、品牌、信用与企业业绩

信用在企业业绩中发挥着怎样的作用?品牌文化中如何体现企业信用?

1. 品牌信用

信用,这个词在当今社会已越来越被人们所重视,人无信不立,企业无信不长。品牌与诚信是相互依存的关系,一个企业要想拥有一个好的品牌,就必须要有稳固的信用作为基础,而企业品牌也必须坚持以诚信为本,树立企业形象。

(1)信用。"信用"一词起源于拉丁文"Credit",原意为信任、信誉。从狭义上讲,信用是指经济意义上的借贷关系。从广义上讲,信用是一种主观上的诚实守信和客观上偿付能力的统一,集中反映在经济中是指经济主体之间,以谋求利益最大化为目的,建立在诚实守信基础上的心理承诺与约期实践相结合的意志和能力,以及由此形成和发展起来的行为规范及交易规则。

(2)品牌与品牌信用。在《牛津大辞典》里,品牌被解释为"用来证明所有权,作为质量的标志或其他用途",即用以区别和证明品质。随着时间的推移,商业竞争格局以及零售业形态不断变迁,而品牌承载的含义也越来越丰富。在品牌大量涌现后,于20世纪50年代开始,企业或组织对品牌及品牌资产的重要性有了实质性的认识。一项针对中国20个城市的消费调查显示,中国消费者在食品和饮料类产品选择中,对知名品牌很偏爱。78%的消费者总是购买排名前二位的方便面品牌,而57%的消费者在购买味精时会选择前三人品牌,购买前三大品牌的洁厕剂和洗衣粉的消费者分别占75%和65%。这说明,品牌在现代生活中,已经产生了不可替代的作用。正是在这种品牌爆炸式增长的商业经济催化中,假冒现象的出现,品牌也从本质上被赋予了信誉、质量和顾客忠诚度的含义,成为了诚信的经济符号。

所谓"品牌信用",是品牌传递给消费者的一种信用,即拥有品牌的企业或其他组织向消费者主观上提供承诺和客观上履行承诺的能力和行为。根据美国心理学家马斯洛的需求层次理论,可以将品牌信用划分为物质信用或功能性信用和精神信用或情感信用两个层次。物质信用或功能性信用，是指品牌对满足消费者的物质需求或功能性需求所做出的承诺和客观上履行该承诺的能力和行为，以培植消费者的行为性品牌忠诚；精神信用或情感信用，是指品牌对满足消费者的精神需求或情感需求所做出的承诺和客观上履行该承诺的能力和行为，稳固消费者的态度性品牌忠诚。消费者的选择正是建立在这种品牌信用基础上的。品牌一旦获得了较高级别的信用，这种信用就会成为巨大的无形资产，同时也会带来巨额利益和利润，而品牌也就成了市场主体的最大的财富，甚至是唯一可以传承的资产。

2. 品牌信用与品牌效应

品牌信用与品牌效应是相互作用的统一体，其中品牌信用是核心，发展、塑造品牌是手段，实现规模扩张、增进效益是最终目的。品牌是企业发展获取利润的心脏，企业只有积极地推进品牌信用建设，不断加快产品创新，塑造品牌形象，才会实现市场经济条件下的双赢。

（1）品牌信用决定品牌效应的大小。主要包括以下两方面：

第一，品牌信用是消费者选择的依据。消费者选择品牌和进行购买的过程实质上是与销售者之间进行交换的过程，从本质上说也是一种契约——是在消费者与销售者之间达成的。在达成契约之前，消费者通过品牌所传递的信息对不同的品牌进行比较。而达成购买或交易契约的前提就是消费者对所选择品牌的信任，在这种信任基础上形成的品牌信用通过两个方面来影响消费者的选择与购买：一是品牌信用能满足消费者需求、给消费者带来功能效用与情感效用做出了主观上的承诺，在消费者购买以后品牌信用在客观上能够履行之前所做出的承诺；二是品牌信用降低了消费者在选择与购买过程中由信息不对称、自身局限等所带来的成本和风险。因此，品牌信用也就成为消费者选择和购买的依据，更是品牌效应发挥作用的先决条件。

第二，品牌信用可以创造企业持续利润。在消费者的信任基础上产生的品牌信用，是现代市场经济条件下企业在激烈的竞争中获得的竞争优势，是获得持续利润的基础。现代经济是过剩经济，在这样的经济条件下，企业要想生存，甚至想更好地发展，就必须拥有以品牌信用为基础的较高品牌忠诚度。因此，品牌信用对于企业来说，是唯一可以获得消费者信任和选择的工具，也是与其他生产同类产品企业竞争的关键。当一个企业真正拥有较高的品牌信用时，品牌信用就会转化为一笔巨大的无形资产，即品牌资产或品牌价值。从这个意义上说，品牌资产或品牌价值是与品牌信用成正比的。当品牌资产不断提升时，品牌信用会越来越高，它的品牌效应也会越来越大，企业利润也就有持续增长的可能。然而，一旦企业丧失品牌信用或品牌信用不断降低，品牌效应将受到严峻的挑战，直接影响企业的利润和效益，给企业未来的发展带来巨大的障碍。

（2）品牌效应影响品牌信用的发展。品牌信用的好坏，直接影响着企业或厂商的存亡；品牌信用的高低，则影响着拥有品牌企业或厂商的发展潜力。而品牌效应的大小，也从一定程度上影响着品牌信用的发展。

由于经济中存在严重的信息不对称现象，给品牌所有者采取品牌失信行为带来了机会。品牌失信可以为品牌所有者带来巨额利润或收益，在利益面前，品牌信用大大降低。然而，一旦消费者掌握了品牌失信的信息，对于企业来说，机会成本就相当大了，甚至可能把以前建立起来的品牌信用和品牌资产毁于一旦。在品牌效应尚未形成规模之前，由于受经济利益的驱使，品牌所有者迷失了方向，以现有的品牌信用作为代价。而与此相反的另一种情况是，当品牌发展到一定阶段，形成给企业带来了巨大潜力的品牌效应时，品牌所有者为了使品牌能够更好地满足消费者的需求，以及企业今后的多元化发展，将加强品牌信用体系的建设与完善，进一步提升品牌知名度和品牌忠诚度。当一个企业所拥有品牌效应越大，或者品牌价值越高时，也就需要拥有较高的品牌信用与之相匹配，以更好地促进品牌效应的发挥。

在品牌选择爆炸式增长的时代，品牌成为消费者选择的对象，而品牌效应也成为企业或厂商的一种商机。在信用危机的今天，一些大中型企业过多依靠精明和管理来塑造品牌，追求高标准的品牌效益，却忽视诚信建设，缺乏真正为消费者服务的理念，最终失去客户、失去市场。目前，我们的品牌信用处于一个初级阶段。在市场经济条件下信用同资金、技术、品牌、管理、信息等一样，都是企业重要的生产要素，是企业资产的重要组成部分。信用的形成是一个逐渐积累的过程，若想在与国外强势品牌的竞争中获胜，就必须认真对待品牌信用的建设问题，积极探索品牌信用体系的建设模式，重视品牌信用在品牌效应中产生的积极作用，以品牌信用作为品牌效应的持续动力和坚实后盾，使品牌效应与品牌信用有机、高效地结合，形成良性循环的趋势，更好地服务于社会主义市场经济。

三、品牌与信誉

问题 4： 如何有效地提升企业的信誉？

1. 品牌信誉

信誉是指各类经济组织履行各种经济承诺的能力以及对可信任程度的综合判断和评定。信誉是复合词，"信"是诚信、信用、信任，"誉"是称誉、美誉、名誉。信誉，就其内涵而言，是对信用、信任的积极认可，是对诚信的充分赞赏；就其表征和价值而言，信誉是指由诚信、信任所引发的社会美誉度及潜在的社会经济价值。品牌是信誉的载体，品牌信誉反映了企业向市场和客户提供有价值产品和服务的能力和诚意。品牌信誉体现在品牌内在价值的三个维度：品牌诚信、品牌信任和品牌形象。品牌诚信和品牌信任是品牌形象的基础和依据，品牌形象是品牌信誉的外在表现，品牌诚信和品牌信任的相互作用产生良好的品牌形象，经过长期积累和升华，最终形成稳固的品牌信誉。

2. 企业信誉管理

企业信誉管理是指企业管理者为树立良好的信誉而进行的一系列管理活动，同时也是企业防范信誉风险的管理活动。塑造和维护企业信誉是一个长久、系统的管理过程，因此必须加强企业信誉管理工作。

（1）树立全员信誉意识。这是企业信誉管理工作的首要大事，信誉意识贯穿于企业的整个管理活动之中。企业信誉的建立和维护更多的是通过企业行为也即企业员工和企业经营者的行为表现出来，所以企业员工首先必须树立"信誉第一"的意识，明确信誉是企业生存发展的大事，信誉与企业员工的利益息息相关，只有这样才能杜绝损害企业信誉的行为发生。特别是企业的经营者的信誉意识可以说是决定了企业信誉的大方向。试想如果一个企业的经营者毫无信誉意识，失信于外界，这样的企业更何谈有信誉？海尔集团在初创时期，集团总裁张瑞敏毅然决定，将 76 台存在一定质量问题的冰箱，由责任者亲自用大锤砸毁。他说，不仅是砸掉有问题的产品，关键是砸掉有问题的意识，建立起全新的产品意识。这次事件在职工中造成极大的震动，职工的质量意识从此有了质的提高。

（2）把信誉管理置于战略的高度。信誉的好坏关系到企业的兴旺和发展，因此要把信誉当作企业经营的头等大事来抓。企业只有以提高和维护企业的信誉为出发点，严把产品的质量关，严把服务的质量关，确定合适的价格，采取适当的营销手段，才能在市场上站稳脚跟，求得发展。如果只是把信誉管理当做问题出现后的补救手段，就为时已晚了。

（3）进行全过程的信誉管理。从以上分析可知，产品信誉、服务信誉、财务信誉、商业信誉中的任何一个环节的信誉出了问题，都会引发连锁反应，对整个企业的信誉都会产生重大的影响。因此，企业要对信誉进行全过程的管理，加强产品的质量管理，提高服务的质量水平，处理好与外部各方的关系，包括竞争对手、供应商、顾客、媒体、政府等，只有这样企业才能在全局上取得良好的信誉。

（4）加强企业自身的信誉保护。加强企业自身的信誉保护，特别是在一个整体信誉缺失的环境下，企业应该加强对客户信誉的全程管理。在和客户谈判、接洽时就要调查和评估客户的信用状况，然后决定是否给予信任。这样有助于企业把握商业机会，降低违信风险。在货物销售出去之后，应对销售的货物和客户进行实时监控，既保证客户得到满意的服务，又可以随时了解到客户的资金状况，有助于货款的按时回收。当出现货款拖欠情况时，要加强催收的力度，制定合理的催收策略。

（5）加强企业信誉的组织管理。企业的信誉管理是一个有组织的过程。有系统、有组织的管理更加有助于企业信誉的建立和维护。在发达国家，已办企业均设有信用管理部或设有信用管理经理一职。在我国，企业可以依据其自身情况，在企业内部设置信誉总监，负责保证信誉管理的顺利实施。也可以建立信用管理部门，一是建立客户的信誉档案；二是负责对企业客户进行动态信誉管理，时刻跟踪客户的信誉状况变化，分析客户的信誉度，对于资信状况发生变化的企业要随时通知企业的销售和财务部门；三是对企业已经发生的债务进行分析以帮助企业防范坏账风险，保证企业正常运行；四是建立标准的催账程序和高效的追账队伍；五是负责对企业自身的信誉状况进行分析，随时与企业的供应商、顾客和银行、投资者等联系沟通，了解企业自身的信誉度，对信誉薄弱的环节加以控制和改进，进一步提高企业的信誉度。

（6）建立信誉的惩罚与激励制度。对破坏企业形象的行为要给予严厉制止，并对其责任人予以惩罚，对维护企业信誉的行为要予以表扬和激励。如果没有相应的惩罚措施，企业成员做出有损企业信誉的行为时没有任何制裁，那么企业成员也就没有积极性去维护企业的信誉。

101

第三节 基于诚信的品牌

引导案例

"药都"创业，树诚信品牌

河北安国，古称祁州，素以"药都"和"天下第一药市"而享誉海内外，传统中医药产业发展历史悠久，各类中药材种植、经销、加工产业辐射到毗邻的定州。

1984年，钮金木应聘担任了安国药都药材站经理，1987年又调任安国中药材公司经理。从此,他的人生便与中药材相随相伴。1990 年,国家推行改革承包制,钮金木大胆承包了安国中药材公司,经过不断努力,扭转了亏损局面,并取得了良好收益。

钮金木说:"中药饮片是经过炮制和加工的中药材,能够直接用于煎制汤药,毒副作用小。中药饮片行业作为我国特有的传统行业,具有独立知识产权,也是我国在医药领域内最有国际竞争优势和市场竞争力的行业。"就是凭借对中药饮片如此清晰的认知,1993 年,钮金木靠着承包公司赚到的第一桶金,创立了自己的企业——安国市中华路饮片厂,从此踏上了艰难却坚实的自主创业之路。

同其他刚刚起步的小企业一样,中华路饮片厂作为安国市最早成立的饮片加工企业之一,没有更多的生产管理经验可供借鉴,创业之初遇到的困难和瓶颈很多。因为资金的匮乏,全厂最初只有三十几个工人,设备也比较落后,生产加工的中药饮片品种也仅有几十种……面对种种困境,钮金木说:"一个企业要想做大做强,产品质量是命脉、是根本,诚信经营是前提和保障,而打造自己的品牌则是企业发展的不竭动力。"因此,钮金木始终坚持以质量求生存的经营理念,高薪聘请了 5 名有经验的老药师,成立了专门的质检部,从原料购进到加工生产再到成品包装,每道工序都进行严格的检验把关。他要求员工,不能为了降低成本而购进等次较低的中药材原料以次充好,也不能为了赶时间多出货而忽略了产品加工的精细程度。

在产品交易中,钮金木的原则是,不看轻、不错过任何一笔生意,不漏掉任何一个潜在的客户。不管是成百上千公斤的大生意,还是三斤五斤的小买卖,他都认真对待,对每一个客户都以诚信为本,以诚信相交。钮金木的认真不仅为产品赢得了市场,使许多客商和企业逐渐成为十几年的长期固定客户,同时也为企业培植了自己的"金木"品牌,成为天狮集团、天士力集团、中新药业集团等省内外多家制药企业和医疗机构的供应商。

在钮金木的精心经营下,中华路饮片厂像滚雪球一样越滚越大,2004 年 5 月变更为安国市金木药业有限公司,公司有中药饮片和冰片两个车间,2004 年 7 月通过了国家药品 GMP 认证。两年后经河北省工商行政管理局核准,变更为河北金木药业有限公司。中药饮片车间为安国市成立最早、规模最大的中药饮片生产车间之一,生产中药饮片 860 多种,年加工中药材 5000 多吨,是省内外近百家制药企业和医疗机构的供应商。除此之外,公司还对外经营宾馆和饭店。如今,公司具备了一定的规模和实力,总资产达 8882 万元,其中固定资产 5461 万元。职工 180 多人。

资料来源:李红缨、钮金木:《"药都"创业,树诚信品牌》,《乡音》,2008 年第 5 期。

思考题：

钮金木是如何树立起诚信品牌的？

一、建立诚信文化

问题 5：什么是诚信文化？企业如何建立诚信文化？

1. 企业诚信文化的内涵

企业诚信文化是指企业在长期生产经营活动中逐步形成的，并为企业员工认同的诚实守信的经营理念、人生价值观、行为准则和处事规范。企业诚信文化体现于企业中每一位员工、每一个单位、每一个群体对待消费者或社会公众的态度和道德标准。

根据企业诚信文化的概念和含义，可以把企业诚信文化分为表层、中层、深层三个层次。

表层企业诚信文化，指可以见之于形、闻之于声的企业诚信文化现象，其最具代表性的是企业的产品质量和服务质量。

中层企业诚信文化，指企业的质量管理体制，包括企业的组织机构、管理网络及诚信经营管理的规章制度等。

深层企业诚信文化，指沉蕴于企业全体员工心灵中的诚实守信的经营意识与观念，包括诚信思想方式、行为准则、道德价值观、企业风气与习俗。深层企业诚信文化是员工对诚实守信的个人响应与情感认同，是企业诚信文化的核心与灵魂，是企业表层、中层诚信文化的基础和保证。

诚信文化对企业的功能可归纳为两个方面：

（1）规范员工的生产与服务行为，提高员工素质。诚信文化的价值观一旦深入到每个员工的头脑中，则员工的心理上就能产生与之相应的感觉和认识，就会在其工作和生活中，自觉或不自觉地按诚信价值观处事。一旦违反这种价值标准，无论别人知道与否，自己都会感到内疚与自责，并能在员工中形成互相监督、互相帮助以及规范其行为的局面。

（2）树立良好的企业形象，增强企业竞争力。企业产品质量优异并稳定，服务质量人人称道，言而有信，言出必行，毫不隐瞒自己的缺点与缺陷，及时纠正不利于消费者的经营行为，消除影响，天长日久，在社会公众中必然会树立起企业的良好形象，提高自己的商誉。

2. 建立诚信文化

企业建立诚信文化可从以下四个方面着手：

（1）要树立以诚信为核心的价值观。加强诚信文化建设首先要加强经营者、经理人的诚信意识。企业管理层必须认识到，诚信与公平才是企业获得最大盈利的关键。以诚信为核心的价值观不仅能为企业赢得信誉，而且能够使企业拥有更多的合作伙伴，为企业带来巨大的市场，降低企业交易成本。

（2）以诚信创建产品品牌。品牌产品的利润在很大程度上并不与其生产成本相联系，而是建立在质量、科技含量、诚信和先进文化的基础上。凭借这些优势，品牌产品与消费者建立起熟悉和密切的联系，从而拥有较大的市场并获得比非品牌产品高很多的利润。从表面上看，品牌产品主要是依靠科技含量而拥有优异的性能和质量的，从而取得了市场地位，但从深层意义上看，真正能长久地赢得消费者信赖的品牌，靠的是企业对广大消费者诚实守信的经营承诺。

（3）以诚信推动技术创新。技术创新与诚信文化建设没有直接的关系。但是针对目前我国许多企业急功近利，不肯花钱投资于实质性技术开发，甚至有的企业把精力和智力用在制造假冒伪劣产品、以次充好、坑害消费者的特殊状况而言，诚信文化建设与技术创新便具有了直接关系。企业只有投入资金、设备和人力研究新技术和开发新产品，才会真正开发、创新出技术成果，以自己独有的新产品占领市场，增强竞争力。

（4）建立公正合理的诚信奖惩机制。建立企业的诚信奖惩制度，应尽可能使奖惩制度科学化、合理化、标准化，以便对企业的诚信或不诚信行为进行奖惩。同时，建立、健全企业诚信奖惩的组织领导体制，坚持公平、公正的原则，做到责任明确，保证对企业诚信行为的奖惩落到实处，真正起到激励企业诚实守信的作用。

二、企业诚信建设

诚信建设是我国经济社会发展和建立社会主义市场经济体制的一项紧迫而重要的任务，企业是建立、健全社会信用体制的重要主体，企业诚信建设是建立社会信用体系的重要组成部分。

近些年我国企业的诚信建设也取得了很大的进步和成就，主要体现在以下几点：

（1）企业诚信建设环境得到改善。诚信建设环境的改善主要体现在：社会信用法制体系的改善、社会信用奖励和惩戒机制逐步建立和信用服务市场的不断发展。

（2）企业诚信建设不断加强。目前，企业诚信建设已经突破了道德规范的范畴，转变成为企业新的管理职责，多数企业把诚信纳入了发展战略，明确了诚信建设的目标，建立了诚信管理体系。

（3）信用管理普及程度有所提高。主要体现在绝大部分企业都建立了针对商业伙伴的信用管理制度。主要管理方式有信用评级、建立档案、评估和计算机数据库等。同时，企业也采取各种措施应对失信行为。

（4）职业道德管理逐步展开。很多企业都明确提出了对员工的职业道德要求，并将其与企业的奖惩制度挂钩。

（5）企业社会责任履行受到重视。企业社会责任已经被广大企业所认识，大多数企业愿意通过履行社会责任树立良好的企业形象。

虽然企业诚信建设的成绩是显著的，但对于目前我国市场经济环境下的绝大多数企业来说，诚信建设并非是一蹴而就的事情，它需要长期的历练和坚持。具体而言，企业在诚信建设的实践中应重点解决好以下几个问题：

1. 共同营造企业公平有序、自律的外部竞争环境

从企业发展的外部环境来看，除了要处理好依法经营、维护生态环境、注重可持续发展这些大的关系外，更重要的是要处理好与消费者、与其他企业尤其是同行业的关系。诚信的外部道德环境应表现为理性的、规律的、自律的竞争环境。企业竞争是在合理配置资源的条件下，公平地进行质量、价格、服务、品牌等全方位的竞争。竞争中还要注重合作协调，讲求利益共享，实现双赢，否则，企业间恶性竞争就会造成两败俱伤。

2. 建立企业内部相互坦诚、相互尊重的交流氛围和渠道

诚实守信的内部环境表现为企业内部要协调好部门之间、人际之间的关系，形成坦诚、负责、尊重的行为习惯。企业要使交流渠道通畅，创造机会并鼓励员工交流思想和工作。倡导诚实、务实的文化氛围，让所有的人都能认真对待他们的承诺，并按照自己的承诺去努力践行。这样的企业才能产生诚信文化，诚信才能转化为更加真心的承诺，才能产生更强的创造力和更多的工作业绩。

3. 注重高层领导团队对员工的人文关怀

在诚信型企业创建过程中，公司高层领导团队发挥了至关重要的作用。他们不仅仅要做诚信的榜样，而且必须具备高超的领导技巧。在加强企业诚信文化建设中，企业高管要当好员工情感的保护者，要把领导者的管理能力和领悟力、人际关系、社会资源和内部沟通技巧有机地结合起来，提供良好的情感环境，让员工感受到领导的重视，并因此感到满意。

三、建立诚信品牌的基本条件

企业建立诚信品牌并非易事，诚信品牌的打造需要在企业内部建立一整套与之相匹配的机制和措施，需要与企业利益相关者之间建立一种长期的、可持续性的合作关系。诚信需要在长期的经营发展过程中慢慢积累起来，但首先企

业必须得具备打造诚信品牌的基本条件，具体可归纳为以下几点：

1. 企业内部明确伦理道德规则

企业组织活动遵守同一标准的"规范"。这个规范并不是一种纯粹的理念，而是指企业及其个人在经营活动的各个方面，体现在企业制度、组织结构、企业决策、决策实施、企业控制之中。从个体层次上讲，是企业员工在工作过程中应遵守的伦理道德要求；从组织层次上讲，就是企业在经营活动中所应遵守的伦理道德要求。也就是说，企业诚信品牌一方面规范企业，另一方面规范个人，但对企业自身的约束重于对个人的规范。同时，企业诚信品牌也包含企业的经营理念与道德理想。

2. 构建以人为本的企业环境

人与人的协调交流，结合情感管理，这是企业诚信品牌建设管理的一个好方式。我们还应加强与员工之间的交流和协调，注重情感投入。改变过去那种管理者只顾宣传、员工只是被动接受的方式，真正培养全体员工的道德意识，调动他们的主体积极性，在日常生活中处理好人与人、人与社会、人与自然之间的关系。要为员工营造一种公正、公平、无私的工作氛围。管理者在人员的提拔、任用、考核等工作中做到公正、公平，任人唯贤，以增强企业凝聚力，形成良好的团队精神。

3. 品牌宣传要基于事实

坚持实事求是，善于从实际出发，做到诚信宣传、诚信生产、诚信定价和诚信营销，进行360度诚信品牌的打造。在广告宣传中要名副其实。在产品生产中要精益求精，要真诚为消费者着想。在定价上，无论是高价策略还是低价策略，都应该让消费者真正体验到物有所值，而不是采用类似"原价"、"现价"来蒙骗顾客。只有做到基于事实，才能在消费者心目中形成诚信品牌的形象。

4. 建立内部诚信管理机制和评价制度

企业要确立以客户价值为核心的诚信经营理念，以客户价值为导向，培育基于诚信精神的企业文化，建立客户价值驱动型组织，增强全体职工的责任感和使命感，提升全体职工的境界与追求，将品牌的诚信经营作为长期经营发展战略的重要组成部分。同时，建立企业职工诚信档案以及相应的诚信评价机制、激励机制、失信惩罚机制和监督机制。

考试链接

学员应着重掌握建立诚信文化的方法：

1. 树立以诚信为核心的价值观。

2. 以诚信创建产品品牌。

3. 以诚信推动技术创新。

4. 建立公正合理的诚信奖惩制度。

案例分析

十年登高路 诚信为本

"做工厂与做人一样，一定要有诚信，一定要稳健。"必登高鞋业皮具有限公司董事长梁远光说。

在有着近 3000 个不同款式的必登高皮鞋展示场地，来自全国各地以及国外的客商表示了他们的惊叹：仅仅一个品牌，短短一年时间内竟然能更新出数千个样式。

这个品牌的知名度远远超过它所在的区域。它在全国的 500 多家连锁专卖店、600 多个店中店或专柜，以及 1200 多个销售网点让"必登高"这个名字几乎家喻户晓。

梁远光这个名字和必登高相比，也许远不为人所知。但是，正是这样一位土生土长的鹤山民营企业家，耗费十多年的时间，打造了鹤山乃至江门鞋业的第一品牌，并跻身于全国鞋业十大品牌之列。

正是"必登高"等品牌的强势雄起，带动鹤山变成了一个拥有 360 多家制鞋企业且在全国有一定影响力的鞋业基地。

一、拼出来的"前辈"少帅

人们很难把衣着朴素、平易近人的梁远光与大名鼎鼎的"必登高"鞋业董事长挂起钩来。但是这位貌不惊人的鞋业少帅在行业内的确有着独特的人格魅力。至少在鹤山鞋业的那些老板中，说起梁远光，个个都竖起大拇指。除了必登高目前辉煌业绩之外，他受人尊敬的另一个重要原因是，在鹤山最早的几家制鞋企业中，梁远光就开办了其中一家。

1985 年，在广州打工替别人做了两年制鞋厂厂长之后，梁远光毅然回到鹤山，把仅有的 3 万元积蓄全部用来办厂。当时是租用 200 平方米民房，请了几十个工人，厂名定为鹤华鞋厂。1987 年，鹤华鞋厂的产值仅 10 万元，是一个典型的家庭小作坊式企业。然而，这样一个小小的作坊式制鞋企业，在当时的鹤山人眼里还是"稀有之物"。1987 年，整个鹤山只有前进鞋厂、华强鞋厂、大发鞋厂和梁远光的鹤华鞋厂 4 家制鞋企业。

也就是说，1987 年的鹤山，制鞋业才刚刚萌芽，一切都在摸索中。

"从 1987 年到 1990 年 3 年时间，是创业最艰辛的岁月。"梁远光依旧清晰地记得，当时，由于鞋厂不大，资金和人力都很有限，梁远光一个人既是采购员、运输员，又是销售员，整天从早忙到晚。送货没有车，他就骑自行车，挤客车。有一件事令梁远光至今难忘。1988 年，他一个人坐着中巴车送货去花都，半路上中巴突然起火，6000 多元的货物全部被烧掉，幸亏人没有受伤。当时一个人站在马路上，那种无助的痛苦和创业的艰辛只有梁远光自己才能感受到。

1990 年，梁远光的企业有了第一部货车，企业规模也迅速扩大，一年的产值达到 200 多万元。作为"必登高"的前身，当时的鹤华鞋厂并没有自己独立的品牌，也没有生产真皮皮鞋，其主要是生产低档的女装时尚鞋，10 多元一双，价格不高，附加值也很有限。但是，当时的整个中国鞋业并不发达，市场需求量很大，长期处于一种供不应求的状态。

梁远光赶上了这个难得的发展契机，并掘到了人生"第一桶金"。1990 年，梁远光购地 720 平方米，第二年，建筑面积达 1000 平方米的新厂房启用，鹤华鞋厂也更名为信华鞋厂。由于中低档时尚鞋的市场日趋饱和，产品缺乏核心竞争力，梁远光看准市场，迅速转入男式真皮皮鞋的制造。这是一个有待开发的市场。信华鞋厂的男式皮鞋广受欢迎，成批的产品从广州、东莞、惠州、湛江和揭阳五大批发市场流通到全国各地。

当时的信华鞋厂生产的皮鞋还没有申请自己的品牌，但是在商标上已经明确印制了"信华鞋厂"的字样。由于产销对路，信华鞋厂在 1994 年的产值达到 2000 万元左右，可以说是初具规模。30 岁的梁远光也成为当时鹤山制鞋业中一个小有名气的"前辈"少帅。

二、1500 多万元品牌推广费的力量

由红色圆球、树叶状的绿色块以及蓝色英文字"Pitanco"组成的必登高品牌标志，在今天可能已经被广泛熟知。也许很少有人知道，它从创建到推广，5 年时间共耗费了 1500 多万元。

梁远光与其名字一样，的确是一个极具眼光和胆识的民营企业家。

1995 年，梁远光在香港聘请了一个留学生设计了一个品牌标志，这个标志也就是今天人们熟悉的那个图案。为了便于在国内市场推广，同时还设计了音译的"必登高"三个字，三个汉字逐步由低变高，蕴涵着企业循序渐进、步步攀高的坚实企业作风。同年，正式向工商局申请该注册商标。另外，对皮鞋的包装盒和手提袋的设计也一同申请了专利。

回望 1995 年的中国鞋业，品牌意识刚刚萌生，真正有一定影响力的品牌只有江苏的"森达"。为了使品牌迅速为广大消费者熟知，1996 年，梁远光在中央电视台投入 160 万元广告费用，进行集中宣传。据资料表明，这是中国鞋业界最早利用央视媒体树立品牌形象的举措。新颖时尚的外观包装、品牌设计以及强势媒体有力推广，"必登高"这个名字很快被人们所熟知。

据统计，从 1996 年至 2000 年，必登高共耗资 1500 多万元通过电视、杂志、报纸、路牌等广告媒体进行全方位的品牌宣传。品牌的形成，很快就带来了看得见的效益。企业业绩开始成倍增长，质量和品牌知名度的提高使产品的附加值一下子增加了几十元，每双鞋的平均价格超过百元，已经跻身品牌行列。

好的品牌，为营销模式的创新提供了一个独有的平台。梁远光敏锐觉察到，对于"必登高"品牌的营销需要一种全新的模式了。1998 年，必登高开始改变原有实施"厂商联营"和"多级分销"的经营战略，以湖南省为试点，率先推行连锁专卖。通过对市场的调查和细分，并在资金、货源、广告宣传及店面布置上给经销商诸多优惠条件，最终以 60 多家专卖店和 50 多个店中店专卖柜带动了整个销售业绩的直线上升，在当时引起了轰动效应。

三、四年必登高走不凡路

也许大多数同行的民营企业家都没有预料到，梁远光会把"必登高"这个品牌做得这么大，这么响。

"湖南试验"其实就是一种品牌效力的扩散。从 2000 年开始，梁远光将这一模式在全国迅速推广，到目前为止，必登高在全国开设了 500 多家连锁专卖店、600 多个店中店或专柜以及 1200 多个销售网点，由下设的 30 个营销机构分别管理，形成了东西衔接、南北呼应的营销格局。健全的营销网络，使得市场的信息能够及时反馈，这种良性循环使必登高鞋业的内销数量上升到了 80 万双，销售额达 8000 多万元。

凭借在国内的品牌知名度，2000 年，必登高开始瞄准国际市场。2001 年，梁远光接到的第一笔国际订单是 3600 双鞋。2002 年，必登高的外销额达 400 万美元；2003 年近 800 万美元；2004 年仅上半年就达 1000 万美元。与国内市场相比，必登高的国际市场销量增长更加迅猛，产品远销 28 个国家。

4 年时间，品牌成型的"必登高"在国内市场和国际市场实现了大踏步的跨越。目前，必登高已经是一个厂房面积达 2 万平方米，拥有员工 1600 多名，年生产能力达 200 万双，年产值达 2 亿元的大型鞋业制造企业。现在，整个中国有 100 多家企业在为必登高做贴牌生产。这种只有国际知名品牌才享有的"特权"现象，必登高这样一个民营企业也在书写。

梁远光对品牌的付出和关注，得到了行业和社会的高度认可。2002 年，"广东省著名商标"、"中国真皮商标"、"广东省名牌产品"等荣誉称号扑面而来。知道名牌创建的艰辛，梁远光也意识到如何加以保护。必登高不仅在国内申请专利，还在美国、德国、法国、意大利、西班牙等 14 个国家注册商标，申请了品牌保护。

2004 年 7 月，必登高与人合作，注资 2000 万元建立了一个全新的营销总公司，开始对产品品牌独立经营。

2004 年，必登高正在全力申请"中国名牌"和"中国驰名商标"。

未来 5 年，必登高将购地 200 亩，建立一个现代化的必登高工业园。

一个品牌绘织的鞋业奇迹已经诞生，而一个"鞋业王朝"的神化又在续写。

资料来源：http://www.nz86.com/marketing/a4/165426.html。

本章小结
★★★★

信用，是因为能够履行诺言而取得的信任，信用是长时间积累的信任和诚信度。它具有分配资源、促进投资规模扩大、提高消费总效用和调节国民经济等功能。企业信用管理包括对方信用管理和自身信用管理两部分。信用管理的内容包括收集客户资料、评估和授信。信用标准体系包含三个维度的信用：诚信度、合规度和践约度。信用是企业的发展之本，从狭义上讲，信用指以付款或还款承诺为内容而发生的授信活动；从广义上说，信用是一种主观上的诚实守信和客观上的偿付能力的统一。品牌与诚信是相互依存的关系，企业建立诚信品牌对其信用体系的建设至关重要。品牌信誉与诚信品牌的建设是密切相关的，品牌是信誉的载体，品牌信誉体现在品牌内在价值的三个维度：品牌诚信、品牌信任和品牌形象。本章提出了有关企业信誉管理的几点建议。最后一节中还提到了企业诚信文化的内涵以及诚信文化建设的方式和方法，最后又列出了企业建立诚信文化所应该具备的基本条件。

深入学习与考试预备知识
★★★★

品牌信誉的建立

（1）品牌信誉建立在品牌优质产品和服务的基础之上，是品牌理念长期贯彻的结果。品牌一旦在用户心目中树立了良好的信誉，不仅可以影响到现有用户的行为，而且还会影响未来用户的行为。

（2）品牌信誉的建立依赖于品牌在与供应商、销售商、金融机构等打交道的过程中严格履行合同，取信于人。

（3）品牌信誉的建立还依赖于品牌要善于履行其社会责任及义务。信誉本身虽然是看不见、摸不着的，但是它却构成了品牌无形形象的主体。

品牌理念要靠品牌员工贯彻实施，品牌员工的素质高低对于品牌理念的实施程度具有直接的影响。品牌员工具有的文化素质、敬业精神、技术水准、价值观念以及品牌管理者（品牌家）的管理能力、战略眼光以及个人魅力等，虽然也是无形的，但却直接影响着品牌的行为和表现，影响着社会公众对品牌的印象和评价。

知识扩展
★★★★

企业信用体系

企业信用体系建设是一项复杂的系统工程。它是指在政府的推动下，通过社会各方的密切配合和信用中介机构的市场化运作，逐步建立和完善适应市场经济发展要求的、符合国际标准和我国实际的、涉及企业信用的一系列法律法规、评价技术、组织形式以及相应的管理制度等。最终实现如下目标：

（1）为社会提供充分的、透明的、完整的信用信息产品系列，在规模、质量和类别上满足社会有关各方的需要。

（2）企业的信用意识和信用管理水平不断提高，形成良好的信用秩序和信用环境，让诚实守信者获利，违约失信者失利。

（3）降低交易成本，提高资源配置效率，有力地推动信用交易的扩大和经济的发展。

企业信用体系建设的基本内容包括：企业信用信息征集，它是企业信用体系建设的基础；企业信用标识制度的确立，它是企业信用体系建设的前提；企业信用评价技术的开发，它是企业信用体系建设的关键；企业信用信息系统的建设，它是企业信用体系建设的载体；企业信用体系建设组织机构的建立，它是企业信用体系建设的保证。

答案
★★★★

第一节：

1.①企业信用是品牌塑造的基础，是让社会、消费者信任品牌、接受品牌的基本条件。②信用能够提高企业的抗风险能力，良好的资信等级可以提升企业的无形资产，高等级的信用是企业在市场经济中的"身份证"，它能够吸引投资人与客户大胆放心与之合作。③信用能够降低企业经营成本，使企业不需要立即支付现金就能获得外部资源，从而提高产品周转能力、融资能力，提高资金使用效率。

2.①太原酒厂重视内部制度建设，提高企业政策落实力度。②加大企业建设投入，优化环境，改善面貌，营造良好的企业形象，积极迎合当今社会的环保理念。③勇于承担社会责任，将职工权益放在首位，保证职工利益，树立企业口碑。

第二节：

1. 假冒现象被经济学家比喻为"黑色经济"。这黑色夜幕般的"经济"不是仅仅笼罩着某个国家或地区，而是在全世界对品牌构成了极大威胁。这些假冒产品侵害了原品牌，严重影响了企业的经济效益，也影响了我国产品在国际上的声誉。一些名牌产品也因此被挤出市场，企业倒闭。因此，每个企业都应积极保护自己的品牌，维护自身品牌权益。

2. 企业应积极地参与到维护自身品牌的行动中，配合检察机关严厉打击假冒商标、品牌的行为，通过自身的努力在市场经济生活中树立人们重视品牌、重视知识产权的市场风气。同时，政府应着力制定合理的市场秩序，严厉打击假冒品牌等破坏市场正常运行的行为，为企业发展创造良好的环境。

阅读材料：

1. 企业在经营过程中一定要重视企业诚信，企业诚信的建立是一个长期的过程，在大量的成本投入之后才能够获得消费者认可，并在市场中占有一席之地，但是一时的不诚信行为就有可能使一个企业被消费者唾弃。

2. 在奶源市场的博弈中，奶制品企业对于奶源控制的乏力直接为奶制品质量问题的出现埋下了隐患，但是最重要的问题是奶制品企业在经营成本上升、竞争压力增加的情况下，没有将企业的社会责任放在企业经营的重要位置，放任了可能出现的质量隐患，才造成了企业的信用危机。

第三节：

钮金木在企业运作过程中，坚持以质量求生存的经营理念，高薪聘请资深药师，并成立专门的质监部门，从原料采购到加工生产再到成品包装，都进行严格的把关，为树立品牌在市场的可信形象奠定了基础。同时，钮金木在商品交易中重视建立同客户的长期合作关系，以诚信为本，在客户中形成了信誉良好的"金木"品牌。

第五章

品牌文化营销

学习目标

★★★★

知识要求 通过本章的学习，掌握：

● 新能源与新经济的新环境
● 企业节能减排的重要性
● 企业如何响应低碳号召
● 低碳环境下的企业品牌
● 低碳文化品牌的作用
● 清洁生产对构建企业品牌的意义
● 企业品牌与可持续发展

技能要求 通过本章的学习，能够：

● 掌握企业构建低碳品牌的重要性
● 熟悉低碳经济条件下品牌文化的探索与应用
● 了解低碳战略的具体实施

学习指导

★★★★

1. 本章内容包括：新能源、新经济，企业节能减排、可替代能源企业责任，低碳经济条件下品牌文化的探索与应用，品牌文化与企业持续发展策略。

2. 学习方法：独立思考，抓住重点；识别构建低碳品牌对企业的影响；探讨低碳经济条件下某个企业的可持续发展战略等。

3. 建议学时：6 学时。

第一节　品牌文化营销的新视角

引导案例

沃尔沃汽车"低碳生活"环保项目

近日，由 A-hus 建筑公司、Vattenfall 能源公司及沃尔沃（Volvo）汽车公司联合发起的"低碳生活"的环保项目正式启动实际测试，来自瑞典的一个 4 口之家搬进了智能住宅，开始了为期半年的低碳生活。"低碳生活"项目希望达成个人碳排放量从每年 7 吨降到 1 吨的目标。在保持高品质生活水准的同时，努力实现每人每年 1 吨的碳排放水平。秉承安全、品质、设计与环保的理念，沃尔沃汽车积极响应"低碳生活"号召，C30 DRIVe 电动车将全程起到关键作用，它使用可再生电源充电，可以做到二氧化碳的零排放。

沃尔沃汽车公司一直致力于环保技术的研发。除了提供多种环保低排放车型外，沃尔沃汽车还通过"低碳生活"这样的项目向社会传达环保、节能、低碳排放的理念，同时将自己最新的环保车型 C30 DRIVe 电动车融入到项目中，通过多种方式实践 DRIVe 绿色驾控战略。

一、高科技打造的智能住宅

专门为"低碳生活"项目建造的高科技智能房屋设有三层墙壁，具有极好的隔热性能和气密性。其他重要的特色包括改进了房顶与地基的隔热性能，采用了低能耗门窗。

门厅的消风装置可以防止房屋内外之间形成大的气流，从而在屋内形成一种舒适的气温并降低了能量消耗。环绕窗户的突出窗框在夏日当空时能给室内遮阴，在冬季太阳靠近地平线时又能将日光的能量引入屋内。

密封良好的房屋确保了新鲜空气的供给，设置了一个通风装置，将卧室、起居室及其他公共场所的污浊空气排出，换以经过调节的新鲜空气。排出空气中的热量会被加以回收。

输入的空气、人的体热和家用电器产生的热量便可基本满足建筑物所需的供热。地板下安装了辅助地热采暖装置。屋顶的太阳能板发出的电力供辅助加热或电动车充电用。家庭剩余的电则会输送给国家电网。

4 月到 10 月期间，车库房顶上的太阳能电池板可以满足全家供热与热水的大部分需要。在没有太阳以及蓄能槽也没有储存太阳能时，可以从 Vattenfall 公司获得可再生能源发的电。

二、C30 DRIVe 电动车将起关键作用

在此试验中，沃尔沃 C30 DRIVe 电动车将起到关键作用。由于使用可再生电源充电，C30 DRIVe 电动车可以做到二氧化碳的零排放。这款电动车是沃尔沃汽车公司 DRIVe 绿色驾控战略的重要组成部分。它可以提供与标准 C30 一样的安全性、舒适性和车内空间，而差别在于沃尔沃 C30 DRIVe 电动车完全采用电力驱动。

参加"低碳生活"项目使沃尔沃汽车公司有机会研究电动汽车如何融入现代的家庭生活方式之中。沃尔沃 C30 DRIVe 电动车由锂离子电池驱动，可通过家中的电源插座给电池充电。电池充满电约需 8 个小时。充满一次电的行驶里程可达 150 公里。150 公里的行驶里程超过了大多数欧洲上班族每天的行驶距离，可以满足大多数家庭交通运输的要求。

受试家庭在这个住宅中将可能把家庭的二氧化碳排放降低到接近每人每年 1 吨的水平，而不必降低其现有的生活质量和水平。

三、"低碳生活"项目有三个主要内容

由木屋专家 A-hus 公司设计建设一套高能效住宅。A-hus 是知名的建筑公司。

使用可再生能源充电的电池作动力的沃尔沃 C30 DRIVe 电动车。

Vattenfall 能源公司将为该试验住宅装备实时测量家庭耗电量的智能新技术，还将提供家庭如何以最有效的方式使用能源的专业知识。Vattenfall 还将提供由其子公司开发的太阳能电池技术并通过主电网提供可再生的风电和水电。Vattenfall 是欧洲著名的能源公司，主要提供风力和水力发电。

四、阳台与客厅一体式设计可减少能耗

参与"低碳生活"的项目与沃尔沃汽车"DRIVe 绿色驾控战略"紧密相连，体现了沃尔沃汽车在环保方面不断创新进取的决心。根据"DRIVe 绿色驾控战略"，沃尔沃汽车今后将向中国引入更多配备创新动力总成科技，兼具驾驶乐趣与绿色环保的高效车型。作为拥有领先科技、富有社会责任的豪华车品牌，沃尔沃汽车"DRIVe 绿色驾控战略"的发布证明了其对中国市场的承诺：引入更多创新科技、履行优秀社会企业公民责任；同时也展现了其"创新科技、创领人生"的品牌策略。

资料来源：中新网 2011 年 1 月 24 日。

➡ **思考题：**

1. 低碳生活的宗旨是什么？

2. 沃尔沃如何利用自身优势打造企业低碳文化？

一、新能源、新经济

欧美发达国家大力推进以高能效、低排放为核心的"低碳革命",低碳经济的争夺战,已在全球悄然打响。这对中国,是压力也是挑战。

中国企业尤其是民营企业将如何发展低碳经济,如何面对机遇和挑战,即将召开的"世界华人企业领袖高峰会"也将此作为会议的重要议题之一。为企业家和经济学者及有关部门领导搭建一个平台,共同探寻"民营企业如何合理规划发展自身的绿色战略"。

1. 中国企业家崭露头角

世华联总会秘书长李桂民对此提出的建议是,低碳经济已是国际主流形势,中国必须承担一些责任,政府及有关部门要对环境保护采取必要措施。

李桂民说,我国民营企业大多是以外加工轻工业为主,传统型的经营结构,对环境、安全、质量造成很大破坏和隐患。我国走过了资源掠夺的时代、农民企业家时代,已步入依靠知识发展,科技创新的资源节约型时代。

过去的"纳米技术"曾掀起一股热潮,很多企业家解释不清什么是"纳米技术",找不到定位,但却跟风似的全都贴上"纳米"标签。

这次的"低碳经济"也必然会引起企业家的盲目追捧,国家减少排放,民营企业转型,才能有市场。企业家必须走一步看三步,之所以被称为"家"是百姓看现在,企业家看未来。

经济平台可以给参与者提供良好的引导,相关部门会帮助企业确立正确的定位。很多投资商的投资策略都是跟着局势的变化、政策的方向进行的。

政协委员孙太利表示,发展低碳经济应是后危机时代新的发展方向,应该有大的动作,有一个新的发展导向。这个发展导向就应该紧紧围绕经济建设,怎样转变经济方式,促进经济发展,由高能耗向低能耗、高污染向零排放、低效益向高效益方面转变,并由中国制造向中国创造转变。中国创造涉及一个科技创新、自主产权问题,同时,怎样稳定社会、稳定就业,怎样多做服务外包也应该得到重视。

2. 专家、百姓看"低碳"

中央财经教授贺强也表示,低碳经济从某种意义上就是转变经济发展方式的目标。转变经济发展方式要靠调结构,调结构是转变经济发展方式的内容、手段与过程,这也是达到实现发展低碳经济重要的途径。三者的关系首先应该理清楚,不是互相孤立的,是紧密联系在一起的。调结构,具体来说,也是要往低碳经济这个方向调。而谈到如何发展低碳经济时,贺强提出,首先就是要大力发展节能环保、生物工程、新能源等战略性新兴产业,低碳经济应该以这些产业作为龙头产业和骨干产业，这些产业技术含量较高，附加值也相当高，要达到同样单位 GDP，可以节省下不少的能源。其次，从个人层面上来讲，就是要改变每个人的观念和生活，让我们的生活习惯更符合低碳经济的要求。

人大代表褚君浩说，"核心技术"和"低碳理念"是建设低碳社会的两个支柱。政府从资金、税收等方面给予企业支持，变目前单一的减税和免税模式为实行加速折旧、再投资退税、税收抵免、延期纳税等国际上通用的方式，调动企业加快循环经济建设的积极性，引导社会资源向循环经济领域配置。要建立一套清晰的低碳产业发展技术序列。在具体的低碳排放产业体系构成中，需要对涉及的行业做出具有可持续发展前景的技术规范指标。

低碳经济是个"时髦词"。各行各业要从中找到准确切入口，只有以低碳排放为特征的产业体系和消费模式两方面共同协调发展，低碳经济才会实现健康快速的发展。

为了理解品牌文化，首先应该了解什么是品牌，品牌与文化的关系是怎样的，品牌中如何体现文化，或者说品牌具有怎样的文化性。

问题 1：何谓低碳？

低碳，英文为 Low Carbon。意指较低（更低）的温室气体（二氧化碳为主）排放。随着世界工业经济的发展、人口的剧增、人类欲望的无限上升和生产生活方式的无节制，世界气候面临越来越严峻的挑战，二氧化碳排放量越来越大，地球臭氧层正遭受前所未有的危机，全球灾难性气候变化屡屡出现，已经严重危害到人类的生存环境和健康安全，即使人类曾经引以为豪的高速增长或膨胀的 GDP 也因为环境污染、气候变化而大打折扣，也因此，各国曾呼唤"绿色GDP"的发展模式和统计方式，低碳经济和低碳生活又是其核心内容。

问题 2：低碳经济与低碳生活

"低碳经济"最早见诸政府文件是在 2003 年的英国能源白皮书《我们能源的未来：创建低碳经济》。作为第一次工业革命的先驱和资源并不丰富的岛国，英国充分意识到了能源安全和气候变化的威胁，它正从自给自足的能源供应走向主要依靠进口的时代，按目前的消费模式，预计到 2020 年，英国 80% 的能源都必须进口。同时，气候变化已经迫在眉睫。

前世界银行首席经济学家尼古拉斯·斯特恩牵头做出的《斯特恩报告》指出，全球以每年 GDP 1% 的投入，可以避免将来每年 GDP 5%~20% 的损失，呼吁全球向低碳经济转型。前英国首相布朗于 2007 年 11 月阐述英国的主张是，努力维持全球温度升高不超过 2℃。这就要求全球温室气体排放在未来 10~15

年内达到峰值，到 2050 年则削减一半。为此，需要建立低碳排放的全球经济模式，确保未来 20 年全球 22 万亿美元的新能源投资，通过能源效率的提高和碳排放量的降低，应对全球变暖。

低碳经济，是以低能耗、低污染、低排放为基础的经济模式，是人类社会继农业文明、工业文明之后的又一次重大进步。"低碳经济"的理想形态是充分发展"阳光经济"、"风能经济"、"氢能经济"、"核能经济"、"生物质能经济"。它的实质是提高能源利用效率和清洁能源结构、追求绿色 GDP 的问题，核心是能源技术创新、制度创新和人类生存发展观念的根本性转变。低碳经济的发展模式，为节能减排、发展循环经济、构建和谐社会提供了操作性诠释，是落实科学发展观、建设节约型社会的综合创新与实践，完全符合党的十七大报告提出的发展思路，是实现中国经济可持续发展的必由之路，是不可逆转的划时代潮流，是一场涉及生产方式、生活方式和价值观念的全球性革命。著名低碳经济学家、原国家环保局副局长张坤民教授认为低碳经济是目前最可行的可量化的可持续发展模式。从世界范围看，预计到 2030 年，太阳能发电也只达到世界电力供应的 10%，而全球已探明的石油、天然气和煤炭储量将分别在今后 40 年、60 年和 100 年左右耗尽。因此，在"碳素燃料文明时代"向"太阳能文明时代"（风能、生物质能都是太阳能的转换形态）过渡的未来几十年里，"低碳经济"、"低碳生活"的重要含义之一，就是节约化石能源的消耗，为新能源的普及利用提供时间保障。所谓低碳经济，是指在可持续发展理念指导下，通过技术创新、制度创新、产业转型、新能源开发等多种手段，尽可能地减少煤炭石油等高碳能源消耗，减少温室气体排放，达到经济社会发展与生态环境保护双赢的一种经济发展形态。发展低碳经济，一方面是积极承担环境保护责任，完成国家节能降耗指标的要求；另一方面是调整经济结构，提高能源利用效益，发展新兴工业，建设生态文明。特别从中国能源结构看，低碳意味节能，低碳经济就是以低能耗低污染为基础的经济。低碳经济几乎涵盖了所有的产业领域。著名学者林辉称之为"第五次全球产业浪潮"，并首次把低碳内涵延展为低碳社会、低碳经济、低碳生产、低碳消费、低碳生活、低碳城市、低碳社区、低碳家庭、低碳旅游、低碳文化、低碳哲学、低碳艺术、低碳音乐、低碳人生、低碳生存主义、低碳生活方式。

所谓低碳生活，就是把生活作息时间所耗用的能量尽量减少，从而减低二氧化碳的排放量。低碳生活，对于我们这些普通人来说是一种生活态度。也成为人们推进潮流的新方式。它给我们提出的是一个愿不愿意和大家共创造低碳生活的问题。我们应该积极提倡并去实践低碳生活，要注意节电、节气、熄灯 1 小时……从这些点滴做起。除了植树，还有人买运输里程很短的商品，有人坚持爬楼梯等。

活动 1：讨论低碳的各种表现形式。

讨论低碳社会、低碳经济、低碳生产、低碳消费、低碳生活、低碳城市、低碳社区、低碳家庭、低碳旅游、低碳文化、低碳哲学、低碳艺术、低碳音乐、低碳人生、低碳生存主义、低碳生活方式的各种具体形式或实现方法。

二、企业节能减排、可替代能源

节能减排指的是减少能源浪费和降低废气排放。中国"十一五"规划纲要提出，"十一五"期间单位国内生产总值能耗降低 20%左右，主要污染物排放总量减少 10%。这是贯彻落实科学发展观、构建社会主义和谐社会的重大举措；是建设资源节约型、环境友好型社会的必然选择；是推进经济结构调整、转变增长方式的必由之路；是维护中华民族长远利益的必然要求。

我国经济快速增长，各项建设取得巨大成就，但也付出了巨大的资源和环境代价，经济发展与资源环境的矛盾日趋尖锐，群众对环境污染问题反映强烈。这种状况与经济结构不合理、增长方式粗放直接相关。不加快调整经济结构、转变增长方式，资源支撑不住，环境容纳不下，社会承受不起，经济发展难以为继。只有坚持节约发展、清洁发展、安全发展，才能实现经济又好又快发展。同时，温室气体排放引起全球气候变暖，倍受国际社会广泛关注。进一步加强节能减排工作，也是应对全球气候变化的迫切需要。

国务院印发的、发改委会同有关部门制定的《节能减排综合性工作方案》，明确了 2010 年中国实现节能减排的目标任务和总体要求。《方案》指出，到 2010 年，中国万元国内生产总值能耗将由 2005 年的 1.2 吨标准煤下降到 1 吨标准煤以下，降低 20%左右；单位工业增加值用水量降低 30%。"十一五"期间，中国主要污染物排放总量减少 10%，到 2010 年，二氧化硫排放量由 2005 年的 2549 万吨减少到 2295 万吨，化学需氧量（COD）由 1414 万吨减少到 1273 万吨；全国设市城市污水处理率不低于 70%，工业固体废物综合利用率达到 60%以上。

问题 3：节能减排的重要性？

1. 国际环保的需要

节能减排是应对全球气候变化的迫切需要。温室气体排放引起的全球气候变化一直倍受国际社会的关注。从世界环境日、八国峰会、亚太经合组织（APEC）峰会到夏季达沃斯峰会等，气候变化、节能减排几乎是逢会必谈的主

119

题。目前，全球气候变暖已经是一个不争的事实，这与使用煤炭、石油等化石燃料的过程中排放二氧化碳的量密切相关。气候变暖是人类共同面临的挑战，需要国际社会共同应对。中国作为发展中国家，尽管发展经济、消除贫困依然是我们的主题，但在全球气候变暖的大背景下，也要主动承担节能减排的国际责任。因为减少排放、保护环境是我们以人为本的发展理念的要求，是我们可持续发展的内在要求。我们要努力走出一条低消耗、低排放、高效益、高产出的新型工业化道路，努力实现经济发展和保护环境"双赢"的目标，这是对世界可持续发展和应对气候变化的一大贡献。

随着环保呼声的增强，温室气体排放量，有毒气体排放，不单单是各国开会时的呼吁，随着排污权交易的健全，污染源的管理及控制变成了与各国发展息息相关的必要因素。环保再不是可做可不做的呼吁，而是作为地球的一部分，并成为想要保持与各国友好联系的必需。而与之相联系的节能减排项目也是提高各国环保形象必不可少的功课。

2. 国家可持续发展的需要

全球 20 个污染最严重的城市有 15 个在中国，中国在成为世界工厂的同时，我国也成为世界上环境污染最为严重的国家。今天我国经济社会发展中凸显出矿产资源短缺、水资源短缺、能源利用效率低下、环境污染严重这四个比较严重的问题。矿产资源短缺的严重问题：我国的有色金属储量不足，如铝、铅、铜等。很多有色金属的矿产的开采年限与可供年限都很短。在我国很多矿山中，探明资源枯竭型、资源危机型矿山与后备资源有保证的矿山的比例为6：3：1。我国资源的不足直接影响我国的发展并将很大程度地依靠进口，而现在形势已经十分严峻。已探明储量中，很多矿产存在无矿可采的境地。而作为不可再生资源的水资源短缺及污染的问题严重：水资源短缺且地域分布不均。南方水多北方缺水，很多城市都有不同程度的缺水问题。而不断增长的废污水的排放对水资源的污染也越来越严重，城市水环境日趋恶化，城市地表水体 2/3 以上受到不同程度的污染。而在这其中工业污水的处理不当，以及浪费水的现象又加重了水资源的短缺及污染。

能源利用效率低下的严重问题：资源和环境的承载力已近极限。我国的工业生产中所排放的废气及烟尘是很大的污染源，而其中有色金属行业虽然不及火电厂煤烟型污染源所产生的污染，但仍然会排放大量的二氧化硫。以有色金属行业为例，会排放大量的二氧化硫及粉尘，而这些针对病症的节能减排项目就有可能降低污染甚至可以变废为宝，而如果不能切实改变现行生产模式和消费方式，势必进一步加剧资源短缺的压力，甚至有可能丧失发展机遇。

环境污染严重的问题：我国的水体、大气、固体废弃物，以及噪声污染对环境的污染都要大大地超过了环境的承受力，环境已经不堪重负，从生产利润的微笑曲线可以看出，如果一味地注重经济发展，到头来会起到适得其反的效果。我国的地表水及近陆水都有不同程度的污染。现在，我国经济已进入新的快速增长阶段。我国的现实情况告诉我们现在环境状况已经不堪重负了，如果不改变传统的高投入、高消耗、低效率的粗放型增长方式，如果不在全社会进一步强化节约资源的意识，经济的发展必然会越来越多地受到矿产资源短缺、水资源短缺的限制，能源利用效率低下。环境污染严重等"四大问题"的制约导致生产、生活环境会越来越恶化。

我国虽然地大物博，但人口重多，发展经济是我国必须要坚持的工作的核心，GDP 要增长，怎样可以既不影响我国经济的发展又不影响我国环保的施行，节能减排的任务就相当艰巨。

3. 企业发展的必要条件

企业是以盈利为目的的个体，但在构建和谐社会的大背景下，在政府更关心民生的政策法规更加健全的条件下，"利"就不单单指经济的利益，而应该是一种综合的利益，应该体现企业的责任与担当，应该体现企业顺应民生、关心环保的理念。因为只有企业站在高的平台上，以更远的眼光去为企业的未来制定方向，才能不中途夭折，与地方政府打关系，受到人民的拥护。同时如果企业在做环保决策时可以有前瞻性地预测政府的环保政策，由于项目生命周期性，在决策环保项目时可以避免不停地整改，不停改进的宿命，而可以使企业做出虽对眼前经济不利，而对长的生命周期中的经济利好，同时可以赚取更多社会声誉的节能减排项目决策。

问题 4：节能减排遇到的矛盾？

产业结构、国家发展与环保的矛盾。与发达国家相比，我国产业结构中工业比重偏高，假设我国的节能减排项目都针对工业项目，我国产业结构将有利于国家环保事业的进行。然而，为了保证我国能平稳地发展，近年来我国以增加供应为主要目的建设的钢铁、有色金属、电力、化工、建材等项目相继上马，势必增加能源消耗和废物排放，增大节能减排的压力。地方政府对于 GDP 的追求因急于在财政年度内体现出来，就可能会上马一些重工业项目，或对一些需要及时整改的项目，地方政府会睁一只眼闭一只眼，而这与中央给出的节能降耗信号是背道而驰的。当中央把这些信号变成强制的政策，并开始严加监管时，在经济上受最大损失的还是企业自身。

政府、政府投资及企业的关系。政府高调强调节能减排的重要性，并且也拿出大量的资金做环保工程，但是由于这些投资一方面投入的大多是民生工程及惠及大众生活的工程，这些工程的建设期一般比较长；另一方面由于政府财政力量有限，工业企业的节能减排项目很少能得到政府方面正面的财政政策的支持。使得很多企业的节能减排项目大都是自费的，所以企业的节能减排项目比较被动，加之政府投资在一段时间的环保效应体现不出，就可能会致使政府的环保投资受挫，而企业的环保动力不足。节能减排的投资转化为绩效有一定的迟缓性。虽然节能降耗是我国技术开发和技术改造的重点，但技术进步对节能的贡献只有大约10%。由于由技术进步所带来的绩效的衡量体系不完善，而节能减排项目能带来绩效的表现时间也比较迟缓，所以这也导致企业节能减排项目一拖再拖。

我国企业的节能减排角色扮演得比较被动。究其原因，一方面，企业的经济利益追求的单一性，而政府作为督导的角色，没有制定出有效的可以督促或是惩罚企业使得其必须选择，或是更积极地进行节能减排项目的政策；另一方面，作为企业自身，由于大多节能减排项目都是企业被动的行为，很多情况下是政府给出最后通牒，企业才会不得不选择符合的节能减排项目，即企业对于节能减排项目不存在决策的问题，而相应的节能减排项目的可行性评价也往往是一种形式，各个指标只是达标就基本可行。

三、企业责任：积极应对环境挑战

向低碳经济转型的这一过程使企业发展所面临的大环境也随之改变，势必导致企业的价值标准和评价体系等发生深刻变化。企业要想赢得低碳竞争力，就必须以超前的意识、敏锐的动作迎头赶上，加快生产方式的转变，以昂扬的姿态参与国际分工，及早适应低碳竞争的新规则。同时，更要勇于承担起新时代赋予企业的低碳、环保的社会责任。

企业社会责任在西方国家已提出多年，如今企业社会责任已成为21世纪企业价值的重要衡量指标之一。所谓企业社会责任（Corporate Social Responsibility，CSR），是指企业在创造利润、对股东承担法律责任的同时，还要承担对员工、消费者、社区和环境的责任。CSR要求企业必须超越把利润作为唯一目标的传统理念，强调在生产过程中对人的价值的关注，强调对消费者、环境和社会的贡献。

传统的企业社会责任主要包括以下内容：①经济责任，企业在自身盈利的同时，也丰富了人民的物质生活，为社会提供商品、服务和就业机会等，为国民经济的发展做出应有的贡献；②守法责任，企业在遵纪守法方面做出表率，遵守相关法律，如劳动者保护法、消费者权益法等，诚信经营，共建法治社会；③伦理责任与慈善责任，企业所从事的涉及教育、医疗、救灾、扶贫、环保、捐赠等帮扶弱势群体、改善社会福利的公益活动，既促进了社会进步，也在社会上赢得了良好的声誉，优化了企业经营环境，增强了企业吸引力，使人们更愿意购买该企业的产品与服务，这将促进企业的长足发展。

20世纪60年代之后，随着国际环保运动和可持续发展思潮的兴起，节能降耗、环境保护也进入企业社会责任的范围，国际上ISO14000等评价企业环境行为的标准应运而生。进入21世纪，全球气候变化的加剧，低碳经济的兴起，众多跨国企业的CSR报告也将重心由此前强调员工、社区责任等内容，逐渐转向与环保及碳排放相关的内容。与此同时，中国企业在参与国际分工的进程中，逐渐意识到在低碳经济时代，实现企业低碳发展模式，落实对碳排放的要求，也将是企业社会责任的重点。

2009年哥本哈根全球气候变化会议前夕，中国政府承诺，到2020年将把单位GDP碳排放在2005年的基础上减少40%~45%。中国政府的承诺，其中很大一部分责任将落实到企业的身上。当企业发展的内外部环境发生改变时，企业也应根据环境的变化，及时地调整自身的发展战略，做到与时俱进，只有这样才能实现企业的长远发展。低碳时代的来临，减少碳排放量是这一时代的重要特征，对于中国企业而言，机遇与挑战并存，中国企业应化挑战为动力，积极探索企业的低碳转型之路，改变传统生产方式，开展清洁生产，进行节能减排，最终实现零排放的绿色生产过程，履行新时代下企业低碳、环保的新社会责任。

123

活动2：讨论某企业是否履行了低碳责任。

选择一家熟悉的企业为对象，分别站在消费者、环境和社会的角度，来评价该企业是否履行了低碳责任，并深入探究这三个方面是否冲突，如何选取最合适的解决办法。

第二节　现代企业品牌与低碳经济

引导案例

低碳浪潮中木地板品牌的创新之路

一、圣象竹地板——"低碳族"高举环保大旗

长期以来，竹地板的市场份额始终没有超过10%，在地板行业中一直处于配角的尴尬地位。"可能是竹地板的花色过于单一，间接影响了销售。"袁洪说，竹地板的环保指数相当高，非常适合普通家庭使用。此外，竹地板对原材料的利用率可达90%以上，更符合"低碳、节约资源"的发展理念。

圣象竹地板，沿袭一贯的低碳环保理念，利用优质的可再生竹材资源，全新开发了"低碳族"系列竹地板，不仅运用高科技重竹技术重新调整了竹材结构，使竹地板更加具有稳定性和价值感，而且在设计上也不拘一格，使之具有极强的装饰性与时尚性。据悉，全新的"低碳族"系列竹地板由圣象集团采用"重竹"高科技技术打造，沿袭圣象一贯的"低碳、环保、可持续"发展理念，同时注入高度的社会责任感，完美诠释了圣象在行业内先行者的地位和形象。

二、世友 3D 面低碳地板——引领环保潮流

浙江世友木业有限公司一直以传播家居文化、提高消费者生活品质为己任，多年来不断致力于低碳环保产品的开发与推广。现如今，许多企业推出了低碳概念的产品，但是在多数情况下，只是他们的炒作，更有甚者名为让产品达到所谓的低碳效果，在生产过程中却增加了碳排放。

世友 3D 面低碳地板以速生材为原材料，使用 PDL 全渗透移印技术，无须砍伐原始森林，即可得到全仿真稀有木种的纹理效果，同时在生产过程，摒弃生产强化地板所需三聚氰胺、三氧化二铝等的难处理、难净化的污染型原材料，减少碳排放量和对环境的破坏。世友 3D 面地板的推出从根源上解决了稀有木种过度砍伐的问题，并且带动了国内速生林的种植，从产品根源上做到了低碳环保。3D 面低碳地板一上市就受到了消费者的热捧，业内领导、专家高度评价，在义乌国际森林博览会上一举夺得金奖。

三、德威地板——让生活更低碳

在地板行业，"智慧，让生活更低碳"的低碳生活观念，是由德威地板大力倡导并率先实施的。德威独有的"NCD"专利技术解决了地板边角容易磨损的难题，该项技术不仅将地板最容易受伤的边缘保护起来，有效解决了边缘处易磨损、易碰伤、不耐磨等影响地板使用寿命的老问题，而且使德威地板的使用寿命延长了 2 倍，大大节省了木材的消耗，保护了森林资源，正与时下倍受关注的"低碳经济"概念不谋而合。

这项技术的发明和使用，不仅减少了地板的质量投诉，为消费者节约了大量的人力、财力，更重要的是，如果这项技术能全面推广使用，将每年节约 40万立方米木材，相当于少砍 200 万棵树，少毁 6600 多公顷森林，在很大程度上缓解了我国森林资源的严峻局势。

四、安信地板——中国木业减排先锋

安信地板成立至今始终将建立绿色产业链和发展循环经济视为企业发展的

核心价值，安信地板在近几年对低碳的关注、对节能减排的重视，对各项环保活动的积极参与在行业内有目共睹，FSC 和 CARB 认证的获得及在行业内率先推行的"地板以旧换新"活动，充分得到了世界自然基金会的认可。世界自然基金会肯定了安信地板作为国内大型地板生产企业在节能减排方面做出的重要贡献，并强力推荐安信地板作为中国木业减排先锋的潜力企业。

五、美丽岛地板——全球工厂以"低碳"为准则

环保一直是个全球性话题。刚刚在哥本哈根落下帷幕的全球 77 国集团低碳主题的会议上，温家宝总理就在全世界面前表态，中国将致力在碳排放方面做出最大的努力。作为一家与森林资源密切相关的企业，美丽岛在响应国家政策方面，其实也已不断地做出相应的努力。

作为少数的几家顶级工厂，美丽岛嘉善全球样板工厂采用国际森林管理委员会 FSC 认证的办法来经营林地及生产地板，简单来说，就是用欧盟的标准合理砍伐老树，以便小树更快地生长，并且保证需求量 1% 的增长。从国际化样板工厂的规划与建设，到严格的环境管理体系的应用，到科学用材的办法，以及三层实木复合地板新产品的推广，都充分体现了美丽岛全球样板工厂作为一家国际化企业在担负企业责任、促进自身经济效益与响应国家政策方面的态度与履行。

我国政府为应对气候变化，制定减排目标，宣布到 2020 年，在 2005 年的基础上将碳排放的强度降低 40%~45%，作为约束性指标纳入国民经济和社会发展中长期规划，并制定相应的国内统计、监测、考核办法。低碳经济已成为中国经济未来发展的主流趋势，对中国社会尤其是产业提出了挑战。因此，企业只有关注并实施"低碳战略"，才能在国际及国内市场赢得未来竞争，获取更大的发展空间。

资料来源：中华地板网 2011 年 2 月 22 日。

思考题：

1. 各大地板厂家争创低碳品牌的目的是什么？

2. 低碳与环保的目的是如何相契合的？

一、低碳经济条件下品牌文化的探索

当今气候变化是全球面临的重大挑战，遏制气候变暖，拯救地球家园，是全人类共同的使命，每个国家和民族，每个企业和个人，都应当责无旁贷地行动起来。发展低碳经济，降低二氧化碳等温室气体的排放量，是减缓气候异常的重要措施。我国正处于工业化、城镇化快速发展的关键阶段，能源结构以煤为主，降低排放虽存在特殊困难，但始终是我们应对气候变化的重要战略任务。

低碳经济是一种以低能耗、低污染、低排放为特点的发展模式，以应对气候变化、保障能源安全、促进经济社会可持续发展为目的。其实质是提高能源利用效率和创建清洁能源结构，发展低碳技术、产品和服务，确保经济稳定增长的同时减少温室气体的排放量。发展低碳经济的最终目标是构建低碳社会，理想的低碳社会要求全社会的生产、生活、消费的全面低碳化，涉及每个人的衣、食、住、行等各个方面的低碳化。

阿尔里斯说过：世界上最富有的国家的经济是建立在品牌之上，而非建立在商品之上，这一点毫无例外。从这句话中可以看出品牌对一个企业甚至是一个国家经济的巨大作用，所以低碳经济的发展不能缺少品牌的低碳化，企业要打造出具有自身特色的低碳品牌。低碳品牌不仅意味着该企业的产品、技术和服务的低碳化，而且还包括企业内部其他方面以及外部各相关主体的一种共同的低碳理念和精神，这种精神能通过企业品牌向社会公众展示出来，并且向大众传播低碳、绿色的生活方式。

二、低碳经济条件下品牌文化的应用

从地球暖化、温室气体、二氧化碳排放、碳足迹到低碳经济，这一连串对人们来说既陌生又熟悉的名词，从 20 世纪末开始，就反反复复地被全世界的人们讨论着。不管你喜不喜欢，想不想费神去理解，这个攸关人类环境的议题在 2009 年 12 月 18 日召开的哥本哈根全球气候变化大会上被推向了高潮。关于此次为期 12 天、以拯救地球为名义召开的会议，我们通过媒体更多地看到了各国的政治角力与经济利益的博弈，但不可忽略的是，在沸沸扬扬的背后，有一个重大的共识：人类必须摒弃旧时代不计环境代价的经济发展思维模式，把经济发展对环境的影响、温室气体排放（主要指二氧化碳）计入生产成本中。因为有这样的共识，"低碳经济"将不可避免地成为 21 世纪全球经济发展的主旋律。

1. 消费也要负责任

说到这里，你可能还没有完全意识到低碳经济对于品牌管理的根本性影响，或者你对低碳的理解仍停留在企业社会责任的层面上。其实，低碳经济对品牌营销的直接影响，除了媒体反复讨论过的可能增加的外销成本之外（比如对高耗能产品进口征收特别的二氧化碳排放关税），全球消费价值观的转变，更是所有品牌管理者需要密切注意的。一些在传统品牌营销中经常为企业宣扬的消费价值，比如炫耀奢华、气派等，在低碳经济的风潮中，很可能让你的商品尴尬地被置于节能减排的公众放大镜下，变成市场毒药。因为社会公众认识到，消费不能仅以满足一己之私而恣意放纵，毫无道理地过度消费，会让全人类的子孙后代承担不良后果。因此，"责任消费"将日渐成为全球主流消费价值观，影响的范围将从奢侈品到柴米油盐，林林总总，无一例外。以减排意识相对强烈的英国为例，2008 年底的一项调查结果显示，超过 2/3 的民众会优先购买那些积极参与节能减排企业的产品。而近年来美国好莱坞巨星对于油电混合动力车的极力追捧，也展现了"低碳奢华"将逐步取代"低调奢华"成为高端消费的新价值观。

当然，在消费价值观转变的同时，品牌与目标消费群体之间的关系与内涵也将发生变化。在新的低碳经济世纪里，以碳足迹（一个人或企业的碳耗用量对自然界产生的影响）为衡量标准的环境责任，将成为品质与安全之外品牌必须提供的另一项基本承诺。届时，全球性的成功品牌，不仅在产品服务与体验上要有出色的表现，还必须确保每次消费的碳足迹都在合理的范围之内。这样的说法，看似距离国内市场的现状还有相当的距离，但对于许多登上国际舞台的中国厂家而言，终有一天将成为它们必须面对的严酷现实。例如，在中国大量采购商品的美国第一大零售商沃尔玛，在 2010 年 4 月宣布，要求与其合作的 10 万家供应商必须在 5 年内建立碳足迹检验机制，并将按照供应商执行、贯彻的程度，对商品进行分级，或贴上不同颜色的标签加以区别。也就是说，碳足迹严重的商品将接受消费者的公开评议。这一个表面上似乎仅与北美市场有关的举措，势必引起国内相关产业的连锁效应。因为计算每一种销售给沃尔玛的产品的碳排量，都必须对相关产业链进行通盘检视。而且，像这样来自渠道的要求并非单一个案，北美大型电器卖场百思买（Best Buy）和加拿大未来城（Future Shop）也在考虑跟进。这意味着中国几个大的 PC 厂家，比如联想、宏基和华硕等，必须积极地表明态度并采取行动，积极投身于节能减排运动，以确保其在北美市场的竞争力。而在推动节能减排最为积极的欧洲，2011 年 1 月中旬，欧盟将在西班牙塞维利亚召开会议，谈论对未执行减排的贸易伙伴开征碳关税的可行性。欧盟一旦开征碳关税，将导致中国出口到欧洲的商品额外承担 26% 的关税成本。即使碳关税在短期内仍有争议，但在企业必须承担环境责任的强烈意图下，欧盟国家迟早会采取其他手段，对那些不参与节能减排的企业与产品进行牵制。

而对于那些以国内市场为主的企业来说，节能减排似乎还是一个停留在企业道德层面的命题。其实不然，在如今的中国市场上，国际品牌早已深入中国人生活消费的方方面面，处处与本土品牌直接竞争，甚至多半占有优势。若本土品牌不在此时积极加入低碳经济的行列，恐怕几年后国内低碳消费观念终于成熟，国际品牌反而能利用在其海外节能减排领域领先的成果，进一步地拉开与本土品牌的差距。对此中国企业千万不可掉以轻心。

2. 低碳经济下的品牌营销

千里之行，始于足下。低碳品牌营销的第一步，在于对于企业自身碳足迹的理解。而要精确计算一个企业所提供的产品或服务的碳排放量，必须从整个产业链的源头入手，完完整整地计算将产品或服务交付到消费者手中的所有环节，亦即从原料来源、供应商、物流、生产到分销、贩售的完整过程。而且碳足迹的计算，通常需要独立第三方的客观认证。

目前国际上知名的碳足迹认证，主要由英国碳信托足迹认证公司（The Carbon Trust Footprinting Certification Company）提供。通过按照 PAS2050 标准审计而达成减排的产品，可以获得一个脚印图形的碳减排标章（根据该机构 2008 年 2 月进行的调查，其碳足迹标章在英国拥有极高的知名度，80% 的民众熟悉碳足迹标章），这将有助于品牌或产品向市场沟通其在节能减碳方面做出的努力，进而影响消费者的购买决策。

其实，在检视碳足迹的同时，企业还能借此审视自己的产品及服务策略，进而对成本进行优化。以 HSBC 为例，其早在 2005 年就宣布达成碳排放平衡（Carbon Neutral），采取合理用电与用纸举措，节约成本，并更进一步向客户推广电子账单，希望能全面取代邮寄信件。而 HSBC 的 First Direct（无实体网点银行）业务，也乘低碳经济之势迅速扩张。百事集团在英国著名的 Walkers 薯片，在积极采取减碳行动后，对生产线启动与关闭程序进行优化，取得了 33% 的节能成效，同时因为它在包装与配送方面做出了非同寻常的努力，成功减少了 7% 的碳排量，终于在 2007 年 3 月获得了碳减排标章。更为重要的是，高达 44% 的消费者因为 Walkers 取得了碳减排脚印标章而改善了对该品牌的看法。

在中国，由北京环境交易所主导的熊猫标准终于在 2009 年末发布，这是国内第一个自愿减排标准，其中确立了监测标准、评定机构和相应的原则。但熊猫标准主要涉及以减排项目为主的碳权核定与交易上，尚未有明确的产品标章运用。与此同时，中国在碳交易市场上正急起直追，除了北京、天津、上海和深圳外，太原、武汉、杭州、昆明等地也都成立了环境权益交易所，2010 年将有更多的城市跟进，最终形成一个交易网，让中国在这场碳权经济的竞赛中争取到合理的话语权。

问题 5：低碳经济下，品牌要说些什么？

企业在节能减排方面做出努力并通过认证之后，当然要通过宣传进一步影响顾客的态度与品牌喜好。虽然目前对低碳品牌营销尚未形成系统性的经验成果与理论说法，但其仍有一些明显的特点，了解这些特点，可以帮助国内的品牌经营者有效地进行低碳品牌行销。

检视企业宣扬的品牌主张是否与低碳经济的价值相左。此类冲突大多出现在主张高档消费的品牌身上。虽然低碳经济并不要求大家过苦行僧般的简单生活，但对奢侈铺张却是敬谢不敏。如何调整品牌的调性，主张"尊贵"而不"奢靡"，追求"极致价值"而不"炫富铺张"，是奢侈品牌在低碳经济风潮下必要的调整策略。

不要试图"漂绿"（Green Washing）你的品牌。由于低碳经济是一个带有道德价值的消费观，而节能减排更是与企业的社会责任紧紧相连，所以在这个议题上，企业切忌夸张虚报自己的减排成果。虚报减排成果能让企业在短期内获利，但是真相一旦被揭露，将对品牌造成严重的负面影响。

用消费者听得懂的语言进行沟通。虽然近年来气候变暖，已经让国内的消费者明白了节能减排人人有责，但他们对于碳足迹、温室气体等专业名词的理解仍然十分有限，因此，企业在推广初期会遇到一些理解与接受的难题。如何通过平易近人的图标和文字说明专业概念与品牌的关系，是企业进行传播时要仔细思考的问题。

积极正面的态度。在传播内容上，企业应该聚焦减排的好处与美好远景，避免加大公众对环境变暖的忧虑。让消费者认同你的减排成果，接受你的产品和服务，就是参与了节能减排。

在中国市场上，虽然目前低碳经济还是一个纸上议题，但对于国内领先品牌来说，迎接低碳经济的到来却是刻不容缓的事，与其到时候无助地面对国际品牌的冲击，不如现在就未雨绸缪，把握企业永续经营的契机。

阅读材料

科技豪华、科技完美对接彰显低碳品牌

2010 年 4 月 12 日，搭载了丰田新一代油电混合动力系统（THS-II）的凯美瑞混合动力在"丰田海外模范工厂"——广汽丰田成功量产下线，三款车型的价格分别为 31.98 万元、33.98 万元、36.48 万元。在倍受消费者关注的电池部件上，广汽丰田将提供"五年二十万公里"的保修期。

凭借澎湃动力及平顺有力的加速性、世界领先水平的燃油经济性、超乎想象的静谧性、世界领先水平的低尾气排放量四大卓越表现，以更高科技、更豪华、更环保的使用价值，为更多财富新贵和知识精英提供了更负社会责任的消费新选择。

国家商务部、工信部、环保部、工商总局和广州市政府等国家部门相关领

导，广汽集团与丰田汽车公司有关领导及社会各界人士等300多人出席了凯美瑞混合动力下线仪式，共同见证了中国汽车发展历程中这一重要时刻。

在下线现场，广汽丰田将首辆凯美瑞混合动力捐赠给国家环保总局"中华环保基金会"，同时隆重举行了"绿色凯美瑞林"启动仪式。出席嘉宾与中华环保基金会在广汽丰田厂区共同种下"绿色凯美瑞林"的第一棵树苗。广州市南沙区委、区政府还赠送了十棵樟树，这些树将以购买凯美瑞混合动力的前十位车主的名义种植在广汽丰田厂区内。

科技、豪华、环保"三位一体"

"凯美瑞混合动力将在科技、豪华、环保三个方面为消费者带来超前、颠覆性的用车体验。"广汽丰田汽车有限公司总经理葛原徹说。

凯美瑞混合动力以领先业内的高科技，实现了卓越的行驶性能。和当下豪华车市场一味追求高排量和大动力输出的理念相比，凯美瑞混合动力以丰田独步全球的"Hybrid Synergy Drive"（混合动力协同驱动）作为开发理念，采用全球独有的发动机和电动机的深度混联的最佳配合方式，来取得更澎湃的动力性能和更加平顺有利的加速性能。即使是在汽油动力模式上，凯美瑞混合动力采用的是完全不同于传统的燃油技术——"艾金森循环"。这款将环保作为第一指标的2.4L直列四缸VVT-i发动机将压缩比提升至12.5的新高度，辅以输出功率强劲的电动机，实现了超凡脱俗的动力输出，其综合功率可高达140千瓦，百公里加速时间仅为9.5秒；根据广汽丰田的测试显示，60~80km/h的中段加速时间为2.58秒，加速性能足以媲美3.5L V6发动机。

"消费是一种责任"，已成为一种全球性的消费共识，在方兴未艾的"低碳"生活方式指引下，在高素质消费群体中，"低碳消费"已蔚然成风。

混合动力车型以其无可比拟的低碳属性，已逐渐成为好莱坞明星和公司高管众座驾中的"时尚宠儿"。可以预见，在不久的将来，混合动力等新能源车或将成为社会精英人群出行的必备"心头好"，在混合动力车型所到之处，开着大排量豪华车参加社交活动的做法将不再如此时髦。

"低碳主义将成为一种新的哲学"，有识之士已将社会责任融入日常生活的衣食住行之中。汽车作为全球主要的碳排放源之一，自然成为焦点中的焦点。在全球范围来看，混合动力车型已成为车主履行"低碳生活"的表率。

正是在这种不可逆转的消费趋势下，自1997年首款混合动力车型量产至今，包括雷克萨斯品牌在内，丰田在全球售出的混合动力车型超过236万辆。凯美瑞混合动力自2006年上市至今在北美累计销售量达到17.3万台，是北美市场上销售最好的混合动力产品之一；2009年，美国市场的月销量均保持在5000辆以上。正是经历了时间和口碑的积淀，以凯美瑞混合动力等为代表的丰田混合动力技术，其成熟和品质可靠性在业内处于绝对领先的地位，成为这一领域当之无愧的常青树。

在消费中体现责任，将成为一个普遍的潮流，随着环保人群的扩大，当今汽车消费日益呈现双重需求的特点：既追求车辆使用功能，同时又希望体现自身的社会责任感。广汽丰田推出凯美瑞混合动力，启动"绿色凯美瑞林"正是以切实的行动践行"三个可持续发展"战略——可持续发展的产品、可持续发展的工厂和可持续发展的环保公益活动，从而满足消费者的新需求，促进社会绿色低碳和谐发展。对此，广汽丰田执行副总经理冯兴亚表示："凯美瑞混合动力是在凯美瑞平台的基础上，按照豪华车型标准全新打造的环保、高科技车型，它以豪华车的使用功能和体现高度社会责任感这一双重价值，满足了消费者的双重需求，将成为一个鲜明高端的消费符号。"

资料来源：作者整理。

三、实施"清洁生产"对企业品牌的意义

清洁生产（Cleaner Production）在不同的发展阶段或者不同的国家有不同的叫法，例如"废物减量化"、"无废工艺"、"污染预防"等。但其基本内涵是一致的，即对产品和产品的生产过程、产品及服务采取预防污染的策略来减少污染物的产生。

联合国环境规划署与环境规划中心（UNEPIE/PAC）综合各种说法，采用了"清洁生产"这一术语，来表征从原料、生产工艺到产品使用全过程的广义的污染防治途径，给出了以下定义：清洁生产是一种新的创造性的思想，该思想将整体预防的环境战略持续应用于生产过程、产品和服务中，以增加生态效率和减少人类及环境的风险。对生产过程，要求节约原材料与能源，淘汰有毒原材料，减降所有废弃物的数量与毒性；对产品，要求减少从原材料提炼到产品最终处置的全生命周期的不利影响；对服务，要求将环境因素纳入设计与所提供的服务中。

美国环保局的定义：在美国，清洁生产又称为"污染预防"或"废物最小量化"。废物最小量化是美国清洁生产的初期表述，后用污染预防一词所代替。美国对污染预防的定义为："污染预防是在可能的最大限度内减少生产厂地所产生的废物量力，它包括通过源削减（源削减是指在进行再生利用、处理和处置以前，减少流入或释放到环境中的任何有害物质、污染物或污染成分的数量；减少与这些有害物质、污染物或组分相关的对公共健康与环境的危害）提高能源效率，在生产中重复使用投入的原料以及降低水消耗量来合理利用资源。常用的两种源削减方法是改变产品和改进工艺（包括设备与技术更新、工

艺与流程更新、产品的重组与设计更新、原材料的替代以及促进生产的科学管理、维护、培训或仓储控制）。污染预防不包括废物的厂外再生利用、废物处理、废物的浓缩或稀释以及减少其体积或有害性、毒性成分从一种环境介质转移到另一种环境介质中的活动。"

第三节 品牌文化与企业可持续发展

引导案例

雷士照明荣获"中国低碳创新品牌"

2010 年 10 月 30 日，"2010 第三届中国生态小康论坛"在山西太原召开。该论坛是以倡导人与自然、经济与环境、社会与生态的和谐发展为宗旨，集权威性、影响力、学术性和实践价值于一体的生态主题论坛。论坛盛大发布了由中国生态小康论坛组委会推选出的"2010 中国低碳先锋城市"、"2010 中国生态文明示范县（市）"、"2010 中国低碳创新品牌"。雷士照明等品牌在倡导绿色照明、节能减排、减碳环保领域的成就赢得政府领导和业界的一致认可，荣获"中国低碳创新品牌"称号。

雷士照明是国内领先的节能照明企业，产品涉及商业、建筑、办公、光源电器、家居等领域。"光环境专家"是雷士照明的品牌理念，雷士一直致力于推广绿色照明，走节能环保、创新的发展之路。通过自主研发，开展持续节能环保、创新运动，为大众提供高品质、节能、优美的人工照明环境，深化产品发展战略，从照明产品与服务到突出行销"光环境"，践行节能减排的低碳行动。2009 年，雷士照明与广州亚组委签约成为广州 2010 年亚运会灯光照明产品供应商，为广州亚运会提供优质、低碳、环保的灯光照明产品和服务。2010 年 5 月 20 日，雷士照明成功在中国香港联交所主板上市。

2010 年以来，雷士照明持续致力于发展节能产业，不仅自身努力发展节能照明产业，同时还以率先淘汰白炽灯的姿态引领行业提倡节能低碳经济，赢得社会各界的认可。

2010 年 7 月 5 日，作为国内最大节能照明制造商，雷士照明在行业内率先宣布淘汰白炽灯，倡导使用节能照明产品，即日起不再接受白炽灯的订单。有关业内人士认为，雷士此举将起到带头作用，将会有更多的照明企业停止白炽灯的生产和销售。低碳时代的到来，以白炽灯为代表的传统照明产品领域尤需节能减排。随着国家对节能减排的宣传和推广，用户对节能灯的认可程度越来越高，淘汰高能耗、不节能的白炽灯已成必然之势。

近期，2010年国家财政补贴高效照明产品推广项目在各地全面启动，今年全国的推广任务为1.5亿只。作为中国最大节能照明供应商，雷士照明收到国家发改委和财政部下发的《关于下达2010年度财政补贴高效照明产品推广任务量的通知》，以及公司与财政部经济建设司、发改委资源节约和环境保护司共同签订的《高效照明产品推广项目中标推广协议书》，负责2010年高效照明产品推广任务总量为800万只。雷士照明凭借过硬的产品品质和强大的品牌影响力顺利中标此次政府招标，负责在重庆、甘肃、湖南、河南、山东、吉林、江苏七个省市以及解放军总后勤部进行推广，包括紧凑型荧光灯、双端直管荧光灯等。雷士照明积极配合政府的推广步伐，让绿色照明惠及更多的用户。

基于LED照明产品的需求扩大，雷士照明已经着手更专注于上海研发中心的LED产品研制，以及与中国一流大学和研究机构在此领域的协作。得益于当前的研究成果，雷士已经在近期系统性地推出了新型LED光源及灯具产品，这在国内企业中尚属首次。

资料来源：中国照明网。

➡ **思考题：**

1. 雷士照明的创新反映了一种怎样的企业文化？
2. 低碳品牌对一个企业可持续发展有何影响？

一、可持续发展的定义

"可持续发展"（Sustainable Development）的概念最先于1972年在斯德哥尔摩举行的联合国人类环境研讨会上正式讨论。这次研讨会云集了全球的工业化和发展中国家的代表，共同界定人类在缔造一个健康和富有生机的环境上所享有的权利。自此以后，各国致力界定"可持续发展"的含义，现时已拟出的定义已有几百个之多，涵盖范围包括国际、区域、地方及特定界别的层面，是科学发展观的基本要求之一。1980年国际自然保护同盟的《世界自然资源保护大纲》提出："必须研究自然的、社会的、生态的、经济的以及利用自然资源过程中的基本关系，以确保全球的可持续发展。"1981年，美国布朗（Lester R. Brown）出版《建设一个可持续发展的社会》，提出以控制人口增长、保护资源基础和开发再生能源来实现可持续发展。1987年，世界环境与发展委员会出版《我们共同的未来》报告，将可持续发展定义为："既能满足当代人的需要，又不对后代人满足其需要的能力构成危害的发展。"作者是Gro Harlem Brundtland，挪威首位女性首相。她对于可持续发展的定义被广泛接受并引用，这个定义系统阐述了可持续发展的思想。1992 年 6 月，联合国在里约热内卢召开的"环境与发展大会"，通过了以可持续发展为核心的《里约环境与发展宣言》、《21 世纪议程》等文件。随后，中国政府编制了《中国 21 世纪人口、资源、环境与发展白皮书》，首次把可持续发展战略纳入我国经济和社会发展的长远规划。1997 年的中共十五大把可持续发展战略确定为我国"现代化建设中必须实施"的战略。可持续发展主要包括社会可持续发展、生态可持续发展、经济可持续发展。

由于可持续发展涉及自然、环境、社会、经济、科技、政治等诸多方面，所以，由于研究者所站的角度不同，对可持续发展所做的定义也就不同。

1. 侧重于自然方面的定义

"持续性"一词首先是由生态学家提出来的，即所谓"生态持续性"（Ecoldgical Sustainability）。意在说明自然资源及其开发利用程序间的平衡。1991 年 11 月，国际生态学联合会（INTECOL）和国际生物科学联合会（IUBS）联合举行了关于可持续发展问题的专题研讨会。该研讨会的成果发展并深化了可持续发展概念的自然属性，将可持续发展定义为："保护和加强环境系统的生产和更新能力"，其含义为可持续发展是不超越环境，系统更新能力的发展。

2. 侧重于社会方面的定义

1991 年，由世界自然保护同盟（INCN）、联合国环境规划署（UN–EP）和世界野生生物基金会（WWF）共同发表《保护地球——可持续生存战略》（Caring for the Earth：A Strategy for Sustainable Living），将可持续发展定义为"在生存于不超出维持生态系统涵容能力之情况下，改善人类的生活品质"，并提出了人类可持续生存的九条基本原则。

3. 侧重于经济方面的定义

爱德华·B.巴比尔（Edivard B.Barbier）在其著作《经济、自然资源：不足和发展》中，把可持续发展定义为"在保持自然资源的质量及其所提供服务的前提下，使经济发展的净利益增加到最大限度"。皮尔斯（D.Pearce）认为："可持续发展是今天的使用不应减少未来的实际收入。""当发展能够保持当代人的福利增加时，也不会使后代的福利减少。"

4. 侧重于科技方面的定义

斯帕思（Jamm Gustare Spath）认为："可持续发展就是转向更清洁、更有效的技术——尽可能接近'零排放'或'密封式'，工艺方法——尽可能减少能源和其他自然资源的消耗。"

5. 综合性定义

《我们共同的未来》中对"可持续发展"定义为："既满足当代人的需求，又不对后代人满足其自身需求的能力构成危害的发展。"与此定义相近的还有中国原国家主席江泽民的定义："所谓'可持续发展'，就是既要考虑当前发展的需要，又要考虑未来发展的需要，不要以牺牲后代人的利益为代价来满足当代人的利益。"1989 年"联合国环境发展会议"（UNEP）专门为"可持续发展"的定义和战略通过了《关于可持续发展的声明》，认为可持续发展的定义和战略主要包括四个方面的含义：①走向国家和国际平等；②要有一种支援性的国际经济环境；③维护、合理使用并提高自然资源基础；④在发展计划和政策中纳入对环境的关注和考虑。总之，可持续发展就是建立在社会、经济、人口、资源、环境相互协调和共同发展的基础上的一种发展，其宗旨是既能相对满足当代人的需求，又不能对后代人的发展构成危害。可持续发展注重社会、经济、文化、资源、环境、生活等各方面协调"发展"，要求这些方面的各项指标组成的向量的变化呈现单调增态势（强可持续性发展），至少其总的变化趋势不是单调减态势（弱可持续性发展）。

二、品牌文化与企业可持续发展策略

中国品牌要在当前的时代背景下走可持续发展的战略，就是要处理好"系统"内各个要素之间的关系及要素与内外部环境的关系，创造和谐的竞争环境。

1. 时代背景与中国品牌的可持续发展战略

伴随着知识经济、信息化浪潮和消费意识空前觉醒的新经济时代，是目前中国实施品牌可持续发展战略的最佳时机。

机会：新经济的全球化浪潮同时在各国铺开，大家的机会均等、起点均等；而我国也正处在经济改革的转型时期。

威胁：每一个品牌都可能面临全球性竞争。

2. 文化"集约化经营"与中国品牌可持续发展战略

正如日、韩品牌的发展历程已经见证的一样，中国品牌的可持续发展必须深深植根于中国的文化土壤中，以中国文化为载体。中国文化的博大精深和其强大的适应性、绵延性为中国品牌的可持续发展提供了丰富的文化基础。

加强有中国文化的挖掘、传播，为中国品牌的可持续发展创造文化优势；同时，坚持品牌和文化之间的相互促进。

要坚持文化集约化经营的理念，把中国文化深深植根于品牌的设计、生产、消费、管理和传播中，走中国特色的品牌文化之路。

如果说集约化经营是中国可持续发展道路的核心，那么同样的，在品牌可持续发展的战略上，我们同样要有文化集约化经营的思想，真正植根于中国文化，在理解的基础上学习，在学习的基础上应用，在应用的基础上创新，并真正让文化注入品牌和品牌的创造与管理中，并传递给消费者体验，这才是品牌文化集约化经营。

正如文化的绵延规律一样，当品牌最终成为一个地域、一个民族乃至一个时代的文化象征时，品牌才能真正可持续发展、永续绵延，因为背后支持的不再只是创造它的企业，而是整个社会。

由产品品牌到企业品牌，到行业品牌，到文化品牌，再到世界性品牌，世界级品牌的发展历史都显示，品牌越长久，越不归属于生产它的企业，而是越归属于其赖以存在的消费者，越来越成为一种公共文化，并最终成为一种文化的象征。

在世界几大文明中，中华文明以其独有的发展机制绵延了几千年，至今还生生不息。这得益于中国文化整体和谐的发展观念，从而能始终不渝地坚持天、地、人几大系统之间的和谐关系。即使在历史上有些时期违背了这个规律，但最终还是被拉回到这个轨道上。

中华文化绵延的规律正可以为我们品牌可持续发展的战略提供借鉴：中国实施品牌可持续发展战略的关键就在于坚持品牌生态系统内各个要素间及其和内外环境间的平衡关系。

3. 维护品牌生态系统内的和谐关系

生态系统的稳定的关键在于，各个系统间关系的和谐稳定，同样，中国品牌可持续发展的关键在于，要处理好目前中国品牌生态系统内各个要素之间的关系，使和谐协作与有序竞争共存，良性竞争促进系统有效的新陈代谢和创新，和谐协作以创造良好的竞争环境，并携团体之力不断促进系统的发展、升级。

品牌和中国文化之间的关系——在处理好全球化和本土化的基础上，走有中国特色的品牌文化之路，坚持品牌发展和文化繁荣的互促互进。

本土和国际之间的关系——既坚持本土化、地域化，走个性特色之路，同时又能超越地域界限，走向国际，不断积累品牌发展的生命力。

企业间的和谐竞争——促进品牌间的良性新陈代谢，并为优秀品牌提供持续不断的发展动力。企业间的和谐竞争也是创造良好的品牌发展环境的关键，如好的行业环境不仅有利于单个优秀品牌的成长，还有利于行业整体品牌形象的提升。

三、品牌文化与实施低碳战略

企业实施低碳战略，应着重从以下六个方面入手：

（1）企业家要有长远的战略眼光。在低碳经济来临的今天，企业家应充分顺应时代的潮流，积极倡导低碳环保理念，将碳减量化纳入企业研发、运营、市场开拓等决策之中，将低碳战略上升到整个企业的全过程管理当中，最终实现绿色生产。

（2）注重低碳技术进步。低碳技术是低碳经济发展的动力。企业通过技术创新与技术升级是实现低碳竞争力的主要途径，企业还应根据自身的内外部条件，适时地加大科研经费投入与科技人才的引进与培养，为企业的低碳化之路提供坚实的软、硬条件支撑。

（3）鼓励管理、制度和技术创新，形成良好的绿色生产氛围。在企业中，鼓励员工在产品设计、生产、回收等各环节进行创新，对于提高能效、减少碳排放的技术创新与发明进行奖励，并形成一套行之有效的激励制度。

（4）企业要逐步建立和完善碳排放的统计、监测和考核体系。企业向低碳转型，首先要建立在对自身碳排放全面了解的基础之上，逐步建立企业的碳排放清单；同时，对于整个生产过程要加强监控，实行源头控制，促进资源循环利用，实现清洁生产，真正做到提高效能，降低碳排放。

（5）企业要以积极的姿态与国际接轨。企业向低碳转型不仅仅是一种社会责任，更重要的是要打造出企业的低碳竞争力，这种竞争力将是企业在未来国际贸易中规避绿色贸易壁垒（如碳关税、碳标签）的一把利器。中国企业若想在低碳经济时代的国际竞争中立于不败之地，产品在碳排放量上一定要符合国际标准，如产品贴上碳标签，标明在生产、销售过程中二氧化碳的排放量。

（6）注重企业文化的培养。企业文化是一个企业的灵魂所在，要把低碳作为企业文化的新元素，建立企业低碳文化，从企业的各个环节去践行低碳。要加强企业员工的低碳经济知识培训，将清洁生产、节能减排、绿色产品等理念深入到企业员工的观念当中。

问题 6： 如何构建低碳品牌？

1. 将低碳概念融入品牌核心价值

广告大师奥格威说过：最终决定品牌市场定位的是品牌本身的性格，而不是产品间微不足道的差异。任何一个品牌都要有自己的核心价值，也就是品牌信念，这样才能在同类产品竞争中脱颖而出。品牌核心主张绝非仅仅一个概念或一句口号，它代表的是企业内外一致的行动。

因此，发展低碳经济的企业应结合自身特点将低碳概念融入品牌核心价值，形成品牌独一无二的 DNA，实现企业全面的低碳发展战略。传统品牌核心价值中包含的一种奢华、气派的消费观念，在低碳经济的风潮中，很可能失去消费者的青睐。因为消费者逐渐意识到，消费不能仅以满足一己之私而恣意放纵。毫无道理地过度消费会让全人类的子孙后代承担不良后果。低碳经济不单单是在企业生产领域节能减排，它更需要我们每一个人去做，在新的消费观念下培养更为文明的消费需求方式。

因此，企业品牌要积极加入低碳经济的行列，将企业产品、技术、服务的低碳概念融入品牌的核心价值，使低碳概念形成企业全体员工的共同信念和愿景，向消费者传递一种节能、绿色的消费观念。例如，晨光确立了科技晨光、绿色晨光、和谐晨光的发展目标，在企业发展的基础上，以科技的理念，先进的技术和工艺，充足的资金支撑环境保护，构筑绿色晨光，以企业发展的丰硕成果和可持续发展的良好环境，构建和谐晨光。晨光很好地将绿色、环保、科技的概念融入品牌核心价值，无形中向消费者传递着低碳、绿色的生活方式。

2. 建立情感化的品牌战略

品牌如果仅包含企业本身赋予的核心价值还远远不够，因为，品牌是一个以消费者为中心的概念，没有消费者，就没有品牌。品牌需要横向延伸，除了优质的产品和服务，更需要与消费者建立情感的沟通，即要让消费者在品牌中寻找到自身的情感归宿，赢得消费者的信任和好感。

情感化了的品牌，已经不局限于其物理特性和使用价值，它升华为了消费者的代言人，消费者梦想的承载者。一旦消费者将品牌与其能得到的有形和无形利益紧密联系在一起，那么，消费者就会主动购买，对品牌忠诚，并且愿意为此支付较高的价格。

因此，企业要建立情感化的品牌战略，即企业能够从消费者角度考虑，找出消费者心智的认知，让品牌与消费者的心智认知联系，这样企业品牌才能俘获消费者的心，将品牌的精神传播给消费者。

3. 打造低碳品牌关系链

成功的品牌，不仅拥有自己的核心价值，能与消费者建立情感的沟通，从品牌纵向发展来看，品牌还需要建立优质的关系链。当今是低碳经济的时代，品牌不仅在产品质量和服务上要有出色的表现，还必须确保每次消费的碳足迹都在合理的范围之内。因此，构建低碳品牌还要将碳足迹落到实处，并构建品牌统一战线，打造低碳品牌关系链。

（1）品牌要了解企业自身碳足迹。打造低碳品牌关系链，企业首先要精确了解本企业所提供的产品或服务的碳排放量，必须从整个产业链的源头入手，完整地将产品或服务从原料来源、供应商、物流、生产、分销、贩售的所有环节计算在内。而且碳足迹的计算，还需要得到独立第三方的客观认证。在品牌宣传上有了碳足迹，不仅能够让企业更好地认清自己，激励企业不断地降低成本，节能减排，技术创新，还能适应当今低碳经济的发展趋势，在激烈的市场竞争中脱颖而出。

（2）在检视碳足迹的同时，企业还要全面构筑关系链。在低碳品牌建设过程中，从供应商到企业员工、经销商，甚至再到消费者的整个产业链上，如果每一方坚持一己之利，彼此之间就会产生矛盾，降低服务效率，浪费资源；相反，如果彼此协作，都能本着品牌的核心价值实现利益共享，就能以最低的成本实现最大的利益。打造低碳品牌要构筑优质关系链，即企业要与供应商、经销商、企业员工和消费者这四大方面建立统一战线：一是降低供应商成本。企业可以根据自身的长远发展目标选择供应商，与供应商签订互惠互利的合同，建立长期的合作关系、降低成本。二是提高经销商服务效率。品牌与经销商直接涉及资金利益，要提高经销商的服务效率，企业需使经销商从经销的企业产品中利益最大化，统一经销商战线，更好地为品牌建设服务。三是培养品牌员工。企业要培养能通过自身行为展示企业形象的员工，因为员工是品牌最佳的形象代言人。要使员工建立起品牌责任感，自觉维护品牌，企业需要多为员工考虑，加强对员工的培训、激励与保障，使员工的个人价值得以实现。四是提高消费者满意度。比如品牌会员制、VIP制，让消费者感受到企业周到、优质的服务，提升消费者对品牌的信任，降低销售成本和服务成本。总而言之，优质的品牌关系链能够优化成本结构，实现节能和效率，更好地发展低碳经济。

考试链接

1. 低碳品牌与低碳战略如何结合？

（1）将低碳概念融入品牌核心价值。

（2）建立情感化的品牌战略。

（3）打造低碳品牌关系链。

2. 低碳战略实施的意义：

（1）实施低碳战略是企业适应国际经济发展趋势的必然选择。

（2）实施低碳战略是企业迎合消费者消费行为变化，适应市场的必然途径。

（3）实施低碳战略是企业承担社会责任，树立良好形象，迎接未来挑战的必然条件。

案例分析

发展低碳建筑材料，确保满足建筑业可持续发展需要

日前，中国建筑材料流通协会召开新闻发布会，公布了我国建材行业低碳路线图：到2012年，全行业碳减排在2005年基础上下降56%左右，即建材工业万元增加值碳排放量降至7.33吨/万元左右。业内人士表示，低碳路线图有望引导我国建材行业走上低碳道路。

联合国工业发展组织环境资源监督管理机构主任李建军指出，环境问题已成为当今人类发展必须面对的严峻课题。为了人类文明的延续，为了地球生物及植物的生存，人类必须改变观念，改变对待自然的态度，由向自然索取转变为珍惜资源、爱护环境，与自然和谐相处。

我国是世界上最大的建材生产国和消费国，而建材工业又属于高能耗行业。有关部门提供的统计数据显示，2009年，我国建筑材料产业在生产制造过程中使用煤炭总量约为3亿吨，约占国内煤炭总产量的10%。因此，引导建材行业走上低碳发展道路意义重大。

李建军说，只有发展低碳建材才能满足可持续发展的需要。我们要以战略的眼光、时代的紧迫感和历史责任感努力促进低碳建材产业的发展，保护我们的地球，造福于人类。现在，解决环境污染、保护人类健康环境、尽快发展低碳建材产业已经成为刻不容缓的责任。其实，在这一转变过程中，发展低碳建材将为有准备的、有社会责任感的企业提供重大的机遇。

随着低碳概念逐渐深入人心，建材企业也都在努力开发低碳产品。现在，走进各大建材卖场，各种低碳建材产品琳琅满目，低碳地板、低碳壁纸、低碳型材……几乎所有的产品都被冠以了低碳的称号。突出产品的低碳性能成为推广产品的最佳手段，低碳一词已成为吸引消费者眼球的重要道具。但是，低碳会不会成为建材企业推广产品的噱头？这些所谓的低碳产品中，究竟有多少"伪低碳"藏身其中？

据了解，目前我国并没有与低碳相关的量化标准，因此，中国建筑材料流通协会副会长秦占学指出，应尽快建立低碳建材的检测认证体系，制定具体的数据指标，量化低碳建材的标准，并逐渐在全国建材领域推广国家低碳建材产品及企业等级评估、技术交流、培训、检测等工作，让消费者在判断低碳建材时有章可循。

中国建筑材料检验认证中心总经理马振珠介绍说，一直以来，我国关于环保建材产品的认证通常局限于以最终产品的有毒、有害物质排放限量为评价标

准，而低碳建材不能仅局限于产品本身，而是要追溯其整个生命周期，确保整个生命周期内的"低能耗、低污染、低排放"。

马振珠认为，建立低碳建材评价体系应遵循"三全一互认"的原则，即结合国际通行的管理体系标准、碳评价方法和规范，对建材产品进行全方位、全过程、全寿命的评价，并争取国际互认。

所谓"全方位"，就是既考虑产品本身，又考虑管理的作用，促进建材企业低碳管理体系的建立和提升。低碳管理体系应该是企业现有的质量管理体系、环境管理体系、温室气体管理体系、能源管理体系等的有机结合，从组织结构、管理机制上保证建材产品质量符合相关产品标准、有害物质限量标准、能耗限值标准。

所谓"全过程"，就是涵盖企业的主要生产过程、辅助生产过程和附属生产过程，同时涵盖相关的管理过程。以过程方法为基础，通过科学评价，充分挖掘企业节能降耗的潜力，实现节约资源最大化和生产资源投入最小化，促进企业把节约资源放在生产经营的重要位置，促进企业节能降耗能力和水平的提升。

所谓"全寿命"，就是涵盖产品的整个产业链，即基于全生命周期的理念，从原材料的获取，到生产、分销、使用和废弃后的处理。企业对于低碳的关注将不仅仅局限于自身的碳排放，还要关注产品沿着整个供应链的排放，将供应商等纳入整个链条。而通过采用低碳评价标准，中上游厂商可以在供应链中抢得先机，下游厂商更可以以绿色产品先锋的形象，造就产品差异化的优势。

"一互认"是指争取国际互认，为出口企业服务，为建材企业进行碳交易奠定基础。

总之，从现在起，尤其是"十二五"期间，"减碳"无疑是建材行业的重点工作。对此，专家建议，除了简单地关停、合并落后产能之外，"减碳"还应当借助生产工艺、生产手段的技术升级和技术创新，致力于绿色产业的大力发展和产业化应用。这样，才能确保我国建材行业按照低碳路线图阔步前进。

资料来源：发展低碳建筑材料 确保满足建筑业可持续发展需要.中国建材资讯，2010（6）.

➡ **问题讨论：**

1. 发展低碳建材的目的是什么？
2. 你对我国建筑行业低碳之路还有何建议？

本章小结

★★★★

低碳经济对社会经济活动的参与者——政府、企业与公民提出了新的要求：政府应积极引导，企业与公民要主动参与。只有将三者有机地结合起来，建立一个三方互动的低碳治理模式，才能走出一条真正的低碳发展之路。

低碳经济时代，企业面临着碳减排的新要求，这使得企业的诸多环节，如设计、生产、配送等都或多或少地打上了低碳的烙印，这种低碳化行为，虽然短期将导致企业生产成本和产品价格的提高，但在长期反而会提升企业的市场竞争力。

低碳经济时代，企业所面临的碳减排实质上是一种环境保护政策诉求，而关于环境保护与产业（企业）国际竞争力的关系，国内外许多学者做过研究，其中最著名的是波特假说。

总之，低碳经济时代下，企业所面临碳减排及低碳转型的要求，短期内可能使企业成本增加，但从长期来看，非但不会削弱企业的市场竞争力，反而还可以强化企业的绿色技术创新动机和刺激技术创新行为的发生，创新所导致的效率提高和成本节约最终提高了其市场竞争力。

就产品竞争力而言，进行低碳转型的企业生产出来的具有绿色特征的产品，可以抢先占领绿色市场，这可以视作一种标新立异的产品差异化战略，相对于那些没有采取类似行动的企业来说，可使企业获得额外的收益，提高其产品的市场竞争力。

在全球经济一体化进程加速的今天，企业竞争力日益表现为在国际市场上的竞争。低碳经济时代下，企业只有走低碳转型之路，构建低碳品牌，积极地应对国外的环保贸易壁垒，生产出符合国际标准的绿色产品，才能赢得更大的市场份额。

深入学习与考试预备知识

★★★★

低碳经济下企业所应具备的正确品牌态度

（1）把节能减排目标作为企业实现可持续发展战略的关键内容。对于企业而言，当前实践科学发展观最现实的举措，就是在发展战略中确定比较先进的节能减排目标，到 2020 年，我国要实现单位国内生产总值二氧化碳排放比

2005 年下降 40%~45%的目标，需要全国上下特别是企业公民的共同努力，企业尽可能多地承担节能减排的社会责任。这样不仅能够赢得公众和客户的信任，且用较严的标准自律也有利于企业增强危机意识和加快技术创新的步伐，有利于企业在更高的层面捕捉绿色革命带来的商机。

（2）把履行节能减排社会责任纳入改善公司治理机制的重要议事日程。企业应超越内部治理结构的窠臼，自觉履行社会责任，并利用社会责任信息、披露会计准则和相关审计等治理机制，在理顺各利益相关者责、权、利关系的基础上，保证公司持续而有效地运行。

（3）把节能减排的绿色商业理念融入企业文化。现代企业的竞争不仅拼"硬实力"，还要拼"软实力"，在有些场合后者甚至起更重要的作用。企业文化是企业"软实力"的集中体现，将节能减排的绿色商业理念有机地融入企业文化，并以这种富有社会责任感的企业文化重塑员工的行为准则和企业的社会形象，应成为企业在低碳经济时代提升其无形资产价值的重要手段。

（4）把节能减排相关的技术和产品开发放在企业自主创新的首位。在低碳经济时代，企业应优先考虑节能减排方面的自主创新，并以此为契机整合多方资源，推进企业全面创新，把创新的成果及时有效地转化为"三低一高"（低耗能、低排放、低成本和高性价比）的产品或服务。

（5）适应低碳消费潮流设计新的商业模式。提高企业竞争力不仅可以通过技术和产品创新来实现，也可以通过商业模式的创新来实现。在低碳经济时代，无论是作为生产资料消费主体的企业，还是作为生活资料消费主体的居民个人，消费文化都将发生显著的变化。

（6）将经营团队塑造成追踪和运用低碳知识/信息的"学习型组织"。在低碳经济浪潮汹涌澎湃的今天，彼得·圣吉认为，除了通过建设学习型组织之外，企业还必须根据生态环境的变化进行跨界合作，探索走出"增长极限"困境的新路子。同样的道理，在新的经济格局下，企业还应增强追踪和运用低碳知识/信息的能力，以便及时采取适当的对策应对气候变暖，在与自然、社会和谐共处中拓展新的市场。

知识扩展
★★★★

企业面临的节能减排压力

20 世纪 90 年代以来，西方国家及一些国际组织相继制定了一系列强制性或非强制性的企业节能减排社会责任法规和标准，如 1992 年英国颁布了世界上第一部环境管理法规——环境管理制度 BS7750，1996 年国际标准组织（ISO）颁布了《环境管理标准体系 ISO14000》，1997 年社会责任国际组织（SAI）颁布了《社会责任标准 SA8000》，1999 年联合国提出了企业承担包括环境等方面社会责任的"全球契约"。虽然上述"游戏规则"在短期内对中国企业没有硬性约束，但从中长期看，中国企业难以置之度外。目前，欧盟、美国等均表示要制定比较严厉的应对气候变化的政策和法规。美国在 2009 年 6 月颁布的《美国清洁能源法案》中就提出，2020 年之后向进口产品征收碳关税。欧洲政策研究中心（欧盟主要智囊机构之一）在其 2009 年 12 月底给官方的建言报告中，也力主"欧盟应该考虑对没有采取减排手段国家出口到欧盟的商品征税"。如果美国和欧盟经济不能恢复预期的增长，它们或许会将实施碳关税的时间表提前。

虽然以贸易自由为目的的 WTO 规则希望防止对市场的人为扭曲，以实现经济资源在全球的优化配置，但它并不排斥以环境保护为目的的多边环境协议。相反，前者还在一定程度上对后者给予支持，从而通过环境成本的内在化来校正由未能反映环境成本的市场机制所造成的自然资源配置扭曲。环境保护国际条约所涉及的有关贸易规定，可以看作是 WTO 规则的特别法规，在法律适用问题的处理上，环境保护国际条约往往优先适用。所以最近我们可以看到，在发展中国家抗议碳关税有违 WTO "成员方不得因产品的生产方法而被区别对待"的原则时，美国和欧盟往往会搬出 WTO 一般例外条款（GATT）第 20 条——允许成员国在某些情况下采取基于环境理由的贸易限制这一"尚方宝剑"。

据 UNEP（联合国环境规划署）的统计，目前全球约有 200 多项有关环境问题的协议，其中涉及控制跨边界污染转移或保护全球生态环境方面的协议大多含有贸易条款。除了碳关税外，美国和欧盟还可能对进口的高碳产品设置碳配额、碳信息披露、碳审计等多种障碍，甚至不考虑发展中国家的国情，按无差别的责任分担机制强行要求后者遵守其低碳商业标准，将前者节能减排的成本转嫁给发展中国家。世界银行相关研究报告预测，目前中国出口的低端产品占比较大，因其生产中的碳排放相对较高，一旦碳关税全面实施，"中国制造"在国际市场上可能被征收平均 26% 的碳关税，出口总额将因此下滑 21%。由此看来，在争取到按"共同但有区别的责任原则"履行环境保护多边协议或国家公约之前，发展中国家遭到贸易制裁的风险较大，中国企业在低碳经济时代必须高度关注节能减排的国际压力。

答案

★★★★

第一节:

1. 低碳生活(Low-carbon Life)就是减少二氧化碳的排放,就是低能量、低消耗、低开支的生活。就是指生活作息时所耗用的能量要尽力减少,从而降低碳特别是二氧化碳的排放量,从而减少对大气的污染,减缓生态恶化,主要是从节电、节气和回收三个环节来改变生活细节。

2. 沃尔沃充分利用了自身的技术优势,率先开发使用以电力作为动力系统的汽车,为企业低碳产品开发做出了表率,并通过消费者试用的方式使得沃尔沃低碳产品得以推广,树立了沃尔沃科技、节能的品牌形象。

第二节:

1. 在低碳时代来临的今天,消费者的消费行为发生了巨大变化,消费者更加重视产品安全、环保、健康等特性。在地板这样贴近人们生活的商品行业中,低碳概念已经风行于消费者群体中,所以各大地板厂商为了在市场竞争中占有新的优势,争相创建低碳品牌。

2. 随着世界工业经济的发展、人口的剧增、人类欲望的无限上升和生产、生活方式的无节制,世界气候面临越来越严重的问题,二氧化碳排放量愈来愈大,地球臭氧层正遭受着前所未有的危机,全球灾难性气候变化屡屡出现,已经严重危害到人类的生存环境和健康安全,即使人类曾经引以为豪的高速增长或膨胀的GDP也因为环境污染、气候变化而"大打折扣"。因此,各国曾呼唤"绿色GDP"的发展模式和统计方式,采用降低碳排放保证环境效益的新概念的环保方式。

第三节:

1. 雷士照明的创新反映的是低碳经营的企业文化,即在可持续发展理念指导下,通过技术创新、制度创新、产业转型、新能源开发等多种手段,尽可能地减少煤炭石油等高碳能源消耗,减少温室气体排放,达到经济社会发展与生态环境保护双赢的一种企业经营理念。

2. 随着社会经济的持续快速增长和人口的增加,资源能源的"瓶颈"日趋刚性。可持续发展在国人心中不断加深,越来越多的人开始将环保的生活理念融入自己的生活当中。为了我们及子孙后代能更好生活,企业只有顺应时代趋势,适应当代低碳发展的经济方式才能在未来的市场竞争中取得优势。

案例分析:

1. 发展低碳建材,一方面是建材企业回应政府有关建材行业应改进材料选用、发展环保建材的要求,为企业生存赢得政策空间的需要;另一方面也是适应消费者需求、提升企业市场地位、增强竞争力的途径。

2. 落实建筑工程质量的各项措施:

(1)坚持建筑施工意外伤害保险制度,进一步落实施工图纸审查、质量安全监督报建和竣工验收备案制度,狠抓工程建设全过程质量安全监管。

(2)经常性开展以落实质量安全责任制和强制性标准条文为内容的专项检查,及时发现隐患,及时整改落实,督促各方责任主体时刻绷紧质量安全这根弦。

(3)全面推行工程监理制度,发挥工程监理作用。符合监理条件的建设工程,必须实行监理,认真解决工程结构、消防、环境等质量安全隐患。

第六章

品牌文化的评估与管理

学习目标
★★★★

知识要求 通过本章的学习，掌握：

● 品牌建设中可能存在的误区
● 品牌建设中的环境因素
● 品牌文化的评估与量化系统
● 品牌文化的现状识别
● 品牌文化的管理方式

技能要求 通过本章的学习，能够：

● 避免品牌建设中的误区
● 分辨品牌建设环境
● 建立品牌文化评估系统
● 进行品牌文化现状的分析
● 学会进行品牌文化的管理

学习指导
★★★★

1. 本章内容包括：学习品牌建设的误区和影响因素，品牌文化评估的方法，并探讨在企业管理实践中的品牌文化构建。

2. 学习方法：课堂讨论，积极思考，与同学交流分享品牌文化建设心得体会；模拟建设品牌文化练习；讨论管理实践中的品牌建设等。

3. 建议学时：8 学时。

引导案例

宝马的品牌管理

BMW 在全球汽车市场独占最令人羡慕的字眼：纯粹的驾驶乐趣。这个牢牢占据顾客心中的字眼帮助 BMW 获得较高的单车利润率，保持盈利性增长。在过去 5 年里，BMW 销量增长了 77%，增长率遥遥领先于其全球最强劲的竞争对手戴姆勒—克莱斯勒。BMW 集团的最高战略就是专注于高档汽车品牌。公司最高管理层确信公司获得成功的唯一方法就是专心专意做好自己擅长的事情。BMW 集团的优势是服务高档车市场，并且在高档汽车品牌方面有着丰富的经验。因此，公司历来都把主要精力集中在高档汽车品牌。

BMW 品牌成功的关键，首先在于公司最高管理层高度重视品牌管理。BMW 集团董事长赫尔穆特·庞克强调："归根结底，真正的品牌管理需要理解一个品牌就是一个承诺，无论何时何地都必须遵守。如果有些事情同它相悖，必须确保这些事情不会发生。"

BMW 的品牌形象传播活动同其品牌内涵具有高度的一致性。BMW 高尔夫球公开赛、一级方程式比赛以及 007 电影系列，这些品牌形象活动有效地增强了 BMW 品牌的动感和运动性、设计美学和杰出质量的品牌内涵。在博鳌论坛上，BMW 成为论坛的赞助商。所有这些精心规划的品牌形象传播活动，有效地提升了 BMW 的品牌资产。

资料来源：http://www.cqn.com.cn/news/zgzljsjd/290708.html。

➡ **思考题：**

1. 宝马公司是如何进行其品牌管理的？
2. 从宝马公司的品牌管理活动中你能够得到什么启示？

第一节　品牌建设的误区及影响因素

一、品牌建设的误区

企业在进行品牌建设的过程中，通常存在着一些误区。企业应该着力去避免这些误区，因为除了品牌积累，避免品牌建设思路上的误区也可以使企业少走一些弯路。

问题 1： 在品牌建设中存在哪些误区？

企业在品牌建设过程中通常存在着九大误区：

1. 误将品牌等同于商品的货币价值

品牌最直接的体现就是一个同样的商品或服务，因为挂上某个品牌，消费者就愿意支付更高一些的价钱，但如果简单地把品牌的价值理解为"这个牌子值多少钱"、"这个牌子能够定多高的价"，其实是背离了品牌价值的本质。货币价值是企业打造品牌直接的驱动力，但是如果脱离了品牌在消费者心目中的价值，那么这种商业价值只能带来短期效应，因为仅用货币价格来评估品牌并不能知道消费者对品牌的忠诚度和持续性。因此，除了单方面关心品牌的货币价格之外，还需要仔细研究消费者对品牌的认同度和深层需求，在此基础上建立的品牌才具有生命力和竞争力。

2. 误将品牌的市场表现等同于价值

品牌价值不是依靠宏观数据来体现的，品牌价值是消费者所认可的品牌的内涵和外延，甚至包括消费者愿意为品牌付出的代价，因此市场表现只是企业经营业绩的表现，不是真正的品牌价值。如在连续几年的品牌排名中，"红塔山"都被评为中国的第一品牌，但大多数人在品评品牌的时候都不会把"红塔山"作为中国的第一品牌。因为评价的依据是企业的资产、利润、营业额等财务指标，这是华而不实的。品牌更重要的价值是得到消费者的认同，这种认同，一方面是指消费者购买行为上的认同，另一方面是品牌在消费者心理定位上的认同，而后者才是形成稳固消费选择的基础。

3. 降价可以迅速树立品牌地位和提升品牌价值

许多企业在进行品牌建设过程中，都很擅长于使用价格手段，经常以低廉的价格夺取市场份额，认为这样就可以迅速确立品牌地位和提升品牌的价值。当然，在激烈的市场竞争中，对短期市场份额影响最大的因素就是价格，价格也是一个很锋利的"武器"。从表面上看，价格降低了，有更多的商品被售出，但是这并不意味着消费者对该品牌的需求增加了。这种并非基于消费者需求和对品牌认可的市场份额的增长是脆弱的，对于日益成熟的消费者来讲，单纯的价格优势已不再具有强大的吸引力，"便宜"同样可能是虚有其表、质量拙劣的代名词。就好像中国移动全球通坚持不正面与联通打价格战一样，其坚持的就是高品质和好品牌同样可以赢得高端用户的认同。

4. 误将广告轰炸作为树立品牌的捷径

广告只能提高品牌知名度，但是不一定能够带来品牌美誉度，简而言之，"高知名度+低美誉度=臭名昭著"，品牌不是仅靠广告来塑造的，这也是一些企业热衷于公益事业的原因，现在依靠广告"轰炸"的时代已经一去不复返了。

5. 误将企业实力等同于品牌实力

这是违背了现代营销观念中以消费者为导向的营销思想。有很多企业认为只要企业对产品的广告投放量大、占据的市场份额大、企业资产雄厚，自己品牌的"价值"就高，这是一种盲目的乐观。在现代消费领域，消费者"嗷嗷待哺"的高潮已过，过去的企业大呼"消费者请注意"已慢慢被"请注意消费者"的观念所取代。在现代市场中，消费者认同才是第一重要的，就好像一个有钱人在很多公开场合趾高气昂，咄咄逼人，不断炫耀自己如何富有，但是周围的人并不一定会认为他很成功并且主动和他结交朋友一样。现在很多实力强大、资本雄厚的企业并不像过去那样受欢迎了，如中国电信在拆分后也开始注重品牌建设了，电信拆分后竞争加剧了，同时消费者的消费心理日趋成熟，不会仅仅因为企业实力强就会选择该企业的产品。

6. 多元化经营的品牌拓展

中国很多企业实施多元化战略的一大误区是在进行多元化经营的过程中忽视品牌的拓展规律。很多企业最初生产和销售低端品牌，树立了某个品牌，在开发中高端产品时，还是用同样的品牌，这样很容易中高端的消费者对其品质产生不信任感而拒绝选择该产品。如一个企业以前是生产拖拉机的，现在生产高级轿车，并且还是使用拖拉机的品牌名称，消费者就会觉得该企业的轿车也是"农民品牌"，从而带来负面感受。而高端向低端渗透的产品就不一样，如哈飞汽车，众所周知，该企业是制造飞机的，当生产汽车时，其产品质量一定可靠，同样的品牌也可以赢得信赖。

7. 品牌一旦树立便会自然成长

品牌树立起来后，需要进行巧妙创新，才能够保证"品牌之树"常青。我们身边著名的品牌，几乎无一例外地是通过创新来建立它的声誉的。诺基亚不断推出的手机概念，吉利的安全刮胡刀，世界流行的碳酸饮料可口可乐，这些品牌都在不断地创新，提高品质或保持一种同类竞争产品无法达到的价值水平。但一旦这种在革新和质量改进方面的投资停滞下来，品牌则会处于困境。品牌价值需要适时创新，而不是等待时间的沉淀。

8. 企业进行品牌经营一定会成功

一个企业是否需要进行品牌建设，与该企业所处的行业有很大的关联，不是所有的行业都要建设品牌。如从事日化产品生产和销售的企业，就非常需要建设品牌，因为消费者的变化速度太快，忠诚度非常容易转移。某种矿泉水如果不好喝且没有品牌的吸引则消费者马上就会换另外一种；还有一些产品不一定需要建设品牌，如一把刷子，消费者一眼就可以鉴别出刷子的好坏，如果进行品牌经营不仅耗费成本而且没有必要。因此，不是每一种产品都需要进行品牌经营。

9. 误认为品牌经营需要巨额的资金支持

很多企业认为，品牌经营耗资巨大，经营品牌对于企业来说无疑是伤筋动骨，非常危险。的确，国内很多企业进行"粗放"品牌经营，这对企业资源造成了巨大浪费，阻碍了企业的发展，但这并不能成为更多企业放弃品牌经营的理由。同"磨刀不误砍柴工"的粗浅道理一样，经营品牌，要采取科学的品牌经营方法和具有前瞻性的战略管理。科学的品牌建设不仅能够"省钱办大事"，还能够让企业的投资更有效率。事实上，树立和维护好一个百年不倒的品牌不是一蹴而就的，也不是依靠某一个方面就能够获得成功，品牌的成功是整体的成功。事实上，在中国由计划经济向市场经济转轨的 20 年中，中国企业面对的竞争是轻量级的，消费者的需求和消费心理也没有现在这么复杂。而在中国加入了 WTO 之后，中国企业随时面临着国际品牌的新挑战，若使品牌能够在"与狼共舞"的竞争中取胜，并且走向国际化，除了不断的积累，从既往经验中获取一些借鉴，并适当聘请咨询机构进行品牌价值评估之外，找对正确的品牌建设方向，也是明智之策。

二、影响品牌建设的外在环境因素

由于外在环境对于一个企业的生存发展存在巨大的影响，所以企业在进行品牌建设的过程中，不得不对企业所在的生存环境进行关注，针对不同的外在环境决定自己的品牌战略。

问题 2：影响品牌建设的外在环境因素是什么？

在企业开展品牌战略的过程中，对于品牌建设影响最大的外界环境因素主要有两点，分别是企业所处市场的竞争环境和企业所处的文化环境。

1. 市场竞争环境

品牌的生存需要规范的市场竞争环境。因为品牌的塑造与生存主要取决于市场的优胜劣汰机制，市场中的优胜劣汰需要真实地反映市场竞争情况。一个健康的市场环境在筛选产品的过程中能够充分发挥其去伪存真、去劣存优的功能，从而催生和壮大品牌；相反，市场机制的不完善使得品牌生存环境险象环生，企业维护品牌效果的成本也会急剧增加。

危机品牌最为常见的例子是"品牌依附"和冒名顶替现象的泛滥。比如，小白兔对"大白兔"的依附、同济堂对"同仁堂"的依附等，这样可以使依附者挤占名牌市场份额。同样，在许多行业中假冒行为更使假冒者获利丰厚，原来的品牌却因此损失惨重。也有人在竞争中采取更为恶劣的手段，不惜造谣惑众来打垮与之竞争的品牌。中国保健品行业就有这样的案例：1993 年 3 月，有流言直指哈尔滨红太阳集团生产的彼阳牦牛壮骨粉，怀疑何来那么多的牦牛骨供其使用，质疑该企业用其他骨质代替牦牛骨。接下来就像连锁反应一般，销售下降、退货、消费者追问情况、进行中的合作项目中断等接踵而至。

由此可见，一个抑恶扬善、保护公平竞争的市场环境对于品牌的发展来说是何等重要。政府对商标、专利加以规范和保护，职能部门加大打假打非的力度，这些对于品牌的生存皆是利好。但是，市场竞争是残酷的，品牌经营者的防范意识要加强，品牌自身的建设才是根本。

2. 文化环境因素

在品牌的树立与维护过程中，文化氛围是必须考虑的内容，它渗透到品牌设计、生产、推广等环节。品牌必须做到融企业文化与消费群文化于一身，是企业经营理念的外化，也是迎合消费者的一种价值取向。比如，1903 年问世的哈利—戴维森摩托车，并不是世界上时速最快、马力最大的品牌，但是它至今却以自己受流行式样影响的独特风格和个性化的生产倍受消费者青睐。哈利—戴维森的存在，是为了迎合特定的文化人群，而消费者购买它，更多是为了实现自己的生活梦想：享受、自由与冒险、个性化。文化上的关怀往往是品牌增值的一条捷径，就像我们对麦当劳等洋快餐的选择一样。我们并不是完全以营养、价格为标准加以选择，更多的是一种生活品位和生活态度的选择。虽然对洋快餐营养差、价格贵的批评不绝于耳，但是它们在中国大陆依然急剧扩张，这与环境中的文化背景是密不可分的。

随着世界经济的一体化，出现品牌的跨国推广是很正常的事情，但是跨文化经营失败的案例却时有发生，其中一个非常重要的原因就在于企业在制定品牌策略的过程中缺乏对文化差异的考虑。如世界最大的零售企业"沃尔玛"进军德国受挫，不得不关闭两家连锁店。分析认为，最大的问题可能就是德国与美国在商业文化上的冲突。因为沃尔玛以其微笑服务著称，而在德国的消费文化中，消费者更加看重的是最便宜的商品和更加环保的经营方式。消费文化的冲突使得沃尔玛原本的推广策略在德国困难重重。

三、影响品牌建设的内在环境因素

在品牌建设中，除了企业所处的环境等外在因素外，企业的内部管理水平、经营者自身素质等内在环境因素也对品牌建设的成功影响巨大；要想在激烈的品牌竞争中胜出，企业还必须针对自己的内在环境因素把握品牌建设方向。

问题 3： 影响品牌建设的内在环境因素是什么？

1. 企业经营者的诚实守信

诚信是当今理论界的热门话题，谈市场经济就不可能离开诚信。从某种程度上来说，企业所树立的品牌，代表了这个企业在消费者心中的形象，而企业经营者的诚信危机恰恰对于已有的品牌形象构成了巨大的威胁，使许多历史悠久的品牌都遭遇了信任危机。被许多经济界人士奉为楷模的美国大企业，如安然、世界通讯、施乐、环球电讯、安达信等之所以敢大肆造假，除了制度上监管不到位之外，它们使用的成熟品牌声誉的作用也不可忽视。消费者对于这些名牌的无限信任，才使得这些大企业在造假时更加坦然和从容。

品牌消失或品牌含金量急剧减少的现象并不仅仅体现在财务欺诈一个方面，在品牌推广的过程中，企业经营者的欺诈行为也时有发生，如宣传过程中言过其实、销售过程中以次充好等。这些不诚信的行为都会对品牌的构建产生致命的打击。那么企业要如何规避这些来自内部的风险呢？制度建设是一个强有力的选择。制度的完善程度要以能有效防范直接经营者单方面追求自身利益而损害企业和消费者利益为基准。诚信危机虽然可以使品牌消失或者品牌价值变质，但是诚信危机背后则是来自两种不同的主体利益的力量对比。在企业经营的过程中，由于经营活动完全掌握在企业经营者即管理者手中，因此企业管理者自身利益与公众和企业利益的冲突就是不可避免的。而在利益权衡中选择了自身利益的管理者不仅仅会损害消费者的权益，其不诚信的行为也会对企业的品牌造成巨大的损害，使消费者很难再对企业品牌树立信心。

2. 企业内部的品牌管理体系

首先是企业的品牌经营策略。没有科学合理的品牌经营策略作为指导，就不会有科学合理的品牌经营措施。其次是决策层的品牌意识。企业的决策层，一定要从观念上、管理上、经营上改变过去的企业运作常规，将品牌经营作为企业运作的中心，全力打造强势品牌，将企业的核心理念予以推广，以推动企业品牌管理体系改革为己任。最后是企业要具备塑造具有核心价值内涵的企业品牌的能力。要科学地设计好自己的品牌战略蓝图，通过自我分析、竞争者分析和消费者的分析，对自身进行准确的定位，能够认清企业在消费者心中的形象，对品牌个性以及欲在客户心中占据独有的位置进行精心选择，以建立不同于其他竞争对手的差别化优势。

3. 品牌运作的机构支持

首先，成立专门的品牌管理机构。品牌责任归属和组织运作不清，是当前相当多的企业在品牌经营中所遇到的困难。要解决这一问题，对品牌战略进行专门的管理机构是必不可少的，这样可以将营销业务、传播功能有机结合起来，制定清晰的品牌战略决策与实施、执法检查流程。与此同时，企业内部的品牌管理、监督、检查机制等对于保证品牌政策的严格执行、有效落实也是必不可少的。从企业战略高度来塑造品牌和制定清晰有效的品牌管理制度。其次，对于大企业来说，树立并建立统一的品牌体系也是十分重要的。最后，对于企业的名称和形象表达予以注册，对品牌进行相应的法律保护也是企业对品牌进行内部管理的重要手段之一。企业将自己的品牌作为注册商标可以据此寻求法律的保护。受损的企业对于 CI 形象被剽窃、企业名称被滥用的情况，也就有法可依了。

4. 对用户关系的管理

企业实施客户管理，可以加速企业对客户的响应速度，帮助企业进一步挖掘客户的需求，为企业的品牌战略决策提供科学的支持。同时，客户关系管理系统的实施，将有助于形成统一的客户联系和全面的客户服务能力，帮助企业应对在品牌文化建设中遇到的问题。

第二节　品牌文化的评估

品牌文化是重要的无形资产，完整的品牌评估可以填补短期财务评估和长期策略分析间的落差，取得一个平衡点。而品牌文化评估体系之所以兴起，主要还是因为市场激烈的竞争和企业面临各方面的压力发生了变化。随着经济全球化的发展，企业生存的环境和市场发生了变化，企业面临新的威胁，随时会受到来自全世界其他市场或其他产品中的品牌的冲击。而科技的发展使得经济规模化，营销效率的需求开始促使很多企业向全球竞争态势迈进。于是，全球性的品牌兼并、收购和合资热潮兴起，这也使得许多企业意识到对现有品牌资产价值进行更好的掌握是必须的，对兼并、收购企业品牌价值的掌握也同样重要。同时，随着社会经济的发展，产品差别化缺乏可靠性，这就意味着即使是那些提供传统包装产品以外的企业也开始寻求产品差别化的其他有效途径。凡此种种，使得人们不得不越来越重视品牌文化的评估。

一、评估与量化分析系统

问题 4：品牌文化评估的量化内容包括哪些？

1. 品牌寿命

存在时间长对品牌形象力大有帮助。如果是同类产品中的第一个品牌则更加重要。许多排名前 100 位的品牌在一定市场领域内已存在 25~50 年，甚至更长，品牌资产，如同经济上的资产一样，是随时间而建构起来的。

2. 品牌名称

品牌名称是赋予商品的文字符号，它以简洁的文字概括了商品的特性。评价一个品牌名称是不是一个好名称，应主要考虑：该品牌是否能引起消费者的注意和兴趣，是否能使消费者感到有魅力、有特征、有新鲜感，是否能刺激消费者的好奇心，是否能使消费者容易理解（易读、易懂、易分辨），是否能使消费者对之产生好感，等等。

3. 商标

商标是用来帮助人们识别商品的几何图形及文字组合，它以简洁的线条组合反映公司和商品的特性，起到明示和凸显商品特点的作用。判断一个商标是否有较高的价值，应考虑：是否能引起消费者注意，能否适合社会的消费潮流，反映商品的特性；是否有欣赏价值，使人看后能产生一种愉快、轻松的感觉；其设计的具体性和整体性是否能明显体现出来；该商标是否能使人产生好感，是否能满足商品持有者的各种心理需要；等等。

4. 品牌个性和创意

一个品牌不仅仅只有识别产品的作用。许多强有力的品牌几乎成为产品类别的代名词，甚至人们可以仅仅通过品牌名称来识别它们的产品或服务。

5. 品牌产品类别

一些产品类别更容易引起消费者关注。它们趋向于为产品制造更高的知名度和推崇程度。因此，一个品牌的产品或服务类别在很大程度上对品牌形象力的等级起到帮助或妨碍作用。娱乐、食品、饮料和汽车等类别都有使品牌形象力排名靠前的趋势。

6. 品牌产品功能

使用该品牌的消费者对其产品的功能了解多少，知道而未使用该品牌的消费者对其产品功能了解多少，如果对产品品质功能有所了解，在其产生需要时，可能会指名购买该品牌。品牌之下产品的使用功能、特点、外观都是影响品牌创立的重要因素。

7. 品牌产品质量

质量和可靠性是品牌建立大众信誉的基础。无论公司或产品代表什么，它首先必须"如它所期望的那样"。这就要考虑品牌的质量信赖度如何，产品的耐用度如何等因素。

8. 消费者态度

消费者通过有关媒体对该产品的介绍，通过亲属和朋友的推荐，以及自己使用该产品，会对该产品形成一种态度。这种态度对产品市场表现的影响很大。对之的评价主要注重：消费者对该品牌产品在技术水平、质量和价格比、功能和价格比等方面的产品认识；对该品牌所代表产品的情绪体验，包括在以往使用该产品过程中的情绪体验，该产品带给消费者心理上的满足，对群体心理的适应，售后服务对客户要求的满足程度，等等。

9. 品牌认知

因为按照一般人的购买习惯，在购买商品时，总是先在自己叫得出名字、外观包装精致的品牌中选购自己所需要的产品。所以，好名字、设计美观的商标就是一项无形资产。对于这项指标还有一些具体的衡量标准，如品牌认知度在其知名度不同的消费者中处于何种状态；互相竞争品牌的品牌认知度如何；造成目前品牌认知度的办法及其主要原因；竞争品牌提高认知度的办法；该品牌在建立其认知度中应主要倡导表达的内容；消费者获取关于品牌认知度信息的渠道。

10. 品牌连续性

即使一个品牌已经有长达 100 年的历史，连续性对一个品牌保持时间发展上的相关性仍是必要的。关键是信息的连续性，而非执行的相同性。

11. 品牌媒体支持

媒体的支持保证了品牌在市场上的可见性。如麦当劳，由于它在一些人流大的地点设立分店，这也增加了它的可见性。有一些品牌虽然广告花费很少，但排名却很靠前。不过一般来说，品牌要保持它在市场上的巨大影响，必须始终得到媒体投入的支持。

12. 品牌忠诚度

消费者能够持续地购买、使用同一品牌，即为品牌忠诚。主要包括：谁是品牌的忠诚消费者？品牌为忠诚消费者提供的差异性附加值是什么？品牌对忠诚消费者的承诺兑现如何？品牌如何与消费者沟通、建立感情？忠诚消费者的需求是什么？有何变化？是否满足了他们这种要求？忠诚消费者对品牌推出的新产品是否偏好？品牌忠诚消费者更喜欢哪种公关、促销活动？为什么？效果评估如何？发现哪些问题？品牌的转换成本如何？怎样制造转换成本？是否因产品延伸而动摇了忠诚消费者？如何挽回这种损失？品牌是否有转换惰性？现状如何？与品牌相竞争的品牌的忠诚度如何？品牌忠诚消费者对其（品牌）产品有何期望？品牌忠诚消费者的分布区域如何？与区域文化有何关联？品牌的现状、忠诚度的建设有多长时间？这些问题都是解决之关键。

13. 品牌联想度

透过品牌联想到品牌形象，这一形象正是消费者所需的，他们便会通过购买来满足需求。这个指标的因素包括：品牌首先会使消费者产生何种联想？品牌的消费者利益是什么？品牌会使消费者联想到产品的哪种价格层面？品牌会使消费者联想到何种使用方式？品牌消费者的生活方式如何？品牌属于何种产品类别？品牌与同类品牌的差异点在哪儿？品牌为消费者提供了何种购物理由？品牌的产品有何附加值？品牌附着了何种内涵？品牌内涵发掘度如何？不用深、广度的是什么人？占的比例是多少？能够对该品牌产生不同深广度联想的人在哪里，他们对此类品牌产品有什么期望？对他们生活的影响程度如何？

二、量分析：品牌文化与企业商誉

通常，我们可以通过对一个企业的商誉进行评定来衡量企业商品的品牌文化，而且直观地看，企业商誉这个指标也确实能够从量上反映品牌文化。

问题 5：品牌文化与企业商誉之间的联系是什么？

品牌与商誉相互关联、极易混淆，如两者均属于无形资产，均发挥创造实现超额利润的作用，有着许多相同的影响因素，等等。此外，由于品牌与商誉的价值具有模糊性和相互交融性，导致在评估理论与实践中容易出现一些误区。因此，对品牌与商誉进行辨析显得尤为重要。

从广义上看，商誉是企业获利高于同行业平均收益的能力，它几乎包括了全部无形资产。从狭义上看，商誉是扣除各单项可确指无形资产后的所有无形资产的剩余部分。换句话说，它实际是其他无形资产因丢失或无法测算而没有进行评估部分的综合，所以它是为填平补齐无形资产而出现的，是一项比较特殊的无形资产，经常被认为是无形资产中最"无形"的一项资产，具有质的综合性和量的可变性。商誉的形成具有多方面的因素，如企业的组织结构、人员素质、地理位置、悠久历史或卓越声誉等。它依附于企业整体而存在，是企业长期积累的结果。商誉最先出现在企业账簿上，仅仅用来记录在企业交易过程中实际交易的金额与企业账面价值之间的差额。例如，当一个企业被出售时，企业的购买者所提供的金额可能超过目标企业在被购买时实际资产负债表上所记录的企业净资产的价值。此时，这一实际金额与账面价值之间的差额就被以商誉的名称记入新建企业的账户中。随着资本交易的发展，商誉金额也日益加大，人们逐渐认识到，除了企业的有形资产有升值等因素外，企业在长期的经营过程中也创造出了一种无形资产，具有为企业创造收益的能力。于是，人们确认商誉是无形资产。随着对无形资产认识的不断深入，人们开始识别商誉中所包含的无形资产类型，如专利权、非专利技术、商标权、特许权和租赁权等。在企业原来的无形资产之中，由于各类单项无形资产的价值得到了分别反映，商誉的实际内涵也就发生了变化。当技术、商标等因素作为单项无形资产从原来的无形资产总价值中分离出去以后，商誉的价值则仅代表企业不可确指的无形资产的价值了。

关键术语：企业商誉。

企业商誉是指能在未来期间为企业经营带来超额利润的潜在经济价值，或一家企业预期的获利能力超过可辨认资产正常获利能力（如社会平均投资回报率）的资本化价值。商誉是企业整体价值的组成部分。在企业合并时，它是购买企业投资成本超过被合并企业净资产公允价值的差额。

三、质分析：品牌文化与企业伦理

虽然从量上来说，企业商誉能够直观地反映品牌文化，但是决定品牌文化市场实力的却是企业的核心竞争力和企业伦理。

问题 6：企业伦理是如何构建品牌文化的市场实力的？

1. 卓越的企业伦理能构成品牌文化巨大的内部潜能

①卓越伦理有利于企业拥有高素质的员工。②卓越伦理有利于赢得员工的忠诚。③卓越伦理有利于激发出员工的工作热情。这种激励力量来自于超越自身利益的企业使命和目的，来自于伦理领域，来自于对员工的尊重和关心。④卓越伦理有利于企业建立良好的员工关系。一个讲究伦理道德的企业能提供和睦、融洽、向上的工作和生活氛围，在这样的环境中工作，人们感到心情舒畅。⑤卓越伦理有利于获得卓越领导。严格纪律和高尚情感的结合是现代管理的一个重要特征，而两者都需要经营者具有较高的道德素质做保障。

2. 卓越的企业伦理能与企业利益相关者双赢

在企业与利益相关者合作过程中，双赢才是唯一可行的方案。企业与利益相关者双赢，就是通过满足利益相关者的利益来谋求企业的长期生存发展。顾客、投资者、供应者、公众是企业的主要利益相关者，合乎伦理地对待他们会取得什么结果呢？首先，顾客满意与顾客忠诚。卓越伦理体现在品牌与顾客的关系上，就是真诚地为顾客着想，即站在顾客的立场上研究和设计产品，了解顾客需求，引导和满足顾客需要。其次，投资者信赖。投资者更愿意把资金投向有社会责任感的企业，因为有社会责任感的企业有更好的经营业绩和更多的投资回报。再次，供应者信任。最后，公众支持。企业为避免其经营行为损害社会的利益而遭怨恨，就必须用道德来规范企业谋利的行为。

有卓越伦理的企业具有崇高的信誉，讲求互利互惠，诚实守信。卓越伦理对内有利于企业赢得员工忠诚，拥有高素质的员工，建立良好的员工关系，激发员工的工作热情，实现卓越领导；对外有利于赢得公众支持、顾客满意、投资者青睐和供应者的信任，树立良好的企业形象、品牌伦理形象。因此，企业所具有的伦理道德水平、品牌所具有的品牌形象是培育企业核心竞争力的核心所在。

关键术语：企业伦理。

企业伦理是企业经营本身的伦理。不仅企业，凡是与经营有关组织都包含伦理问题。由人组成的集合体在进行经营活动时，在本质上始终都存在着伦理问题。一个有道德的企业应当重视人性，不与社会发生冲突与摩擦，积极采取对社会有益的行为。

第三节 建立品牌文化的评价体系

159

一、品牌文化的现状

问题 7：中国品牌文化的现状是什么？

1. 品牌文化深受民主性影响

品牌文化是文化大家庭的一员，自然受文化民族性的影响。也可以说，一切品牌文化都是民族化的品牌文化，一切品牌文化都带着民族性色彩，其关系是互为因果，相辅相成。品牌文化的民族性就是在品牌文化的形象塑造上具有民族风格、民族特色。西方人可能不理解长虹广告"长虹以产业报国，以民族昌盛为己任"，他们会认为销售电视怎么把爱国作为卖点呢？而事实上，长虹正是通过这一点确立了在国人心目中的民族英雄、中国品牌的光辉形象。

人们常说的美国广告实用，日本广告性感，欧洲广告幽默，这无不是文化的民族性在品牌文化中的表现。人们也常说可口可乐就代表着美国文化，而丰田则表现出典型的日本文化。从这个意义上说，民族的便是世界的，只有具有民族个性，才能立足于世界优秀品牌之林，这种说法是有启示性的，也是中国品牌"仿西"潮流的一种警示。

2. 中国品牌与传统文化

现代人心中有许多传统文化的烙印。广告中一再强调"国优部优"产品，而我们根本就不知道丰田、福特、波音到底属于什么"优"。这实际是"官本位"意识在品牌领域的表现，中国传统文化"学而优则仕"的心态是根深蒂固的。以官职大小来论人的价值，以做官作为人生唯一的成功标志，曾感召着一代又一代的人。本来企业只有实力的强弱、规模的大小、市场份额的多寡之别，对企业经营者来说，如果经营不善，行政级别再高也没有用，而娃哈哈作为成功的企业，充其量只是一个校办工厂。然而以"官本位"传统心态来看待现代商品交换关系的现象绝非个别。

3. 我国品牌文化与现实生活方式的结合

品牌是由消费者认可并消费的，品牌文化同样需要得到消费者的认可，所以，品牌文化是"雅文化"与"俗文化"的结合，否则就不会有持久的生命力。在法国戛纳广告节等一系列国际评价中，人们发现获奖作品往往不是促销力强的广告，甚至一些广告获奖了，而该广告的广告主却破产了，这就是专家眼光与百姓眼光的差异。

当我们谈论到文化的根源时，作为品牌文化的研究，是绝对不能忽视现实生活方式的，那些市井的、通俗的，甚至看起来粗俗的文化，只要适应生存环境，就有其存在的基础。正如黑格尔所言：凡是存在的，都是合理的。

中国的十大名酒之一的沱牌曲酒，其起家广告是一个光着膀子的汉子在大喊大叫，这一广告引起了极大的争议，有人说好，认为有个性、有味道、有冲击力；也有人认为不好，认为它粗俗、没有品位。而事实上沱牌集团得到了发展，成为上市公司中业绩很好的企业，也成为中国最大的白酒生产基地之一。这个广告适应了一定阶层的消费特点，为沱牌集团切入市场找到了很好的定位点，培育出了独特的中国品牌文化。后来，沱牌集团因企业发展需要，又推出了中高档产品，出现了"悠悠岁月久，滴滴沱牌情"、"一次品尝，一生钟情"等定位广告。应当说，没有适合当时企业水准和现实生活方式的低定位广告，便没有沱牌的起步，也就谈不上后来的品牌提升。

4. 中国品牌文化与西方文明的交融

作为即将进入"地球村"的企业，任何中国品牌都具有国际性质，正所谓"国内竞争国际化，国际竞争国内化"。因此，中国品牌文化要吸收西方文化是必然的。在目前，争议比较多的是取"洋名"的问题，有人认为洋名好听，

"洋气"；也有人认为它不伦不类、崇洋媚外。其实，只要不对社会主义精神文明建设构成妨碍，取洋名是可以理解的社会现象。崇尚的最终根源是经济实力和经济发展水平的提高。实质上是崇尚先进、崇尚强大、崇尚成功，即文化发展的"趋光性"。

对西方文明也是如此。改革开放以来，中国禁闭了多年的大门对世界打开，人们看到了精彩的外部世界，国人也找到了与发达国家的差距，于是在这样的背景下产生了一些崇洋心态，这也在情理之中。但过分的反应是不必要的。有人以为这样一来就会全盘西化，就会对我国的精神文明建设构成毁灭性的打击。如果引进一些外来文化就会全盘西化，这是对文化的无知。事实上，全盘西化是不可能的，如果认为外来文化会摧毁我们的精神信仰，那更是对我们精神世界的极度不信任，真理不怕辩论，真金不怕火炼，我们应当以宽广的胸怀来迎接世界文明，包括西方文明。在我国整体经济发展水平还落后于发达国家的今天，中国品牌文化中渗透着西方文明，这不但是正常的，而且还是必要的。

5. 中国品牌文化面对知识经济的挑战

20世纪末的中国，使用最多的术语之一便是"知识经济"，品牌文化本身就是知识经济的组成部分，属于无形资产的范畴，必然受到知识经济思想的深刻影响。从20世纪50年代开始，世界便被人造卫星和电子计算机带进了信息时代。信息时代带来了全新的观念，包括品牌文化的观念。

过去"酒香不怕巷子深"，而现在不传播、不运用大众传媒是绝对不能成为名牌的；过去随便取一种商品名称，不管好听与否，照样会门庭若市，而现在新泽西标准石油局改名为"埃克森"石油公司，花了1亿多美元，调研了几十种文字；过去绝密配方百年不变，越老越神秘越值钱，而现在科技日新月异，一刻停止就会一败涂地。这便是知识经济带来的变化。由此，中国品牌文化必须是创新的文化、开放的文化。没有创新与开放，品牌文化就没有发展的动力，品牌难以持续发展。

二、如何建立品牌文化的评价体系

"没有评价，就没有管理"，对于一贯注重量化分析的跨国公司，评价是企业管理的一种比较常规的手段。比如，企业借助强大的信息化手段，及时收集和掌握企业的客户、财务、物流、员工等方面的数据，帮助企业及时做出决策，有效管理好日常业务。因此，在品牌战略的运作过程中，品牌文化的评价必不可少。

问题 8: 如何建立品牌文化评价体系?

1. 保障品牌内涵实现具体化

在品牌文化中,品牌内涵是核心,但品牌内涵是对品牌文化最一般的概括,具有一定的概括性、抽象性。在实践中,我们不能把品牌的内涵仅仅停留于口号和理论层面上,而要使企业精神通过一些具体的形式和方法,如品牌商品的广告和与顾客互动等活动,有意识地把品牌的内涵贯穿进去,加以贯彻执行,使其具体化到每一个销售环节,深入消费者内心。而品牌文化考核评价体系,就是通过建立全面的、细致的考核评价体系以保证品牌内涵贯彻落实到生产销售的每一个环节以及每一名消费者的内心深处。其中一个重要前提就是要建立一套相应的以品牌精神为核心和基础的价值观。通过建立这样一套完整的具体价值评价体系,一方面是统一企业员工的思想;另一方面是每一部门都能够有明确的、符合部门特点的价值观指导,便于执行和贯彻,也便于监督和考评。例如,海尔集团企业精神就具体化为每一部门具体的价值观,从而使全体员工都贯彻"质量等同于生命"的品牌文化思想。

2. 权利与义务相统一

品牌文化是由许多部分组成的,不仅包括生产商品过程中制度文化等一些"硬性"的内容,还包括企业道德文化等一些"软性"的内容。与此相对应,品牌文化的评价体系也应由可以量化操作的具体制度和带有"人性化"的非量化内容组成。从具体的产品生产制度来看,不仅包括需要员工遵循的、带有义务强制性质的制度规范,还需要包括保护员工合法权益及完成企业文化短期目标要求的带有奖励性质的规定。在规定的数量、程度上,体现权利的条款与体现义务的条款要相对一致。有权利就要有相应的义务加以限制。而在实际操作中,企业在品牌文化建设中往往更多是着重从义务的角度进行考虑,往往重视消费者而忽略员工的感受。这一方面不能体现权利、义务一致,得不到员工的一致认可和接受;另一方面,对企业高层管理人员的义务性规定比对企业员工的义务性规定要少,权利与义务不相统一,甚至在一些企业中对于企业高层领导还存在某种特殊权利。这样十分不利于企业内部员工形成对企业的认同感和对企业商品的信心。

3. 建立完整的目标审核体系

从品牌文化的形成过程来看,不同时期、不同阶段的目标是不同的,而且就阶段目标而言,也是由许多部门的具体目标组成的。因此,为了实现品牌文化阶段目标,对于不同部门的具体目标就需要进行全过程目标审核,以保证不同阶段品牌文化目标不发生偏差。例如,企业在对品牌文化效果进行评定时,将各部门所负担的品牌文化效果进行分解，确立相应的审核验收办法，主要就目标目的、标准、效果等进行审核。

关键术语：品牌文化量化模型。

品牌文化量化模型，主要是为了鉴别品牌文化在哪些方面处于强势、在哪些方面处于弱势，着眼于从消费者的角度对品牌文化在市场上的地位进行评估，即主要是商品的文化为消费者所接受的程度。具体如图6-1所示：

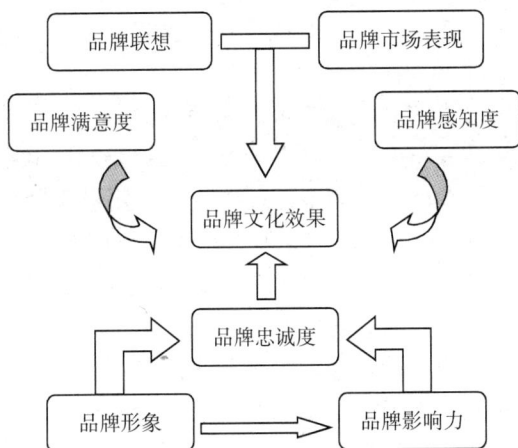

图6-1　品牌文化量化模型

活动：建立品牌文化量化模型。

为了更加熟练地掌握品牌文化量化模型，学生要自己针对某企业的商品品牌建立品牌文化量化模型，并依据商品特性为量化模型的各项指标确定相应的权重，最后由老师进行点评。

第四节　品牌文化的管理

一、品牌文化与经营哲学

一个企业的品牌塑造成果与其经营哲学是密不可分的，怎样的经营为企业带来怎样的声誉，而企业声誉则更为直接地决定着企业商品在消费者心目中的形象。我们为了更加清楚地了解企业的经营哲学对于品牌文化树立的影响，有必要对两者的关系进行探讨。

问题9：品牌文化与经营哲学的关系是什么？

哲学在品牌塑造和推广的过程中确实起到了作用，这一点是毋庸置疑的。①品牌以及品牌哲学对于我们经历现代生活，以及我们给予它"意义"的方式来说是最基本的。②品牌市场商的主要作用是思考品牌且为能激发别人（同事、顾客、消费者）的行为而树立模式。

品牌市场商的主要作用是考虑她或者他的品牌，并且为能激发其他人（同事、顾客和消费者）的行为而树立模式。这个想法产生的原因在很大程度上是许多品牌市场商多年一直将其工作当成是一系列品牌管理任务，而没有把任何真正的思维运用到品牌的整个要点及其意义中。如果品牌和品牌推广是我们思维方式的基础，那么品牌市场商的主要工作就是必须走在自己思维的前面。

如果品牌市场商利用大量的时间来"处理"那些触动不了品牌实质的细节，相反，花很少的时间来思考品牌的走向以及品牌与其他人思维习惯的连接方式，那么品牌受到市场打击而消亡的消息不会让任何人感到惊讶。

因此，在品牌文化塑造的过程当中，商家的经营哲学必须能够与市场生存需要相适应，树立正确的经营理念。什么是正确的经营理念？"正确"是相对于"错误"而言的。只顾自己利益的经营，脱离正义的经营，没有觉悟到身负神圣事业信念的经营，就是错误经营理念的表现。正确的经营理念则认为，企业的使命或实业人的使命，就是克服贫困，就是使整个社会脱贫致富，就是要把全体人民的生活推向富裕。形象地说，企业或生产者的使命，是把贵重的生活物资像自来水一样无穷尽地提供给社会。这样，才能逐渐消除贫困。企业的品牌文化只有秉承这样的经营理念才能够使得商品的形象深入人心，成为消费者从内心加以信任的品牌。

二、品牌文化与学习型组织理论

彼得·圣吉（Peter M.Senge）教授多年来从事系统动力学整体动态搭配的管理新观念研究。他和麻省理工学院的一群工作伙伴及企业界人士，孜孜不倦地致力于将系统动力学与组织学、创造原理、认知科学、群体深度对话与模拟演练游戏融合。他创立了"组织可以通过自我学习与自我完善达到长久发展的'学习型组织'"理论。而对于这样的思想，我们同样可以应用到品牌文化构建中。

问题 10： 学习型组织理论在品牌文化建设中的应用是什么？

1. 品牌需要不断的学习

个人及组织中潜藏着巨大的能量——它是最根本、最持久的力量。当掌握这些力量时，个人的生命空间会变得很大。掌握这种力量，方能成为一个全神贯注于自己真正想做的事情，又兼顾生命中最重要事情的"学习者"。组织也因此成为"学习型组织"。在其中，人们可以不断获取创造未来的能量，培养全新的、前瞻而开阔的思考方式，全力实现共同的愿望，并深入研究如何共同学习。圣吉说过，20 世纪 70 年代的 500 家大企业排行榜中的公司，到 80 年代已有 1/3 销声匿迹了。这是因为，组织的"智障"妨碍了组织的学习及成长，使得组织原本依赖的品牌停滞发展，不再能够适应激烈的市场竞争的需要。这种组织"智障"侵蚀和吞没了企业。

2. 品牌文化的延续需要长远的眼光

高度自我超越的人永不停止学习。但是自我超越不是一个人的某种能力，它是一个过程，一种意志品质。高度自我超越的人会敏锐地发现自己的无知、力量不足和成长需求，但这绝不动摇他们高度的自信。在汉诺瓦公司，其品牌文化追求"更成熟"。欧白恩认为，真正成熟的人能建立和坚持更高的价值观，愿意为更大的目标而努力。有开阔的胸襟，有主见和自由意志，并且不断努力追求未来。真正成熟的人不在意短期效益，而在意追求一般人无法追求的长远目标。人类的最大不幸就是认定追求精神层面所做的努力远比不上对物质发展的追求，因为只有在精神层面上得以发展，人的潜能才能充分发挥。而汉诺瓦公司的品牌文化理念却能够使其品牌不断追求更加长远的目标，不会为眼前的成绩而止步。

3. 品牌文化需要能够树立企业人的整体感

整体感对于企业领导和其所有成员都是十分重要的。如果没有整体感和共同愿景，将无法想象 AT&T、福特、苹果电脑等企业是怎么获得骄人的成就的。这些由其领导人所创造的愿景分别是：裴尔（Theodore Vail）想要完成费时 50 多年才能达成的全球电话服务网络；亨利·福特（Henry ford）想要使一般人——不仅是有钱人——能拥有自己的汽车；杰伯斯（Steven Jobs）、渥兹尼亚（Steve Wozniak）以及其他苹果电脑的创业伙伴，则希望电脑能让个人更具力量。他们的成功，最重要的是共同愿景所发挥的功能，这些个人愿景被企业各个阶层的人真诚分享，并凝聚了这些人的能量而形成共同愿景，在不同的人之中建立了一种整体感。

整体感和共同愿景是一种文化理念，它唤起人们的希望，特别是内生的共同愿景。工作成为追求一项蕴涵在品牌之中、比工作本身更高的目的——苹果电脑使人们透过个人电脑来加速学习，AT&T借由全球的电话服务让全世界互相通信，福特制造大众买得起的汽车来提供人们在出行方面的便利。这种更高的目的，根植于它们的品牌文化之中。赫门米勒公司前任总裁帝普雷说过，该公司的愿景是为在公司人员心中注入新的活力，因此他的愿景不仅只是加强赫门米勒产品的质量，还包括提升该公司品牌文化的层次，以及追求富有创造力和艺术气息的工作环境。

三、品牌文化与"企业再造"

麻省剑桥顾问公司经理迈克尔·海默（Michael Hammer）和CSC Index顾问公司执行长杰姆斯·钱彼（James Champy）是企业再造工程的倡导者。所谓"企业再造工程"（Reengineering），实际上是对企业最根本问题的哲学思考和再认识。品牌文化战略的成功，也有赖于一套完整的企业制度予以支持，而企业再造则为彻底打破传统企业内对于品牌建设的束缚提供了一条新思路。

问题 11： 品牌文化为什么要与企业再造相结合？

1. 企业再造的原因

过程是企业运营的关键，也是许多企业最感头痛的事情。因为过程总是要跨越部门，过程的改变会引起企业内的混乱，大多数企业领导人并不是以过程为中心的，他们往往把注意力集中于任务、工作、人员和组织结构，而不是过程。企业再造工程应集中精力于那些将能产生最大收益的过程，对这些过程进行重新设计，而不是从企业的部门或其他组织单位入手。针对一个组织单位进行再造所付出的努力注定无济于事。

只要对过程实施再造工程，那么完成工作所真正需要的组织结构形式将会变得越来越清晰。换言之，再造工程不是对原有的东西修修改改或进行局部改变而保持原有的组织结构完整不变，它是要抛弃运作已久的规程，并对企业创造产品或服务向顾客传递价值的工作过程进行重新审视。这里重要的问题是要求在企业文化观念和价值观念上进行突破——摒弃所有的陈规陋习，一切从头开始。企业再造工程是对企业过程进行根本性的再思考和关键性的再设计，从而获得在成本、质量、服务和速度等方面的显著成就。

2. 再造工程的发展过程

一个品牌之所以能够获得成功，其主要原因是能够塑造独特的品牌文化，使得企业内外的消费人群对于商品形成足够的凝聚力和向心力。品牌文化就是在品牌发展过程中逐渐凝聚在商品之中的精神财富的综合。价值观是品牌文化的核心，是企业家的人格化。它规定了一个商品的内涵、功用和未来的发展方向。一个企业的价值系统虽不像组织机构、企业制度、管理程序那样显露直观，而似乎难以捉摸，但从其实质来看它又是十分具体的。

减少管理层次需要把人们之间的相互关系以及人和工作的相互关系加以重新安排，这是一个文化问题。而且它决定了经理、企业家最关心的问题——怎样来改变企业文化氛围？用什么方法去改变这种企业文化？企业的未来、企业的成功，属于那些能经常认识到企业文化变革迫切性的企业家，属于那些能够使企业员工士气高涨的企业家。一般地说，不是企业的组织结构，而是企业的价值观成为现代高效企业管理原则的决定因素，成为企业商品能够形成独特文化稳定市场地位的因素。海默认为，价值观是联结感情与行为的纽带，是联结企业员工之所想和所做的纽带。价值观支配着人们的行为，当周围的所有事物都在变化时，人们需要有一些相对不变的事物，如北极星、试金石、戒律、口号、格言等。这些能帮助人们在茫茫世界中找到方向和归宿，使人理解自身和外界，并且能使紧张的神经得到松弛。价值观是精神的指南，它可以在变动的世界中提供一些固定的东西，一种类似宗教、信仰的精神力量。而在品牌文化战略中，企业要做的就是将价值观注入商品的品牌文化，使商品能够真正在精神上征服消费者。

四、品牌文化与经营业绩

问题 12：品牌文化与经营业绩有什么关系？

品牌文化是"品牌"与"文化"的有机融合。品牌文化的作用就是为了打造企业的品牌，而品牌文化自身恰恰就是打造品牌的一种方式。现在越来越多的企业提到"品牌文化"这个概念是因为从企业经营业绩的角度来看，"文化"这个概念越来越得到关注，全球化的进程暴露出一系列文化的冲突问题（跨国公司在中国的本土化难题），不同企业并购失败大多源于背景文化的不同，惠普与康柏合作不成功、联想收购 IBM PC 事业部的关键问题也是品牌义化的融合，TCL 收购汤姆逊也存在这样的问题。世界级的优秀品牌往往诞生在西方的发达国家，这些企业进入中国，本身就带来了文化的冲击，在国外企业与本土企业的竞争中，决定经营业绩的，最终还将是品牌文化。

在激烈的市场竞争中，企业要树立执著的精神，打造具有生命力的品牌文化。挫折对于成长的企业和企业经营者来说总是不可避免的，但具有执著品质的经营者善于将挫折、痛苦转化为有益的因素。新的竞争、困难、挫折、冲击、重组以及类似的问题，不仅没有成为破坏性的因素，而且成为成长的重要力量源泉。困难打破了舒适的状态，向其提出了新的挑战。自信心和竞争力、执著的品质，使他们有足够的能力迎接这些挑战。由于他们总是以现实的眼光看待成功和失败，所以他们从困难中学到胜利中学不到的东西而得以成长，这种成长又使他们更有能力应付新的环境。挫折成为成长的动力，这使他们变得更坚强和更有能力，他们不逃避困难的现实，不畏惧成长道路上的艰难曲折。

阅读材料

红豆的品牌文化之路

"名牌的一半是文化"，红豆本身就具有丰富而美好的文化内涵，因为"此物最相思"。随着生活水平的提高，人们着装不仅注重产品的质量，更注重品牌及该品牌所蕴涵的文化。提升红豆品牌文化是红豆集团知识产权工作的一项重要内容，红豆一直在这方面不断进行探索，并不断以实际行动来提升企业文化的内涵。

红豆不仅将相思含义和牛郎织女鹊桥相会的优美意境巧妙地融合在一起，倡导过中国人自己的情人节，同时用它提升企业文化的内涵，提升品牌的文化含量。于是从 2001 年开始，红豆开始高举七夕"红豆·相思节"大旗，通过诗歌笔会、情歌大赛、爱情故事大赛等形式，来倡导全世界华人关注红豆相思节（中国情人节）。此举在海内外引起了强烈反响，台湾著名诗人余光中盛赞红豆此举是"用红豆抵抗玫瑰"，著名诗人贺敬之、柯岩伉俪多次参加红豆的活动。

红豆历时 5 年挖掘千年前的文化，虽然已经形成了巨大的商业海啸，但说其成功还为时尚早。不过红豆已经为人们留下了一个榜样、一个可以借鉴的中国企业走向世界的某些可能性。

周海江的终极目标是 20 年后进入世界 500 强，但他同时也承认，产品制造的历史可以通过压缩来完成，但文化内涵是不可能通过压缩获得的。"相当长的时间内，中国服装是不可能产生国际顶级品牌的。因为中国真正有服装设计师才 20 多年的历史，从粗放产品到时尚精品，这个蜕变的过程法国用了近百年，日本用了 50 年，可见服装品牌是包含着文化和历史沉淀在里边的。

周海江认为，这有待于中国文化成为世界主流文化，但他坚信："随着经济实力的提高、东西方文化的不断融合，中国会出现世界级的大众品牌。"

资料来源：白光：《中外品牌案例》，中国时代经济出版社，2002 年。

本章小结

★★★★

　　品牌文化是重要的无形资产，完整的品牌评估可以填补短期财务评估和长期策略分析间的落差，取得一个平衡点。而品牌文化评估体系之所以兴起，主要还是因为市场激烈的竞争和企业面临的各方面压力发生了变化。

　　本章主要介绍了品牌文化的评估与管理过程，通过介绍品牌文化建设的内外影响因素帮助读者更加深刻地理解品牌文化建设的重要性和建设中的注意事项。品牌建设的内在影响因素主要是企业经营者的诚实信用；企业内部的品牌管理体系、品牌运作的机构和对用户关系的管理四个方面，而品牌建设的外在因素则主要是企业所在的市场竞争环境和企业所处的文化氛围两个方面。

　　本章还着重介绍了品牌文化的管理与评估体系。在企业进行品牌战略成效的评估与管理过程中企业的商誉是对品牌文化进行量分析的直观指标，同时，品牌文化构建的核心是要依据企业伦理。

深入学习与考试预备知识

★★★★

品牌文化量化的基本指标

　　1. 品牌寿命

　　存在时间长对品牌形象力大有帮助。如果是同类产品中的第一个品牌则更加重要。

　　2. 品牌名称

　　品牌名称是赋予商品的文字符号，它以简洁的文字概括了商品的特性。评价一个品牌名称是否是一个好名称，应主要考虑：该品牌是否能引起消费者的注意和兴趣，是否能使消费者感到有魅力、有特征、有新鲜感，是否能刺激消费者的好奇心，是否能使消费者容易理解（易读、易懂、易分辨），是否能使消费者对之产生好感，等等。

　　3. 商标

　　商标是用来帮助人们识别商品的几何图形及文字组合，它以简洁的线条组合，反映公司和商品的特性，起到明示和凸显商品特点的作用。

　　4. 品牌个性和创意

　　一个品牌不仅仅只有识别产品的作用。许多强有力的品牌几乎成为产品类别的代名词，甚至人们可以仅仅通过品牌名称来识别它们的产品或服务。

5. 品牌产品类别

一些产品类别更容易引起消费者关注。它们趋向于为产品制造更高的知名度和推崇程度。因此，一个品牌的产品或服务类别在很大程度上对品牌形象力的等级起到帮助或妨碍作用。娱乐、食品、饮料和汽车等类别都有使品牌形象力排名靠前的趋势。

6. 品牌产品功能

使用该品牌的消费者对其产品的功能了解多少，知道而未使用该品牌的消费者对其产品功能了解多少，如果对产品品质功能有所了解，在其产生需要时，可能会指名购买该品牌。品牌之下产品的使用功能、特点、外观都是影响品牌创立的重要因素。

7. 品牌产品质量

但质量和可靠性是品牌建立大众信誉的基础。无论公司或产品代表什么，它首先必须"如它所期望的那样"。这就要考虑品牌的质量信赖度如何，产品的耐用度如何等因素。

8. 消费者态度

消费者通过有关媒体对该产品的介绍，通过亲属和朋友的推荐，以及自己使用该产品，会对该产品形成一种态度。

9. 品牌认知

因为按照一般人的购买习惯，在购买商品时，总是先在自己叫得出名字、外观包装精致的品牌中选购自己所需要的产品。所以，好名字、设计美观的商标就是一项无形资产。

10. 品牌连续性

即便一个品牌已经有长达 100 年的历史，连续性对一个品牌保持时间发展上的相关性仍是必要的。关键是信息的连续性，而非执行的相同性。

11. 品牌媒体支持

媒体的支持保证了品牌在市场上的可见性。

12. 品牌忠诚度

消费者能够持续地购买、使用同一品牌，即为具有品牌忠诚度。

13. 品牌联想度

透过品牌联想到品牌形象，这一形象正是消费者所需的，他们便会通过购买来满足需求。

知识扩展
★★★★

成功品牌管理的七大黄金法则

黄金法则之一：提炼个性鲜明并对消费者有很强感染力的核心价值，以滴水穿石的定力维护品牌核心价值。

品牌核心价值是品牌资产的主体部分，它让消费者明确、清晰地识别并记住品牌的利益点与个性，是驱动消费者认同、喜欢乃至恋上一个品牌的主要力量。核心价值是品牌的终极追求，是品牌营销传播活动的原点，即企业的一切价值活动（直接展现在消费者面前的是营销传播活动）都要围绕品牌核心价值而展开，是对品牌核心价值的体现与演绎，并充实和强化品牌核心价值。品牌管理的中心工作就是清晰地规划勾勒出品牌的核心价值，并且在以后的 10 年、20 年，乃至上百年的品牌建设过程中，始终不渝地坚持这个核心价值。久而久之，核心价值就会在消费者头脑中刻下深深的烙印，并成为品牌对消费者最有感染力的内涵。

定位并全力维护和宣扬品牌核心价值已成为许多国际一流品牌的共识，是创造百年金字招牌的秘诀。品牌之王 P&G 对品牌核心价值的构造与经营可谓"处心积虑"。P&G 一旦通过消费者研究，对品牌的核心价值进行了严格定位，就绝不轻易更改，一切广告与营销传播活动都是以核心价值为原点进行演绎。如舒肤佳的核心价值是"有效去除细菌、保持家人健康"，多年来电视广告的主题除了"除菌"还是"除菌"。P&G 的许多广告，就其原创性而言往往是平淡无奇的，大多是比较性广告。可其强劲的销售促进力却令人称奇！奥秘就在于对品牌核心价值的精确定位和持之以恒的坚持。

劳斯莱斯是"皇家贵族的座骑"；宝马则是"驾驶的乐趣"；沃尔沃定位于"安全"；万宝路是"勇敢、冒险、激情、进取的男子汉形象"……以上就是这些金字招牌的核心价值定位。品牌核心价值一旦确定便被持之以恒地贯彻下去，企业的所有营销策略都要围绕核心价值而展开，几亿元、几十亿元的广告费是对核心价值的演绎，尽管广告不停地变换，但变换的只是表现形式。

黄金法则之二：完成品牌核心价值提炼后，作为品牌战略管理者的一项最重要的工作就是规划品牌识别，使核心价值统率营销传播活动具有可操作性。

提炼个性鲜明、高度差异并对消费者极具感染力的品牌核心价值，意味着战略品牌管理迈出了成功的第一步。但仅有品牌核心价值，就会过于抽象和模棱两可，若想统率并整合企业的营销传播行为则缺乏可操作性，无法规范企业的营销传播活动。此外，一个品牌被消费者认同，也不可能仅仅依靠核心价值，还要有企业理念、技术形象、产品特点、品牌气质、亲和力等丰富的品牌联想。因此，完成品牌核心价值提炼后，作为品牌战略管理者的一项最重要的工作就是规划以品牌核心价值为中心的品牌识别。

品牌识别指通过对产品、企业、人、符号等营销传播活动具体如何体现核心价值进行界定，从而产生区别于竞争者的品牌联想。品牌识别体现了品牌战略管理者期望发展的品牌联想及品牌代表的方向，界定了品牌要如何进行调整与提升。品牌识别有效传达给消费者后就形成了实态的品牌联想。一个强势品牌必然有鲜明、丰富的品牌识别。

科学完整地规划品牌识别后，核心价值就能有效落地，并与日常的营销传播活动（价值活动）有效对接，使企业的营销传播活动有了标准与方向。品牌识别担当全面统率与指导品牌建设的职责，除了众所周知的产品、企业、符号等识别外，责任、成长性、地位、品牌与消费者的关系等都能成为打造品牌竞争力的识别内容。金娃凭借非凡的社会营销理念与责任感打造品牌的感染力与崇高性；锐步为第三世界的制鞋工人提供劳动安全保护与福利而获得公众的尊重；雅芳以"女性的朋友"作为自己与消费者的关系而倍受女性拥戴。

黄金法则之三：用以核心价值为中心的品牌识别系统去统率企业的一切营销传播活动，让每一分营销传播费用都为品牌做加法，从而大大降低营销成本。

提炼规划好以核心价值为中心的识别系统后，就要以品牌识别去统率企业的一切营销传播活动。由于广告传播对品牌的推动作用十分明显，不少人误以为只要广告栩栩如生、贴切到位地传达出品牌的核心价值，品牌核心价值就能水道渠成地刻在消费者脑海里，从而建立起丰厚的品牌资产。

品牌核心价值是品牌向消费者承诺的功能性、情感性及自我表现型利益，如果仅仅在传播上得到体现，营销策略如产品功能、包装、分销未能有效体现品牌核心价值或若背道而驰，消费者就会一头雾水，头脑中无法建立起清晰的品牌形象乃至根本不信任品牌核心价值。我们不难发现，宝马并不像奔驰的外观那样庄重、威严，相反宝马车的造型看上去都十分轻盈而富于灵性，那是宝马的品牌管理者十分睿智地把"驾驶的乐趣、潇洒、激情、活力"的品牌核心价值贯穿到产品的工业设计中的结果。可见，利用产品功能、包装与外观、零售终端分销策略、广告传播等所有向消费者传达品牌信息的机会都要体现出品牌核心价值，即用品牌核心价值统率企业的一切营销传播活动，才能使消费者深深记住并由衷地认同品牌核心价值。

企业不折不扣地在任何一次营销活广告中体现、演绎核心价值，即从原料采购、产品研发、包装设计、电视报纸电台广告、海报挂旗等 POP 广告、促销品、新闻炒作、软文宣传、通路策略、终端生动化、街头促销到售后服务，甚至每一次接受媒体采访、与客户沟通等任何与公众、消费者沟通的机会，企业都要演绎出品牌的核心价值。从而使消费者每一次接触品牌时都能感受到核心价值的信息，这就意味着每一分的营销广告费都在加深消费者头脑中对核心价值记忆与认同，都在为品牌做加法。

黄金法则之四：深度沟通——把核心价值刻在消费者的心灵深处。

以前中国市场的竞争是轻量级的。企业若敢于投放广告将知名度轰抬上去，品牌就具有了初步的可信度与安全感，就能把竞争品牌打压下去。竞争稍微激烈一点的市场，也停留在以广告为主来演绎核心价值，由于广告无法给予消费者真正体验核心价值的机会，所以消费者对核心价值记忆不深或缺少内心的由衷认同也就很自然了。但当时大家都没有用个性鲜明的核心价值去打动消费者，或消费者对各品牌的核心价值记忆不深刻、没有由衷的认同，所以只要广告能够肤浅地演绎核心价值也照样能超过竞争对手，往往也可以实现几十亿元销售额和上亿元利润。于是，不少企业便陶醉在这种成功中，并仍然沿袭造就这些辉煌的经验，这意味着问题不会太遥远。靠广告为主的浅层沟通就能创造名牌并大获其利的时代即将成为过去。

随着竞争的加剧，能否把个性鲜明的核心价值刻在消费者内心深处是胜败的关键，即"心战为上，兵战为下"。在中国不少品牌已通过广告完成了品牌初级资产建设（如品牌知名度很高）的今天，要把创造更深度的沟通、让消费者真真切切地体验核心价值和抢占消费者心智作为品牌建设的重中之重。

无数持续强势大品牌的成功案例表明，要让消费者刻骨铭心地记住核心价值并发自肺腑地认同，必须通过深度沟通让消费者真切地感受品牌的核心价值。伊卡璐为进一步获取更大的市场份额，宣传战略除有大量的广告支持外，还将创造性地定期邀请世界级的美发师来中国做巡回表演，将国际新的美发潮流带到中国。在上海及北京的主要商场，伊卡璐将设立流动的美发屋，为消费者提供免费的染发服务。这些美发屋在商场一般停留两至三周。伊卡璐将以自己拥有的染发、美发护发等系列产品，为中国消费者提供前所未有的专业服务，从而使消费者真切地感受到伊卡璐的价值观与承诺，而不是单纯通过电视画面描述来吸引消费者。

黄金法则之五：优选品牌化战略与品牌架构。

品牌战略管理很重要的一项工作是规划科学合理的品牌化战略与品牌架构。在单一产品的格局下，营销传播活动都是围绕提升同一个品牌的资产而进行的，而产品种类增加后，就面临着很多难题，究竟是进行品牌延伸呢，还是采用一个新品牌？若新产品采用新品牌，那么原有品牌与新品牌之间的关系如何协调，企业总品牌与各产品品牌之间的关系又该如何协调？品牌化战略与品牌架构优选战略就是要解决这些问题。

这是理论上非常复杂、实际操作过程中又具有很大难度的课题。同时对大企业而言，有关品牌化战略与品牌架构的一项小小决策都会在标的达到几亿元乃至上百亿元的企业经营的每一环节中以乘数效应的形式加以放大，从而对企业效益产生难以估量的影响。品牌化战略与高水平的品牌架构决策，让企业多赢利几千万元、上亿元是很平常的事情，而低水平的决策导致企业损失几千万元、上亿元也是常有的事。如雀巢灵活地运用联合品牌战略，既有地利用了雀巢这一可以信赖的总品牌获得消费者的初步信任，又用"宝路、美禄、美极"等品牌来张扬产品个性，节省了不少广告费；雀巢曾大力推广矿物质水的独立品牌"飘蓝"，但发现"飘蓝"推广起来很吃力、成本居高不下，再加上矿物质水仅用"雀巢"这个品牌消费者也能接受，于是就果断地砍掉"飘蓝"，如果不科学地分析市场与消费者，也许几千万元、上亿元的费用就白白地流走了。

黄金法则之六：进行理性的品牌延伸扩张，充分利用品牌资源获取更大的利润。

创建长久强势大品牌的最终目的是持续获取较好的销售与利润。由于无形资产的重复利用是不需要成本的，只要用科学的态度与高超的智慧来规划品牌延伸战略，就能通过理性的品牌延伸与扩张充分利用品牌资源这一无形资产，实现企业的跨越式发展。因此，品牌战略管理的重要内容之一就是对品牌延伸的下述各个环节进行科学和前瞻性规划：

（1）提炼具有包容力的品牌核心价值，预设品牌延伸的"管线"。

（2）如何抓住时机进行品牌延伸扩张。

（3）如何有效回避品牌延伸的风险。

（4）延伸产品如何强化品牌的核心价值与主要联想并提升品牌资产。

（5）品牌延伸中如何成功推广新产品。

黄金法则之七：科学地管理各项品牌资产，累积丰厚的品牌资产。

创建具有鲜明的核心价值与个性、丰富的品牌联想、高品牌知名度、高溢价能力、高品牌忠诚度和高价值感的强势大品牌，累积丰厚的品牌资产。

（1）要完整理解品牌资产的构成，透彻理解品牌资产各项指标如知名度、品质认可度、品牌联想、溢价能力、品牌忠诚度的内涵及相互之间的关系。在此基础上，结合企业的实际，制定品牌建设所要达到的品牌资产目标，使企业的品牌创建工作有一个明确的方向，做到有的放矢并减少不必要的浪费。

（2）在品牌宪法的原则下，围绕品牌资产目标，创造性地策划用低成本提升品牌资产的营销传播策略。

（3）要不断检验品牌资产提升目标的完成情况，调整下一步品牌资产建设的目标与策略。

答案

引导案例：

1. 宝马的品牌管理从企业高层贯彻到了企业基层，正如其董事长赫尔穆特·庞克所说："真正的品牌管理需要理解一个品牌就是一个承诺，无论何时何地必须遵守。如果有些事情与它相悖，必须确保这些事情不会发生。"同时，宝马的品牌宣传活动与其品牌内涵保持了高度的一致性，放大了品牌宣传的效果。

2. 品牌管理必须具备来自公司上层的支持，将品牌放在战略的位置加以考虑。企业要在品牌塑造过程中给予充分的支持，为品牌塑造创造条件。品牌塑造是一个连续的过程，必须经过持之以恒的努力。

第七章

品牌文化陷阱：防范与借鉴

学习目标
★★★★

知识要求 通过本章的学习，掌握：

● 不同文化差异下的品牌管理
● 文化整合的方法与类型
● 跨文化条件下的品牌文化整合
● 企业兼并中的品牌文化管理
● 社会价值观对品牌文化的影响
● 跨文化管理中的品牌再造

技能要求 通过本章的学习，能够：

● 学会不同文化中的品牌管理方法
● 正确认识不同文化类型对品牌的影响
● 学会跨文化条件下的品牌管理方法
● 学会差异文化中的品牌再造方法
● 正确对待兼并中出现的文化问题

学习指导
★★★★

1. 本章内容包括：跨文化条件下的品牌文化管理，企业兼并重组中的文化问题处理，品牌文化的重新整合与提升。

2. 学习方法：独立思考，掌握跨文化条件和企业兼并中出现的不同文化问题的差异；分析不同文化背景下的品牌文化管理方式；能够理解品牌文化塑造过程中的陷阱问题并注意避免。

3. 建议学时：8 学时。

引导案例

保洁沙宣的中国品牌之路

宝洁（中国）有限公司在1997年9月推出的沙宣品牌试销售活动获得成功之后，决定于1998年7月在北京开展一系列活动，以便将这一著名品牌推向全国。爱德曼国际公关公司接受宝洁（中国）有限公司委托，负责宝洁（中国）有限公司沙宣品牌全国推广的公关宣传活动。

爱德曼公关公司在通过对沙宣品牌的调查研究之后与宝洁（中国）有限公司共同商议决定：1998年7月举行的推广活动宗旨是举办一系列发型展示会，唤起众多目标群体的注意。这些群体包括专业发型师、零售商、政府权威部门（中国美容美发协会）、媒体以及消费者。此次活动的目标是确立"沙宣美发学院"在世界美发、护发界的专家地位，使之成为中国美发界的可信赖权威；唤起目标群体的激情并激发其尝试沙宣产品的兴趣。

为了让记者深入了解沙宣美发机构及宝洁（中国）有限公司，爱德曼公关邀请、组织并安排了60多家新闻单位对沙宣伉俪、其他沙宣发型师乃至宝洁公司的主管人士均进行了独家或集体采访。

在这项活动中，摄像与摄影起着关键作用，直接关系到对沙宣发型表演及新产品的报道。爱德曼公关公司于7月14日这一天与摄像人员一起利用一个通宵的时间，编辑资料带及照片，以便在次日活动时发送给媒体。

爱德曼公关代表沙宣夫妇及宝洁（中国）有限公司邀请了北京的社会名流、演艺界人士、有关政府官员及中国美容美发协会主管人员总计350多位人士出席了晚宴及发型表演。此次晚宴的影响极大，使沙宣品牌通过沙宣夫妇的明星效应得以在整个社会及有关群体中广泛传播。

为向广大中国发型师传授沙宣的专业美发技巧，爱德曼公关专门邀请到沙宣专业发型师为400多名中国发型师做了一场发型展示，其中包括现场剪发、染发等专业性极强的技术指导，反响非常好，为沙宣品牌在中国美发业内的传播、发展奠定了坚实的基础。

此次从5月延续至8月的沙宣品牌推广活动的效果及媒体的反应异常出色。截至1998年8月31日，各电视节目的总播放时间超过4小时，播放单位达33家；来自文字刊物的报道达140余篇。此外，中国国际航空公司还指定此次活动的沙宣发型展示为国内外航班娱乐录像节目，在共计3000余次的国内外班次上播放。

资料来源：http://www.chinapr.com.cn/。

🔄 **思考题：**

1. 宝洁沙宣是如何进行异域推广的？

2. 通过分析保洁沙宣的做法，你觉得在中国品牌进行国外推广时应注意些什么？

第一节　跨文化条件下的品牌管理

一、认识并协调文化差异

在当今时代背景下，对企业而言，最突出的文化差异莫过于东西方文化的差异，而两者截然不同的文化类型也对品牌的跨文化经营提出了新的挑战。

问题1：东西方文化有哪些主要差异？

中西文化差异若用现代哲学"对立统一"规律来概括，中国人重"内"，西方人崇"外"。中国人喜欢从动态中观察分析事物，西方人习惯从静态中观察分析事物。中国人善于把握整体，注重平衡，习惯从整体中看个体；西方人喜欢化整为零，注重分析，习惯从个体中看整体。中国文化崇尚斗智，因而棋术十分高明；西方文化崇尚斗勇，故而体育甚为突出。

中国文化重现世，尚事功，学以致用；西方文化重思辨，尚超越，学以致知。这种差异早在世界历史的"轴心时代"就初现端倪，从中西文化的两位圣人——孔子和苏格拉底得到了充分的表现。中国传统文化精神为"协调的现实精神"，其基本特点是以现世性的人伦关系为核心，通过协调性的伦理意识来实现义化和社会的自我肯定；西方传统文化精神则是"超越的浪漫精神"，其基本特点是以彼岸性的神人关系为目的，通过超越性的宗教意识来实现文化和社会的自我否定。

中西文化有相通之处。比如，西方人奉行实用主义；中国人讲求实事求是、一切从实际出发。但是，中西文化，因为地理的差异，也在很大程度上存在不同。在美国，个人主义形象在社会的各种生活中表现得非常强烈鲜明；而在中国，家庭观念的责任感才会体现出这样的强烈与鲜明。这些文化差异都使得在东西方的品牌推广过程中要采用不同的品牌文化策略，企业在进行跨文化经营的过程当中应当尤其注意。

1. 饮食文化差异

由于中西哲学思想不同，西方的饮食重科学，讲求营养，以营养为最高准则，进食有如为一生物的机器添加燃料，特别讲求食物的营养成分，蛋白质、脂肪、碳水化合物、维生素及各类无机元素的含量是否搭配合宜，卡路里的供给是否恰到好处，以及这些营养成分是否能被进食者充分吸收，有无其他副作用。这些是烹调中的大学问，而菜肴的色、香、味如何则是次一等的要求。西方首屈一指的饮食大国——法国，其饮食文化虽然在很多方面与我国近似，但一旦接触到营养问题，双方便拉开了距离。

中国五味调和的烹调术旨在追求美味，其加工过程中的油炸和长时间的文火，都会使菜肴的营养成分被破坏，谈到营养问题也就触及中国饮食的最大弱点。尽管我们讲究食疗、食补、食养，重视以饮食来养生强身，但我们的烹调术却以追求美味为第一要求，致使许多营养成分损失于加工过程中。

2. 家庭观念差异

中国人的家庭观念强，血缘关系、亲情伦理在脑中根深蒂固，父母、子女始终是一家人。哪怕子女成家立业，另设门户，和父母仍不分彼此，把赡养父母，侍奉父母，看做自己应尽的责任。美国人却不同，子女一到成年，就会离巢而飞，父母不再抚养他们；而子女一旦独立，对父母的事情，也不再理会，更不要说赡养父母或几代同堂了。

3. 思维方式的差异

中西文化最大的区别在于思维方式的不同。这种差异自西方黑格尔哲学体系形成以后愈趋明显，而不同的思维方式导致了不同的行为方式。

西方文化的思维模式注重逻辑和分析，而东方文化的思维模式则表现出直觉整体性，这一点也是中国传统文化思维的特征。由于这种传统文化的影响，中国人往往特别重视直觉，注重认识过程中的经验和感觉，在交往中也往往以这种经验和感觉去"以己度人"。与西方人的思维模式相比，中国人的这种思维模式具有明显的笼统性和模糊性，久而久之，会形成一种思维定式，可以解释为识别和简化对外界事物的分类感知过程。从本质上说，思维定式往往忽视个体事物的差别，夸大与其他某一社会群体相关的认知态度，常常带有感情色彩，并伴有固定的信条。在所有的定式中，有些定式是正确的，而有些则是错误的，会直接影响跨文化交际，造成交际失误。

而且，人们的交际能力是在社会化的过程中产生的，必然与价值观念联系在一起。每一种文化都有自己特有的价值体系，这套体系能够帮助人们区分美与丑、善良与邪恶，这就是人们的处世哲学、道德标准和行为规范。但是它不能脱离具体的文化而存在，每一种文化的判断标准是不同的，这种文化认为是好的，另一种文化可能认为不好，但是它们在自己的文化体系内都有其存在的合理性，绝不可以理解为一种价值标准先进，而另一种价值标准落后。以中西文化为例，在中国文化中，人们推崇谦虚知礼，追求随遇而安，不喜欢争强好胜，同时社会风气也往往封杀过于突出的个人，正所谓"行高于众，人必非之"。在中国文化中，集体取向占据主导地位，追求个人发展被视为一种严重的个人主义，必然会受到谴责。而西方文化则非常崇尚个人主义，"随遇而安"被看做是缺乏进取精神的表现，是懒惰、无能的同义语，为社会和个人所不取。人本位的思想根植于他们心中，人们崇尚独立思考，独立判断，依靠自己的能力去实现个人利益，并且认为个人利益至高无上。

关键术语：文化差异。

霍夫斯坦特对文化下了这样一个定义：所谓"文化"，是在同一个环境中的人们所具有的"共同的心理程序"。因此，文化不是一种个体特征，而是具有相同社会经验、受过相同教育的许多人所共有的心理程序。不同的群体、不同的国家或地区的人们，这种共有的心理程序会有所差异，这是因为他们受到不同的教育、处于不同的社会，并从事不同的工作，从而也就有不同的心理程序。

二、文化整合与文化类型

在解决跨文化管理中的企业、社会组织的沟通、发展，以及进行文化整合之前，首先要分清成功的品牌文化有哪些类型。

问题 2：基本品牌文化类型有哪些？

1. 类别型品牌文化

类别品牌是能够成为某个产品类别代名词的品牌，也是理性价值发挥到了极致的品牌。由于在功能属性方面的联想是如此强烈甚至达到了排他性的程度，在消费者的脑海中这个品牌就变成了整个品类的化身，类别品牌最明显的特点是品牌和品类之间具有高度甚至独占性关联，消费者不仅在提到这个品牌的时候能够准确地指出其所代表的品类，而且在提到品类的时候也会首先想到这个品牌甚至是只想到这个品牌。施乐就是类别品牌的典型例子，由于施乐已经成为复印机的代名词，所以很多美国人在复印的时候会说"我如何 Xerox？"即使他当时是站在理光、富士或者夏普品牌的复印机跟前。除此之外，联邦快递是隔夜快递的代名词，所以美国人常说"请帮我把这份文件 FedEx 到华盛顿去"。思高是透明胶带的代名词，所以美国人也说"我把这两个纸盒子Scotch在了一起"。

从施乐、联邦快递和思高的案例中，我们可以发现类别品牌不仅是作为代名词使用甚至是作为动词使用，名动词的特点显示了品牌在消费者心目中已经和产品类别融为一体而无法区分，消费者会不自觉地把品牌当做整个品类。

类别品牌的优势在于：基于极高的知名度特别是与品类的独占相关性，消费者在需求唤起时能够想到的必然是这些代名词品牌（有些类别品牌甚至在名称上就直接体现了能够向消费者提供使用价值，如Post-it、Walkman）；同时成为品类代名词的事实暗示着高品质和可信度，消费者在最终购买决策时肯定会偏向这些品牌，而且会乐于支付超过竞争品牌的溢价；除此之外，也容易形成顾客对品牌的依赖心理，从而造就品牌忠诚。一般而言，除非品类本身受到替代的威胁，否则类别品牌将持续保持领导地位（强烈的类别联想使得品牌和品类"一损俱损一荣俱荣"）。BCG的一项针对类别领导品牌的研究表明：从1923年至今，25个类别品牌中的22个80年来一直稳居行业第一的地位，只有3个因运作不善而丧失先前的领导地位。

但是类别品牌也同样存在着某些潜在的缺陷和风险：

第一个问题是丧失品牌权利，尽管成为品类代名词能够获致极大的品牌优势，但一旦品牌变成品类的通用名称，品牌就会成为"公共财产"不再受到保护，这意味着任何人都可以将其当成普通名词来使用（最后就变成字典中的单词），品牌不仅做不到区分性而且连专用权也会丧失殆尽。丧失品牌专属权利最有名的案例莫过于阿司匹林，Aspirin原本是德国拜耳公司发明的专利药，但由于品牌被塑造得太成功、太深入人心，结果导致了1921年被美国法院裁定Aspirin为乙酰水杨酸（化学名）的通称，不再是Bayer这款止痛药品的专有名称，尽管今天仍然能够买到Bayer出品的Aspirin，但Bayer唯一能做的就是在Bayer注册商标下加注一行小字以示为真正的阿司匹林。阿司匹林的惨痛遭遇并非绝无仅有，nylon、yoyo、Band-Aid等著名的类别品牌都因相同的原因被政府"剥夺政治权利终身"。近期"缴获归公"的主角则是索尼公司拥有的随身听品牌（这可是索尼公司赖以起家和成名的经典之作），2002年澳大利亚法院认定Walkman是随身音乐播放器的代名词，不能被Sony独享。

第二个问题是难以进行品牌延伸，强烈的品类联想是一柄"双刃剑"，既能令类别品牌在其势力范围内"笑傲江湖"，又会受功能属性联想的严格限制以至于很难进行成功的品牌延伸，真可谓"成也萧何败也萧何"。类别品牌进行延伸的困难在于两个方面：首先是既有的品牌资产会妨碍延伸行为，绝大多数情况下类别品牌的属性联想与新的品类环境很难有可信度和匹配性（除非新旧品类高度相似或相关），如作为牛仔装代名词的 Levis 在扩展正装时却由于顾客对延伸感到别扭而失败。其次是延伸行为会损害品牌资产，品牌延伸所产生的新联想可能会削弱以前占据优势的品类联想，如曾是纸巾代名词的 Scott 在延伸出 Scottowels、Scottissue、Scotties、Scottkins、Babyscot 等系列之后就丧失了原先的领导地位。施乐的经历最能说明类别品牌延伸的难度，施乐通过成功地开创全新的"复印机"产品类型在 20 世纪 60 年代晚期成为全球品牌。从 70 年代开始施乐决定将自己巨大的影响力扩展到更广的领域，野心勃勃的延伸计划由 1970 年成立的施乐研究中心拉开帷幕，施乐 PARC 开发了许多闻名遐迩的技术，从而加强了施乐技术革新者的形象，为延伸做好了坚实准备，但此后 20 年的延伸史不过是一连串的失败史。1975 年施乐开发了数据系统，结果损失了 8500 万美元；1979 年施乐又进入传真机领域，结果仍然是失败，同年，施乐寄予厚望的 XTEN、ETHERNET 办公网络又一次未能梦想成真；1981 年施乐推出的个人电脑还是一场不堪回首的"滑铁卢"，在付出几十亿美元的惨重代价之后，施乐这才深切体会到对类别品牌进行延伸的心酸和痛苦，最后不得不卖掉所有的非复印机产品，但此时的复印机市场已经不复当年，佳能和理光成功地打入核心市场并在技术上领先于施乐，施乐最后的结局只能是和富士合并。

2. 伙伴型品牌文化

伙伴品牌是能够成为消费者人生和生活一部分的品牌，也是感性价值发挥到了极致的品牌。由于在情绪感受方面的联想非常强烈，能够引发消费者的深深共鸣，消费者感到该品牌除了提供功能利益之外还带有某种更深的心理含义（超越产品本身而直接实现品牌与消费者的情感沟通）。这个品牌也不再代表功利性的一面而成为生活中不可或缺的"伴侣"，消费者和品牌彼此之间的感情能够成就更密切的相互关系，如迪斯尼的"童年的乐趣"、麦当劳的"家庭的温馨"等都是品牌伙伴关系的典范。

伙伴品牌和类别品牌的差别在于价值取向的基准是感性的还是理性的，类别品牌强调"接受某种独特的利益"，而伙伴品牌则强调"以某种独特的方式接受利益"；更深刻的差别是对品牌主权的理解不同，事实上品牌是企业和顾客共同拥有的资产（任何成功的品牌都是基于企业和顾客这两个层面创造出的强大且相互关联的价值），类别品牌是站在企业视角来强调品牌是企业的竞争优势，而伙伴品牌则是站在顾客视角强调品牌是顾客的美好体验，尽管很难区分哪种视角绝对正确，哪种视角绝对错误，但从机制层面来讲，只有顾客价值才能带来企业价值。维珍航空就是采取顾客视角的典范，维珍航空从来不理会"航空业的惯例和逻辑"，而是将所有的注意力投注于如何为顾客创造全过程的难忘体验，力求使最平凡的活动也充满创新、乐趣和戏剧性。维珍的"把戏"从接机的路上就开始了，乘客可以乘坐专人驾驶的摩托车或豪华轿车去机场，甚至可以不用下车而直接从特别窗口登机；在候机室中乘客可以去图书馆和游戏室，同时品尝免费的饮料和小吃；甚至可以安排按摩师和美容师，从而享受放松和小憩。在飞行过程中维珍同样是花样百出、令人叫绝，维珍取消了通常会"标配"的头等舱，而是将商务舱改造得远远超过其他航空公司，安装了大规格的睡椅，设置了儿童安全带，提供了独立的录像屏幕，创造性和高品质的空中服务不仅巩固了维珍本身的商务旅客，还将竞争对手的头等舱和经济舱旅客都吸引过来。维珍的体验在飞机着陆时仍未结束，降落后的乘客可以到维珍会所去享受桑拿、游泳和健身以消除时差和缓解疲劳，维珍甚至会为某些特殊的客人准备手工缝制的衬衫。

从长期来看，伙伴品牌比类别品牌更具前景首先是差异化的难度，在技术进步和扩散的今天，任何基于功能属性的差异都不可能持久，竞争对手在很短的时间内就能迅速地模仿甚至反超，即便是持续的技术创新，亦即所谓的"移动技术标靶"的策略也无法抵御市场趋势变化以及品牌延伸压力等因素的影响，摩托罗拉这个手机行业的开创者和技术领导者的衰落充分说明了产品优势的不可靠性。其次是消费者心理需求，消费者并不是经济学家所谓的"理性人"，其需求结构事实上是多样化的，除了功能性利益之外还需要心理上的满足，而且发展趋势是消费者越来越重视精神性、情感性、体验性的心理效益。而恰恰是伙伴品牌认为狭隘的功能属性并非品牌的本质所在，所激发的回忆、感受和情绪才是品牌的本质所在，只有带给消费者审美、希望、关系、尊重、爱的心情、气氛和体验，才能真正地实现顾客满意和品牌忠诚。最后是挑战品类联想，我们知道在一个产品背景中通常只能容纳一个类别品牌（这是由品类联想的排他性决定的），要想在这个已有品类代名词的产品背景中成为领导品牌，就必须用情感联想去挑战竞争者的品类联想，必须超越产品去发展感官体验和思想认同，为消费者"制造"值得回忆的深切感受，从而为品牌找到全新独特的存在空间和存在价值，百事可乐挑战可口可乐正是依据此思路。

3. 图腾型品牌文化

图腾品牌是能够激发消费者信仰和追求的品牌，也是自我表达性价值发挥到了极致的品牌。由于在个性方面的联想十分鲜明和突出，这种品牌能够带给消费者在形象上强烈的自我归属感，消费者认为这种品牌不仅仅有使用价值，也不仅仅是生活中的伙伴，更重要的是能够表达他的个人主张以及展现个人形象。如果说类别品牌给予消费者的是"可靠"，伙伴品牌给予消费者的是"和谐"，那么图腾品牌给予消费者的则是"渴望"，由于在现实社会中普通人很难在社会交流中进行符合心意的自我表达和自我展示，而图腾品牌则能够提供与消费者共同拥有的价值体系和实现规则，所以能够激起消费者对品牌狂热的追求，获得他们发自内心的尊崇和仰慕，哈雷戴维森就是图腾品牌的很好示范，哈雷粉丝将公司图标作为自己的文身，哈雷机车的缺点在他们眼中恰恰也都是"平庸之辈"无法了解的独到特色。

尽管图腾品牌与伙伴品牌同样都着眼于消费者的心理性需要而非物理性需要，但两者的侧重点却大相径庭，绝不可混为一谈：伙伴品牌侧重于"品牌关心我"，亦即消费者和品牌发生接触时所产生的亲密感觉、体会和情绪；而图腾品牌则侧重于"品牌代表我"，亦即消费者通过消费行为来传递和表达某种意义，从而获得身份象征和族群归属。更深层次的差别在于伙伴品牌意味着"品牌是消费者生活的一部分"；而图腾品牌则意味着"消费者是品牌组成的一部分"。随着消费水平的提高以及可选择性的增强，消费者内心深处的"自我意识"变得越来越强，"品牌是否令我与众不同"这个问题成为购买决策中越来越重要的考虑因素，消费者已不再仅仅追求使用价值甚至体验价值也无法完全满足其需要，消费者要求的是个性价值，要求品牌能够完美地定义自己并能够带来归属和归宿。正是响应这种需要，图腾品牌通过定义"个人形象的心理投影"（即消费者心目中所希望的自我），并将心理投影外部化，使其成为一种易于实现的身份代码和行为准则。消费者可以通过品牌选择来表明自己的独特身份以及认同这种价值行为准则，并乐于和其他同族消费者一同扮演积极的角色，将自己以及整个群体作为品牌本身不可或缺的一部分，达到"品牌是人，人是品牌"的无上境界。此时不仅品牌能够具备人格化的鲜活"生命"，帮助消费者找到心灵的寄托和信仰的皈依，而且消费者也能够与之"同呼吸共悲欢"，愿意将自己作为品牌的代征和意义。如遍布世界 115 个国家的 66 万哈雷粉丝每年都争先恐后地自掏腰包成为 HOG 的会员，以体验摩托飞驰之梦，并享受"摩托家庭成员的快乐"。

创建图腾品牌的难度是三种品牌文化类型中最大的，然而一旦获得成功则会拥有不可抵挡的优势：首先是竞争壁垒，作为消费者身份、个性、地位和品位的象征，竞争对手要想成功地进行模仿和复制将会困难重重、代价高昂，而且复制品永远是二等品，甚至是等外品，这就为抵御竞争者挑战设置了一道"绝缘"性的壁垒。其次是高额溢价，由于代表着内心层面的归属和信仰，消费者会因拥有品牌而感到无比荣耀，会因不能拥有而痛心疾首，在这种强大的驱力面前，价格的高低几乎是微不足道、无足轻重的，竞争品牌想用低价来争夺顾客也是行不通的，所以图腾品牌有机会去创造足够的溢价空间。最后是跨界延伸，图腾品牌主要是一种价值观的象征，因此可以在很多甚至是毫不相关的品类中发挥作用，其品牌延伸最能摆脱原始品类属性联想的制约，如哈雷戴维森延伸出了一系列的服装、鞋帽、打火机、饰品、家私、收藏品甚至还有香水。

活动1：分析品牌文化类型。

为了顺利掌握三种品牌文化类型，学员可选择世界500强企业中的5个，分析其品牌文化塑造类型，试回答这些品牌类型策略起到何种效果。

三、提升跨文化能力

问题3：为什么要提升跨文化能力？

跨文化的能力不仅对友好的人际关系相当重要，对专业人员、经理或技术人员的成功也同样重要。在经济全球化的发展趋势下，有效的跨文化关系对改进工作表现和提高生产力具有重要意义。在21世纪，涉外企事业单位为了生存和发展，个人和单位必须把文化的敏感性和技巧结合在各种关系中，并应用在战略和组织结构中。因而，企事业单位的各级领导和跨国公司的经理需要具备跨文化交往和跨文化管理的知识和驾驭文化差异的能力。掌握跨文化交往和管理这项工作的领导艺术，不但可以克服因文化差异而给交流和管理带来的障碍，而且可以把文化差异作为企业进行品牌推广的宝贵资源。

在文化价值观方面，不存在好或坏、符合或不符合逻辑的问题，正如人们不能争论品位的好坏一样。英国人、美国人和中国人，都认为自己是理性且正常的人。跨文化的训练则使人们把别人也看做正常的人，无非是换个角度考虑问题罢了。在这一部分中还讨论了语言和思维之间的内部关系，这是一个颇有意思的话题。

世界文化从历史地域形成上可分为西方（古希腊）、东方（古代中国）、伊斯兰（古印度）三大文化。从活动类型上划分，世界文化可分为三大类：

（1）单线活动型（Linear-actives）：指那些用直线的方式制订计划、安排日程、组织工作、进行活动，在一段时间内只做一件事情的人，德国人和瑞士人属于这类人。

（2）多线活动型（Muliti-actives）：指那些活泼、爱说话的人。他们在同一段时间内做许多事情。他们不是根据时间表，而是根据每件事情的情绪或重要性来安排先后顺序。意大利人、拉丁美洲人和阿拉伯人属于这类人。

（3）反应型（Reactives）：这种文化会优先考虑礼貌和礼节，静静地倾听对方的发言，并对不同的建议审慎地做出反应。中国人、日本人和芬兰人属于这类人。

上述三类人是以不同的方式获取信息的：单线活动型主要依靠数据；多线活动型主要依靠面对面的交流和对话；反应型综合使用上述两种方法。

语言是我们功能性活动的一个重要部分，是人们在会议和谈判中所使用的不同交流模式。倾听的习惯对于交流也是非常重要的。经过对这些问题的讨论我们会谈到销售、市场和广告等多个问题。肢体语言能够表达人们 80% 以上的信息，了解各国或地区的具体情况和人们的行为的方式，就可以从一定程度上解决跨文化经营过程中的品牌管理问题。

四、不同文化可能导致的理解歧义

在不同的文化背景中，人们往往对于同样的事情有着不同甚至完全相反的理解，因此，企业在进行品牌推广的过程中要特别注意不同文化可能造成的理解歧义，避免出现由于对特定文化不熟悉而造成的损失。

问题 4：文化差异是怎样造成理解差异的？

尽管在大多数文化中人们认为自己是讲道德的，但各自的道德标准却截然不同。如果日本人毁约，美国人会认为日本人不讲道德。日本人则会说，情况已经发生了变化，美国人还坚持合同上的条款，这是不道德的。意大利人对什么是道德、什么是不道德有着非常灵活的看法。这有时会使得北欧人怀疑意大利人的诚实性。当意大利人不执行规定或者"绕开"一些法律或规定时，他们认为自己不像瑞士人那样拘泥，而是在实际做法上更接近现实。他们不认为自己腐败或不道德，也不承认自己违法。在意大利人生活中有许多灰色区域，在这些区域，走"捷径"是采取行动的唯一聪明的办法。

对于"常识"一词必须要仔细看待，因为它并不像看上去那样"普通"。英国字典上把它定义为：人们从经验中而不是从研究中获得的判断。美国的字典上的定义是：正确且质朴的判断。学者们不喜欢"常识"，因为他们苦心钻研数日之久却发现只要利用常识也可以得出同样的结论。但是我们不应认为，常识这种简单而现成的智慧能弥补不同民族间的文化差异。虽然常识是合理且简单的，但它不是中性的。它来自经验，而经验又受到文化的制约。在德国或瑞典，在公共汽车站有秩序地排队等车是常识。

在世界绝大部分地区，特别是在使用英语的国家里，瑞典人似乎普遍受到欢迎。他们有着清晰的形象：诚实、有爱心、见识广博、有效率的辛勤工作者、产品质量好、按时交货、衣着讲究举止端庄、对服饰有品位、金发碧眼。

他们的英语语法正确，发音干净清楚；他们的行为举止无可挑剔，并且在见面开始的 15 分钟谈吐非常得体。

然而，人们会很惊奇地发现他们在北欧并不受欢迎，常常遭到讥笑，有时甚至遭到轻视。然而没有一个瑞典的邻国——丹麦、挪威、芬兰——有无事生非的恶名，这一事实使得他们对瑞典人的反感越发出乎意料。瑞典人怎么了？

这个问题也是瑞典人自己在过去几十年中一直试图找到答案的问题。按统计数字上来讲，瑞典人没有不良之处。极好的医疗保健已产生了世界上最老的人口（全国 18.1% 的人已过 65 岁），平均寿命仅次于日本人（日本 79 岁，瑞典 78 岁）。婴儿死亡率在世界倒数第 4 位。在 45 万平方公里的面积上生活着 860 万人口，人口密度是每平方公里 19 人，非常适中。尽管在世界上，瑞典的领土面积排在第 54 位，但其国内生产总值排名第 18 位，且以每年 25487 美元的人均国内生产总值排名世界第 5 位。

富裕还体现在生活水平上——瑞典人是世界上电话拥有量最多的国家，拥有洗碗机量居第 5 位，拥有微波炉量居第 6 位，电冰箱和录像机拥有量居第 7 位，汽车拥有量居第 10 位。由于 99% 的人口有阅读书写能力，在 1990 年至 1991 年间，瑞典以劳动力占总人口 69.3% 的百分比位列世界第 2 位（排在津巴布韦之后）。瑞典的外债很低，对外援助却很高——在双边援助支出中位列世界第 9 位（双边捐款占 GNP 的百分比是世界第 4 位）。瑞典的工业产值占有显要位置（世界第 14 位），在世界贸易方面则排在第 15 位。鉴于瑞典没有任何雇佣廉价劳工的工厂，对于这个人口不到 900 万的国家，这些数据确实不简单。

由于人口增长缓慢且拥有丰富的土地、矿物和能源资源，瑞典似乎没有物质方面的问题。对于联合国人力发展指数，瑞典也名列前茅。就人类发展指数而言，综合诸如人均 GDP、人均寿命、成人识字率、受教育年限、购买力等因素，瑞典排在日本、加拿大、挪威和瑞士之后，名列第 5 位。

瑞典显然是个运转良好的国家，因为上面引用的令人羡慕的数据清楚地显示了这一点。为什么瑞典人和他们的邻居有摩擦呢？首先，他们是邻居。挪威、丹麦和芬兰，在瑞典这个福利国的光辉下，就不那么引人注目了，虽然他们有着相似的创新发明，他们对瑞典的讽刺可能来自各种各样的历史因素：丹麦曾经长时期在这个地区扮演着重要角色；瑞典人曾经多次围攻哥本哈根；瑞典统治芬兰 600 年；瑞典和挪威组成了一个不愉快的联盟，直到 1905 年为止；挪威、丹麦和芬兰在第二次世界大战中都遭到打击，瑞典却没有。从 1945 年至 1960 年，挪威和丹麦下滑至一个增长缓慢的战后重建阶段，而芬兰不得不向俄罗斯支付巨大的战争补偿（1945~1952 年），从而严重阻碍了发展；瑞典工业却经历了一段繁荣时期。许多瑞典的大跨国公司——Volovo、Saab、

Electiolux、SKF、AxeI Johilson 等（瑞典的钢被公认为是世界最好的）在那段时期都繁荣发展起来。一国的繁荣常常引起"邻居"的妒忌，特别是在繁荣伴随着一定自满的时候。在北欧地区，瑞典人那时被视为"巨大、一心想要出口、金融实力雄厚却令人恼怒的自命不凡之人"。

这样一个简单的例子可以告诉我们，在不同的文化背景下一个同样的事物在不同人的眼中是多么不同，而这样的差异已经足够引起企业经营者的注意了。

五、了解不同习俗与社会价值观

阅读材料

不同习俗与社会价值观举例

一、瑞典

瑞典人认为他们的开价是公平的；在其他方面他们可能显得不灵活，因为他们深信由集体一致意见所做的决定；他们觉得个人做出改变很难，因为这与集体的意见一致不协调；他们是好的倾听者，会很同情你的观点；如果他们想要接待你，这需要时间来安排；他们不像你那样以利润为重；除了他们"爱心"性格之外，他们比人们所想的愿意做更多的买卖；只要牵涉技术质量，他们就会实用主义起来。他们的优点，就是卖的都是高品质、高品位并且及时发货的产品；当买的时候，他们也重视质量，不是太考虑价格；如果是他们任务的一部分，那么他们会大方地款待你。

他们不重视"工作"午餐吃什么，会在吃饭的时候讨论细节问题。法国人和西班牙人受不了这一点。他们会没完没了地讨论技术细节，但客套寒暄不会超过15分钟。他们很善于讲笑话和奇闻趣事。宴会上他们祝酒很正式，希望发表讲话要排在宴会中间或之后。他们发表讲话很随便，只用"Du（你）"一种形式。在瑞典，沉默并不一定是消极的。他们深思熟虑并且相当内向。他们不是"身体接触型"的文化，因此不要靠得太近。在商务会议期间，他们很少用肢体语言和面部表情，尽管他们比德国人和芬兰人笑得要多些。讨论时，他们保持平静和礼貌，而且并不知道如何处理无礼或者拉丁人的热情。他们等级观念不强，平等地与重要贵宾谈话。法国人、德国人、南美洲人和亚洲人并不总是对这种人人平等的方式反应良好。

他们从不骄傲自大，不使用暴力，即使是他们处于上风。最好的办法就是顺从他们长时间、普遍咨询的需要，并清楚表明你的耐心和理解，再加上坚定和诚实。

二、丹麦

丹麦人是一个推销自己的好手，而且还能让顾客满意。丹麦的面积仅为4万多平方公里（比拉脱维亚或立陶宛要小，它在三个北欧邻国面前是个小矮人），人口也只有500万左右，但是它在世界经济排行榜上位列第25位（远远超过挪威、芬兰、沙特阿拉伯、中国香港、南非、伊朗、波兰等其他国家或地区）。丹麦与韩国、新加坡和中国台湾相似，都是些经济奇迹。比它的GDP更令人印象深刻的是它的高质量工农业产品。丹麦产品不便宜，但总有人愿意掏钱买。有形出口通常超过有形进口。

丹麦人的灵活、忍耐和商业上的精明是他们的三个显著特点。丹麦人大多是路德教徒，他们的许多价值观跟北欧邻国一样，属于新教的价值观。诚实、清洁、工作伦理、平等主义、社会公正、妇女的平等权以及干净的公共场所是丹麦人生活的基础。但有些方面，丹麦人与其他北欧人不太一样。他们常常被当做北欧的拉丁人，因为他们比瑞典人、挪威人或芬兰人更容易与外国人交流、相处，而且他们显得更"国际化"一些。跟瑞典人一样，丹麦人也必须在与同事商量之后再做决定，但丹麦人做得更干净利落，而且决定一旦做出立即付诸行动。在必要的讨论之后，丹麦人就希望自主和独立。他们相信自己善于做决定，带着芬兰式风格，讲究实用主义且目标明确。

丹麦人经常讽刺人和挖苦人。因为他们信仰完全的平等主义，所以喜欢用尖锐的、坦率的、聪明的讽刺。任何形式的自夸或者冷淡都会受到不留情面的攻击，不会比澳大利亚人逊色。丹麦人喜欢列出他们的"十诫"：你不应该认为你是重要人物；你不应该将自己等同于我们；你不应该认为你比我们更聪明；你不应该认为你比我们更好；你不应该认为你比我们知道得更多；你不应该认为你比我们拥有更多；你不应该认为你有价值；你不应该嘲笑我们；你不应该认为人人都在乎你；你不应该认为你能教导我们。

资料来源：作者整理。

第二节　文化背景与品牌——和发达国家相比

一、社会价值观影响品牌文化

品牌是要存在于一定的社会文化背景之中的，特定的社会文化价值观会影响品牌文化的塑造与成长，企业在实施品牌文化策略的过程中必须分析品牌所在的社会文化背景。

问题 5：社会价值观的各个方面是如何影响品牌文化的？

1. 民族特色影响商品的消费

中华民族深沉含蓄，表现为服装风格严谨朴实，而西服之所以形成开口很大的基本造型与西方文化强调自由和个性解放密切相关。中国汉族过春节吃饺子、吃年糕、放鞭炮，元宵节吃元宵、耍龙灯，端午节吃粽子，中秋节吃月饼等；中国其他民族，如藏族的藏历年、傣族的泼水节、水族的端节、拉祜族的扩塔节、柯尔克孜族的诺劳孜节都相当于汉族的春节，都需要有富有民族特色的节日商品。欧美国家的圣诞节也有特殊的消费品，如圣诞树、圣诞糖果、蜡烛、火鸡等。不同民族的消费习俗都是由于各自民族传统文化所决定的，深入研究民族文化才能使厂商对市场做出正确判断和决策，塑造出适应不同民族特色的品牌文化来。

2. 不同地域的社会价值观对品牌的影响

地域文化的形成往往和当地的历史传统与文化传统密切相关，不同地域由于自然环境和社会环境的制约和影响，会形成不同的地域文化特征，必然对商品生产的取材、设计加工、款式造型、包装装潢以及商品的消费习惯产生深远影响，形成具有浓厚地域文化特色的品牌文化。中东地区气候炎热，容易出汗，人们喜欢用气味浓烈的香水；该地区少有凉风，气温高达四五十摄氏度，当地人常用发乳涂身以润肤防暑，并喜欢用清爽易挥发的化妆品，而在许多高寒地区和国家大为流行的含油脂多的化妆品在此便无人问津。从中国不同地区的饮食习惯来看，湖南人爱吃辣椒，四川人喜食麻辣，浙江人爱吃甜食，山西人喜食醋等习惯，都是受到当地自然环境条件的影响。在世界范围内，商品地域文化特点尤为突出，一些具有中国传统文化特色的商品如丝绸、刺绣、手工地毯等，不仅在市场上具有很强的竞争力，而且在世界范围内传播和弘扬中华民族源远流长的传统文化，这也有赖于这些商品中所体现的中国文化对于世界的吸引力。

3. 不同文化价值类型对品牌消费的影响

文化学者研究发现，文化类型不同，人们的行为方式、消费心理、购物习惯也存在较大差异。

（1）就文化构成来看，存在松散文化和严密文化。严密文化往往更容易使个体形成集体自我。文化越严密，规范越明确，群体感越强，越不允许个人违反规范。而在松散的文化中，行为标准比较混乱，约束力也较差，个体能够自由地选择自主的行为标准，愈益形成个性化的消费文化。当现代化生活方式涌入中国时，也掀起了耐用消费品的消费热潮，人们争先恐后地购买电视、冰箱、音响、录放像机。许多人购买这类产品并不一定是实际需要，而是随大溜、赶潮流，追求集体认同感，加入现代化生活行列。这种文化所影响的消费，被经济学家称作攀比消费或趋同消费。

（2）文化的类型还可以根据发展层次来划分。一般来讲，文化越复杂，个人的社会同一性越混乱，越难以确定某一行为规范或价值观念的统治地位。文化学者德雷戈纳斯通过对希腊儿童的自我概念研究得出了这一结论。被测试的儿童文化背景分别为简单文化（小村庄）、中等复杂文化（传统城镇）和复杂文化（大城市）。测试者向他们提出一些问题，如孩子们长大准备干什么等。在简单文化背景中长大的农场主的孩子或渔民的孩子，毫不犹豫地回答，长大要做农场主或渔民；而大城市的孩子则表示他们将发现自己最适合做什么。为什么会出现这种情况？这是由于在复杂文化中，个体所拥有的内群体更多，他们可根据自己的目标价值取向进行选择，从而形成私人自我，而公共自我和集体自我则不容易形成。因此，处于复杂、开放文化中的人的行为，表现出多样性、易变性，难以形成较为固定的行为模式。而处于简单文化背景中的人的行为准则很容易形成固定的行为模式。最典型的表现就是人们对服装的选择。在复杂文化环境中，人们对服装的选择是风格各异，避免雷同；而在简单文化中，人们更愿意选择同样的服饰。

需要指出的是，越是简单的文化，对人们思想与行为的影响就越是直接、明确；而在复杂社会，文化则更多是通过间接的、对个人行为比较松散的约束，产生一种基本的影响作用。例如，在一些简单文化地区，不穿鞋、打赤脚似乎是天经地义的事情，这是文化直接教化的结果。但是，在复杂文化的环境中，也会有人打赤脚，但却不是行为规范要求他必须这样做，而是他自己出于舒适、方便或表现个性等方面的考虑。所以在不同的文化类型中，为了锁定消费人群而塑造的品牌文化也是不同的。

二、兼并重组中的品牌管理

在企业的兼并重组过程中会出现很多的问题，从而导致重组失败，而这其中由于品牌管理不善造成的问题不胜枚举。因此，在企业进行兼并重组的过程中要充分注意品牌管理问题，避免品牌管理影响兼并效果。

问题 6： 如何避免兼并重组中的品牌管理问题？

一些企业总是希望在兼并、收购完成之后再解决品牌管理问题，这也正是品牌咨询机构要帮助企业解决的问题。然而，关于兼并和收购，其实并没有一个适合所有企业的解决方案。但根据以往的经验，从"不能做什么"中学习，或许会对企业有所帮助，从而知道"应该做什么"。

1. 客观地评估品牌

在并购案中，对于自己经营多年的品牌，人们通常有着强烈的情感依赖、很高的忠诚度，因此，他们不希望自己的品牌在并购之后从市场上销声匿迹。

然而，在一些情况下，出于突出主要品牌标志的考虑，并购之后只能留下一个强势品牌。因此，进行客观的品牌评估工作是很有必要的。通常是通过利益相关者调查对品牌进行评估，从而确定将哪一个品牌作为主品牌。如果省略了这一步骤，可能会导致更有价值、更重要的品牌从市场上消失，或者导致品牌贬值。

人们通常认为，在兼并和收购之后，被并购的品牌应该成为主品牌。比如，保留原品牌的名称和标志，同时将被并购品牌延伸为原品牌下的重点发展品牌。而《麻省理工学院斯隆管理评论》的文章表明，在兼并、收购案中有高达40%的企业在权衡利弊之后遵循了这一原则。因此，对于高级执行官而言，他们自然而然地选择了遵循这一原则，从而在错综复杂的并购中省掉了一个棘手的决策。

但并不是任何时候都应当遵循这一原则。1997 年，美国银行（Bank of America）被美国国民银行（Nations Bank）收购，这是当时最大的银行并购案之一。国民银行对这起并购案中的两个品牌进行了广泛的研究，研究结果表明，美国银行在细分客户群中的影响力要远大于国民银行。事情发展的结果是：两年后，美国银行基于自身品牌健康发展的状况，而将国民银行品牌卖了出去。

2. 对品牌建设做出远景规划

调查表明，在接近 2/3 的兼并、收购案中，品牌策略在并购议案中仅被视为具有低度到中度的优先权。根据以往的经验，通常企业只有在宣布进行兼并、收购，或是在兼并、收购议案被通过之后，才会寻求与品牌咨询机构进行合作。

在这种情况下，建设品牌便成为营销经理的职责所在，他们不可避免地要承担一项任务：让兼并、收购后的企业品牌建设发挥作用。因此，经理人可能会基于短期发展的需要做出品牌建设决策，这就导致越来越多的企业在后期需要对品牌建设策略做出改动，以符合企业长期发展的目标。

比如，2000 年英国寿险公司（Norwich Union）和商联保险公司（Commercial Union General Accident）合并，这是美国以外的全球 100 宗大并购交易事件之一。合并之后，企业迫切需要一个可以合并企业资产的品牌建设方案。因此，企业将商联保险公司的名称和英国寿险公司的名称进行融合，构成了一个新的名称 CGNU。然而，企业在全球范围内还存在使用原来标志的 40 多个子品牌。但这样的情况只持续了两年，企业发现这样的解决方案妨碍了客户识别和产品销售，同时也不利于取得成本效益，不具有维持企业发展的效率性。因此，企业终于采用了一个新的品牌，以英杰华集团（Aviva）取代了CGNU。

3. 采用缓和的兼并方式

当策划一个关于兼并、收购的品牌解决方案时，必须进行一件很重要的工作，对即将合并的品牌资产的核心价值进行评估和权衡，不要屈就某个品牌，强行使其适合另一个品牌。

对此有一个失败的兼并案例，这就是生产梅塞德斯—奔驰的德国奢华汽车品牌戴姆勒（Daimler）和美国大众市场品牌克莱斯勒（Chrysler）的合并。对于这一合并案，企业对外宣称为"对等合并"（Merger of Equals），但其实从一开始合并，企业就不断遭到各种因素的困扰，包括文化因素、语言因素以及管理风格等。这两个品牌的分歧，以及品牌各自代表的不同含义，只会增加品牌整合的难度。一个负责合并后企业品牌管理工作的管理者曾经说："在奔驰工厂里制造出克莱斯勒汽车，这样的场景令人很难想象。"

如果在一个合并案中，合并的双方品牌被认为不兼容或是起冲突，那么，谨慎的做法是让这两个品牌独立运营，直到情况有所变化，时机适合时再进行品牌融合操作。

20世纪90年代中期，IBM对软件供应商Lotus的收购案就很好地体现了这一点。IBM是一家以生产硬件而出名的公司，而Lotus则是当时受到市场欢迎的软件品牌。虽然这两家公司的品牌文化非常不同——IBM的做法比较保守，Lotus很有进取心，但是为了保留住Lotus的人才和客户，IBM采用了相对保守的做法进行收购后的企业整合，让Lotus在企业资产和产品品牌上独立运营。经过10年磨合，IBM最终将Lotus整合为自己的软件部门，成为IBM的一个产品品牌。

三、品牌文化与跨文化管理

问题7： 跨文化条件下的品牌文化问题有哪些？

1. 不同文化影响品牌名称或品牌图案的选择

每个国家都有自己的语言以及自身对语言的理解。品牌全球化要求统一的标识，就需要在世界范围内有普遍的适应性，不能有不良联想，不能触犯禁忌等，这些都是文化差异对品牌国际化影响的表现。除了对品牌名称的影响，构成品牌的图形和颜色也同样受到文化的影响。

2. 不同文化影响促销和广告的选择使用

促销和广告用语通常不是一句完整的话，或虽然是完整的一句话，但是正确理解必须有相应的文化背景。中国有五千年文明史，文化传承度极高，在国内十分有效的一句广告口号，到国外可能毫无意义。如"愿君多采撷，此物最相思"，一般的欧美人士肯定不理解它的含义。文化不同影响到品牌的传播内容。雅芳公司在将其生产的化妆品推向市场的时候，因使用方法不当而犯了一个错误。他们试图雇用家庭主妇在她们的邻居中挨门逐户地进行销售。雅芳在西方使用的直销在日本没有体现出效果，它没有认识到日本家庭主妇在向她们不认识的人推销产品时总是很犹豫。邀请陌生人走进家门，在西方和东方是两个完全不同的概念。

3. 不同文化产生管理沟通上的障碍

在人与自然的关系、生活哲学、与他人的关系、时间、社会结构、协约等的看法方面各国文化都有明显的区别。如与他人的关系，美国文化认为人应该开放地、率直地与人相处，中国文化认为为保持和谐及避免麻烦，间接或不明确的语言经常是必需的，礼节是不可或缺的。这种明显的差异，将给中国品牌国际化（进入欧美市场）带来大量管理上的新问题。

4. 各国的文化消费和消费文化不同

品牌被认可和喜爱，关键在于品牌的文化。因此，品牌消费本质上是一种文化现象，是一种文化消费。在时尚类产品上，品牌的文化内涵尤其明显。如中国文化中"美就是更白、更细、更光泽"。而在美国这个多肤色人种的国家，这个表述就有问题。经济发展水平和文化渊源的差异性还会导致消费文化差异，这些差异对品牌的定位、包装和色彩的选择、展示和沟通策略的运用等都会产生显著的影响。

活动 2：理解文化差异。

为了使学员能够更加深刻地理解文化对品牌文化的影响，请学员列举中国、美国和欧洲在社交、饮食和其他文化方面的异同，分析当相关品牌进入这些市场时应该注意哪些文化问题。

第三节　跨文化管理和品牌再造

美国著名品牌专家 LarryLight 说过，未来的营销是品牌的战争，即品牌互争长短的竞争。拥有市场比拥有工厂更重要，而拥有市场的唯一途径就是拥有强势的品牌。因此，品牌的重要性不言而喻。

提高顾客的满意度和培养顾客对品牌的忠诚度是企业追求的目标，而达到这个目标最有力的方法就是不断提高品牌在顾客心中的美誉度。但目前有很多企业只注重品牌初期的塑造和建立，而不注重后期的品牌再造，结果是辛苦创立的品牌总是停留在一个较低的层次上，没有办法拔高和提升，以至于最终品牌的丧失。所以，品牌再造的提出具有很强的现实意义。

一、跨文化管理中的品牌再造

一个企业的品牌在跨文化的背景下总是要经历痛苦的抉择，不同的文化背景会对企业原来的品牌造成不同的影响，那么企业究竟要选择坚持自己原来的品牌道路还是进行品牌的重塑呢？

问题 8：跨文化管理中的品牌再造主要考虑哪些问题？

1. 是否更换品牌

品牌的更换具有很大的风险性。因为品牌已经在顾客的心目中产生了一定的影响，品牌有一定的滞后效应。衡量品牌更换主要考虑以下几点：品牌价值是不是在提升？市场份额是不是在萎缩（非产品质量因素）？顾客的重复购买率有多少？这些可以通过品牌满意度和网上调查得以实现。

2. 是否采用单一品牌

为了避免更换品牌产生的风险，可以采取以下两个策略：一是以单品牌为主、多品牌为辅的策略。这在汽车业表现最为突出。美国通用汽车公司（GM）生产的各种轿车，就有各自的品牌，如"凯迪拉克"、"雪佛兰"、"别克"等，前面另加"GM"，以示其属于通用汽车公司的系列产品。这既宣传了新车型的品牌，又兼顾了公司的传统品牌。二是直接采用多品牌策略。表现最为突出的是快速消费品，因为顾客总是希望自己消费的是全新的产品。健力宝在经历市场的洗礼后隆重推出"第五季"就充分说明了这一点。

3. 是否采用国际化品牌

根据公司已有品牌的实际情况和经营业绩开展品牌国际化，而开展品牌国际化首先就要在标识上有国际化的观念。比如，海信的"Hisense"来源于HighSense（高灵敏，高清晰）。美的的"Midea"来源于Myidea（我的主张，我的思想）。在塑造品牌的过程中如果考虑到了国际化的情况，那么在品牌的跨文化推广中所遭遇的阻力就会小一些。长虹的"Changhong"就受此束缚，只能采用 OEM 方式出口，这是非常遗憾的。

关键术语：品牌再造。

品牌再造（Brand Reengineering），是指在已有品牌的基础上，从品牌战略的高度对品牌进行重新调研、重新评估和重新定位，通过品牌创新，最终获得品牌持久竞争力的一系列的过程。

二、品牌再造与跨越式发展

成功的品牌再造能够为企业带来跨越式的发展，那么成功的品牌再造能够为企业带来哪些方面的提升呢？

问题 9：品牌再造如何为企业带来跨越式发展？

1. 品牌再造促成企业战略提升

在经济全球化和信息化迅猛发展的今天，品牌已不再是纯粹的标识，而是先进生产力和竞争力的重要体现。一个地区要在激烈的市场竞争中获得主动，做大做强主导产业，避免低水平扩张，必须把品牌作为一种战略加以实施，加快品牌建设。我们必须清醒地意识到，品牌的培育是一个从设计到生产、从销售到服务的长期努力过程；形成和提升产品的品牌竞争力，更是一个持之以恒的全方位努力过程。所以说，实施品牌战略，既是一个企业、一个城市发展的重要任务，更是我们为之共同奋斗的永恒追求。不论是区域间的竞争、城市间的竞争，还是企业间的竞争，都已归结到发展的竞争，而核心竞争力的标志就是品牌。因此，品牌再造不仅是对一个成熟企业家战略眼光的考验，更是提升整个企业的战略水平、促成企业战略提升的重要手段。

2. 品牌再造提升企业财富

品牌的价值是一种超越企业实体和产品以外的价值，是与品牌的知名度、认同度、美誉度、忠诚度等消费者对品牌的印象紧密相关的，是能给企业和消费者带来效用的价值。品牌价值的大小等于它给企业和消费者两方面带来的效用的总和。对企业来说，创立品牌、培育核心竞争力就是创造财富。企业有品牌支撑，产品才能增加附加值。通俗地理解就是，你拥有了品牌，就拥有了产品价格优势。卓越的品牌文化不仅是企业无形的资产，能给企业带来直接的和长远的经济效益，而且是社会的宝贵精神文化财富，对社会大众的思想意识和生活观念产生重要影响。同样一件商品、同样的质量，只要加上知名的品牌，价值就会成倍增长，究其原因就是品牌所带来的价值。据最新权威报告显示，2007 年可口可乐品牌价值 441 亿美元，尽管有所下降，但仍然意味着，即使可口可乐公司立即停产，仅出售这个品牌所得也相当于某些国家全年 GDP 的总和，其品牌文化的价值由此可见一斑。

3. 品牌再造改善企业精神

一滴水能够折射阳光，一片树叶可以看见春天。一个企业采取什么样的心态经营品牌，背后折射出的是企业的精神。之所以这样说，我们可以从"品牌"这个词的字面去理解。先说"品"，三个"口"字组成了一个"品"，意指众人、大多数人共同认为、认可的意思；再说"牌"，它由"片"与"卑"两部分组成，"片"本意是木头锯开的一半或泛指扁而薄的东西，"卑"有卑微、低下、渺小的意思，体现了中国人作为礼仪之邦的谦虚，"片"意其形——指东西的外在形象，"卑"意其神——表示谦虚的内在气质。所以说，品牌就是物质与精神的完美结合，是精神作用于物质层面的升华，由这两个字组成的"品牌"，折射出的就是商家以消费者为中心的人文关怀和自我完善的经营精神。对于企业家而言，创立品牌更需要坚持的精神。如果企业能做到100年，企业家就需要用100年坚持挖一口井的"挖井精神"去经营企业的品牌，从这层意义上讲，品牌是企业家生命与精神的延续。正如红塔企业的"山高人为峰"的企业精神，透过自身品牌文化让消费者时时感受到企业"海到尽头天是岸、山到高处人为峰"的胸襟和毅力。

三、品牌再造与强化执行力

品牌再造成功与否，不仅和企业的制度、人员有关，更重要的是和策略的落实有关，也就是企业的执行力问题。因此，为了保证企业品牌再造的成功，必须设法强化企业执行力。

198

问题 10：如何强化企业执行力？

1. 领导者要将执行力融入企业文化中

世界上基业常青的企业有一个共同特征就是，它们都有一套坚持不懈的核心价值观，都有其独特的、不断丰富和发展的优秀企业文化。21世纪企业之间的竞争，最重要的就是企业文化的竞争。谁拥有文化优势，谁就拥有竞争优势、效益优势和发展优势。执行力文化将成为世纪企业的主流文化，也是企业得以经久不衰的力量保证。只有将执行力融入企业文化中，将其渗透到企业的回报系统和行为准则中，使其成为企业文化的有机组成部分时，才能使每一个企业成员都能深刻理解并认真实践企业提升执行力的要求。只有这样，执行力才会充分发挥作用。

2. 管理者必须具备执行力

执行力是否到位既反映出企业的整体素质，也反映出管理者的角色定位。管理者的角色不仅仅是制定战略决策和下达命令，更重要的是他必须具备执行力。企业执行力的培养不能只停留在管理者的知识和技能层面上，更应着手于管理者角色定位和思想观念的转变。因此，企业要培育和提升执行力，应把工作重点放在各层管理者身上。管理者的执行力能够弥补策略的不足，而一个完善的策略也会消亡在一个没有执行力的管理者手中。为了更好地实现企业的经营战略目标，我们必须反思管理者的角色定位——管理者既是战略决策方案的制定者，也是执行者。

3. 把企业塑造成一个强有力的执行组织

把企业塑造成一个强有力的执行力组织，就是要求企业高效率地实现制定的经营战略目标。执行力组织具有以下特点：

（1）执行力组织内部建立了有效的执行力文化，在执行力文化的框架内，企业领导者、管理者、员工都能坦诚以待，注重实效。

（2）执行力组织的薪酬设计更多地与执行绩效联系起来，它对那些具有良好执行力的人给予更多的精神及物质上的回报。

（3）执行力组织的人员、战略、运营三个核心流程是有机整合在一起的，它能确保企业的战略和运营计划最终取得成功。

（4）执行力组织的领导者积极参与企业的执行活动，并对企业和员工有深刻的了解，能够团结大家为实现共同的目标奋斗。

（5）执行力组织善于对企业战略计划、运营计划进行定期评估，总结经验，确定优势，查找不足，及时修正计划与目标。

4. 在企业内部建立有效的执行力管理组织

企业执行问题所引发的广泛关注和多方共鸣表明，对诸多企业而言，执行问题是一个共性问题，也是一个有待解决的问题。尤其是对那些规模庞大、层次复杂的大企业而言，如何确保集团战略在广阔的范围内得到有效实施，确保企业的向心力和凝聚力大于离心力，的确需要高超的管理科学与艺术的共同配合。就科学方面而言，应该说建立一个常规的执行力管理组织是现实之举。这一组织的职责主要在于对执行力的规划、对执行力的诊断、对执行过程的督察和对执行力的评估和改进，以强化对执行工作的全程管理；就艺术方面而言，这主要取决于企业高层管理者的用人艺术、多年经营中由历练而获得的直觉等。

关键术语： 企业执行力。

企业执行力，是指企业的各个管理层次、各个经营单位、各个岗位的员工贯彻执行经营者制定的战略决策、方针政策、制度措施、方案计划和实现企业经营战略目标的能力。它是连接在企业的战略决策与目标实现之间的桥梁，其强弱程度将直接制约着企业的品牌策略能否得以顺利实现，缺少强大的执行力，企业的品牌策略将是无本之木、无源之水。

本章小结

★★★★

本章内容主要介绍了跨文化条件下的品牌管理问题，通过对东西方文化在饮食、思维方式、家庭观念等方面的对比，让读者直观地感受不同文化带来的消费上的差异。同时，通过对类别型、伙伴型和图腾型三种类别的典型品牌文化的描述，为企业实施品牌策略提供了参考。

本章还介绍了文化差异产生的原因，提醒企业经营者在实施品牌策略的过程中必须注意不同文化差异造成的品牌文化陷阱，以及企业为什么要提升自身跨文化能力和如何提升自身跨文化能力。

最后，本章介绍了企业在进行品牌再造的过程中需要着重注意的几个方面，包括企业的跨文化管理、提升企业的执行力以及品牌再造能为企业带来的跨越式发展。

深入学习与考试预备知识

★★★★

基本品牌文化的类型

基本类型包括：

（1）类别型品牌文化。类别品牌是能够成为某个产品类别代名词的品牌，也是理性价值发挥到了极致的品牌。由于在功能属性方面的联想是如此强烈甚至达到了排他性的程度，在消费者的脑海中这个品牌就变成了整个品类的化身，类别品牌最明显的特点是品牌和品类之间具有高度甚至独占性关联，消费者不仅在提到这个品牌的时候能够准确地指出其所代表的品类，而且在提到品类的时候也会首先想到这个品牌甚至是只能想到这个品牌。

（2）伙伴型品牌文化。伙伴品牌是能够成为消费者人生和生活一部分的品牌，也是感性价值发挥到了极致的品牌。由于在情绪感受方面的联想非常强烈，能够引发消费者的深切共鸣，消费者感到该品牌除了提供功能利益之外还带有某种更深的心理含义（超越产品本身而直接实现品牌与消费者的情感沟通）。这个品牌也不再代表功利性的一面而成为生活中不可或缺的"伴侣"，消费者和品牌彼此之间的感情能够成就更密切的相互关系。

（3）图腾型品牌文化。图腾品牌是能够激发消费者信仰和追求的品牌，也是自我表达性价值发挥到了极致的品牌。由于在个性方面的联想十分鲜明和突出，这种品牌能够带给消费者在形象上强烈的自我归属感，消费者认为这种品牌不仅仅有使用价值，也不仅仅是生活中的伙伴，更重要的是能够表达他的个人主张以及展现其个人形象。如果说类别品牌给予消费者的是"可靠"，伙伴品牌给予消费者的是"和谐"，那么图腾品牌给予消费者的则是"渴望"。由于在现实社会中普通人很难在社会交流中进行符合心意的自我表达和自我展示，而图腾品牌则能够提供与消费者共同拥有的价值体系和实现规则，所以能够激起消费者对狂热的追求，获得他们发自内心的尊崇和仰慕。

如何避免兼并重组中的品牌管理问题？

（1）客观地评估品牌。在并购案中，对于自己经营多年的品牌，人们通常有着强烈的情感依赖、很高的忠诚度，因此，他们不希望自己的品牌在并购之后从市场上销声匿迹。然而，在一些情况下，出于突出主要品牌标志的考虑，并购之后只能留下一个强势品牌。因此，进行客观的品牌评估工作是很有必要的。通常是通过利益相关者调查对品牌进行评估，从而确定将哪一个品牌作为主品牌。如果省略了这一步骤，可能会导致更有价值、更重要的品牌从市场上消失，或者导致品牌贬值。因此，要客观地评价品牌存续或者消亡的利益关系。

（2）对品牌建设做出远景规划。根据以往的经验，通常企业只有在宣布进行兼并、收购，或是在兼并、收购议案被通过之后，才会寻求与品牌咨询机构进行合作。在这种情况下，建设品牌便成为营销经理的职责所在，他们不可避免地要承担一项任务：让兼并、收购后的企业品牌建设发挥作用。因此，经理人可能会基于短期发展的需要做出品牌建设决策，这就导致越来越多的企业在后期需要对品牌建设策略做出改动，以符合企业长期发展的目标。

（3）采用缓和的兼并方式。当策划一个关于兼并、收购的品牌解决方案时，必须进行一件很重要的工作，对即将合并的品牌资产的核心价值进行评估和权衡，不要屈就某个品牌，强行使其适合另一个品牌。

知识扩展 ★★★★

品牌提升攻略

（1）创意广告。在市场运作过程中，进一步确定、锁定目标消费群体，明确产品和消费诉求，然后迅速整合报纸、电台、电视、网络及车体、户外等媒介，通过创意性广告设计与广告传播以实现产品形象和品牌的有效提升与推广。

不可置疑，广告传播是提升产品形象和品牌影响力的重要手段，然而随着当下媒体的日益丰富及资讯的日渐密集，企业还需要在广告创意设计上下工夫，在媒体的应用上做出适宜选择。

（2）终端形象。终端是展示产品和企业形象的重要"窗口"，同时又是与消费者实现现场沟通达成购买意愿的重要"地点"，因而存在"终端制胜"的说法。

终端建设分为软终端建设和硬终端建设。在软终端方面，主要通过提升一线销售员的业务技能和业务素质来展示产品形象和品牌面貌。在硬终端方面，主要通过争取优秀的产品排面、精致的堆头以及通过海报招贴、吊旗、地贴、立牌、展架及其他宣传物料的组合应用，来进一步树立和突出产品的终端形象。

通过软、硬终端两方面的差异化、特色化以及氛围气势，我们可以达到强化并突出产品形象及品牌面貌的目的。

（3）促销推广。促销是提升产品销售额的重要市场手段，同时也是展示企业品牌形象的重要形式。西门子公司曾经联合济南三联家电在三联商场广场所举办的大型免费环保洗衣活动就是以促销提升品牌的优秀例子。活动现场，一边是西门子洗衣机高水平的户外搭台演出吸引了众多的消费者参与，另一边则是西门子百台新品洗衣机齐上阵，免费为泉城消费者洗衣。

（4）延伸服务。售前、售中、售后每一个环节的服务状况无不直接影响着企业的产品和品牌形象。在这方面，以下几个品牌企业的服务值得借鉴和学习。如家乐福超市"微笑挂在脸上，效率握在手中"的收银员形象；海尔手机"10分钟满意服务"口号的提出；安利"一般顾客购买后7天内退回仍具销售价值的产品可获100%现金退款"，"优惠顾客购货后10天内退回仍具销售价值的产品可获100%现金退款，退回曾使用或不具有销售价值的产品（剩余至少达一半）可获50%等额购货款"的售后服务，在护肤用品市场中更是少有品牌出其右。

（5）公益活动。投入公益活动，企业不仅可以借助报纸、电视新闻媒体实现产品及品牌的免费推广，而且成功的公益活动在更大程度上对产品和品牌知名度、美誉度进行升华与塑造。在济南，普利思矿泉水、纯净水是这方面的佼佼者。普利思曾一度联合济南市新闻媒体，在暑期为驻济大学生提供勤工助学岗位，每逢中、高考又积极为学校、考生、考生家长提供公益赞助服务，得到了社会各界广泛的认可。目前，普利思矿泉水、纯净水已成为济南市的"市水"。

（6）借事造势。所谓"借事造势"，也就是要求企业和营销者能够随时随地关注和把握身边的大事、小事，从大、小事件中联系产品和企业，及时发掘和发现提升产品和品牌的每一次机遇。"少一点摩擦，多一点润滑"，这句经典的广告语就是统一石化在伊拉克战争期间快速应对，与产品巧妙结合的产物，而这一句经典广告语随央视对伊拉克战事报道一同播出后，统一润滑油短期内就吸引了大量受众的眼球，并且大大提升了统一石化的美誉度。事实上，在营销过程中，事件营销往往更能出奇制胜，与广告和其他传播活动相比，事件营销更能以最快的速度在最短的时间创造最大化的影响力，对产品形象及品牌知名度、美誉度的提升功不可没。

答案
★★★★

引导案例：

1. 沙宣在进军中国市场中，充分利用了媒体的作用，采取了直接面向消费者的体验式品牌推广。而其中尤为重要的一点就是，沙宣适应了中国消费者的产品接收习惯，通过大型的展示会，邀请了业内专家、政府部门等权威，树立了沙宣在中国消费者心中"世界美发专家"的地位，利用中国消费者崇尚专业的特点完成了对中国市场的占有。

2. 在中国品牌进入国外市场的过程中，应当充分注意国外消费者的文化习惯，以及产品信息的接收习惯。要注意充分利用当地消费者的思维习惯进行品牌推广。同时要采用适应当地独特文化的营销战略，根据当地文化因素的特点，将原有产品的某些方面，如成分、名称、价格等进行适当修改，以适应市场需求。

第八章

品牌文化导入的操作系统

学习目标
★★★★

知识要求 通过本章的学习，掌握：

● 品牌文化导入的三个层次
● 品牌文化导入各层次之间的区别以及联系
● 品牌文化导入的三个步骤
● 品牌文化导入各步骤的关系
● 在品牌文化导入过程中环境因素的影响与作用

技能要求 通过本章的学习，能够：

● 熟练掌握品牌文化导入物质层的三个原则
● 熟练掌握品牌文化导入行为层的四个规范
● 熟练掌握品牌文化导入精神层的三个关键
● 结合品牌文化导入步骤考虑如何进行品牌完善
● 将环境因素同企业品牌文化导入相结合
● 通过导入品牌文化增强品牌竞争力

学习指导
★★★★

　　1. 本章内容包括：品牌文化导入的层次，品牌文化导入的步骤，环境因素在品牌文化建设中的影响和作用等。
　　2. 学习方法：夯实理论基础，联系客观实际；观察比对不同企业的品牌文化导入；针对不同的品牌文化导入进行探讨，分析它们的优劣；制订模拟的品牌文化导入计划。

　　3. 建议学时：9 学时。

引导案例

2010 年，王朝比拼品牌文化

　　无论从哪个角度看，王朝在中国葡萄酒行业都占有举足轻重的地位。作为中国葡萄酒行业三大巨头之一，在过去 30 年里，就已经铸就了高品质葡萄酒的地位，"三大葡萄酒巨头之一"也是对其品牌和市场的肯定。然而，王朝的苦恼是，其尽管在"产品品质"、"科研技术"等方面铸造了很多第一，但在"品牌认知"方面，在一定程度上落后于另外两大巨头。这显然不是王朝想看到的。尽管我们不可能看到王朝为此列出的具体行动方案，但是，我们从王朝的一些行动上还是看出了一些端倪。

　　2009 年，王朝成立了销售公司，实现了产销分离的战略规划；成立了市场部，梳理市场结构、加强市场管理；成立了品牌拓展部，建立战略联盟，问鼎进口葡萄酒经销领域；成立了上海分公司，以王朝高端俱乐部项目、王朝直营店的模式，在渠道的延伸管理上进行尝试；建立了销售大区管理制度，使地区独立和城市联动得到了有效结合。回顾过去，王朝虽然取得了很多成功，但是就整体形象而言，王朝略显低调，"低调入市，高调品质"得到了消费者的认可，取得了不少成绩，然而，这不能完全满足如今的中高端葡萄酒消费群体的需求。此次，王朝似乎终于出手了。把品牌、品质、技术等与消费者的认知、情感等糅合在一起，这是品牌魅力的认知与再认知，是其在战略上的又一次飞跃。

　　资料来源：《华夏酒报》，2010 年 3 月 1 日，第 11 版。

➡ **思考题：**

　　1. 王朝是如何进行品牌文化导入的？

　　2. 分析王朝的品牌文化导入，你觉得其存在哪些需要改进的地方？

第一节 品牌文化导入的层次

一、品牌文化导入的表层——物质层

时代不同，人们的价值观念也有所不同。为了适应人们心理的、审美的变化，在企业将品牌文化导入表层——物质层的过程中应当遵循"品质文化"的规范、遵循技术审美和顾客愉悦的原则。

问题1： 在企业将品牌文化导入表层——物质层的过程中，应当遵循哪些规范和原则？

1. 遵循"品质文化"的规范

遵循品质文化原则，即强调企业品牌的质量。品牌的竞争首先是质量的竞争，质量是企业的生命，持续稳定的优质品牌是维系企业商誉和品牌的根本保证。以品牌质量驰名于天下的"奔驰"（Benz）汽车，充分体现了它所代表的品牌的卓越品质。以卓越的质量为后盾，其敢于播发这样的广告：如果有人发现奔驰汽车发生故障而被修理厂拖走，我们将赠您1万美元。

奔驰之所以有如此高的品质，首先是在全公司范围内树立起"品质至上"的品牌理念，使全体员工人人重视质量。其劳动组织是，把生产流水线作业改为小组作业，12人一组，确定内部分工、协作、人力安排和质量检验，改变了重复单一劳动容易出现差错的现象，提高了效率和产品质量。奔驰公司特别注重技术培训，在国内有502家培训中心，负责对各类员工的培训。新招收的工人除了进行基本理论和外语的培训外，还有车、创、焊、测等技术培训。结业考试合格才能成为正式工人，不合格可以补考一次，再不合格就不被聘用。

奔驰公司要求全体员工精工细作，一丝不苟，严把质量关。奔驰车座位的纺织面料所用的羊毛是从新西兰进口的，粗细为23~25微米，细的用于高档车，柔软舒适；粗的用于中低档车，结实耐用。纺织时还要加入一定比例的中国真丝和印度羊绒。皮面座位要选用上好的公牛皮，从养牛开始就注意防止外伤和寄生虫。加工鞣制一张6平方米的牛皮，能用的不到一半，肚皮太薄、颈皮太皱、腿皮太窄的一律除去。制作染色工艺十分考究，在座椅制成后，还要用红外线照射灯把皱褶熨平。奔驰公司有一个126亩的试车场，每年拿出100辆新车进行破坏性试验，以时速35英里的车速撞击坚固的混凝土厚墙，以检验前座的安全性。奔驰公司在全世界各大洲设有专门的质量检测中心，有大批质检人员和高性能的检测设备，每年抽检上万辆奔驰车。这些措施使奔驰名冠全球，使奔驰的"品质文化"深入人心。

2. 遵循技术审美原则

美国心理学家欧内斯特·迪士特（Ernest Dichter）被誉为研究动机的思想之父，他把对人类的消费动机的研究和市场营销联系起来，创立了市场营销学新的思想方式。迪士特指出，消费者首先是用眼睛来观察商品，然后才在他的头脑中加深印象，并试图认识他所看到的产品对其具有什么意义。人们的购物心理大都出于购物的审美无意识。这种审美无意识可归结为"轻、我、华、鲜"四个字。

"轻"即轻快感。物质生产的"轻、薄、短、小"是近年来世界性趋势，它代表着时代潮流。快餐店、运动饮料、摩托车、汽车、旅游都成为消费的时尚，特别是对于广大青年男女，具有轻快感的商品和服务具有极大的市场。

"我"即个性感。富有个性的人们，希望过上即使有钱别人也模仿不了的生活。因此，能够体现"自我"这个概念以及能满足"自我"这种感受的商品和服务都大受欢迎，如个人计算机、节日礼品、生日礼物、各种培训班、文化中心、各种旅游、蹦极运动等。选择此类商品可以感受到自我存在的乐趣。

"华"即潇洒感、富裕感。这种感受并不仅仅限于有闲阶级，现在的普通人也可以体验，如音响设备、首饰、珠宝等，以使用和拥有其本身为快乐。为了追求这类感受，社会的中上层、白领阶层常常愿意在这方面消费。

"鲜"即新鲜感、健康感。现代社会生活节奏加快，人们对新鲜感和健康感的追求更为迫切。对于个人来说，生活节奏是至关重要的心理变化，科技和社会变化的加快，正是通过生活的加快在个人生活中产生影响的。而新鲜感、健康感无疑可以缓解生活节奏对人心理造成的不适，它使人们从紧张的工作和人际关系中解脱出来，重新调整自己的情绪。

现代产品，从某种意义上说都是科技和美学相结合的成果，任何一件技术产品，其存在的唯一根据就是具备效用性和审美性的统一，从这个意义上说，企业品牌与美学、技术审美是相互包容、相互渗透、相互融合的。

人们的各种创造活动，具有明显的个性差异，这种个性差异就产生了独特的创作风格。风格是个性和气质的表现。这种个性和气质贯穿于物化劳动过程中，最后体现在物质产品之中。在手工业时代，人工制品可以直接表现出生产者的个性和手工操作的痕迹。机器生产的出现由设计师的个性代替了手工业时代生产者的个性，设计师可以从宏观上把握企业产品的个性。产品设计是企业物质文化的一种表现形式，一个社会的政治、经济、科学技术、审美观念、价值取向、生活方式等都会在产品设计中打上深深的烙印。产品是特定时代上述诸因素和时代信息的总汇。换言之，产品的风格和它的审美倾向是在一定时代文化背景下通过工业生产而在产品上留下的时代信息和企业特征。

企业不仅是在制造产品与提供服务，而且还在创造一个品牌、一种"情境"。企业将产品、商店和广告作为信息提供给消费者，也就是给消费者带来新的生活"情境"。企业要善于调动消费者各种知觉能力，企业如果能全面调动起消费者的听觉、触觉、动觉、嗅觉、味觉，那么情境的空间即由单一的知觉空间变为"复合知觉空间"。目前，越来越多的商场采用开架式销货，便是在调动消费者视觉的基础上，进一步调动触觉和动觉参与消费的情境创造。这样，消费者心理感受的强度大大提高，购买的欲望也会增强。

3. 遵循顾客愉悦原则

企业品牌通过产品、商店和广告等途径，在企业与消费者之间构造一个愉快关系的场合，一切营销活动，不过是构造愉快关系场合的中介。日本学者把"愉快关系的场合"称为"共生圈"，在这个"共生圈"内，企业依靠产品、商店和广告，向消费者传递信息，同时又从消费者需求和感受中捕捉信息的反馈，并根据反馈信息向消费者提出新的生活情境。

从品牌文化的视野看，产品不仅意味着一个特质实体，而且还意味着顾客购买他所期望的产品中包含的使用价值、审美价值、心理需求等一系列利益的满足。具体地说，顾客愉悦原则应当包括品质满意、价格满意、态度满意和时间满意。

品质满意是指顾客对产品的造型、功能、包装、使用的质量的肯定。《中华人民共和国产品质量法》是对产品品质和质量的最基本要求。品质满意是品质文化的核心规范之一。

价格满意是指产品必须以质论价。俗话说，"一分钱一分货"，什么样的产品品质就应对应什么样的价格。"货真价实"、"童叟无欺"是中国自古以来强调的商业道德。但是，一些以"利润第一"为导向的企业忘记了自己的根本使命，损害了企业的声誉和形象，这是应当引起重视的。

态度满意主要是针对商业企业和服务性行业来说的。现在，服务性行业中存在的主要问题是服务水平低、服务人员业务素质差、工作责任感不强；服务设施差，不少商业部门和服务行业没有便民服务设施；服务职责不明，对于哪些是工作职责范围而应无偿、义务提供，哪些是额外服务而需适当收取费用并无明确规定。一些商业企业服务附加费过高，损害了消费者的利益。

时间满意是指产品交货或应市时间使顾客满意，同时，也包括及时的售后服务。报刊上曾报道北京有一位顾客购买了一台电脑，买回家后发现电脑的某一功能出现故障，他立即与商家联系，商家答应派人来修理。但事隔一星期后仍不见人来修理。这将使消费者得不到及时的售后服务，显然这样的企业品牌是不会让顾客愉悦的。

"顾客愉悦"集中表现在顾客重复购买的程度上。一般地说，第一次购买可能出于偶然，但以后重复购买，就说明顾客的满意程度。塑造良好的产品和服务形象，一是为了获得产品和服务的"回头客"，为企业获取更多的利润。二是以此不断激发企业员工的创新意识，企业员工在生产产品之后，企业产品的使用和消费反过来影响员工的生产积极性。一个生产市场紧俏商品的企业和生产市场趋于饱和产品的企业，其员工的精神状态是不一样的。企业物质文化和精神文化两个层面是相互联动的。企业的"拳头产品"是员工创名牌、争优质的物化成果，是企业员工聪明才智和勤奋工作的结晶，是企业价值观的物质表现。一种产品如果一上市就立刻受到顾客的欢迎，就会促使企业员工发挥更大的工作热情，如此循环，使企业充满活力。

"顾客愉悦"性是企业公共关系所要解决的重要内容。随着商品经济的发展和市场竞争的日趋激烈，企业要想在竞争中占据有利地位并赢得众多的顾客，必须在广大消费者中树立自己的良好形象和信誉，处理好与顾客、用户、供货方等方方面面的关系，争取支持和协作，这已成为企业创建品牌文化、经营成功的重要手段。

活动 1：小组讨论。

每名学员根据品牌文化导入物质层应该遵循的三个原则，各结合一个知名品牌的品牌文化理念，分别以 5 人为一个讨论组，分析各个原则在品牌文化导入物质层过程中发挥的作用。讨论得出简易的方案，由老师进行评议。

关键术语：品牌文化导入物质层三原则。

在品牌文化导入表层——物质层的过程中应当遵循"品质文化"的规范；遵循知识经济的规律；遵循技术审美和顾客愉悦的原则。

二、品牌文化导入的中介层——行为层

企业在导入自身品牌文化时，必须建立品牌行为的规范、品牌人际关系的规范、品牌公共关系的规范和品牌服务的规范。四个规范相辅相成，将品牌文化完全导入企业日常行为之中。

品 牌 文 化

问题 2： 品牌文化导入的中介层——行为层的四个规范应该如何区分？

1. 品牌行为的规范

在品牌的运营过程中，企业家的行为、企业模范人物的行为以及企业全体员工的行为都应具有一定的规范。在规范的制定和对规范的履行中，就会形成一定的品牌行为文化。例如，在企业管理行为中，就会产生企业的社会责任，具体包括企业对消费者的责任、企业对内部成员的责任、企业经营者对企业所有者的责任、企业在各种具体经营中所必须承担的责任等问题。承担这些责任就必须有一定的行为规范加以保证。

企业的社会责任，是指企业在谋求自身利益的同时，必须采取保护和增加社会利益的行为。企业作为社会物质生产的主要部门和社会物质文化的创造者，担负着为社会公众提供物质产品和服务的责任，它通过盈利来繁荣社会的物质生活，这是企业不可推卸的责任。重视盈利是一个企业品牌生存、发展的需要，也是社会经济发展的需要，但是企业品牌毕竟是社会系统中的一个组成部分，它和社会系统中的其他要素和部分存在着千丝万缕的联系。企业品牌的经营活动正是在同政府、顾客、股东、金融机构、协作商、新闻媒介、公众、社区的相互联系中得以实现的。因此，企业品牌绝不能置这些利益于不顾，单纯追求自身的利益、片面强调利润目标最终会给企业自身的发展带来困难。企业品牌的长期稳定和发展不仅取决于企业自身的经营效益和竞争能力，而且也有赖于社会的方方面面，企业品牌存在的价值和意义有赖于社会各界公众的认可和支持，这就要求企业在制定经营目标时，应当认真考虑自己对社会承担的责任和义务，应当力图使企业品牌的发展和社会的进步得到统一。

为了使利润最大化而放弃自己的社会责任或损害社会公共利益都是违背企业行为规范的，它只能导致企业失去公众的信任和支持。履行企业的社会责任、协调企业的社会责任与经济责任之间的关系，是企业行为的一条重要规范。企业应当自觉把改善社会公共事业作为自己分内的事，应当积极地从事各项公益事业，支持各种社会文化事业，为提高社会及人民的文化知识水平、教育水平、健康水平做出自己的贡献。

在美日经济战中，这种实例实在太多了，日本企业品牌取胜的关键在于瞄准顾客的需求。从世界市场的发展进程看，20 世纪 70 年代以后日本的"轻薄短小"出口战略引发了世界市场的激烈竞争，促使世界市场向差别化、细分化转化。"轻薄短小"又被称为小型化、轻便化策略。小型化的目标是工薪阶层，小型化的本质是价值转移。产品小型化、轻便化节省了大量材料、资源和能源，可以保证在低成本条件下开发更多的品种，扩展产品功能，从而在差别需求中寻找市场机会，打开市场缺口，进而扩大市场。如丰田的节油小型车策略，日本的 125CC 摩托车技术，索尼、松下等电子厂家的晶体管收音机、电视机、录音机、激光唱机、摄像机、计算器、电冰箱、洗衣机，东芝公司的笔记本电脑，只要欧美生产的每一种工业或家用大型产品，日本就立即能将其小型化、多功能化，选准市场缺口，避开欧美大企业的锋芒，为人所不为。日本吉田工业会社创始人吉田忠雄用一句话概括了这种新的产品策略："与大企业反道而驰就会成功。"因为传统大企业品牌的思路并没有适时地瞄准顾客的需求，而有创新精神的企业品牌能及时捕捉顾客的新需求，从顾客的利益着想开发新产品，这不仅是一种经营智慧，而且应当成为一种理念和规范。

2. 品牌人际关系的规范

品牌人际关系规范的推行，是一场意识革命和全新价值的创造。它分为对内关系和对外关系两大部分。

企业员工的一举一动、一言一行都体现着企业品牌的整体素质，企业内部如果没有良好的员工行为，就不可能有良好的企业形象。员工行为不端、纪律散漫、态度不好，将给企业形象带来严重的损害。将企业的理念、品牌价值观贯彻在企业品牌的日常运作、员工行为中，最重要的就是确立和通过管理机制实施这些规范。从人际行为、语言规范到个人仪表、穿着，从上班时间到业余时间都严格按照这些规范行事。要做到这一点，在很大程度上依赖于有效的培训，通过反复演示、反复练习，从规矩的学习演变到自觉的行为。培训的方法有：①讨论与座谈；②演讲与模范报告；③实地观摩与示范演练；④在实际工作中纠正不符合规范的行为偏差，边检查、边纠正；⑤重复性演示与比赛。培训的目的在于使广大员工自觉地接受这套行为规范，不折不扣地贯彻在日常工作中。

对外关系主要是指企业品牌的经营面对不同的社会阶层、市场环境、国家机关、文化传播机构、主管部门、消费者、经销者、股东、金融机构、同行竞争者等方面时所形成的关系。其中，处理好与同行竞争对手的关系十分重要。企业应联合竞争对手，在竞争中联合，在竞争中共同发展。任何企业品牌不仅要面对竞争，而且要勇于竞争。要在竞争中树立自己的良好形象。每个企业品牌都应当争取在竞争环境中广交朋友，谋求公众的支持与合作，最终使企业品牌获得经济与社会效益的双丰收。某些企业为了招徕顾客，对竞争对手进行攻击、拆台，甚至不择手段地进行贿赂，这种破坏同行关系的做法对于双方都是有百害而无一利，最终可能导致两败俱伤。

3. 品牌公共关系的规范

品牌公共关系活动的作用是：树立品牌信誉；搜集信息，全面而准确地分析品牌所处的人事环境和舆论环境；协调谅解，包括及时处理组织与公众间存在的矛盾、建立预警系统并进行科学管理、协助处理纠纷等；咨询建议，包括提供品牌形象、公众心理、公众对品牌政策的评价咨询、提出公关工作建议；传播沟通，通过信息传播影响舆论、争取公众，进行双向沟通以达到与公众协调的目的；社会交往为品牌创造和谐融洽的社会环境。

品牌公关策划是一个设计行动方案的过程。在这个过程中，企业品牌依据目前组织形象的现状，提出组织新形象的目标和要求，并据此设计公共关系活动主题，然后通过分析组织内外的人、财、物等具体条件，提出若干可行性行动方案，并对这些行动方案进行比较、择优，最后确定出最有效的行动方案。根据公关行为的传播特性，公关策划应当遵循以下规范：

（1）公众利益优先。所谓"公众利益优先"，并非企业完全牺牲自身的利益，而是要求企业在考虑自身利益与公众利益的关系时，始终坚持把公众利益放在首位。要求企业不仅要圆满完成自身的任务，为社会做出贡献，同时还要重视其行为所引起的公众反应，并关心整个社会的进步和发展，以此获得自身利益的满足。企业只有坚持公众利益至上，才能得到公众的好评，使自己获得更大的、长远的利益。

（2）独创性与连续性相统一。公关活动与广告所追求的重复与反复信息刺激不同。一般而言，不会有两个相同的公关活动策划。这是因为企业所处的环境与公众都在不断变化，唯有富于特色的、标新立异的公关活动，才能适应社会条件和公众心理的变化，使之与竞争对手的形象产生差别，从而突出自己的企业形象。企业公关活动策划不仅要考虑此次活动的独创性，还要考虑此次活动与前后活动的连续性，使独创性和连续性统一起来。这样，才能更为科学有效地实现企业整体形象塑造的传播效果。

（3）计划性与灵活性相统一。公关策划所形成的行动方案，放到企业的整体计划中，构成企业整体活动的一部分，通常是不能轻易改变的。这种计划性带有对企业行为识别系统最佳效果的战略布局。但是，这种预见性及超前的计划往往也会因企业主客观条件的变化而出现不适应或不合时宜的情形，这就需要及时进行调整、完善计划的前瞻性和现实的操作性，给予动态支持灵活措施的实施。

确定公关活动对象，重点是通过分析公众，选择和确定有利于发挥目标效应的公众而展开活动。公关活动是以不同的方式针对不同的公众展开的，而不是像广告那样通过媒介把各种信息传播给大众。因而，只有确定了公众，才能

213

选定哪些公关活动方案最有效。因为不同的公众群体有着不同的权利要求，如顾客要求产品质量和优良的服务；竞争对手要求有平等竞争的条件；社区要求企业能扶持当地社会经济发展；政府要求企业遵纪守法；媒介要求企业提供采访的方便条件等。分析公众就是找出各类公众的特殊要求，那些带有个性的问题是树立企业特殊形象的基础。把那些有特殊要求的公众作为公关活动的对象来确定公关活动的目标和主题，可增强品牌行为的鲜明度。

企业公共关系模式按照企业与公众的沟通关系可以划分为宣传型、交际型、服务型和社会型四种类型。

宣传型公共关系是指运用大众传播媒介和内部沟通方法开展宣传工作，树立良好的企业形象。如企业报纸、演讲讨论会、各种新闻媒介采访报道等。宣传型公共关系要注意宣传效果，以真实性原则作为宣传导向，不能引起受众的抵制或逆反心理。

交际型公共关系是指通过人与人的直接接触进行感情上的联络，为企业广结良缘，建立广泛的社会关系网络，形成有利于企业发展的人际环境。如座谈会、宴会、舞会、茶话会、交谈、拜访、通信等。此类公关活动要防止使用不正当手段。

服务型公共关系是指以提供优质服务为主要手段，以实际行动获取社会的了解和好评，树立自己良好的形象。

社会型公共关系是指利用各种社会性、公益性、赞助性活动塑造企业形象。其目的是通过积极的社会活动来扩大企业的社会影响，提高社会声誉，赢得公众的支持。此类公关活动不能着眼于目前利益，而应注重它的长远效益。

4. 品牌服务的规范

品牌服务是企业品牌行为的重要方面，是提高品牌知名度的重要法宝。人人都明白服务的重要性，但在实际操作中往往存在许多问题。一个品牌要在市场竞争中取胜，必须努力赢得人心：一方面必须赢得企业员工的心；另一方面必须赢得顾客的心。以优质高效的服务活动和服务行为不断地争取顾客、赢得顾客的心，是企业品牌活动的出发点和归宿，也是竞争致胜的主要原因。所以，良好的服务形象是企业的无形资产，是企业形象增加附加值的永恒法宝。

老希尔顿曾对他的酒店员工讲过这么一段话：请你们想一想，如果饭店里只有第一流的设备而没有第一流服务员的微笑，那些顾客会认为我们供应了他们最喜欢的东西吗？如果缺少服务员的美好微笑，正好比花园里失去了春天的太阳与春风。假如我是顾客，我宁愿住进虽然只有残旧地毯却处处见到微笑的饭店，而不愿走进有一流设备而不见微笑的地方。

对于顾客来说，有时服务质量等软件因素比设备等硬件因素更为重要。公司形象的设计应当从把企业改造成为全方位服务单元的战略目标出发，从给顾客提供最佳服务的考虑出发，内容比装潢、设施更重要。

由于技术手段和消费水平的提高，各产品在内在质量方面已无太大差别，因此在各个市场渐趋饱和以及全球竞争日益激烈的情况下，产品的差别化战略将配合良好的服务而构成竞争的主要手段。服务是一种特殊价值，而价值的实现必须经过一定的关系构成。正如德鲁克所说，在组织内部不会有成果出现。一切成果都是发生于组织之外。例如，企业机构的成果，是经由顾客而产生；企业的成本和努力，必须透过顾客购买其产品或服务的意愿，才能转变为收入和利润。决策也许是以消费者为立场，以市场供需为规律。但也可能是以社会主义政府为立场，供需的调节全凭非经济性价值为基础。但是，无论是什么情况，决策人都是在企业之"外"，而非在企业之"内"。组织存在的唯一理由是对外界环境的服务。

优质的服务带来的是长期的信任、长期的购买、长期的利润回报。美国一家研究市场营销策略的机构曾做过一次调查，这个机构把一组公司按照顾客的意见分成服务较好和服务较差两类。服务较好的公司商品价格约高9%，而销售额很快翻了一番，其市场占有率每年增加6%，而服务较差的公司其市场占有率每年下降2%。总的调查显示，顾客认为服务质量最好的企业，其销售利润可达12%，而其余企业则为1%，差别之大呈现出商品营销的市场弹性。该营销策略机构还发现，在27个对某公司印象不好的顾客中有26个不会声张，但他们中有91%的人再也不想光顾这家公司了，而且这些人会向他们10个同事中的9个进行宣传，让其今后不要到这家公司购物。这些不满者中的13%还会把这一坏印象传达给20个或更多的人。由此可见，企业要得到一个顾客很不容易，而要失去10个顾客却很简单。所谓"印象"更多的是一种感觉，感觉除了共有标准提供既定效果外，更多的带有情绪化特征。人际传播的特点告诉我们，如果这种情绪化的主观印象传播的是负效应，那么将使其失望值大为增加。那种口碑式的恶性循环使"回头客"大大减少。

活动2：小组讨论。

以5人为一个讨论组，每名学员根据品牌文化导入行为层应该遵循的四个规范，各结合一个知名品牌的品牌文化理念，分析各个规范在品牌文化导入行为层过程中发挥的作用。讨论得出简易的方案，由老师来进行评议。

关键术语：品牌文化导入行为层四规范。

在品牌文化导入中层——行为层的过程中应当建立品牌行为的规范、品牌人际关系的规范、品牌公共关系的规范和品牌服务的规范。

三、品牌文化导入的核心层——精神层

品牌精神文化是支撑品牌文化体系的灵魂，品牌文化作为整体是动态的，被品牌外部环境所制约，时代的变化、消费模式的变化，会影响品牌文化的发展变化。在当今社会，诸如以什么样的态度和方法对待市场和顾客、以什么样的态度和方法对待效率和效益、以什么样的态度和方法对待员工和社会，已成为塑造品牌精神文化的新课题。

问题3：应该从哪几个方面塑造品牌精神文化？

1. 以人为本的品牌价值观

如何看待股东、员工、顾客、公众的利益，如何处理这些利益关系，一定程度上反映了以人为本的品牌价值观。以人为本就是把人视为管理的主要对象和企业品牌的最重要资源。股东对品牌拥有所有权，企业家对品牌拥有控制、管理权，顾客和公众通过购买企业产品，最终拥有对该企业品牌的监督权和否决权，他们通过手中的"货币选票"和"舆论"来行使他们的权利。员工通过参与企业民主管理行使自己的权利。股东有投资增值的需要，管理者有权力、地位、成就感以及取得与其贡献相适应的经济报酬的需要，顾客有获得质量高、价格低、方便快捷的产品和服务的需要。企业品牌如果不能满足这些需要，股东就要抛售股票，管理者就要跳槽，顾客就会不购买企业的产品。企业品牌只有持续地以人为本、不断创造解决人的需要的新途径，才能不断创造更高的效率和效益。在企业内部，以人为本的核心是解决员工和企业的关系问题，亦即如何看待企业员工权利和需要的问题。

德国通过"社会契约"和"共同决策"的监事会制度，在权力的平衡方面步子迈得最大，但从结果看，企业品牌并没有获得应有的活力和竞争力，因为其决策太慢。几十年来，日本企业通过文化和制度来造就一种心理上的权力平衡，但日本的终身雇佣制正在受到严峻的考验，而它的年功序列工资制几乎已经瓦解。美国企业是通过工会来达到某种权力平衡的，但工会会员在大量减少，工会面对近年来员工收益减少而管理者收益大增的趋势却束手无策。

在信息时代，员工多元化的价值追求不仅仅是需要得到满足，更是创造力

的源泉。信息时代将给企业带来新的机会，快速、激烈的竞争将迫使企业越来越趋向民主化，因为这是取得竞争优势的唯一途径。在重新构建的品牌文化中，人的自我实现的价值在于创造而不在于权力，在于工作而不在于等级。在开放的机会中，人们对级别、地位的看法将会发生根本的变化，知识和能力将构成企业新的价值基础，对级别和地位的竞争将渐渐淡化，这会净化品牌文化，净化企业内人与人的关系。企业品牌在结构和价值观上的变化将领先于社会和政治，并将最终影响全社会。现在，已经可以看出这样一种趋势：企业家的开明、开放和包容程度正在超过政治家。在20世纪60年代以前，社会的明星是政治家，像罗斯福、艾森豪威尔和肯尼迪；在60年代以后，优秀品牌企业的企业家成了社会的明星；进入90年代以后，这一趋势更为明显，比尔·盖茨、沃尔顿、沃伦·巴菲特和罗斯·佩罗特，成了家喻户晓的人物。企业家通过个人奋斗所取得的成功淡化了人们对社会阶层、级别、地位的看法。品牌创造的文化，正在潜移默化地改变着世界。

信息时代的企业组织形式也要适应以人为本的价值观，这种组织形式和组织制度不仅要考虑到人员的职业，还要考虑到人员的兴趣、爱好、脾气、秉性，以及他们可能的发展方向。组织的核心可能将不再是以业务能力为主要考察对象，而是以人际关系能力和把握方向能力为主要考察对象。同时，人员的报酬将不是依据职位，而是依据能力和贡献，这意味着业务经理可能因主要贡献在调整人际关系上而比主要贡献在业务上的属员拿得要少，"升官"不一定"发财"，这将大大减少内部摩擦，特别是将大大减少因优秀的专业人员都涌向经理这条狭窄的通路而造成人才资源的浪费，并且使人才资源能各尽其所、发挥特长，使各类人才都能在自己选择的专业和道路上不断实现自我价值，不断取得应有的经济、社会和自我需求的满足。

2. 参与、协作、奉献的品牌精神

品牌精神是企业品牌全体员工共同一致、彼此共鸣的内心态度、意志状况和思想境界。每个品牌都有自己的成长历程，都有各自不同的品牌个性，因此，在提炼本品牌的企业精神时，不必与其他品牌雷同，应有自己的特色。

当代社会，参与、协作、奉献已成为现代企业员工值得倡导的一种意志状况和思想境界。各品牌在提炼自身品牌精神时可将其作为参考。

（1）参与主要指的是参与管理。参与管理是企业兼顾满足员工各种需求和提高效率、效益要求的基本方法。员工通过参与企业品牌管理，发挥聪明才智，得到比较高的经济报酬，改善了人际关系，实现了自我价值。而企业品牌则由于员工的参与，改进了工作，提高了效率，从而达到更高的效益目标。根据日本公司和美国公司的统计，实施参与管理可以大大提高经济效益（一般都可以提高 50% 以上，有的公司提高一倍甚至几倍）。一般而言，增加的效益的 1/3 作为奖励返还给员工，2/3 作为企业增加的资产投入再生产。

在实施员工参与管理的过程中，要特别注意引导，要反复把企业品牌当前的工作重点、市场形势和努力的主要方向传达给员工，使员工的参与具有明确的方向性。有些企业家对潮水般涌来的建议和意见不知如何处理，这主要是他们自己对企业品牌的经营方向、管理目标缺乏目的性和计划性，不知道如何引导员工有计划、分阶段地实施重点突破。实施参与管理还要有耐心。在实施参与管理的开始阶段，由于管理者和员工都没有经验，员工参与管理会显得有些杂乱无章，企业没有得到明显的效益，甚至出现效益下降。管理者应及时总结经验、肯定主流，把实情告诉员工，获得员工的理解，尽快提高参与管理的效率。

在美国许多公司中，参与作为一种企业品牌精神而存在，管理者要求每个员工每年要写一份自我发展计划，简明扼要地阐述自己在一年中要达到什么目标，有什么需要，希望得到什么帮助，并对上一年的计划进行总结。自我发展计划，一方面是员工实行自我管理的依据；另一方面给每个员工的上级提出了要求：如何帮助下属实现自己的计划，它既可以作为上级人员制订自我计划的基础，又成为对上级人员考核的依据。每个员工应随时提出合理化建议并定期填写对公司意见的雇员调查，这个调查可以使那些没有参与管理积极性的员工也参加进来，他们对公司工作的评价会成为管理部门主动了解意见和建议的基础。雇员调查的内容比较广泛，涉及公司业务的各个方面。企业每年进行一次员工评议，包括总经理在内，都要受到其上级和下属以及与其有关的平行部门（企业内外）的评议。

（2）协作是现代企业精神必须强调的重要内容。促进协作精神的方法是多种多样的，可以通过工作后的聚餐、郊游等形式来增进同事之间的私人感情和协作精神。在日本的企业界，很多经理几乎每天晚上都要和年轻的职员一起聚餐、聊天，直到深夜，这种聚餐已成为日本各公司的普遍做法。在美国，近年来，工作之余的社交活动逐渐向同事关系扩展。协作精神还可以通过非正式组织、团队（或以班组、部门、临时任务组织、兴趣小组为基础）形式来促进企业职工的协作精神。团队在许多现代企业中已成为促进企业职工协作的有效手段和组织形式。美国管理学家哈默指出，团队是一个伟大的创造，是现代企业管理的基础，是重新构建公司的一个基本出发点，具有强大的生命力。

（3）奉献精神是与企业社会责任相联系的一种企业精神。它是指在组织企业经济运营过程中关心整个社会的进步与发展、为社会多做贡献的境界。企业只有坚持公众利益至上，才能得到公众的好评，使自己获得更大的、更长远的利益。这就要求企业积极参加社会公益事业，支持文化、教育、社会福利、公共服务设施等事业。通过这些活动，在社会公众中树立企业注重社会责任的形象，提高企业的美誉度，强化企业的道德责任感。

在美国，教育是企业资助最多的领域。只有处于最激烈的市场竞争中的企业才知道人才的重要，他们希望有更多的人才涌现，因为人才是公司的未来。这一目标贯穿于从小学到大学的整个过程中。资助教育事业不仅对大学科研是重要的，对中小学校的教育同样是重要的，特别是对那些贫困的孩子，教育给了他们金钱买不到的东西，使他们一生受用。

3. 以市场为导向的品牌哲学

市场是品牌经营管理的出发点和归宿，是品牌一切管理活动的依据，也是品牌经营哲学的核心。企业家在确立以市场为导向的品牌经营哲学过程中，为适应信息化的社会，必须强化对全体员工的学习、教育和培训。学习对于品牌的经营管理是至关重要的。列宁说过，我们不能设想，除了庞大的资本主义文化所获得的一切经验为基础的社会主义外，还有别的什么社会主义，如果不去向资本主义的第一流专家学习组织托拉斯大生产的本领，那么这种本领便无从获得。

这种学习、教育和培训不是单一的，而是复合式的；不是单向的，而是多向的；不是单线受动的，而是多线互动的。例如，国外提高品牌经营管理水平不是由企业家孤军奋战，而是有一个由大学、科研院（所）和咨询公司的专家组成高水平的参谋队伍共同工作。这个参谋队伍既长期固定对企业给予指导，即各公司董事会中的专家董事，也有临时性指导，即具体的业务咨询。这支参谋队伍理论水平高，对市场和企业管理的发展走势看得很清晰，由于他们不断给不同公司参谋咨询，对各种企业的管理也有深入、实际的了解，所以是企业家进行战略决策的重要信息来源和参谋助手。国家从政策上扶植、发展咨询业，企业品牌也重视咨询对自身的作用，这样就提高了品牌管理的外部推动力，有利于品牌经营哲学永葆清晰、准确的战斗力。所有成功的企业，它所确立的经营哲学都是从外到内、依据市场情况决定的。以市场为中心进行管理定位，不是一种简单的、线性的、因果式的关系，而是一种交互式的关系。

市场的现实需求需要企业品牌通过市场调查和分析确定各种需求的内容和边界，优化生产要素，调动品牌力量，调整品牌管理方式，以满足需求。市场的潜在需求则需要企业品牌在市场调查和分析的基础上发挥创造力和想象力，把握技术的发展动向，预测市场潜力，进行风险决策，调动企业力量，优化生产要素，调整生产管理方式，以创造需求。

无论是满足需求还是创造需求，企业品牌必须建立与市场间强有力的联系渠道，建立快速、准确的市场信息系统。现代企业品牌通过多元渠道建立企业市场信息系统已成为企业经营哲学的一项重要内容。在企业内部，最初的市场信息渠道主要是销售部的信息反馈。在企业外部，企业获得市场信息最初主要依靠市场调查机构，但调查机构的分析主要是依据统计学的、是初步的。随着市场的差别化、细分化，市场需求的变化越来越复杂，统计学调查结果往往比较简单，特别是它对科学技术发展与市场需求的关系、社会政治文化发展与市场需求的关系等复杂的系统关系无法做出深刻的评价，对企业重大决策无法发挥直接的指导作用。因此，企业越来越依靠咨询公司来进行市场分析并提出完整的策略建议，作为企业管理决策的依据。

活动3：模拟品牌文化导入。

扮演企业人员的学生自己选择一种产品来经营，其他人员分为三个小组（分别代表物质层、行为层、精神层）为其制订导入计划，形成400字左右的简易计划书，由老师进行评价。

关键术语：塑造品牌精神的关键。

以人为本的品牌价值观；参与、协作、奉献的品牌精神；以市场为导向的品牌哲学是塑造品牌精神的关键。

阅读材料

顾客利益与品牌文化

最成功的品牌总是把顾客的利益放在首位，以激发起他们积极的情感，就如蒙牛的"请举起右手，为中国加油"活动，激发起了全国人民的广泛响应。公司每一次新产品（新品牌）的发布会都会成为一个经典的故事，故事的主人公是顾客自己，而不是公司本身。蒙牛短短几年时间从一个默默无闻的、居于内蒙古偏远地区的小企业，一跃成为我国奶业市场的第二大品牌。

这与公司以顾客利益为起点建设品牌文化的思路密不可分。不仅是蒙牛，许多成就卓越的企业也是基于顾客利益而不是对自身品牌的认识来塑造其品牌文化形象的（如表8-1所示）。

表 8-1 部分知名企业的产品属性和品牌文化对比

企业	产品属性	品牌文化
资生堂公司	化妆品	让顾客获得希望
佳能公司	复印设备	帮客户改进办公效率
星球电视公司	卫星产品	满足您娱乐需要
OKI 公司	空调	控制室内空气
富士公司	胶卷	保存您的记忆
先锋公司	卡拉 OK	帮助顾客尽情歌唱

资料来源：莫小平：《论企业品牌文化的塑造策略》，《商业时代》，2010 年第 20 期。

考试链接

1. 品牌文化导入层次划分为：物质层、行为层、精神层。
2. 品牌文化导入的三个步骤：理念系统、行为系统、视觉系统。
3. 品牌文化导入与内、外部环境因素的关系是什么？

第二节 品牌文化导入的步骤

一、品牌文化的理念系统

品牌文化的理念系统包括品牌价值观和品牌经营哲学，一个品牌以何种思想观念来经营，是其进行品牌文化导入的第一步，这一步直接关系着其后的行为系统和视觉系统。

问题 4： 品牌价值观与品牌经营哲学的区别和联系？

1. 品牌价值观

品牌价值观，是指品牌在追求经营成功过程中所推崇的基本信念和奉行的目标。从哲学上说，价值观是关于对象对主体有用性的一种观念。品牌价值观是品牌的制造者与消费者一致赞同的关于品牌意义的终极判断。

这里所说的"价值"是一种主观的、可选择的关系范畴。一事物是否具有价值，不仅取决于它对谁有意义，而且还取决于是谁在做判断。不同的人很可能做出完全不同的判断。如一个把"创新"作为本位价值的品牌，当利润、效率与"创新"发生矛盾时，它会自然地选择后者，使利润、效率让位。同样，另一些品牌可能认为"品牌的价值在于致富"、"品牌的价值在于利润"、"品牌的价值在于服务"以及"品牌的价值在于育人",那么,这些品牌的价值观分别可称为"致富价值观"、"利润价值观"、"服务价值观"以及"育人价值观"。

在西方品牌发展史中,品牌价值观经历了多种形态的演变,其中最大利润价值观、经营管理价值观和企业社会互利价值观是比较典型的品牌价值观,分别代表了三个不同历史时期西方品牌的基本信念和价值取向。

最大利润价值观,是指品牌全部管理决策和行动都围绕如何获取最大利润这一标准,并据此评价品牌经营的好坏。

经营管理价值观,是指品牌在规模扩大、组织复杂、投资巨额而投资者分散的条件下,管理者受投资者的委托,从事经营管理而形成的价值观。一般地说,除了尽可能地为投资者获利以外,还非常注重企业人员自身价值的实现。

企业社会互利价值观,这是20世纪70年代兴起的一种西方社会的企业价值观,它要求在确定品牌利润水平时,把员工、企业、社会的利益统筹加以考虑,不能失之偏颇。

当代品牌价值观的一个最突出的特征就是以人为中心,以关心人、爱护人的人本主义思想为导向。过去,品牌文化也把人才培养作为重要的内容,但只限于把人才培养作为手段。西方的一些品牌非常强调在职工技术训练和技能训练上进行投资,以此作为品牌提高效率、获得更多利润的途径。这种做法,实际上是把人作为工具来看待。所谓的"培养人才",不过是为了改进工具的性能、提高使用效率罢了。当代品牌发展趋势已经开始把人的发展视为目的,而不单纯是手段,这是品牌价值观的根本性变化。品牌能否给员工提供一个适合发展的良好环境,能否给用户创造价值,这是衡量一个当代品牌或优或劣、或先进或落后的根本标志。德国思想家康德曾指出:在经历种种冲突、牺牲、辛勤斗争和曲折复杂的漫长路程之后,历史将指向一个充分发挥人的全部才智的美好社会。随着现代科学技术的发展,现代和21世纪文明的真正财富,将越来越表现为人通过主体本质力量的发挥而实现对客观世界的支配。这就要求充分注意人的全面发展问题,研究人的全面发展,无论是对于品牌中的人还是对全社会,都有着极其重要的意义。

2. 品牌经营哲学

品牌经营哲学,是指品牌在经营管理过程中提升的世界观和方法论,是品牌在处理人与人(雇主与雇员,管理者与被管理者、消费者与生产者、企业利益与职工利益、企业利益与社会利益、局部利益与整体利益、当前利益与长远利益、企业与企业之间相互利益)、人与物(产品质量与产品价值、职工操作规范、技术开发与改造、标准化、定额、计量、信息、情报、计划、成本、财务等）关系上形成的意识形态和文化现象。处理这些关系中形成的经营哲学，一方面与民族文化传统有关；另一方面与特定时期的社会生产、特定的经济形态及国家经济体制有关。

品牌经营哲学还与品牌文化背景有关。一个品牌在确立自身的经营哲学时，必须考虑到品牌文化背景对品牌的影响力。外向型品牌、跨国品牌、品牌跨国经营，更需重视这一点。东西方民族文化传统不同，在品牌经营中，从方法到理念上都存在明显的差异。英、美国家的品牌受其文化传统影响，崇尚个人的价值——聪明的企业家、诺贝尔奖得主，技能培养自我负责、任意辞职或任意解雇，追求利润最大化。他们崇尚天马行空、独来独往式的英雄，崇尚个人奋斗和竞争。在管理中比较强调"理性"管理，强调规章制度，管理组织结构、契约等。而东方文化圈的企业更强调"人性"的管理，如强调人际关系、群体意识、忠诚合作的作用；强调集体的价值——企业集团、社会负责技能训练、团队精神、对公司的忠诚、产业发展战略以及推动经济增长的产业政策。一个是以理性为本，一个是以人为本、以情感为本，两种文化传统形成鲜明的对比，从而也形成两种不同的品牌经营哲学。

日本在吸取中国文化传统的基础上形成了日本式品牌经营哲学，这已引起了世界的关注，这种经营哲学也直接影响着日本品牌运营的绩效。第二次世界大战后，日本在较短的时间内就医治了战争的创伤，并保持了10%的年平均增长速度，人均国民收入从1945年的200美元增长到1980年的8940美元。日本的汽车、家用电器等产品源源不断地输入美国，它以其质优、价低、物美对美国的产品构成极大的威胁。日本经济高速增长的因素有很多，但其品牌经营哲学独特是一个重要因素。管理专家和企业家发现，美国品牌重视管理 "硬"的方面，即重视理性主义的科学管理，而日本品牌不仅重视"硬"的方面，更重视品牌形成共同的目标、共同的价值观念、行为方式、道德规范等精神因素。

在东亚文化圈的品牌经营哲学中，重视集体精神的价值，每当公司制定发展战略时，一定要征求公司集体的意见。在日本企业内，雇员被放在利益相关集体的首位，客户次之，股东则更次之。由于雇员的利益最重要，日本公司总是设法不断提高雇员的工资，以培养雇员对公司集体的忠诚。

随着科技的进步和世界经济的迅速发展，品牌跨国经营的国际化趋势不断明显。品牌的跨国经营是工业发达国家利用国际资源以壮大经济实力的必由之路。品牌跨国经营、跨文化管理孕育了品牌跨国经营哲学。管理学大师彼得·德鲁克说过，跨国经营的企业是一种多文化的机构，其经营管理思想基本上是一个把政治、文化上的多样性结合起来而进行统一管理的哲学思想体系。跨国经营品牌面临的是在诸多差异之间进行生产经营活动的经营环境，品牌经营环境的跨文化差异是品牌跨文化管理的现实背景。一般地说，跨国经营品牌所面临的经营环境包括经济环境、政治环境、法律环境、社会环境以及文化环境等。

文化因素对品牌运行来说，其影响力是全方位、全系统、全过程的。在跨国经营品牌内部，东道国文化和所在国文化相互交叉结合，东道国与所在国之间以及来自不同国家的经理职员之间和消费者的文化传统差距越大，所需要解决的问题也就越多。在跨文化管理中，形成跨文化沟通和谐的、具有东道国特色的经营哲学是至关重要的。成功的跨国经营品牌在这方面做出了有益的尝试。中国惠普公司探索了一种建立在东西方文化结合基础上的人本管理新模式，就是在中国文化和美国文化背景的相互交融中，不断提高外部适应性和内部和谐性。共同的长期战略、互利、相互信任和共同管理是跨国经营哲学的基础。

3. 品牌理念在品牌运营中的作用

惠普这一闻名世界的 IT 品牌，能在半个多世纪的品牌经营中取得令世人瞩目的经营业绩，这与公司确立的品牌理念是分不开的。

惠普一方面是坚持核心价值观，另一方面是进行适应性变革。它的核心价值观是相对稳定、先进而有效的。构成核心价值观的是一种指明品牌成功之道的经营理念，是一种不受时间局限的思想，它强调品牌的盈利价值，注重满足顾客、公司股东及员工的需求，提倡以人为本、保持人与人及人与环境之间和谐的价值原则。这一核心价值观又被普遍灌输到公司每一位员工思想中，使惠普员工都自愿遵循这些原则。公司还能够成功地适应日益变化的市场经营环境，这种以创新精神与团队精神为价值取向的经营理念，对品牌在多年经营过程中保持较强的市场竞争力发挥了相当重要的作用。

此外，惠普的文化体系并不是一个僵化的体系，而是一个能适应变化、做出反应的开放的、动态的体系。惠普的决策者认为，他们有必要将惠普品牌文化中那些核心成分，那些较为稳定的成分与另一些不重要的成分，容易变化的成分加以区分。从品牌发展的全部过程来看，多年来，品牌中基本的核心价值观念是基本稳定的，植根于核心价值观基础之上的经营理念变化并不很大。变化最大、最明显的是具体的经营策略和某些经营方式，这些变化虽不是随意的、轻而易举的，但却是必需的。

关键术语：品牌价值观与品牌经营哲学。

品牌价值观，是指品牌在追求经营成功过程中所推崇的基本信念和奉行的目标。品牌经营哲学，是指品牌在经营管理过程中提升的世界观和方法论，是品牌在处理人与人、人与物关系中形成的意识形态和文化现象。

二、品牌文化的行为系统

品牌文化的行为系统是指品牌在经营过程中产生的文化活动，从人员构成来划分，主要包括企业家品牌行为和消费者品牌行为两部分。

问题 5：企业家品牌行为与消费者品牌行为。

1. 企业家品牌行为

品牌的经营决策方式和决策行为主要来自企业家，企业家是品牌经营的主角。企业家是工业革命后资本主义商品经济高度发展的产物。随着生产力和科学技术的发展，特别是机器化生产和大股份公司的迅速成长，企业家队伍日益壮大。

优秀的企业家是具有卓越才能的人。他们强调长期行为，不断把利润进行再投资，以发展品牌。他们善于创新，干实事而不尚空谈；有领导能力，有丰富的想象力、判断能力和坚韧的意志；有监督和管理的才能；有丰富的业务知识，善于把握时机做出具有战略意义的重大决策和创新。他们目光远大，不斤斤计较眼前利润，而是注重对整个品牌发展的全局性设想。

在品牌决策行为中，创新性是十分重要的。企业家独立自主地经营品牌，不仅拥有独立的生产决策权——生产什么、怎样生产、为谁生产的基本决策权，而且要对生产要素进行新的组合，要开发新产品，采用新工艺，开辟新市场，获得新原料，建立新组织，所有这些都需要有创新的勇气。创新需要"多谋"和"善断"。所谓"多谋"，除了企业家自己开动脑筋外，还要集思广益，吸收广大员工的智慧。所谓"善断"，就是对这些谋略进行正确的筛选。要"断"得正确，"断"得及时。有些时候，虽属正确的判断和决策，但因延误了时机，也得不到应有的效果。所以，及时的判断和正确的判断对企业家来说是特别重要的事情。"机不可失，时不再来"，所强调的就是要及时判断和决策、把握好时机。

在创办企业和品牌经营中必定会遇到各种意想不到的困难和挫折，因此，企业家要有不怕失败、不怕挫折和百折不挠的勇气，要有献身事业、不惧风险、敢冒风险的精神。做任何事业，要达到预期的目标，都需要用坚韧不拔、一往无前的精神去支配自己的行为，而企业家更需要这种精神。因为经营品牌中最大的风险是向没有把握的新项目或新的开发领域进行投资。要投资就要有风险，在日趋激烈的市场竞争中，风险来自各个方面。如竞争对手推出新的产品或新的竞争策略，本品牌无所觉察也毫无对策；或本品牌研制的新产品及为此而进行的技术引进或技术改造，由于对销路把握不准或对同行业技术进步、生产能力发展预测不准而销路不畅等，均可能使企业陷入困境。竞争、风险给品牌带来希望，也潜伏着危机。在情况不清时只能按概率进行决策，风险总是难免的。一旦遭受不测，没有韧性就会彻底垮台。

从某种意义上说，市场经济是"冒险家的乐园"。在这个乐园中，可以享受公平、平等、独立、互益的乐趣。它是一个"自由王国"，但在这个自由王国里充满风险，只有那些敢于承担风险成本的人才能获取风险的成果和回报。

2. 消费者品牌行为

消费者品牌行为指的是消费者接触品牌时发生的一切行为活动，主要包括消费者品牌选择、偏好、使用、心理感受等。研究人员通过实证研究指出，品牌偏好与消费者价值体系是紧密联系的。基于这种密切关系，假设如果了解个人的价值观，那么就能预测其品牌偏好。从顾客的角度看品牌行为，会得出品牌行为是个复杂的过程，并非每个人都有品牌意识，也并非每个具有品牌意识的人都是由品牌驱动的。由于有关消费者品牌行为的研究在消费者行为学和心理学方面已经很多，比较统一的观点是个人价值观极大地影响消费者的品牌偏好，同时，品牌价值观也会影响消费者的品牌行为。

关键术语：企业家品牌行为与消费者品牌行为。

企业家品牌行为指的是企业家创建和经营品牌时发生的一切行为活动。消费者品牌行为指的是消费者接触品牌时发生的一切行为活动。

三、品牌文化的视觉系统

经过以上两个步骤，下面就要进入品牌文化导入的一个直观层面——视觉系统，品牌的标志、名称、色彩在这一系统中起到了至关重要的作用。

问题 6：一个品牌怎样才能具有良好的视觉效果？

1. 品牌的标志

品牌标志是代表品牌形象、特征、信誉、文化的一种特定符号，从一定程度上来说，标志是品牌的主角，也是企业与市场情报沟通及资讯传递的核心，更是消费者心目中对品牌认知、认同的代表物。品牌标志可分为字体标志、图形标志和组合标志。

字体标志是指以特定的明确字体、字体造型式字体所衍生出来的图案作为企业的标志。其中，中文、英文大小写字母、阿拉伯数字等都可作为字体标志的设计要素。字体标志简洁而表现力丰富，可利用字母或文字的变形和排列来加强标识性，尤其是企业名称相同的字体标志同时具有两种功能：不仅传达了企业名称的信息，而且又具有图形标志的功效，以达到视觉、听觉的同步扩散效果。这是目前和今后企业设计的发展趋势。

图形标志是通过象形图案或几何图案来表示的企业标志。图形标志形象性强，如果设计适当，则能利用丰富的图形结构及其结构组合规律来表达一定的含义，并可以在充分研究几何图形的点、线、面变化中，设计出具有高意境、寓意无穷的标志。图形标志一般最好配合以企业名称。

组合标志，是字体与图形相结合的企业标志。组合标志在图形中加上字体，形象生动活泼，含义清楚，使人易于理解。

2. 品牌的名称

一个企业、一种商品品牌其名称如果取得好，本身就是一笔巨大的财富，企业的名称是企业外观形象的重要组成部分，因为企业名称是人们经常记忆且能给人突出印象的一种符号密码，是视觉设计时首先要考虑的问题。而品牌是可供顾客识别的产品形象，它的基本功能是把不同企业之间的同类产品区别开来，以避免竞争者之间的产品发生混淆。尽管品牌是一个笼统的名词，包括品牌名称，还包括以符号、图像、图案、颜色对比等所显示的标志，但品牌名称作为可以用语言表达的称谓，在品牌形象中具有先声夺人的作用。

企业命名要有利于差别化战略的演进，避免同其他企业混淆。一家企业要取得成功，企业本身和它的产品、商品、服务内容在人们心目中的形象是至关重要的，而树立这种形象的一个主要方面，就是名字的选择。一个独特、与众不同的名字自然会使公众对该企业留下深刻的印象；而一个平庸的名字，则会带给他人一种本能的反感和厌倦。一个看似简单的名字，实际上极大地影响企业的发展和效益。

国外有不少企业一掷千金求一个名字，取名公司甚至使用计算机从数百万次、数千万次的排列组合中进行淘汰选择。雪碧（Sprite）饮料的音韵与 Sprit（全力冲刺）相近，字面又与 Spirit（元气、精神）相近，本身又兼有精灵活力之意，各种感觉的综合，合成一种充满活力的感觉。同样，Fanta（芬达）饮料，在其音韵上与 Fountain（泉水）相近，同时又没违反美国商标法中禁止企业用日常用词作为品牌名称的条例，在相似与差别中展示了魅力。

3. 品牌的色彩

根据人类心理和视觉现象判断，色彩有冷暖之分：暖色系红、橙、黄；冷色系蓝、蓝绿、蓝紫；中性色系绿、紫、赤紫、黄绿。了解色彩表现的三要素是对色彩研究和运用的基础。三要素的变化可以形成色彩的调和感觉，从而也能形成不同的心理效应和不同的色彩表现力。

色彩作为品牌视觉系统中的一个重要因素，能有力地表达情感，在不知不觉中影响着人们的精神、情绪和行为。每一种颜色都能诱发出一定的情感。如红色给人以一种活泼、生动和不安的感觉，并饱含着力量、热情、方向感和冲动。许多企业都以红色为标准色，以取其视觉上的巨大冲击力。橙色象征充足、饱满、有活力、明亮、健康、向上、兴奋等。黄色代表明亮、辉煌、醒目、高贵，使人感到愉快、年轻和充满活力。绿色使人产生和平、安全的感觉。蓝色易使人想到蓝天、海洋、远山、严寒，给人以崇高、深远、透明、沉静、凉爽的感觉，它象征着幸福和希望，是现代科学以及智慧和力量的象征色彩，给人以莫测高深之感。高科技企业一般多用此色，象征技术力量。紫色给人以高贵、庄重的色彩感。黑色象征着悲哀、肃穆、死亡、绝望，又具有深沉、庄重、坚毅之感。白色给人以纯洁、和平、澄清之感。

品牌应该根据自身特点指定某一色彩或某一组色彩为该品牌的标准色，用来表征品牌实体及其存在的意义。色彩是视觉感知的基本因素，它在视觉识别中的决定性作用使得品牌必须规定用色标准，使品牌标志、名称、色彩实现统一化和保持一贯化，以达到品牌形象和视觉识别的目的。

活动 4：设计品牌标志。

根据所学内容，结合实际，为你所在学校或者居住地附件的一家商店设计一个品牌标志，需要综合运用标志、名称、色彩等几个方面。设计好之后，可在班内进行评比，或者将自己设计的标志推荐给被设计的商店。

关键术语：品牌文化的视觉系统。

品牌文化的视觉系统主要包括品牌的标志、名称、色彩等以及它们之间的合理搭配与联系。

阅读材料

感官品牌理念

为什么有些消费者只对某一品牌的服装、某种性能的汽车、某种洗发水或者某种巧克力感兴趣？为什么有人在看到别人带着白色耳机会产生"这就是我想要的时尚"这种渴望？为什么有人会对新加坡机场的标志性香味产生挥之不去的印象？

在由中国科学院联合美国莫耐尔（Monell）化学感观研究中心及恒源祥集团有限公司举办的第一届全球感官品牌论坛上，与会专家对这些问题一一作答，并借此将全球渐成气候的品牌感官营销理念带到了中国，破解视、声、味、嗅、触与消费行为产生与品牌创建之间的关系。

提到可口可乐、雀巢、雅诗兰黛、宝洁、松下、波音等，中国消费者会异口同声地说它们是国际知名品牌。但你知道吗？这些知名品牌背后都有一个气味研究机构，那就是美国莫耐尔化学感观研究中心；而在沃达丰、英国广播公司、奔驰公司和菲亚特汽车公司等知名企业背后，也有一个专门的声音服务机构——声音品牌（Sonicbrand）公司，由其对这些企业的品牌创建提供最合适的声音。

资料来源：郑建玲：《感官品牌理念走近中国消费者》，《中国质量报》，2009 年 11 月 23 日，第 5 版。

229

考试链接

1. 品牌文化的理念系统包括品牌价值观和品牌经营哲学。

2. 品牌文化的行为系统主要包括企业家品牌行为和消费者品牌行为两部分。

3. 品牌文化的视觉系统主要包括品牌的标志、名称、色彩等以及它们之间合理搭配与联系。

第三节　品牌文化的环境因素及其活动识别系统

一、外在环境与对外活动识别系统

品牌是一个开放系统。品牌不能离开社会环境而生存，品牌文化也不能脱离环境而构造。每个企业品牌都需要从外部环境输入资金、原材料、机器设备、劳动力、信息等资源，通过企业品牌机体内部的优化组合和生产制作的转化过程，生产出产品或劳务，再输出给外界环境。品牌文化就是在这个不断反复的生产循环中发展的。因此，要导入品牌文化，必须认真分析品牌文化发育的环境因素。

问题 7：作为政府应该怎样帮助企业导入品牌文化？

1. 外在环境

品牌外在环境从决策的角度看可分为宏观环境和微观环境。从生产经营角度看，可分为市场环境、技术环境、资金环境、信息环境、投资环境以及劳动力环境等。从人际关系构成角度看，可分为上级机关、投资者、消费者、供应者、社会团体以及社区关系等。

影响品牌文化的宏观环境包括社会政治制度、国家经济状况、国家科技发展水平、民族文化传统及自然地理条件。一般地说，社会政治制度对品牌文化建设的影响是相对稳定的。如国家的方针政策、法律法规制约着品牌文化的性质和发展方向。国家的经济环境对品牌生产和品牌文化建设有直接影响。国民经济发展的速度和比例、国民经济结构、国民收入、人均国民收入水平及其增长、市场体系和市场需求，这些因素都会影响品牌文化，企业了解和掌握这些因素及其变化发展的趋势，就能使本品牌的文化导入符合国情。微观环境包括企业品牌所在社区、地区的经济发展战略、地方法规、社区文化、风俗习惯及乡土人情等。

国家的科技水平是品牌形成物质生产力的保证。新技术、新设备、新材料、新工艺、新产品的开发和应用，生产机械化、自动化水平关系到品牌物质文化发展的水平。民族文化传统是品牌文化导入的土壤，传统的民族文化是一个国家在长期历史发展过程中逐步形成的，有强大的渗透力，如勤劳、爱国、自强、孝敬父母、尊老爱幼、遵纪守法都是中华民族的优良传统，是品牌文化建设值得吸取的精神营养。人口与自然环境从四个方面的变化对品牌经营产生影响：一是人口统计因素的变化；二是人们的观念与理念、风俗文化的变化；三是消费时尚与潮流的变化；四是自然资源、地理、气候的变化。

2. 政府的品牌建设职能

作为国家权力机关的执行机关，政府不但要在宏观的施政方针上履行品牌建设职能，还要在微观上帮助企业导入品牌文化。

政府抓品牌文化建设，应从扶持、服务做起。政府扶持，是考察一国政府执政能力的重要内容，也是参与全球竞争的战略选择。政府服务在实施品牌战略中发挥着重要作用，品牌企业并不要求政府介入经济生产的具体环节，而是需要服务型政府提供高效、优质的公共设施和公共服务。中国商务部通过对商务领域现行扶持政策进行整合，把自主品牌建设与其他商务工作有机结合，加大了支持力度，推动了自主品牌发展。

政府抓品牌文化建设，应从政策、法律入手。政府通过制定明确的经济发展目标和有助于品牌文化成长的产业政策，促进产业整合，推进品牌企业发展，营造良好的政策环境；通过开展品牌的法制建设研究，制定相关法律法规，加强对品牌的知识产权保护和对假冒伪劣产品的打击力度，规范品牌市场，创造公正的法制环境；通过协调机制，综合运用财税、贸易、金融、保险等政策和法律，对品牌建设给予全方位的支持，发展和完善品牌建设的整体环境。

在这方面，美国每两年发布一次《国家关键技术选择报告》，对近、中期关键技术进行分析，确立战略技术和产业相适应的发展政策；欧盟组织各成员国确定战略技术，推动战略技术转化为产业实体，扶持各成员国企业的协调发展。国外这些政策对于我国的品牌扶持政策是十分具有借鉴意义的。

活动 5：资料查找。

学员分别以 5 人为一个讨论组，根据前面介绍的以及自身所了解的知识，分析目前我国在推动企业品牌文化建设的过程中发挥的作用。讨论得出简易的方案，由老师进行评议。

231

关键术语：品牌文化建设中的外在环境影响因素。

品牌外在环境从决策的角度看可分为宏观环境和微观环境。从生产经营角度看可分为市场环境、技术环境、资金环境、信息环境、投资环境、劳动力环境等。从人际关系构成看可分为上级机关、投资者、消费者、供应者、社会团体、社区关系等。

二、内在环境与对内活动识别系统

品牌文化建设的内在制约性是多方面的，目前主要集中表现在职工队伍素质、技术装备、原材料、经营管理素质等方面。

问题 8：目前制约我国企业品牌文化建设的内在因素有哪些？

1. 职工队伍素质

现代品牌的竞争，是技术的竞争、人才的竞争，企业品牌如果有一支高素质的职工队伍，就能立于不败之地。如今的社会是知识经济的社会，企业品牌的发展取决于对智力资源的占有，人才作为智力资源的载体，就成为企业的命脉。

企业的成功与否，取决于企业内部的人才数量、质量和效能的发挥程度。人才是企业所有财富中最宝贵、最有决定意义的资源。从一个现代品牌的发展看，高技术不断出现，新材料不断被发现，品牌的信息化程度越来越高，从表面上看人才的作用并不那么突出。一些企业热衷于建厂房、买设备，进行有形资产购置时花费资金毫不吝惜，而对于引进人才、进行人力资本投资、无形资产开发却缩手缩脚。实际上，他们购进的新技术、新材料、新设备，哪一样不是由人能动地创造出来的，掌握现代科学技术的是具有功能性的人。

国内外许多具有高技术含量的品牌的成功经验表明，这些高技术品牌都是在拥有技术创新设想的人才和看到潜在市场的人才之后，从无到有、从小到大地发展起来的。在知识经济条件下，人才的拥有比资金的拥有、市场的占有更为重要。人才是未来经济竞争的制高点，是新一轮品牌竞争的焦点。

2. 技术装备素质

技术装备素质一般是指机器设备、劳动手段的数量和质量，以及能保证企业生产优质产品的需要程度。机械工业是"国民经济的技术装备部"，机械工业技术装备的先进程度，决定了它所制造的机械产品的质量性能，进而决定其他部门技术进步的程度。

中国机械工业联合会统计，2006 年，我国重要机械产品产量已居世界第一位的有大中型拖拉机、铲土运输机械、数码相机、复印机械、塑料加工机械、起重设备、工业锅炉等。2007 年我国汽车生产能力达到 888 万辆；数控机床月产量由 2005 年的 6000 台提高到万台以上；发电设备产量 1.2 亿千瓦，连续三年超过世界其他各国产量总和。我国机械产品市场自给率已达 82%。按销售额计，我国金属切削机床仅次于日本、德国，居世界第三位。

我国装备制造业虽已为国民经济和国防建设提供了一批重要装备，但高水平生产能力不足。一是火电设备中的超临界或超超临界压力机组，燃气、蒸汽联合循环机组及水电设备中的大型抽水蓄能机组尚不能自主设计；输变电设备中的 500 千伏级交流线路设备不多，GIS 全封闭组合式开关和特大型变压器还需要大量进口，直流设备生产能力较弱。二是道路施工机械还只能满足二级及以下路面施工需要；隧道施工机械、盾构机等高效施工设备的核心技术尚需进口；大型水利施工机械只能满足一般平土、夯实的需要，大坝主体工程施工一般都采用进口设备。三是大型化工装备，尚不具备自主设计和成套制造能力；透平压缩机、大型空分设备以及一些特殊用途的泵和阀门，仍然依赖于国外设计和进口。

我国制造业新产品的开发周期一般为 18 个月左右，而美国 1990 年就实现了新产品试制周期 3 个月、设计周期 3 个星期。我国大中型企业生产的 2000 多种主导产品，平均生命周期为 10.5 年，是美国同类产品生命周期的 3.5 倍。国产装备的交货期过长，已成为在国际、国内竞争中屡屡失利的重要原因。我国装备制造业大而不强，低端产品供大于求，生产能力大量闲置，而技术含量高的设备仍大量依赖进口。由于装备制造业技术落后，机械工业技术构成低，所以我国企业很难生产出高质量的品牌产品。

3. 原材料、燃料和动力素质

原材料、燃料和动力是企业品牌进行生产经营活动的重要物质条件。其中，原料和主要材料构成产品的实体、辅助材料以不同形式参加产品的形成过程，发挥特定作用。原材料、燃料和动力的素质主要表现在它们自身的数量、质量和利用程度上。近几年，以能源为例，中国 1 亿美元 GDP 所消耗的能源是 12.03 万吨标准煤，大约是日本 1 亿美元 GDP 所消耗能源的 7.20 倍、德国的 5.62 倍、美国的 3.52 倍、印度的 1.18 倍以及世界平均水平的 3.28 倍。

目前的情况是，一方面资源紧张，另一方面我们的发展又过于粗放，过于大手大脚。比如，目前我国每年的新建建筑中的 80% 以上仍属于高耗能建筑，单位建筑面积采暖能耗为气候相近发达国家的 3 倍左右。再比如汽车，中国的汽车生产过程中的消耗为 1.6 吨油当量，美国只有 0.9 吨油当量。从能源利用效率来看，作为占全球总人口 1/5 的国家，2004 年 GDP 占全球 GDP 的 4%，但单位产值能耗却是发达国家的 3~4 倍，主要产品能耗比国外平均高 40%。其中，原油消耗了全球的 8%、电力 10%、铝 19%、铜 20%、煤炭 31%、钢材 30%。我国单位 GDP 的能耗是日本的 7 倍、美国的 6 倍，甚至是印度的 2.8 倍。

这些数据意味着改革开放 30 多年来，虽然中国经济总量一直以接近于两位数的速度增长，但经济质量和效益却出现了下滑的迹象。特别是由于自主创新能力差、单位能耗大，中国经济开始逐渐显现出畸形发展的状况。由此可见，我们这些年高速增长实际上是付出了极大的能耗成本和承担了极大的技术安全风险的。降低能耗，首先要从观念入手，这也是品牌文化建设中不可忽视的一个方面，能耗高不仅是一种资源浪费，还造成了环境污染。

4. 经营管理素质

经营管理素质表现为企业品牌在生产经营活动中，劳动者、劳动对象所能达到的最优结合程度，即能以最少的劳动力和最低的物耗，取得最大的经济效益。改革开放以来，我国品牌经营管理水平有了很大提高，企业品牌实现了由生产型向生产经营型的转变，不少企业品牌已初步树立了市场、竞争、开放和效益等观念，从原来的单纯追求产值、产量和速度，开始转到重视产品质量、品种、规格和适销对路。不少企业品牌从封闭型走向开放型，它们不只注重内部生产管理，而且注重生产与流通的结合，以销定产，面向市场、面向用户。不少企业品牌从执行型走向决策型，过去企业品牌没有经营决策权，以完成国家下达的计划为管理目标，而当企业品牌有了自主权后，品牌经营便拥有了战略决策权——包括品牌经营方向、经营目标、经营方针、经营范围的选择权。不少品牌从单项管理走向综合管理，建立了计划、控制、监督和信息体系；建立了责、权、利相结合的经济责任制，全面计划和经营体系，全面技术、质量管理体系，全面人事劳动管理体系，全面经济核算体系。这些转变为品牌文化的导入提供了十分有利的条件。

活动 6：小组讨论。

每名学员根据品牌文化建设中的内在环境影响因素，各结合一个知名品牌的品牌文化理念，分别以 5 人为一个讨论组，分析各个规范对该品牌文化导入过程中的内在环境因素的作用。讨论得出简易的方案，由老师进行评议。

关键术语：品牌文化建设中的内在环境影响因素。

品牌文化建设的内在制约性是多方面的，目前主要集中表现在职工队伍素质、技术装备、原材料、经营管理素质等方面。

阅读材料

品牌环境的产业环境转变

近年来，我国商业业态发生了巨大的变化，计划经济下城乡三级分销体系早已土崩瓦解，兴起于 20 世纪 80 年代的传统批发渠道也在转型与萎缩，而连锁零售业获得了迅猛的发展。在这种形势下，绝大多数的国内快速消费品品牌都面临着连锁零售业的强劲挑战：一方面连锁卖场超市所收取的进场费、节庆费等常规费用水涨船高，极大削减了品牌的盈利能力；另一方面零售商品牌的出现更是直接加剧了产业内品牌的竞争。国内饮料名牌娃哈哈的总经理宗庆后也在公开场合抱怨超市大卖场的得寸进尺，2004 年上海炒货协会联合所有的上海炒货名牌厂家集体退出家乐福事件更是这一环境趋势的显著体现。因此，面对这一产业竞争环境的重大变化，国内品牌必须解决诸如如何应对连锁业态的挑战、如何进一步服务好连锁业态、如何处理连锁业态与传统渠道经销商的关系（如价格体系如何规划）等问题，必须站在品牌发展的总体高度重新规划品牌战略，才能进一步促进品牌资产的发展。

资料来源：庄晖、高松：《品牌经营环境要素分析》，《上海管理科学》，2005年第5期。

考试链接

1. 品牌文化建设中的外在环境影响因素。
2. 作为政府应该怎样帮助企业导入品牌文化？
3. 品牌文化建设中的内在环境影响因素。

案例分析

中华老字号品牌文化的缺失

越来越多的外国品牌进入国内市场和国产新品牌的诞生，给消费者带来了许多新产品、新观念、更多的选择机会，也给中华老字号带来了严峻的挑战和经营的困境。目前很多中华老字号品牌文化都面临着以下一些共性缺失：

（1）不注重品牌传播。许多中华老字号企业对品牌宣传的力度不够或侧重点不准确，宣传的途径过少。主要表现在：一是对品牌定位不准确，传播中重在宣传其"传统特色"，没有时代色彩；重在宣传其"古老文化"，拒绝现代文化的融入；导致不能吸引当今消费者的关注。二是普遍存在以"老"自居、"皇帝的女儿不愁嫁"、"酒香不怕巷子深"、"百年品牌已深入人心"等保守思想，忽视通过广告、公关活动、公益事项等多种途径对品牌进行主动宣传。而更依赖于一些老消费者的口碑传播，如此方式限制了传播的速度和广度，降低了品牌的知名度和美誉度。三是缺少通过对不断更新换代的消费者品牌情感的持续培养来形成品牌认同感，使得顾客群体转移甚至消失。

（2）经营管理方式陈旧。许多中华老字号企业的员工培养模式仍沿用师傅传徒弟，没有系统、科学的培训手段，直接影响中华老字号企业的发展壮大。同时，也没有建立与市场经济相适应的管理体系，缺乏谋求创新发展的内在动力。在经营方式上，许多中华老字号企业还没有形成利用法律来维护产品质量和商业秘密的理念。特别是靠手工操作和靠独特工艺的，更多地强调"继承传统"和保持"传统特色"。为保证产品质量，保护"祖传秘方"，经营者信奉着"只此一家，别无分店"的经营思想。错误地认为开分店就会导致产品质量难以控制，假冒的产品就会出现，就会危及产品的名声。

（3）品牌物质文化的缺失。①产品创新不够。许多中华老字号企业对时代的发展变化考虑不足，对消费者的喜好和消费观念的变化研究不够。只固守产品的传统特色，使得产品陈旧和品种单一，造成产品滞销、门庭冷落。②生产的现代化程度低。许多中华老字号企业不注重在生产中采用新工艺与新技术，而是过度迷信老手艺，多采用手工制作，使得其产品的产量低和质量不稳定，产品的科技含量低和附加值低，难以满足现在消费者的需求。③缺少时代特点。许多中华老字号的产品包装形式缺少现代文化元素的融入；企业店面装修缺乏在传统特色基础上的与时代相互和谐等。这些都直接影响了品牌的形象，也在消费者心目中产生了不良印象。

资料来源：王文媛、敖静海：《中华老字号品牌文化创新探析》，《商场现代化》，2009年第1期。

➡ 问题讨论：

1. 分析中华老字号品牌文化的缺失，你认为其品牌文化中存在着哪些消极因素？

2. 结合本章所学内容，为中华老字号品牌制订一套切实可行的品牌文化导入计划。

本章小结

1. 本章内容包括：品牌文化导入的层次、品牌文化导入的步骤、环境因素在品牌文化建设中的影响和作用三大部分。

2. 品牌文化导入的层次有表层——物质层、中介层——行为层、核心层——精神层三层。

3. 品牌文化的理念系统、行为系统、视觉系统是品牌文化导入的三个步骤。

4. 环境因素在品牌文化建设中的影响和作用分为外在环境与对外活动识别系统、内在环境与对内活动识别系统两部分。

深入学习与考试预备知识

品牌形象解读

众所周知，"品牌形象"最直接的定义是消费者对品牌具有的联想，当消费者听到某个公司的名字时所做的联想就是品牌形象。品牌形象具有功能的、符号意义的要素，它们在消费者心智与记忆中会形成一个总体的集合或网络，不同的设计风格可以形成软硬不同的品牌形象：硬性的联想与实质的感受、功能属性的认知有关，如速度、价位、可操作性等；软性的联想与情绪直接相关，如兴奋、趣味、信赖等。这种心理层面的集合或网络可称为视觉意象。

消费者对品牌的认知，是从多维空间去感知的。而这种感知最初来源于品牌在最初所呈现给消费者的外在表象，同时这种外在表象将很大程度地影响消费者最终对品牌的感知。因此，如果要向消费者传达品牌核心价值、体现品牌个性，必须在品牌上市之前，确定"表里如一，量身定做"的品牌风格，它必须能确切地体现品牌核心价值与个性。

资料来源：陈永维：《品牌传播视觉意象解读》，《企业经济》，2006年第4期。

知识扩展 ★★★★

企业创建品牌的双因素分析

科技是企业创建品牌的决定性因素。科技从属于一定的社会需要，是创建品牌的前提，它的进步推动社会不断发展，而社会发展又需要科技不断创新，正是这一亘古不变的真理，使人类走到了今天；科技使资产增值是创造品牌价值的基础，科技产品（或服务）可以按照远远超过其自身价值的市场价格来出售，即能够使资产增值；科技创新提高企业的核心竞争力，是形成品牌竞争优势的源泉。

文化是企业创建品牌的必要性因素。品牌的形成离不开文化的积淀，市场中没有不具备文化属性的品牌，任何优秀的品牌，都要具有一个良好的文化底蕴，具有良好文化底蕴的品牌能给人带来精神上的享受，从而满足人们更高层次的需求；品牌也是一种文化，而且是一种极富经济内涵的文化，具有让消费者认同的品牌可以为企业带来极高的附加值，是企业的一笔巨大财富。

资料来源：张琳：《企业创建品牌的双因素分析》，《经济师》，2003年第7期。

思考题：

1. 科技和文化在企业创建品牌时各扮演什么角色？
2. 科技因素与文化因素两者之间的关系是什么？

答案 ★★★★

引导案例：

1.①物质层导入。王朝在产品品质、科研技术等方面投入巨大的资金，为品牌塑造奠定了物质基础，这也是品牌取得市场认可的先决条件。②行为层导入。王朝通过重新树立企业结构，加强了企业内部管理。③精神层导入。王朝贯彻"低调入市，高调品质"经营理念，认真做品牌而不张扬，为企业赢得了良好的口碑。

2. 在王朝的品牌塑造中，中规中矩处多，而独特出彩处少，因此在赢得一定消费群体的同时并没能树立起王朝特色的品牌文化，使得王朝在品牌拓展的过程中依然只能延续为稳步发展的路线，限制了品牌扩张速度。

知识扩展：

1. 科技是创新的前提条件，科技的发展才能推动技术的不断进步，才能给企业创新的空间和物质条件。科技的增值效果也是企业中其他的各种元素所不能比拟的。文化是企业创新的必要因素，也是企业塑造自身独特个性的必要条件。任何品牌的形成都需要经过企业文化的沉淀。

2. 科技因素是企业创新的物质条件，而文化因素是企业创新的精神条件。这两者在企业品牌创新的过程中是相互补充、相互促进的。企业不能完全离开技术改进而退出全新的品牌理念，品牌理念的推陈出新有赖于相应的技术予以支持。企业在品牌创新中必须把握两者的平衡。

第九章

品牌文化与 CI

学习目标
★★★★

知识要求 通过本章的学习，掌握：

● CI 的概念以及包含的内容
● 品牌文化与企业理念塑造
● 品牌文化与企业行为
● 品牌文化与企业视觉识别系统
● CSI 的概念以及作用

239

技能要求 通过本章的学习，能够：

● 熟练掌握品牌文化与 CI 的关系
● 熟练掌握企业理念的塑造
● 熟练掌握企业行为的塑造
● 熟练掌握企业视觉识别系统
● 学会用 CSI 提升品牌力
● 运用 CI 塑造完善品牌文化

学习指导
★★★★

1. 本章内容包括：品牌文化与 MI 塑造、品牌文化与 BI 塑造、品牌文化与 VI 塑造、通过 CIS 提升品牌力等。

2. 学习方法：夯实理论基础，客观联系实际；针对 CI 中不同的内容进行比较，分析它们与品牌文化的关系；注意 CSI 的实际操作性，做到学以致用。

3. 建议学时：12 学时。

引导案例

内外兼修——黑松林

中国胶粘剂工业协会常务理事单位江苏黑松林粘合剂厂有限公司（以下简称"黑松林"），位于革命老区黄桥，是一家专门从事粘合剂生产销售的高新技术企业，水基胶年生产能力逾 3 万吨。公司拥有注册商标 60 多个，其中"黑松林"商标被评为"中国化工行业卓越品牌"，连续五届荣获"江苏省著名商标"称号。黑松林系列粘合剂系"江苏省名牌产品"、"中国石油和化学工业知名品牌产品"。

历年来，黑松林十分注重企业文化建设，并用企业文化凝聚人心，促进企业健康发展，公司先后获得"中国优秀民营化工企业"、"中国化工思想政治工作先进单位"、"全国企业文化建设先进单位"、"中国化工行业企业文化建设十佳示范单位"、"江苏省企业文化建设先进单位"。

经过长期生产经营管理实践和不断总结提升，富有黑松林特色的品牌文化已成为企业的宝贵财富。

一个企业区别于其他企业的特征在于产品、企业的外在形象以及富有特色的品牌文化，品牌文化能够反映一个企业的精神面貌，可以说品牌文化建设是打造企业精神的必由之路。自 20 世纪 90 年代初起，黑松林就提出了"精神、精品、精兵"的品牌文化建设纲要，确立"修己、安人、聚和"的品牌精神。针对管理层级少，员工人数少、素质偏低的现状，公司继而确立"德治治远"的黑松林特色品牌文化建设方向。在品牌文化建设的过程中，黑松林以"解决问题"为品牌文化建设抓手，以实施"心力管理"为品牌文化建设路径。

黑松林以崭新的视角，由浅入深，由表及里，循序渐进，针对不同环境、不同条件、不同场合下品牌文化建设的不同情况，采用"细节管理"，利用"眉批管理法"、"弯道管理法"、"留白管理法"、"脸谱管理法"等不同的方法，在处理问题的过程中，从小事做起，把小事做精，把细节做好、做伟大，提高品牌核心竞争力，进而提高企业核心竞争力。

资料来源：作者整理。

思考题：

1. 黑松林品牌是如何进行品牌文化塑造的？

2. 分析黑松林的品牌文化塑造，你觉得其成功的关键有哪些？

第一节　品牌文化与 MI 塑造

一、不同的表述

企业形象 CI（Corporate Image）主要包括企业理念识别 MI（Mind Identity）、企业行为识别 BI（Behaviour Identity）、企业视觉识别 VI（Visual Identity）三大部分。为了弄清楚品牌文化与企业理念的关系，有必要再梳理一下迄今为止理论界对品牌文化的各种表述。

问题 1：目前关于品牌文化的具有代表性的描述有哪些？

1. 对品牌文化的各种表述

目前理论界关于品牌文化的表述较多，大致梳理一下，可以得出以下几种主流表述：

第一种表述：广义的品牌文化是指一个品牌所创造的独具特色的物质财富和精神财富之总和；狭义的品牌文化是指品牌所创造的具有特色的精神财富，包括思想、道德、价值观念、人际关系、习俗、精神风貌以及与此相适应的组织和活动等。

第二种表述：品牌文化可以从三个方面加以定义，它是指有利于识别某个销售者或某群销售者的产品或服务，并使之同竞争者的产品和服务区别开来的名称、名词、标记、符号或设计，或是这些要素的组合；是指文化特质在品牌中的沉积和品牌经营活动中的一切文化现象；是指它们所代表的利益认知、情感属性、文化传统和个性形象等价值观念的总和。

第三种表述：品牌文化由品牌的外层文化、内层文化、深层文化三部分组成，其核心是品牌的深层文化，即品牌经营管理中形成的浸入该品牌灵魂的价值观念和行为准则。

第四种表述：品牌文化是企业文化在营销过程中的集中表现，是决定品牌构造的价值取向、心理结构、行为模式和符号表征的综合，是品牌构造的价值内核。品牌文化是品牌所反映的企业文化与消费者文化的结合，是企业和消费者共同作用下形成的对品牌的价值评判，是体现企业精神、满足消费者需求的重要内容。

第五种表述：品牌文化是一种观念形态的价值观，是品牌长期形成的一种稳定的文化理念与历史传统，以及特有的经营风格。

第六种表述：品牌文化就是指有利于识别产品生产者或销售者的产品或服务，并使之同竞争者的产品和服务区别开来的名称、名词、标记、符号或设计，或是这些要素的组合。

第七种表述：品牌文化是指文化特质在品牌中的沉积和品牌经营活动中的一切文化现象；以及它们所代表的利益认知、情感属性、文化传统和个性形象等价值观念的总和。

西方学者对品牌文化的定义有着深刻的认识，著名的 Interbrand 咨询公司提出了品牌文化结构，价值观（Values）、信仰（Beliefs）、规范（Norms）、氛围（Climate）和象征（Symbols）是品牌结构的五个构成要素，进而提出了品牌文化校准流程。该流程建立在已有的诸多管理咨询实践以及以此进行深入研究的基础上，该流程的核心观点认为品牌价值观是企业校准组织、运营和文化的基础。

据初步统计，关于品牌文化的定义达 100 多种，归纳国内外学术界最有影响和最有代表性的定义，主要有如下三种：

第一种是"总和说"。认为品牌文化是品牌的物质和精神文化的总和，是品牌管理中硬件和软件的结合。硬件是指品牌的外显文化，包括产品、品牌形象、广告、宣传等；软件是指品牌的隐形文化，是以品牌的精神为寄托的各种文化现象，包括品牌精神、价值观等。

第二种是"同心圆说"。认为品牌文化包含 3 个同心圆。外层同心圆是物质文化，指品牌文化物化形象的外在表现，是展现于消费者面前、看得见摸得着的一些要素。中层圆是制度文化，即品牌在其管理、营销活动中所展现的社会文化及民族文化的成果的总和。内层圆是精神文化，它渗透在品牌的一切活动之中，是品牌文化的灵魂、核心。

第三种是"精神现象说"。认为品牌文化是指一个品牌以物质为载体的各种精神现象。它是以价值体系为主要内容的品牌精神、思维方式和行为方式，是品牌在生产经营活动过程中形成的一种行为规范和价值观念。

2. 品牌文化与企业理念的关系

（1）企业理念是品牌文化的核心。通过仔细观察不难发现，几乎所有品牌文化的定义都提到价值观，这里价值观的概念和企业理念的概念基本是一致的。品牌的成功来自于成功的企业理念，作为核心地位的企业理念无时无刻不发挥着指导作用。没有品牌价值观，企业理念概括的品牌文化起码是低层次的，是经不起竞争磨砺的短视文化，也是没有品牌特色的。

（2）企业理念统驭品牌的行为、经营方向以及企业与外界的联系等。换言之，企业理念指导品牌内部与外部的各项工作，指导品牌文化的方向，影响品牌文化的形成、传播和发展。

（3）品牌的经典产品、管理模式、工作模式、品牌形象、广告宣传都是企业理念的外化、直观感觉形象。

（4）企业理念和品牌文化一般都强调人本的核心作用。企业英雄作为他人学习的榜样和敬重的对象，他们的一言一行都体现品牌的价值观念。英雄是一种象征，同样体现出企业人的完美型理想。有了企业英雄，企业理念所强调的凝聚功能便有了现实的导向。所以，企业英雄（劳模）也是品牌文化的重要内容。

关键术语：国内外学术界关于品牌文化的代表性定义。

"总和说"认为品牌文化是品牌的物质和精神文化的总和；"同心圆说"认为品牌文化包含外层、中层、内层3个同心圆；"精神现象说"认为品牌文化是指一个品牌以物质为载体的各种精神现象。

二、品牌文化的功能

品牌文化的功能是指品牌文化发生作用的能力，也即品牌这一系统在品牌文化导向下对生产、经营、推广的作用。

问题2：比较品牌文化功能与企业理念功能的异同？

1. 品牌文化的功能

（1）导向功能。品牌文化对企业员工行为具有导向的功能，体现在规定品牌行为的价值取向、明确品牌的行动目标上。导向功能同时也包括对员工的约束、自控和凝聚。品牌通过广大员工认可的价值观来获得的一种控制功能以达到品牌文化的自我控制；品牌文化将企业员工紧紧地联系在一起，同心协力，共同奋斗，具体通过目标凝聚、价值凝聚、理想凝聚来实现。同时。对于消费者而言，人们接受某种商品，不只是简单地对物质的接受，同时也是人们对文化需求与文化认同的直接和间接的表现。娃哈哈、金六福、万家乐等品牌中包含着丰富的中华文化的意蕴，通过广告宣传颂扬了家庭本位的观念。品牌文化是人的感情、习俗、文化观念诸因素中的聚合，融合了人们传统的观念。品牌是商品的象征，但促使品牌为大众认同和接受的重要因素之一是其人文性因素。

（2）转换功能。品牌文化的转换功能是指它对公众思想观念、意识或思维方式、生活方式以及行为方式的影响，并通过这种影响最终使社会公众的生活方式有所更改和转变的属性。现代社会随着社会生活变迁速度的加快，人们的各种生理需要和心理需要也必须随之发生相应的变化，围绕着树立良好的品牌和商品形象，品牌通过大众传播媒体，不断地宣传和发展其文化，消费大众在购买商品时也接受和认同品牌文化，从而对于大众的观念、意识、生活方式及行为产生长远的影响。品牌文化往往引导和转换人们的观念，改变原有社会文化的氛围。

（3）辐射功能。品牌文化还有不断向社会发散的功能，主要途径有：①软件辐射，即品牌精神，品牌价值观、品牌伦理道德规范等发散和辐射；②产品辐射，即品牌以产品为载体对外辐射；③人员辐射，即通过员工自觉或不自觉的言行所体现的品牌价值观和品牌精神，向社会传播品牌文化；④宣传辐射，即通过具体的宣传工作使品牌文化得到传播。

2. 品牌文化功能与企业理念功能的联系

企业文化功能与企业理念功能多有重复或相近似，而企业理念作为品牌文化的核心，其主导与提携作用是十分明确的。企业理念的核心地位为世界上一批又一批优秀品牌的经验所验证。美国哈佛大学几位教授对 80 多家日本企业的研究发现，这些成功的企业中，1/3 具有清晰的经营理念、行为理念。根据托马斯·J.彼得斯和小罗伯特·H.沃特曼对美国 43 家优秀企业的调查研究，那些经营良好的公司，都有一套非常明确的指导信念；而经营不善的企业，要么缺乏首尾一致的理念，要么只有一些别出心裁和隔靴搔痒的目标。正确的理念是品牌存在和运行的精神支柱，是品牌发展的动力之源。与品牌文化相似，企业理念为企业行为提供导向作用。在激烈的市场竞争中，企业如果没有一个自上而下的统一目标，是很难参与市场角逐的，更难以在竞争中求得发展。理念的作用正是将全体员工的事业心和成功欲望化为具体的奋斗目标、信条和行为准则。美国国际商用机器公司（IBM）在"为顾客提供世界上最优秀的服务"这一企业理念的引导下，全体员工不仅为客户提供各种机器租赁，而且提供各种机械服务，并在 24 小时内对任何一个顾客的意见和要求做出满意的答复。企业发展的道路往往不是一帆风顺的，在逆境中，企业要么把挑战当成机会、把困难当成动力，要么悲观失望、自暴自弃。正确的企业理念，正是给困惑中的品牌指引出正确的方向。

企业理念包括经营理念和行为理念。经营理念是为了实现企业目的、企业使命、企业生存意义所制定的企业规范，也是有效地分配经营资源和经营能量的方针。行为理念则是广大员工将企业的存在意义、经营理念转换成一种心态，在平常的言行中表现出来，以明确易懂的组织规范，让员工明了如何共同强化企业力。一盘散沙的企业与关系协调、融洽的企业其经营业绩是大不相同的，两种不同的企业状况反映出两种不同的理念。强调凝聚力的企业，必定重视企业内部的干部教育、员工教育、全体员工个人的思想感情、命运与企业的命运紧密地联系在一起，他们感到个人的工作、学业、生活等任何事情都离不开企业这个集体，从而与企业同甘苦、共命运。企业理念不仅使企业领导层之间，也使干部与员工之间产生凝聚力、向心力，使员工有归属感。这种向心力和归属感反过来又可以转换成强大的力量，促进企业的发展。

企业的理念是个性与共性的统一。普遍性的企业理念具有较强的时代特色，它不仅对本品牌起到很大作用，而且还会通过各种信息渠道渗透、传播到同行业的其他品牌甚至不同行业的品牌中去，对其他品牌起到楷模的作用。

关键术语：品牌文化的功能。

品牌文化的功能是指品牌文化发生作用的能力，也即品牌这一系统在品牌文化导向下对生产、经营、推广的作用，包括导向功能、转换功能、辐射功能。

三、品牌理念的分类

品牌的差别首先来自企业不同的理念，企业不同的理念定位决定了品牌不同的形象定位。因此，企业理念内容的差别化是品牌差别的根源。

问题 3：企业理念分类的依据是什么？

从目前企业的现实状况看，可将企业理念分为以下五类：

1. 抽象目标型

这一类型的企业理念浓缩目标管理意识，提纲挈领地反映企业追求的精神境界或经营目标、战略目标。这类企业理念往往与企业生产经营目标联系起来，直接地、具体地反映在企业口号、标语之中。如日本电信电话的"着眼于未来的人间企业"、劳斯公司的"为人类创造最佳环境"、雷欧·伯纳特广告公司的"创造伟大的广告"等。

2. 团结创新型

提炼团结奋斗等传统思想精华或拼搏创新等群体意识。例如，美国德尔塔航空公司的"亲如一家"、贝泰公司的"不断去试，不断去做"等。

3. 产品质量、技术开发型

强化品牌立足于某类拳头产品、名牌产品，或商品质量，或开发新技术的观念。例如，日本 TDK 生产厂的"创造——为世界文化产业做贡献，为世界的 TDK 而奋斗"、日本东芝公司的"速度、感受度，然后是强壮"、佳能公司的"忘记了技术开发，就不配称为佳能"等。

4. 市场经营型

注重品牌的外部环境，强调拓宽市场销路，争创第一流的经济效益。如百事可乐公司的"胜利是最重要的"、日本卡西欧计算器公司的"开发就是经营"等。

5. 文明服务型

为顾客、为社会服务的意识。例如，美国假日旅馆公司的"为旅客提供最经济、最方便、最令人舒畅的住宿条件"、波音公司的"以服务顾客为经营目标"、美国电报电话公司的"普及的服务"、IBM 公司的"IBM 就是服务"。

综上所述，企业理念是得到普遍认同的，体现企业自身个性特征的，为促使并保持企业正常运作以及长足发展而建构的反映整个企业明确经营意识的价值体系。由此可见，企业理念是品牌文化的集中体现。

活动 1：案例分析。

每个同学根据上文提到的企业理念的五种分类，各找出一至两个知名企业与其匹配，并选取其一进行简单的案例分析（关于企业理念方面），形成 300字左右的简易分析报告，由老师进行评价。

关键术语：企业理念的分类。

从目前企业的现实状况看，可将企业理念分为以下几类：抽象目标型；团结创新型；产品质量、技术开发型；市场经营型；文明服务型。

四、独特的理念塑造

企业形象识别（CI）必须围绕企业理念来进行创意、设计和实施。企业的发展是动态的，因此，企业理念也在不断地发展和变革。

问题 4：独特理念塑造的关键是什么？

1. 企业形象与企业理念

英国 ICI 公司曾用 100 万英镑修改其标志，该公司的负责人认为，标志必须表现企业的理念，他在解释为什么要修改波浪线时曾说："与其说 ICI 公司的标志是一个难以名状的混合物，倒不如说它是对公司一系列相互分离不联系的各个部门表现为一个总的公司。这个设计系统是为了将新收购到的公司融入原来的公司结构中。这是一种新的设计类型，一项要在 150 个国家内执行的战略。"从"一团混合物"到将"一系列相互分离不联系的各个部门表现为一个总的公司"，这个历史的转折，是 ICI 公司发展壮大、呈现集团化和国际化的重要时期。标志必须体现企业富于进取的理念以及富有凝聚力的理念。

设计是一项创造性的精神劳动，大多数设计人员往往习惯于凭借自己的专业知识来从事设计，而不顾及 CI 的战略目标和企业理念，这往往导致不能正确阐述企业理念。如果我们对企业的文化背景、战略目标、经营理念在时间上和空间上所具有的共性和个性有正确的分析和把握，也就是对 CI 战略有一个正确而全面的理解，我们就可以发现，突出理念的 CI 设计是其他设计的先导，并且必定要决定其他设计的基本方向与风格。可以断言，一切其他的设计必须服务于企业理念，只有从企业理念出发，才不会偏离 CI 的本意。

日本著名企业家松下幸之助认为，"经营就是创造"。他把品牌经营活动看成是一种类似于艺术创造的活动，首先是企业理念的创意。从企业经营的全过程看，制订总体计划、招聘人才、筹集资金、建造厂房设施、开发产品等一系列活动都是创造，而这种创造都是在一定的企业理念指导下进行的。松下认为，企业必须和社会一同向前发展。"企业的根本目的在于通过经营事业来谋求提高人类的共同生活。"在为了更好地完成这一根本使命的过程中，利润才变得重要。一切在于提高人类生活的质量，于是松下提出了"生产报国、奉献社会"的口号。

2. 确定企业理念的关键

企业的发展是动态的，因此，企业理念也在不断地发展和变革。企业面临的内部和外部环境发生变化后，原来的企业理念也应有所变革。将竞争对手和企业所处的环境作为主要参照系，考察行业竞争环境对企业价值体系的直接、间接影响，并制定可以不断适应动态革新的企业理念。在企业组建成大型公司或集团公司的初期，简洁明了的企业理念比一般的政策和系统更容易让人记住。这种比较直观的、易于接受和传播的企业理念就要给予重新建构，以适应公司向大型化、集团化环境转变的需要，这时就必须特别重视包括制度文化在内的企业文化的审视与兼容，从而塑造新的企业形象。企业在转制时面临许多新情况、新问题，为了鼓舞士气，也需要重塑企业理念。

在确定企业理念时，需要将其具体化为理念识别的基本要素和相关的应用要素。从企业理念的基本内容及其功能、含义可知，理念识别的基本要素包括企业经营策略、管理体制、分配原则、人事制度、人才观念、发展目标、企业人际关系准则、员工道德规范、企业对外行为准则以及政策等。理念识别的应用要素主要包括企业信念、企业经营口号、企业标语、守则和座右铭等。

企业理念的确定需要发动企业全体员工共同参与，通过诊察企业的现状，确认企业的远景；根据调查研究结果和企业远景试作理念识别的基本要素，将企业理念识别基本要素的草案适当进行企业内外的测试；就测试结果对理念识别基本要素进行修正定案；根据修正定案的理念识别要素试作相关应用要素；将试作的相关应用要素进行企业内外测试；就测定结果对理念识别应用要素进行修正定案；根据修正定案的理念识别基本要素和相关应用要素制定企业的理念识别手册。

关键术语：确定独特的企业理念的关键。

企业形象识别（CI）必须围绕企业理念进行创意、设计和实施。制定企业理念时，需要不断适应动态革新的企业理念；将其具体化为理念识别的基本要素和相关的应用要素；发动企业全体员工共同参与。

五、个性化实施

企业理念的实施过程，实质上是理念识别渗透于品牌与员工行为及品牌视觉标志的过程。理念识别的实施目的在于将品牌理念转化为品牌共同的价值观及员工的心态，从而树立良好的企业形象。

问题5：企业理念实施的步骤和方法有哪些？

1. 企业理念实施的步骤

（1）企业理念的实施要经过企业全体员工的了解、领悟和实践。了解企业理念是渗透工程的第一步。要使企业理念内化为员工的信念和自觉行动，必须让员工知晓企业的经营方针、发展目标、行为准则以及企业口号，以便使企业理念初步为员工所认识。员工对企业理念的了解程度从企业内部来说主要取决于两个方面：一是企业领导对企业理念传播的态度；二是企业信息的沟通渠道及传播载体。两者从主观决策者到信息载体，构成企业理念传播渗透的必要条件和基础。

优秀企业的领导都十分注重让广大员工了解企业理念及其具体内容。他们往往通过创业史的教育、先进模范人物的典型宣传、重要的动员大会、厂史厂规等知识竞赛进行渗透性灌输。通过经常性的群众活动，使企业员工在潜移默化中逐渐熟悉并了解企业理念。企业内部传播的渠道因企业情况而异，一般财力较好的企业其设备等硬件可以得到保证。

（2）领悟是认知的高级阶段。企业员工了解企业理念及其具体内容，只是理念识别实施过程的起点，要让员工从表层接触到心灵的契合，还要求员工对企业理念的把握上升到领悟阶段。领悟的途径有多种，如企业领导或先进模范通过切身体验和感受阐释企业理念，从而引导员工领悟理念。不仅要让企业员工领悟，而且要尽可能地成为社会公众关切的视点，如在我国"工业学大庆"的年代，"爱国、创业、求实、献身"的大庆精神不仅是大庆的企业理念，而且成了那个时代中国工人阶级的一种精神导向，一种铁人精神，它不仅为大庆人所感悟，甚至为全国人民所感悟、所推崇。

（3）实践对于理念实施是至关重要的。仅仅了解和领悟企业理念还不够，还应当将领悟到的精神运用到生产、经营和管理的实际行动中去。由抽象的理念感知到付诸行动是一个由内向外的复杂过程。它既带有员工个体主观意志的认同差异，又在客观上要求理念识别的认同具有一体化的特性。解决这一矛盾，需要企业运用实践锤炼原则，通过心理强化从众心理、模仿心理等手段反复教育与引导，从而使员工自觉地将理念由一种心态转化为一种行为习惯。企业可以通过培训，使新员工了解和领悟企业理念，使其上岗后自觉或不自觉地适应企业理念。企业还可通过赏罚分明的措施，对员工符合企业规范的行为进行奖励，对违反企业规范的行为进行批评、惩罚。通过奖罚，达到员工重复或终止某一行为的目的，强化企业理念。

2. 企业理念实施与渗透的方法

企业理念实施和渗透工程有多种方法，其目的是真正有效地将企业理念转化为品牌共同的价值观和员工的共同心态。目前广泛采用的实施方法有反复法、翻译法、环境法、游戏法和英雄式领导法。

（1）反复法通常采用所谓"唱和"的做法，朗读企业理念的小册子，宣读张贴在墙上的企业理念。但在实施前，要考虑时机、频率、对象层的选择。因为唱和容易使人产生某种强制的感觉，同时也会让人怀疑实施对象的低层次水准，况且新老职工一起唱和会造成老职工的心态不平衡，因而持反对态度。在松下公司里，规定新职工每天一次，老职工每周一次，并由主管在全体员工面前摘录一段企业理念朗诵，并夹杂着亲身经历，进行5分钟左右的讲演、谈话，这样便可保住员工的自尊。在朗读企业理念时，要求采用洗练、精简的口语化方式，要有亲切感，避免命令式口吻。反复法不仅指唱和、朗读，也可利用立体音响，借助传播工具请播音员朗读，在公司里播放给全体员工，或利用流行歌曲形式进行演唱。

（2）翻译法是指结合自己的切身体验阐释公司的理念，使共有的企业理念化为员工各自的理解，使自己的工作实际与企业的抽象理念融为一体，并在此理念引导下，重新审视自己的工作，寻找正确的方法。做法包括：找出自己应该具有的方法，然后在小范围内发表感想；或者将这些感想刊载于CI新闻或公司的刊物上，再对此进行讲评或褒奖。在采用征文形式的同时，也可以采用明信片形式。例如，以"我与企业"为题，把自己的想法写在明信片上，再寄给公司的董事长。

（3）环境法是将企业理念视觉化，使之适用于企业环境。例如，以图案来象征企业理念，做成匾额、壁画或海报，设置于办公室、工厂或其他工作场所的墙上。日本赤阪、船桥、六本等地有一家叫做"维多利亚车站"的美国烤牛肉连锁店，该店就是用大型壁画来传达企业理念的——画面是向前方缓缓延伸的地平线，好像漫无止境的铁路。餐厅设计装潢的主题是铁轨，巨幅壁画替代了用文字写成的企业理念。画的本身渲染了艺术美，图案是缓和、弯曲延伸的铁轨，像呼吁人们"出发前进"。又好像告诉人们现在的出发地点就是维多利亚车站，客户在这里加油，勇往直前。

（4）仪式及游戏法就是将企业理念的传播融进仪式或游戏活动之中。在仪式中，董事长将他的观念传达给员工，最后大家一起喊口号，有时董事长亲自拿着麦克风，主持卡拉OK；有时举行运动大会，让大家一起欢笑。日本公司还经常举行员工的海外旅行、高尔夫球赛，以增强凝聚力。

（5）英雄式的领导法是利用英雄式领导的示范作用。如果只会在口头上阐释企业理念，而不能切身体验，对于这样的董事长或主管，企业员工便不可能见贤思齐，企业理念也就只能沦为装饰性的、虚有其表的空洞仪式。一般企业中至少要有一个英雄式的领导者，最好是中层主管，因为他是众人的楷模，要使他成为众人模仿的对象，要使人产生"有为者亦若是"的观念，才具有现实意义。英雄式领导法的本意是向人们昭示：企业内的人只要努力，就能拥有如楷模一样好的希望；即使不能完全一样，也应相当接近这个目标。

活动2：实际运用。

假设你是一家新成立技术创新型中小企业的经理，你将确立一种怎样的企业理念，并且会怎样将这一理念实施渗透到品牌以及企业的建设之中？就这一问题形成400字左右的简易报告（可自由发挥，但要与本节内容结合），由老师进行评价。

关键术语：企业理念实施的步骤及渗透方法。

企业理念的实施要经过企业全体员工的了解、领悟和实践；企业理念的实施和渗透目前广泛采用的实施方法有反复法、翻译法、环境法、游戏法和英雄式领导法。

六、理念塑造的民族性问题

传统文化对现代品牌文化和企业理念的影响具有鲜明的民族特色。因为品牌文化和企业理念总是建立在特定的民族文化基础之上，并与该民族物质文明和精神文明的发展水平密切相关。

问题 6： 企业理念的塑造存在着哪些民族性的问题？

1. 东西方品牌文化塑造的差异

在世界经济日益走向全球化的趋势下，品牌文化对传统文化进行吸收与改造，使之具有新的生命力，成为具有现代文化特点的新生文化，正日益成为人们注目的现象。就某一个品牌而言，品牌文化也总是在一定的文化背景中成长、发展，它的企业理念的形成，离不开所处的文化背景。

20 世纪 50 年代的美国，企业管理进入了系统科学的时代，其全面应用系统理论、权变理论解决管理中的问题，朝着严密化、定量化、硬科学化的道路发展，这个给美国带来极大繁荣的"计划和技术至上"的理性主义管理方法发展到 70 年代之后，受到了日本的挑战。美国的一些学者提出，与日本相比，美国管理的落后不在于管理方法、手段和技术，而在于缺少一种以企业文化为核心的管理体系。于是"企业文化学派"的管理思想在美国企业界日渐风行。其呼吁将更多的注意力放在生产产品和提供服务的人以及使用产品和服务的人上面，批判企业管理中的"纯粹理性主义"，恢复企业管理中人的中心地位。美国管理学家托马斯·彼得斯称："成绩卓著的公司能够创造一种内容丰富、道德高尚而且为大家接受的文化准则。一种紧密相连的环境结构，使员工们情绪饱满、互相适应和协调一致。他们有能力激发大批普通员工做出不同凡响的贡献，从而也就产生有高度价值的目标感。这种目标感来自对产品的热爱、提供高质量服务的愿望和鼓励革新以及对每个人的贡献给予承认和荣誉。"美国企业文化研究专家的这种描述，是对企业文化以人为本的企业理念的重新认识，它从较高的层次上反省了企业文化以及品牌文化的价值。它揭示了东西方国家不同民族文化传统背景影响下的企业文化及品牌文化，具有横向借鉴与沟通的必要与可能，而也只有这种比较才能更好地认识自我，创造新的品牌文化。

2. 传统文化对我国塑造品牌文化的影响

世界上还没有一个抛弃了自己的民族文化而能够生存和发展的国家，只有珍惜和发扬自己民族的优秀文化，才能自立于世界民族之林，对世界文明的发展做出新的贡献。中国的传统文化博大精深，它为中国品牌文化的成长提供了肥沃的土壤。

儒家文化对中国品牌文化具有多方面的积极作用，对企业理念的提炼与塑造也产生了很大影响。现代品牌文化的核心提倡以人为本的经营理念。被称为仁学的儒学思想中包含人本主义的因素，孟子的"民为贵"也强调人的价值。

从传统文化的丰富性而言，影响我国品牌文化形成和发展的并非只有儒家文化（儒学文化背景和儒学价值观对于东亚经济的发展产生了积极的促进作用，对发展经济的企业理念的建立产生了积极影响）。除儒家外，法家、道家、佛家等都不同程度地产生过作用。运用《孙子兵法》的军事谋略思想，加以现代化改造，将其运用于品牌管理，在品牌决策、生产、开发、营销、发展等关键环节上，都可以借鉴其创新精神、科学思想，从而获得成功。道家的顺应自然、返璞归真，对于品牌文化建设中的环境保护、人际关系和谐、寻找事物规律都能起到很好的借鉴作用。而法家的重制度建设、主张从严治国的理念，对品牌文化组织制度的健全与完善，也起到指导作用。

关键术语：传统文化与品牌文化。

认清东西方品牌文化塑造的差异，中国的传统文化博大精深，为中国品牌文化的成长提供了肥沃的土壤。

● 阅读材料

同仁堂品牌的文化内涵

三百多年前，同仁堂创始人乐显扬在京城创办同仁堂药室。恪守诚实敬业的品德，对求医购药的八方来客，无论是达官显贵还是平民百姓，一律以诚相待，始终坚持童叟无欺，一视同仁。对于病倒在街头的乞丐，同仁堂约定无论哪个伙计碰到，一律将其带回同仁堂免费救治。同仁堂"济世"、"养生"的崇高使命和中华民族传统文化的"中庸仁爱"思想不谋而合。

翻开同仁堂的历史，人们感受最深的是同仁堂浓厚的文化气息。无论是企业精神、企业使命，还是堂训、自律意识、服务铭，都与中华民族优秀的传统文化息息相关。可以说，正因为同仁堂大力弘扬中华民族优秀的传统文化，把自身的品牌文化深深根植于民族文化的肥沃土壤之中，才成就了同仁堂今天的伟业。

资料来源：程书香：《同仁堂品牌文化内涵解读》，《消费导刊》，2009 年第 2 期。

● 考试链接

1. 品牌文化的三个代表性定义：总和说、同心圆说、精神现象说。

2. 品牌文化的三个功能：导向功能、转换功能、辐射功能。

3. 品牌文化的五种分类：抽象目标型；团结创新型；产品质量、技术开发型；市场经营型；文明服务型。

4. 制定独特的企业理念的关键：企业形象识别（CI）必须围绕企业理念进行创意、设计和实施。

5. 企业理念实施的步骤及渗透方法：了解、领悟和实践；反复法、翻译法、环境法、游戏法和英雄式领导法。

6. 传统文化与品牌文化：博大精深的传统文化，对中国品牌文化成长的积极作用。

第二节　品牌文化与 BI 塑造

企业行为（活动）识别（BI）就是通过一系列企业活动，将企业形象展示给社会。企业行为识别系统直接影响到企业的品牌文化、品牌形象和企业的发展，因此很多企业在品牌文化的树立过程中十分重视 BI 开发与塑造。

一、规范和导向

问题 7：企业行为识别对于企业品牌文化建设的意义是什么？

从某种意义上说，企业识别系统（CI）中 MI、BI 和 VI 的关系，就仿佛一个人的心灵（原则）、行为和仪表。一个形象完美的人应该同时具有美丽的心灵、高尚的行为和英俊优雅的仪表。人的行为是由其思想原则（心灵）所支配，而一个人形象的好坏最终取决于他的行为，也就是取决于他如何做事。企业形象也是如此，社会公众和消费者对企业的认知归根结底取决于企业"如何去做"。

理念识别（MI）是 CI 系统的基本精神所在，它处于最高决策层次，是系统运行的原动力和实施的基础。但是无论从管理角度，还是从传播角度来看，理念仅仅代表着某一企业的意志和信息内核。企业理念是精神化的、无形的，但是受企业理念支配的企业行为识别（BI）是可以体现出来的、有形的。如果理念不能在行为上得到落实，那它就只是一些空洞的口号，流于形式。同时，企业视觉识别（VI）的内涵是由企业的 BI 所赋予的，通过 VI 所产生的联想便是企业的 BI（即如何去做）。如果一个企业的产品和服务质量低劣，无论口号喊得如何响亮、广告做得如何诱人，都无法得到社会公众的认可，更谈不上塑造良好的企业形象。只有将企业理念转化成企业商品精神的一部分，整个产品营销过程、企业的品牌文化才能焕然一新，才能赋予 VI 极具魅力的内涵，才会得到社会公众的认同，企业 CI 战略的实施才能够卓有成效，品牌文化的树立才能真正行之有效。

行为识别的这种独特的作用，决定了企业在导入 CI 时必须把企业及其员工的行为习惯作为突破口和着力点，通过不断打破旧的不良习惯，建立新的行为模式，从而实现真正的观念转化和水平提升。这成为现阶段我国企业实现 CI 战略的重点。当然，企业要搞好 BI 建设绝非易事，必须对行为识别系统的构成和目标有全面透彻的认识，在此基础上，抓住关键，全力推进。如此一来，才不会使得品牌文化的建设流于口号，而是真正落实到企业的营销过程中，发挥品牌文化独特的竞争力作用。

关键术语：企业行为识别（BI）。

企业行为识别系统是企业理念识别系统的外化和表现。企业行为识别是一种动态的识别形式，它通过各种行为或活动将企业理念加以贯彻、执行、实施。在企业行为识别系统中，企业主体特征是最基本的基础性因素。企业的行为包括的范围很广，它们是企业理念得到贯彻执行的重要体现领域，包括企业内部行为和企业市场行为两个方面。各种行为只有在企业理念的指导下进行规范、统一，并富有特色，才能被公众识别认知、接受认可。

二、BI 的塑造

企业行为识别系统的塑造因企业情况不同而通常在实施细节上存在很大差异，下面我们将给出一个流程框架来帮助学员理解 BI 的塑造过程。

问题 8：如何塑造企业行为识别系统？

BI 设计规划如下：

（1）参与 CIS 作业流程，根据企业现状调查报告，给出"BI 设计建议书"，提供给企业一个通用的规范版本。

（2）参与企业调查，重点了解企业文化建设和制度建设情况，调整"BI 设计建议书"内容，列出针对企业特点的建议书目录。

（3）在提交企业后，经讨论研究确认建议书内容，这是 BI 设计的基础环节。

（4）广泛调查，征求企业各方人士意见，开展 BI 设计工作，形成"BI 设计书初稿"。这是 BI 设计的核心环节。

（5）MI 设计内容基本完成之后，在企业 MI 的引领下，修改"BI 设计书初稿"内容。这是 BI 设计的重要一步。

（6）提交企业，确认 BI 设计书内容。

（7）导入企业。试用一个月、三个月、半年、一年、两年、五年等不同时间段，应企业要求可现场进行 BI 使用咨询服务，根据企业情况的变化再做调整，修改 BI 设计内容。

三、用 BI 规范管理

企业行为识别系统分为企业内部识别和企业外部识别，这两个方面分别从两个方向对企业的管理活动提出了新的要求。

问题 9： 如何应用企业行为识别系统规范企业管理？

1. 企业内部 BI 识别系统

企业内部 BI 识别就是体现企业文化理念和精神、能够对员工形成影响和互动的员工组织行为，包括对全体员工的组织管理、文化活动熏陶，以及创造良好的工作环境。企业内部 BI 识别系统可以使员工通过具体的工作过程对企业理念形成感性的深刻认知，对企业的价值观形成共识，增强与企业的共存关系和共进意识，从根本上改善企业员工的精神状态和工作心态，以保证个人的工作成效、组织的运营效能以及客户关系不断深化。

（1）工作环境。企业工作环境的构成因素很多，主要包括两部分内容：一是物理环境，包括光线度、办公室布局、自然环境、营销装饰等；二是人文环境，主要有领导作用、精神风貌、合作氛围、竞争环境等。

创造一个良好的企业内部环境不仅能保证员工身心健康，而且是树立良好企业形象的重要方面，企业除了要尽心营造干净、整洁、独特、积极向上、团结互助的内部环境外，更要通过企业内部的装饰布局来体现企业的文化导向和精神取向，这是企业展示给公众和员工最直接、最外在的形象感觉。

（2）企业内部的人力资源管理活动。企业文化最关键的组成部分是人本文化，主要根源于"企业的管理就是人的管理"这一基本的管理学论断。企业的人本文化体现了企业对"人"的基本假设和定位。一个企业的人本文化主要从以下几个方面体现：

上下级的关系：包括工作关系和交往关系。

员工与员工之间的关系："团结、信任、协作"与"竞争、封闭、抵制"是其两种极端的表现。

对待新员工的态度："严而不教"和"放任自流、自生自灭"是两种极端做法。

对待有困难员工的态度："个人之事个人解决"和"事无巨细、全盘包管"是两种极端做法。

企业的招聘活动：企业的招聘活动要体现人力资源的营销功能，通过现场招聘和面试过程的规范达到吸引外部人才的效果。

（3）员工行为规范化。行为规范是企业员工共同遵守的行为准则。行为规范化，既表示员工行为从不规范向规范的过程，又表示员工行为最终要达到规范的结果。它包括的内容有职业道德、仪容仪表、见面礼节、电话礼貌、迎送礼仪、说话态度、说话礼节和体态语言等。

（4）员工管理行为。这是企业人力资源管理行为的细化，包括企业内部管理中经常发生的、体现企业人本文化的管理行为，如考核沟通、员工关怀、辞退面谈、违规处理等管理行为。

（5）企业内部文化性活动。企业向员工宣扬和传播价值观的另一主要方法是通过企业内部喜闻乐见的文化性活动开展，包括企业运动会、共青团组织的青年活动、党支部组织的党员活动以及其他文体活动等。

2. 企业对外识别活动

企业外部行为识别活动是通过客户业务交往、服务方式、公共关系、促销活动、文化性活动、领导形象等向企业外部公众不断地输入强烈的企业形象信息，从而提高企业的知名度、信誉度，配合以 VI 系统和广告宣传，从而整体、系统、全面地塑造企业良好形象。

（1）客户业务交往行为规范。企业客户业务交往行为规范指企业的业务拓展人员在同客户交往的过程中从塑造企业形象角度出发而应当遵守的行为规范。企业员工在与客户交往过程中的行为风范不仅代表了其个人的形象品位，更代表着企业的形象。主要从客户拜访、客户来访接待、客户业务商谈几个方面加以规范。

（2）服务活动。服务是直接与社会公众打交道，优良的服务最能博得消费者的好感。服务活动就内容而言，包括三个阶段的内容，即售前、售中和售后服务。服务活动对塑造企业形象的效果如何，取决于服务活动的目的性、独特性和技巧性。服务必须以诚信为本，言必信、行必果，给客户带来实实在在的价值增值。

（3）企业公共关系行为规范。企业公共关系行为规范是企业行为系统的主要内容。任何一个企业都不是一个孤立的客观存在，而是一个由各种社会关系包围着的社会存在。通过公关活动可以提高企业的信誉度、知名度，通过公关活动可以消除公众的误解，免除不良影响，取得公众的理解和支持。公关活动的主要内容有专题活动，公益性、文化性活动，展示活动，新闻发布会，上级部门、同级单位的关系处理等。

（4）领导形象规范。企业领导是企业的核心，是员工效仿的典范，也是新闻媒体、舆论界的焦点人物。企业领导常常出席各种场合，常常会见政府官员，在这些社会活动中，企业领导的行为表现总是不断地向公众传递这样或者那样的信息——儒雅的、霸道的、睿智的、杰出的、勇敢的、清醒的等，不管他们愿意与否，其行为表现潜移默化地影响着他们在公众和员工心目中的形象，这些形象对企业产生深远的影响。

四、绩效控制与目标管理

BI 的导入是一个过程，企业在 BI 的导入过程中必须注意导入的成效和品牌文化战略目标的实现。因此，对于 BI 塑造的绩效控制和目标管理也就尤为重要。

问题 10： 如何有效地塑造企业行为识别系统？

绩效控制包括设立 BI 规范管理的目标、衡量绩效的标准、评估以及改进措施。

在规划阶段就应该确定实施行为规范的管理目标与衡量绩效的标准。目标确定比较容易，CI 整体工程的战略目标，企业营运的常规效益目标都为 BI 实施目标提供了坐标系。在整体中确定部分的目标，可有参照凭据。然而，衡量此目标的绩效标准就难以明确。企业营运的效益标准可以根据企业年度的损益平衡状况确定，CI 实施目标的衡量标准可由销售额的变化、企业知名度、好评度的定量调查数据与企业业绩的进步提供。BI 规范化目标的标准只能在 CI 总体战略目标标准中寻找可靠的依据。

在绩效控制与目标管理中，考核评估的作用不可低估。它是一种高效的调节方式。考核必须制度化，评估必须标准化。通过考核评估可以发现问题，解决问题，提出改进措施，不断完善 BI 的行为规范管理。与考核评估紧密相连的奖惩制度也是一种理想的调节杠杆。

绩效控制与目标管理的原则运用到推行 BI 规范的项目上，大大提高了 BI 的效益。广大员工、部门负责人不仅注意到在 BI 规范下如何行动，还着眼于谋求预期效果，使 BI 规范与 CI 整体战略相统一。在 BI 实施绩效评估与奖惩制度中，个人的事业心在完成既定目标中得以加强，不管是企业主管还是员工个体，都能从中获得荣誉感与满足。他们充满信心，目标明确。一致的行为、热情的反应通过形式的暗示也在无形中增强企业的向心力与凝聚力。

阅读材料

迪斯尼公司的 BI 导入

美国迪斯尼公司在 BI 导入中的经验是值得借鉴的。他们对新的申请者给予特殊的欢迎。那些受雇的人得到要求他们做些什么的书面指示，在哪里报到，穿什么服装，以及每个培训阶段有多长。新雇员向迪斯尼大学报到并参加一整天的导向性小组会。他们 4 个人围坐一张桌子，得到姓名牌；他们一边品味咖啡、果汁和糕点，一边自我介绍，相互熟悉。结果，每个雇员很快了解了其他 3 个雇员，并感到每个人都是这一集体中的一个不可缺少的成员。他们通过放映最新式的视听图像，向雇员介绍公司的经营思想和工作规程。雇员认识到他们的角色，其职责就是热情，有知识，专门为公司的"客人"服务。放映的图像，对服务的每一个部分都有描绘，使新雇员学会在编导的"演出"中如何扮演好各自的角色。然后，请他们吃午饭、游览公园，并让他们观赏位于一边的专门供雇员使用的娱乐场。

新雇员到指定的工作岗位报到后，每个人还得接受几天附加的培训，一旦他们认识到各自的作用，就认真地进入各自的角色。新雇员要知道如何回答客人经常提及的有关问题，如新雇员不知道答案，可以打电话给自动交换台的工作人员，他们备有厚厚的本子，时刻准备回答任何问题。雇员都会收到一张名为《眼睛和耳朵》的报纸，该报以报道各种活动的新闻、就业机会、特殊利益、教育资料等为特色，每期附有许多面带笑容的雇员的照片。经理每年要花一个星期的时间搞"交叉利用"，也就是离开办公桌和领导岗位到第一线，以保持优质服务。所有辞退的雇员都要填一张问题表，回答在为公司工作中有何感受，是否有不满意之处，公司管理部门可以通过问题表了解雇员满意度和最终使顾客满意方面是否已取得成功。他们这种从培训入手进行 BI 导入的方法，典型地表现出 BI 行为识别规范管理的特点。

资料来源：http://www.docin.com/p-102882881.html。

五、BI 操作

在企业的 BI 塑造过程中，公开上市是一个里程碑，也是公司行为识别规范化的重要标志。作为一种有效的筹资方式，公开上市对所有进行 BI 操作的企业的发展都起到了至关重要的作用。

问题 11：如何进行有效的上市操作？

一家公司从私人公司变成公开上市的公司，最大的变化就是企业隐私权的消失。国家证券管理机构要求上市公司将关键的经营情况向社会公开。对于原国营企业公开上市，其企业隐私权的变化未受到太大的冲击，因为国营企业原本就有责任向上级主管汇报企业的经营情况。私人企业的经理人员一般就是企业的业主，故操作经营是较随意的，而一旦企业公开上市，其所有的重大决策都要经董事会讨论通过，有些对企业至关重大的决策要经过全体股东投票决定。股东通常以企业的盈利、分红、股票价格来判断经理人员的操作优劣。这些压力往往使得企业经理人员看重企业的短期效益，而忽视长期效益。对于国有企业来说，公开上市后，经理人员操作的自由度不会受到更多、更新的限制，因为国有企业在上市前一般都受到上级主管单位的牵制。

上市时机的选择对于公司至关重要。有关上市的时机必须考虑：①是否有一个完善的企业发展计划？企业在公开上市之后，如果不能保持良好的经营和发展势头，股票价格就会下跌。一个完善的企业发展计划能够使经营人员明确企业的发展方向和关键因素，减少决策的盲目性。②企业管理人员对公司上市是否有足够的心理准备？上市将给企业经营、管理、文化带来一系列冲击。公众随时可能对企业的经营加以挑剔、批评；股东可能对企业的决策施加压力；企业可能出现爆炸性成长。企业经营管理人员必须有足够的迎接冲击的心理准备。

公开上市的企业必须及时、准确地向投资者提供企业信息。因此，企业的财务系统和经营系统都必须达到相当的水准。公司信息如果发布不准确、不及时，一方面可能触犯国家的有关规定或法律，另一方面也会使投资者失去对企业的信心。

投资者普遍期望购买那些可能升值的股票。一家公司只有其过去几年的发展非常强劲有力，才能使投资者对其今后迅速发展及股票升值具有信心。否则，恐怕连愿意为其发行股票的承销商都难以找到。公司在上市之前应该进行一些市场调查，对股票的交易量、股票的价格以及投资者对新上市公司的热情都做到心中有数。

六、BI 与提高企业品牌度

树立企业形象必须在提高企业的品牌知名度上下工夫，BI 通过包括公共关系在内的广泛行为识别系统，为企业创造更多的无形资产。

问题 12： 如何运用 BI 提高企业品牌知名度？

提高企业品牌知名度的方法是多种多样的。一般有以下几种机会可供企业捕捉：

1. 借名

企业要抓住与名人建立联系的机会，将企业的产品提供给他们使用，利用名人在社会各方面的重大影响为企业做"活广告"，达到提高品牌知名度的目的。1936 年柏林奥运会时，阿迪达斯公司把刚发明的短跑运动鞋送给了夺标有望的美国黑人运动员欧文斯。结果，欧文斯一连获得了 4 块金牌，阿迪达斯公司的运动鞋也因此名声大振，畅销世界各地。

2. 借机

企业利用赞助，最好是独家赞助大规模体育比赛、博览会、旅游活动和产品展评活动、社会公益活动等有利时机，扩大宣传，提高品牌知名度。

3. 借冕

企业可借助重大历史事件，利用重要人物的活动和新闻媒体的传播，从而扩大产品声誉，提高知名度。美国"派克"笔生产商，在 1943 年第二次世界大战处于最艰难的时刻，赠送给盟军欧洲战区总司令艾森豪威尔一支镶有 4 颗金星的"派克"金笔，以表彰他在军事上取得的成就。两年后，艾森豪威尔在法国就用这支笔签署了第二次世界大战和约。这支笔和艾森豪威尔的签字照片一同出现在各大报纸上，从此"派克"金笔扬名天下，饮誉国际市场。

4. 借加工业务而扬名

企业可以设法争取国内外名牌厂家的加工业务，提高企业产品的质量和档次，提高企业知名度。法国皮尔·卡丹的领带和服饰都是世界名牌。上海领带厂从加工业务中汲取了先进工艺技术，提高了产品质量和档次，不仅带来了高额利润，还提高了企业的知名度，为日后自主品牌的市场拓展奠定了基础。

5. 借古立名

企业可利用古代文化、古诗词、古代名人等进行商标注册、产品宣传，利用脍炙人口的名句树立企业形象。河南"杜康"酒厂，以酿酒鼻祖杜康为产品名称，并以曹操"何以解忧，唯有杜康"的著名诗句作为传播产品形象的媒介。

第三节　品牌文化与 VI 塑造

商品醒目鲜明的视觉展现、企业的品牌标志、企业商品的标准色、企业宣传口号、标语、企业建筑物外观、员工服饰以及交通工具都是企业品牌物质文化和精神文化的体现。因此，企业的视觉识别（VI）和企业品牌文化有密不可分的联系，是品牌文化的直观体现。

一、关于 VI 的几个概念

问题 13： 什么是企业的视觉识别系统？

企业视觉识别（VI）是 CI 静态识别符号，是具体化、视觉化的传达形式。它是以视觉传播为感染媒介，将企业文化、企业规范等抽象语意转换为具体符号，转化为具体可见的识别系统，应用在视觉展示（有形识别）和行为展示（无形识别），进而提升到企业文化的共识，渗透到企业的品牌文化中。

为了使企业视觉识别能以最快、最便捷的方式加以传播，以利于企业品牌形象的确立，有必要建立视觉识别的信息传递系统。

视觉识别的信息传递系统包括两大部分和四个阶段。两大部分是指基本要素和应用要素；四个阶段是指信息源（视觉识别系统）→设计符号（基本要素）→传播媒体（应用要素）→接受者（消费者或社会大众的认同）。

企业品牌视觉识别基本要素主要包括品牌名称、品牌标志、品牌标准字、企业专用印刷字体、企业标准色、品牌象征造型与图案、商品宣传标语和口号等。

企业品牌视觉识别的应用要素主要包括两大类：一是属于企业固有的应用媒体；二是配合企业经营的应用媒体。企业固有的应用媒体有企业产品、事务用品、办公室器具和设备、招牌、标识、旗帜、制服、衣着、交通工具。配合企业经营的应用媒体有包装用品、广告、企业建筑、环境、传播展示与陈列规划等。

在所有视觉识别的内容中，品牌标志、标准字、标准色是整个 VI 系统的核心。标志、标准字、标准色三要素是品牌地位、规模、力量、尊严、理念等内涵的外在集中表现，是视觉识别的核心，构成了企业的第一特征及基本气质。同时，这三者也是通过广泛传播取得大众认同的统一符号。VI 中的其他要素都由此衍生而来。由于视觉识别负载着传达品牌文化、品牌理念的任务，因此企业的标志、标准字、标准色必须具有寓意性、直观性、表达性和传播性。

关键术语：企业视觉识别（VI）。

企业视觉识别系统是企业识别系统（CIS）的视觉符号，是企业形象的视觉传递形式，它是 CIS 最有效、最直接的表达。其基本内容是标志的设计，标准字、标准色的设计，应用要素的设计和 VI 手册。

二、视觉创意

问题 14：如何正确利用 VI 导入塑造品牌文化？

1. 商品的品牌命名

一个企业、一种商品品牌，如果名称取得好，其本身就是一笔巨大的财富。企业的名称是企业外观形象的重要组成部分，因为企业名称是人们经常要记忆且能给人突出印象的一种符号密码，是视觉设计首先要考虑的问题。而品牌是可供顾客识别的产品形象，它的基本功能是把不同企业之间的同类产品区别开来，以避免竞争者之间的产品发生混淆。尽管品牌是一个笼统的名字，不仅包括品牌名称，还包括以符号、图像、图案、颜色对比等所显示的标志，但品牌名称作为可以用语言表达的称谓，在品牌形象中具有先声夺人的作用。

一家著名的美国调查机构曾以"品牌名称和效果相关研究"为题，对全美大大小小的品牌名称进行深入的探讨，结果发现：只有 12% 的品牌名称对销售有帮助；36% 的品牌名称对销售有阻碍；而对销售谈不上贡献者，高达 25%。其中，品牌名称发挥关键作用在于，品牌名称是否产生"一眼望穿"的效应，最大程度地激发公众的"直接联想力"，让人在短短的几秒钟内，即知道谜底。一个企业的名称取得不当，带来的消极作用是显而易见的。美国四家最大航空公司，即联合、泛美、三角洲和东方。东方公司像所有的航空公司一样，有其盛衰浮沉，但不幸的是，它的衰多于盛的时候，在四大航空公司中，它始终陪伴末座，原因就出在其名称上。东方公司的服务范围与前三家公司一样，遍布全美，它既飞往美国东部的纽约、波士顿、费城、华盛顿、迈阿密，也飞往美国的圣路易斯、新奥尔良、亚特兰大、丹佛、洛杉矶、西雅图和墨西哥的阿卡普尔科、墨西哥城。但在顾客心中，"东方"这名字是地区性的，服务似乎与其他公司不一样。尽管东方公司花了大价钱做广告，在航空公司中又较早地采取了"修整飞机"、"改善伙食"、"打扮空姐"等措施，努力提高声誉，但始终改变不了顾客对其持有的刻板印象。有的旅客在搭乘泛美或联合公司飞机时遇到不愉快的事，可以大度地说："这仅仅是一件不愉快的小事而已。"而搭乘东方公司飞机遇到不愉快的事时则说："倒霉，又碰到了东方航空公司。"

2. 品牌名称的翻译

翻译与取名同样重要，在另一个国家的市场上，一种商品要确立形象定位，成功的名称翻译是第一步，如"雪碧"受欢迎的程度很高，这与其口味、广告、促销固然有关，但其名字构成的形象，对消费者的心理影响是绝不可忽视的。

当企业名称不能表达企业理念或名称很长不利于记忆，或与其他企业名称相同、相似而容易混淆时，就需要变更名称。变更名称的方法有：删减全名、保留企业名称的一部分；或全部更换，启用新名，一般以简为好。

有关调查表明，企业名称文字多少与其社会知名度有密切关系，企业名称文字太多，将会影响知名度。企业名称的文字越简短越占优势，如果文意相同，则笔画越少越方便。如长虹、联想、四通等都较为简洁。原名为广东东莞保健饮料厂更名为太阳神公司，原名为安徽合肥电冰箱厂更名为美菱公司，都是出于这个考虑。日本和欧美的企业，大部分已经拥有信息传递专用的公司名称和另外一个注册合法的公司名称。例如，"Minesota Miningand Manufactaring Company"在一般商业活动中都使用信息传递专用公司名称——"3M"。

具有高度概括力和强大吸引力的企业名称，对大众的视觉刺激和心理等方面都会产生影响。一个设计独特、易读易记并富有艺术和形象性的企业名称，能迅速抓住大众的视觉，诱发其浓厚的兴趣和丰富的想象，使之留下深刻的印象。

3. 品牌标志的打造

企业标志是代表企业形象、特征、信誉、文化的一种特定符号，标志是VI的主角，也是企业和市场情报沟通与资讯传递的核心，更是消费者心目中对企业认知、认同的代表物。企业标志可分为字体标志、图形标志和组合标志。

字体标志是指以特定的明确字体、字体造型式字体所衍生出来的图案作为企业的标志。其中，中文、英文大小写字母、阿拉伯数字等都可作为字体标志的设计要素。字体标志简洁而表现力丰富，可利用字母或文字的变形和排列来加强标识性，尤其是当企业名称相同时，其字体标志同时具有两种功能，不仅传达了企业名称的信息，而且又具有图形标志的功效，以达到视觉、听觉的同步扩散效果。这是目前也是今后企业设计的发展趋势。

图形标志是通过象形图案或几何图案来表示的企业标志。图形标志形象性强，如果设计适当，则能利用丰富的图形结构及其结构组合规律来表达一定的含义，并可以在充分研究几何图形点、线、面的变化中，设计出具有高意境、寓意无穷的标志。图形标志一般最好配合以企业名称。

组合标志，是字体与图形相结合的企业标志。组合标志在图形中加上字体，形象生动活泼，含义清楚，易于人们理解。

三、创意原则

问题 15： 利用 VI 导入塑造品牌文化应遵循哪些原则？

在 VI 的导入过程中应当遵循如下原则：

1. 适应性原则

（1）商标设计要符合产品行销的法规和风俗。各国的商标法对何种商标、标志能够注册都有明确的规定。如果企业选择的商标违反了有关法规，就不能在该国注册，当然也得不到该国法律的保护。如我国商标法规定，同我国的国家名称、国徽、军旗、勋章相同或相似的不能作为商标注册；同外国的国家、国旗、国徽、军旗名称相同或近似的也不能注册；同政府、国际组织的旗帜、徽记名称相同或相近似的，同"红十字"、"红新月"的标志名称相同或相近似的，本商品的通用名称或图形，直接表示商品的质量、主要原料、功能、用途、重量、数量及其他特点的，带有民族歧视性的、夸大宣传并带有欺骗性的，有害于社会主义道德风尚的均不能注册。

（2）标志的适应性还包括标志要适应时代潮流。一般而言，企业标志具有相对稳定性，这主要是为了强化整体形象，诱导消费者识别记忆。但随着时代的变迁或企业自身的变革与发展，企业标志所反映的内容和风格有可能与时代的节拍不相吻合。因此，企业标志设计要在保持相对稳定的前提下做出相应的变化。

2. 知识性原则

知识性原则是指商标形式要适应产品行销地消费者的文化水平。如果消费者大多文化水平很低，则不宜选用文字标志，而应选用图形商标；如果产品是高科技产品，则宜用文字商标；如果消费者分布面很广，则应当选用面广的组合商标。

3. 可呼性原则

可呼性就是指标志可以用语言来称呼。目前在我们常见的文字、图形、组合商标中，最具可呼性的是文字商标。因为文字是语言的符号，凡用文字构成的标志都能用语言称呼，具有可呼性。

为了使标志具有更广泛的可呼性，许多企业采用文字与图形相结合的组合商标。懂文字的消费者，按文字称呼；不懂文字的消费者，可按图形称呼。这样，商标的可呼性、适应性会更广泛一些。

4. **易识性原则**

易识性是指标志容易被人识别、被人记忆的性质。企业标志是个有限的空间，它不可能传达出无限多的信息。要使标志设计有成效，只能在有限的空间内，传达出最能代表企业的，并给人留下最深刻印象的信息。在现代社会中，人们的生活节奏加快，对于各种传播媒体传达出来的信息，或者是惊鸿一瞥，或者是走马观花似的浏览。企业标志只有简单易识，并且具有明确而强烈的表现力，才易使公众牢记。

5. **美观性原则**

标志设计必须符合艺术法则，充分表现其美观性。标志既是企业和产品的象征，又是一种艺术品，必须造型优美精致，适应大众的审美心理，给人以美的吸引和享受。

6. **普适性原则**

标志的运用非常广泛，在企业的建筑物、产品的包装、办公用品、员工徽记、广告媒介以及交通车辆上都可应用。因此，在设计时，应考虑标志在多种场合使用，同时还应考虑在上述宣传媒介上的制作难易。总之，无论在哪里使用都应保持始终如一的企业形象。

活动 3：知识应用。

每人选定 5 家企业的品牌标志，分析这些标志是如何遵循或者没有遵循 VI 导入应用原则的，并相互讨论这些原则所带来的影响，形成 500 字左右的简短报告，由老师进行点评。

四、视觉应用的具体实施

问题 16：如何利用色彩营造企业品牌的视觉识别系统？

色彩作为 VI 中的一个重要因素，能有力地表达情感，在不知不觉中影响着人们的精神、情绪和行为。每一种颜色都能诱发出一定的情感。标准色的选择要依据企业的经营理念、经营战略，表现企业文化、企业形象，还要根据不同消费者的心理感受以及年龄、企业特点、行业特点、颜色的含义及其视觉性来确定。

设计标准色的主要原则是突出企业风格，体现企业性质、宗旨、经营方针。蓝色、红色、黄色、白色既代表不同的心理感应，又有民族象征、行业象征的含义。设计标准色还应顺应国际潮流。标准色设定的色彩种类不宜过多，一般限制在 3 种颜色以内。

标准色设计一般包括确立企业理念、拟定企业形象、色彩设计、色彩管理、反馈发展 5 个步骤。设计是有计划的造型行为，所以一定要有明确的目标。确定企业理念后，设计就要以表现这一理念作为设计目标，这样色彩设计的基本方向就可确定下来。设计方向明确后，经过收集资料、调查分析、讨论协调得出企业应以何种形象展示自我才能成功的结论。这样，整个设计计划便有了明确的表现目标。色彩设计要考虑使用什么颜色才能表现企业形象的特质，确定的颜色如何搭配，以何种颜色为基础色、主调色，何种颜色作为搭配色、重点色。基础色是指面积占据最多的颜色，主调色则是最占优势的颜色。为了便于识别，标志色彩的诱目性、明示性要高，这样才能取得较好的设计效果。同时，设计还要注意配色调和的美感，根据色相、色调的合理组合，设计出正式、出众、高雅的感觉。色彩设计决定后，还须制作用色规范，用表色符号，应标明色彩误差的宽容度，以便实行标准化管理。色彩设计后，还要追踪考察设计成效，应将信息反馈资料作为企业形象更新发展的参考。

第四节 通过 CIS 提升品牌力

一、CIS（企业识别系统）与信息增值

近年来，国际 CIS 理论认为，未来社会发展越来越呈现出明显的文化导向。这种文化导向、形象力导向逐渐由原来的只注重经济价值、以消费导向为中心转移到以心理、伦理、审美等精神性价值为中心。企业竞争也越来越呈现出形象力的导向。企业 CI 通过信息增值功能，极大地促进企业的品牌竞争力。

问题 17：CIS 为什么能够提升企业品牌竞争力？

1. 品牌形象的提升

日本企业管理学界把第二次世界大战后的十年称为"商品力单轴指向的时代"。20 世纪 50 年代后，国际范围内的市场营销初露端倪，这个时期被称为"商品力、销售力双轴指向的时代"。21 世纪上半叶的大趋势是：商品同一化、技术同一化、销售同一化。这标志着社会已进入了"商品力、销售力和企业形象力三轴指向的时代"。企业形象力不但能使企业的产品和服务在更大的广度和深度上吸引顾客，而且能使企业更有效、更圆满地实现自己的综合目标。企

业通过高质量的设计、塑造，展示企业形象，就可以提高企业在国内外市场上和社会公众心目中的知名度，给企业带来丰厚的经济效益与社会效益。国际设计协会统计显示，在 CI 上投入 1 美元，可得到 227 美元的回报。在第 10 届国际企业伦理和企业形象研讨会上，有关专家预言，21 世纪企业 CI 将借助各高效的新闻媒体及信息高速公路，使信息传递和信息增值成为更有效的企业竞争武器。

2. 企业整体素质的提升

市场经济是竞争经济。这种竞争不仅是企业生产技术、管理水平的竞争，而且是企业整体素质的竞争。对于一个企业来说，只有构建一整套行之有效的 MI、BI、VI 系统，形成优秀的思想文化、技术文化、管理文化以及质量文化等文化运行机制，才能提高企业整体素质、提高企业的竞争力。在荣事达集团导入 CI 的过程中，引入了"理念营销"的概念。他们围绕荣事达十多年来的企业经营实践和恪守徽商文化传统的经商理念，提炼出具有企业个性的"和商"理念，即"相互尊重、互相平等、互惠互利、共同发展、诚信至上、文明经营、以义生利、以德兴企"32 个字。实施荣事达 CI 导入之际，正值我国家电行业竞争日益激烈的时期，一些家电企业为争夺市场份额，不惜弄虚作假，谎报统计数字，甚至出现公开诋毁竞争对手、赔本杀价等种种不正当竞争行为，不仅在社会上产生了不良影响，而且严重阻碍了市场经济的健康发展。在全社会强调企业自律竞争十分必要，在这一背景下，荣事达集团策划了以理念营销为核心的 MI 导入和一系列 BI 展示，在《经济日报》上推出了我国第一份企业竞争自律宣言，在钓鱼台国宾馆举行了新闻发布会，中央电视台、《人民日报》等 60 多家新闻媒体做了报道。此后，又举行了由首都经济界、学术界的专家学者、企业界人士共同参加的"市场经济与企业自律问题"专题研讨会。与会专家学者、政府官员和新闻媒体对荣事达企业自律宣言和系列 BI 运作进行了高度评价。《人民日报》评论员文章指出：企业自律是事关市场经济有序化的大事。有了企业的自律，才会有家电行业的自律；有了各行各业的自律，市场经济才可能健康发展。荣事达推出的我国第一份企业自律宣言，给企业竞争和行业竞争开了个好头。

3. 集团精神的提升

企业要在竞争中取胜，光靠产品优势是远远不够的，还要营造精神文化优势。在 CI 导入中，要努力激发全体员工的集团精神，激发他们对企业的热爱、忠诚和有利于企业长远发展的集体意识。所谓"集团精神"，就是树立一种以企业为中心的共同价值观，把自己看成是企业的一员，同企业命运与共，从而对企业产生一种强烈的集体意识，实现"人企合一"。

二、可信赖的形象

《〈人民日报〉名牌战略研究报告》指出：全方位引进企业形象（CI）管理方法，辅之以充分的宣传和促销，引导和说服消费者，树立企业可信赖的形象，是增强企业竞争力的有效手段。那么如何利用 CI 打响"名牌"，就是在企业理念的指导下，增强企业竞争力，树立企业良好形象所需要思考的重要问题。

问题 18： 如何利用 CI 树立可信赖的品牌形象？

1. 走势分析

目前市场增长速度下降，市场需求增长十分有限，而现有大型企业为进一步巩固自己的竞争地位，都继续加快扩大规模，各主要产业供过于求的现象将在相当长的时间内存在，激烈的竞争难以避免。一部分企业将被淘汰出市场，而一部分名牌企业为加快形成经济的规模，必将调整发展战略。在这种"除旧布新"的时机，为了创新改制，则表现出种种浮躁心理和急于求成的心态，以广告代创牌，只注重知名度而不注重美誉度。在 CI 导入中，只注重视觉（VI）而不注重理念（MI）的导入。

在树名牌的过程中，也许铺天盖地的广告可以制造一时的效应，但真正的名牌争夺是质量、信誉度、市场占有率、经济效益的竞争，是企业综合实力在市场中的较量。

成功的品牌战略需要全方位地引进企业形象（CI）管理方法。既要扬其名——通过电视、报刊、户外广告、礼品等多种形式广而告之，还要张其实——通过新闻报道、公益活动、评比鉴定等手段，让知名度与美誉度相辅相成。只有这样，才能在有名声的基础上建立起好名声，从好名声中获得广名声，最终形成品牌认知的长久忠诚。

传统的模式是从立项、筹资金、造厂房、买机器到生产出产品、寻找市场，企业大都乐于上规模，添设备，出产品，因为这是最看得见、摸得着的，而对于 MI——企业理念却往往认为是虚的。所以形成了这样一种现象：当名牌运作出现问题时，企业习惯于从资金问题、体制问题上找原因，习惯于期待市场流通，依靠政府政策，寻求银行贷款，责怪竞争对手无情，却不敢正视自己的缺陷，只注重产品生产和品牌外在形象表现，而不重视创造企业信誉、商誉和企业理念。

2. 策略分析

走投资软件化扩大企业经营绩效的道路，充分利用 CI 全面导入促进企业无形资产增值，已被实践证明是增强企业竞争力的有效方法。旧有的以有形资产低水平扩张来扩大企业经营规模和积累企业绩效的手段已受到严重挑战。在西方发达国家，企业的无形资产一般占资产总额的 50%~70%；高科技项目的无形资产比重更大，一般要达到数倍甚至数十倍于有形资产的比例。当前世界上单项资产估价最高的是无形资产，经济技术寿命最长的也是无形资产，以无形资产增值来增强企业竞争力，以"无形"胜"有形"已成为企业竞争的重要策略之一。

三、导入的核心

国际上 CI 导入的大趋势是，在 MI 导入中，企业伦理越来越受到人们的重视，而且成为 MI 导入的核心。

问题 19： 如何体现 CI 导入中企业伦理的核心地位？

1. MI 与企业伦理

企业 CI 导入，应当使企业在社会经济中发挥其在整个经济系统中的"齿轮"的作用，并以这种使命感去从事企业的各项活动。如果企业 CI 导入仅仅注重企业自身利润回报而忽视企业的社会责任，忽视对消费者的责任，就必然要遭到社会的遗弃。企业要发展，就必须明确自身的价值、社会使命、社会责任，遵循企业伦理和经营宗旨。

企业理念确立后，还必须将其具体化。换言之，在制定一个企业的理念的初始阶段，必须将企业理念化为 MI 识别的基本要素和相关应用要素。理念识别的基本要素包括企业经营策略、管理体制、分配原则、人事制度、人才观念、发展目标、企业人际关系、员工规范、企业对内对外行为准则等。理念识别的相关应用要素包括企业信念、企业守则、企业经营口号、员工手册、座右铭、企业标语等。不同行业中的企业，有其共同点和不同点，在同一民族文化及制度文化的背景下，许多企业有共同和相近的价值观，但理念识别应当有不同的个性。工业企业的理念识别一般围绕提高产品质量、降低成本、提高产品售后服务水平等方面展开。如美国 IBM 公司提出"IBM 就是服务"。金融企业理念识别更注重社会性、廉洁性。交通运输企业更侧重于安全、准时，为顾客、货主服务的意识。企业理念由条文的形式转变为员工的心态和自觉的行为需要长期的导入，在这个过程中，企业伦理是企业理念的精神支柱，起到支撑企业理念、维护企业理念的作用。

2. CS 不等于 CI

"顾客满意"（CS）源于 20 世纪 90 年代的日本汽车工业，后逐步推向其他行业和西方国家。它的本意是，要求企业生产在符合技术设计标准的同时，还要符合"顾客满意"的企业伦理精神，这标志着未来市场发展的趋势。

但是，目前存在着一种认识混乱，把 CS 说成是 CI 的延伸，甚至提出用 CS 来代替 CI，这是一种十分模糊的概念。把 CS 战略与 CI 相提并论，似乎是同一事物的不同发展阶段和不同方面，似乎 CS 比 CI 更高一筹、更深一层。其实 CS 与 CI 两者是自成体系彼此独立的，CS 并不是 CI 的延续与发展。20 世纪 80 年代后期，CI 已为公众普遍接受，与 90 年代兴起的 CS 没有因果关系。虽然两者都受企业伦理的支持，CS 的顾客满意更具有伦理的色彩，但不存在一个取代另一个的问题。

3. BI 与企业伦理

企业行为（BI）包括内部系统（组织管理和教育——员工教育、员工行为规范化）和外部系统（对外公关、促销、服务、文化性活动等回馈、参与活动）两大部分。企业确立自身的理念后，必须通过对内、对外的一系列活动将其贯彻与体现出来。换言之，企业的行为识别受制于企业理念。因此，它最能反映企业理念的个性和特殊性。既然 BI 受制于 MI，那么，BI 也必须遵循企业理念所确立的企业整体价值观和经营理念。

企业的环境保护问题是当今企业界十分关注的热点问题之一。有人指出，20 世纪末和 21 世纪初，企业面临的最紧迫的问题之一就是企业与环境的关系问题，它是社会可持续发展能否得到真正贯彻的关键。在这个问题上，目前有两种对立的观点：一种观点认为，企业第一。根据这种观点，环境问题不是企业的过错，企业始终致力于供给消费者所需要的商品。企业的伦理责任与企业的交往关系共始终，因而不能认为企业应对生态环境负完全责任。呼吁环境保护的社会改良和政府干预必将破坏企业和经济，最终将破坏社会本身。即使没有这些干预，科学和企业也将会找到及时解决环境问题的方法。另一种观点认为，应改变那种贪婪掠夺、浪费自然资源和破坏环境的企业行为。传统模式几乎覆盖了整个企业的经营管理活动，即包括企业内部系统和外部系统，但从未把企业对环境的责任提到重要的议事日程。企业的广告宣传逐步升级，并不断助长了消费至上的社会心理。今后，企业 BI 导入必须扭转这种不良的倾向。那种由企业生产和经营给自然环境带来的不良后果根本不被企业界所关心和重视的现象再也不能继续下去了。要实行可持续发展，企业必须实施清洁生产工程。在 BI 导入过程中，也应当将清洁生产的宣传教育列为不可忽视的环节加以贯彻。

阅读材料

松下公司的企业道德思想

松下的经营思想中始终贯穿着一种产业道德，它认为这是企业生存与发展的基础，"不论是经营，还是买卖，都是公事，而不是私事。做好买卖和尽忠报国是一样的。因而买卖要以奉公之心来进行，不能存有任何私念"。这就是松下的经营理念。

在 BI 管理与实施中，必须将理念渗入每一位员工每日每时的行为里去。松下要求企业中的员工时刻牢记自己作为一个产业人的道德准则，严格遵守职工和店员的职责，以忠实、谦虚为自律准则，脚踏实地、感恩报答。每一个员工的一言一行，日积月累，就形成了企业形象的优秀品质。在组织制度、管理培训、行为规范、公共关系、营销活动、公益事业中表现出企业的伦理精神，使理念化为看得见的行为。

资料来源：作者整理。

本章小结

★★★★

本章内容包括：品牌文化导入与 MI 塑造之间的关系，品牌文化导入与 CI 塑造之间的关系，品牌文化导入与 BI 塑造之间的关系，CI 系统与品牌力提升之间的关系四大部分。

本章通过分别对 MI、BI、VI 三个方面的塑造过程进行描述，说明了如何通过整个 CI 的塑造来提升品牌竞争力，并给出了具体的操作方法。

最后本章介绍了 CI 塑造的核心是企业伦理的树立，阐明了企业伦理对于一个企业发展的使命作用。如果企业 CI 导入仅仅注重企业自身利润回报而忽视企业的社会责任，忽视对消费者的责任，就必然要遭到社会的遗弃。企业要发展，就必须明确自身的价值、社会使命、社会责任，遵循企业伦理和经营宗旨。

深入学习与考试预备知识

★★★★

企业的 BI 塑造

（1）参与 CIS 作业流程，根据企业现状调查报告，给出"BI 设计建议书"，提供给企业一个通用的规范版本。

（2）参与企业调查，重点了解企业文化建设和制度建设情况，调整"BI 设计建议书"内容，列出针对企业特点的建议书目录。

（3）在提交企业后，经讨论研究确认建议书内容，这是 BI 设计的基础环节。

（4）广泛调查，征求企业各方人士意见，开展 BI 设计工作，形成"BI 设计书初稿"。这是 BI 设计的核心环节。

（5）MI 设计内容基本完成之后，在企业 MI 的引领下，修改"BI 设计书初稿"内容。这是 BI 设计的重要一步。

（6）提交企业，确认 BI 设计书内容。

（7）导入企业。

企业的 VI 创意原则

（1）适应性原则。商标设计要符合产品行销的法规和风俗。各国的商标法对何种商标、标志能够注册都有明确的规定。标志的适应性还包括标志要适应时代潮流。一般而言，企业标志具有相对稳定性，这主要是为了强化整体形象，诱导消费者识别记忆。但随着时代的变迁或企业自身的变革与发展，企业标志所反映的内容和风格有可能与时代的节拍不相吻合。因此，企业标志设计要在保持相对稳定的前提下做出相应的变化。

（2）知识性原则。知识性原则是指商标形式要适应产品行销地消费者的文化水平。如果消费者大多文化水平很低，则不宜选用文字标志，而应选用图形商标；如果产品是高科技产品，则宜用文字商标；如果消费者分布面很广，则应当选用面广的组合商标。

（3）可呼性原则。可呼性就是指标志可以用语言来称呼。目前在我们常见的文字、图形、组合商标中，最具可呼性的是文字商标。因为文字是语言的符号，凡用文字构成的标志都能用语言称呼，具有可呼性。

（4）易识性原则。易识性是指标志容易被人识别、被人记忆的性质。企业标志是个有限的空间，它不可能传达出无限多的信息。要使标志设计有成效，只能在有限的空间内，传达出最能代表企业的，并给人留下最深刻印象的信息。

（5）美观性原则。标志设计必须符合艺术法则，充分表现其美观性。标志既是企业和产品的象征，又是一种艺术品，必须造型优美精致，适应大众的审美心理，给人以美的吸引和享受。

（6）普适性原则。标志的运用非常广泛，在企业的建筑物、产品的包装、办公用品、员工徽记、广告媒介以及交通车辆上都可应用。因此，在设计时，应考虑标志在多种场合使用，同时还应考虑在上述宣传媒介上的制作难易。总之，无论在哪里使用都应保持始终如一的企业形象。

知识扩展
★★★★

CI 塑造的基本原则

（1）同一性。为了达成企业形象对外传播的一致性与一贯性，应该运用统一设计和统一大众传播，用完美的视觉一体化设计，将信息与认识个性化、明晰化、有序化，把各种形式传播媒介中的形象加以统一，创造能储存与传播的统一的企业理念与视觉形象，这样才能集中与强化企业形象，使信息传播更为迅速有效，给社会大众留下强烈的印象与影响力。

同一性原则的运用能使社会大众对特定的企业形象有一个统一完整的认识，不会因为企业形象识别要素的不统一而产生识别上的障碍，增强了形象的传播力。

（2）差异性。企业形象为了能获得社会大众的认同，必须是个性化的、与众不同的，因此差异性的原则十分重要。

首先差异性表现在不同行业的差别。因为，在社会性大众心目中，不同行业的企业与机构均有其行业的特定形象特征，如化妆品企业与机械工业企业的企业形象特征应是截然不同的。在设计时必须突出行业特点，才能使其与其他行业有不同的形象特征，有利于识别认同。其次，必须突出与同行业其他企业的差别，才能独具风采，脱颖而出。

（3）民族性。企业形象的塑造与传播应该依据不同的民族文化而有所差别，美、日等许多企业的崛起和成功是民族文化的根本驱动力。美国企业文化研究专家秋尔和肯尼迪指出："一个强大的文化几乎是美国企业持续成功的驱动力。"驰名于世的"麦当劳"和"肯德基"所具有的特色企业形象，展现的就是美国生活方式的快餐文化。

塑造能跻身于世界之林的中国企业形象，必须弘扬中华民族文化优势。灿烂的中华民族文化是我们取之不尽、用之不竭的源泉，其中有许多值得我们吸收的精华，有助于我们创造中华民族特色的企业形象。

（4）有效性。有效性是指企业经策划与设计的 CI 计划能得以有效地推行运用，企业 CI 要能够操作和便于操作，其可操作性是一个十分重要的问题。

企业 CI 计划要具有时效性，能够有效地发挥树立良好企业形象的作用，首先其策划设计必须根据企业自身的情况和企业的市场营销的地位，在推行企业形象战略时确立准确的形象定位，然后以此定位进行发展规划。在这点上协助企业导入 CI 计划的机构或个人负有重要的职责，一切必须从实际出发，不能迎合企业领导人一些不切合实际的心态。

答案

★★★★

引导案例：

1. 黑松林品牌在进行品牌文化建设中，从产品以及企业的外在形象以及建设富有特色的品牌文化两个方面入手，建立了适合自己企业特点的品牌文化建设纲要以及品牌精神。

2. 黑松林品牌文化朔造成功的关键在于采取了崭新的视角，由浅入深，由表及里，循序渐进，针对不同环境、不同条件、不同场合下品牌文化建设的不同情况，采用不同的方法，提高品牌核心竞争力，进而提高企业核心竞争力。

第十章

企业家与品牌文化

学习目标
★★★★

知识要求 通过本章的学习，掌握：

● 著名企业家对于国外品牌文化的认识
● 企业家在品牌文化塑造中的作用
● 企业家的品牌责任
● 企业家与品牌的相互关系
● 企业家如何利用品牌增强企业竞争力

技能要求 通过本章的学习，能够：

● 对国外品牌的品牌文化进行分析
● 借鉴国外成功的品牌文化经验
● 具备企业家应有的品牌意识
● 学会品牌塑造与风险承担
● 学会运用一定的文化策略

学习指导
★★★★

1. 本章内容包括：企业家在品牌文化塑造中的作用，企业家应承担的品牌责任，如何利用文化策略提升品牌文化的竞争力。

2. 学习方法：熟练掌握理论基础，联系客观实际；在不同的文化背景下，学习如何使用不同的文化策略。

3. 建议学时：12 学时。

引导案例

英特尔的"总裁挂帅"

英特尔在公司总裁巴雷特在实施公司 CI 工程时亲自挂帅，他主持了英特尔公司企业文化的六项准则，这六项准则是：客户服务、员工满意、遵守纪律、质量至上、尝试风险和结果导向。公司副总裁虞有澄指出，公司内部人人平等、高层管理人员和普通员工一样上班守时，不搞管理人员的特殊待遇：没有给高层人员保留停车车位，没有管理人员的餐厅，每个员工都有平等的机会获得股权奖励。

贯彻公司文化首先要由高层人员带头，要训练出忠于公司文化的高层管理者和总经理。一些看起来不太重要的小事，如果高层管理人员不努力做好，就会影响到全体员工的执行。所以，公司的主要领导，人人倡导对事业执著进取的价值观。公司总裁巴雷特说，如果有什么关键因素指导我们如何推进企业发展的话，那么这个关键因素就是公司文化。20 世纪 80 年代世界上风靡"走动式"管理，这种管理模式是强调企业家身先士卒，体察下属，了解真情，称为"看得到的管理"。企业主管经常走动于生产第一线，与员工见面、交谈，希望员工对他提出意见，能够认识他，甚至与他争辩是非，是一种现场的管理。作为跨国公司的总裁，每年走动于英特尔公司国内外的所有工厂已成为巴特雷的工作惯例，人们给了他一个称号，叫"环球飞行管理者"。他担任公司高层管理工作已经有 15 年。他的家在英特尔公司最大的制造基地菲尼克斯，而不是英特尔公司硅谷总部。前总裁葛鲁夫说，巴雷特的累积飞行里程足以买下美国西部航空公司了。

资料来源：刘光明：《企业形象导入》，经济管理出版社，2002 年。

思考题：

1. 巴雷特是如何领导员工贯彻企业文化的？
2. 在企业品牌的塑造中，企业家所起到的作用是什么？

第一节　企业家与国外品牌的分析借鉴

借鉴国外企业品牌文化建设成果是企业家建设品牌文化的第一步。我们对美国和日本这两种有差异，但有代表性的文化来阐述外国企业品牌文化的特点，并对外国企业品牌文化进行分析借鉴。

一、对美国品牌的分析借鉴

问题 1： 美国品牌文化的特点是什么？

1. 美国企业品牌文化发展过程

美国是企业品牌文化理论的发源地。迄今为止，美国企业文化理论的发展大概经历了三个阶段：

（1）在对美日企业管理研究比较基础上进行的企业文化建设。第二次世界大战结束后，在经济上远远落后于美国的日本，却以惊人的速度恢复和发展了本国的经济。特别是在 20 世纪 70 年代以后，日本经济的增长势头更加强劲，在电子、信息等领域对美国的主导地位构成了威胁。这给美国企业和美国经济带来了巨大的震撼，在对日本企业发展的探索中，美国研究人员逐渐认识到，形成日本企业强大生产力、优质产品和强劲竞争能力的，不仅仅是发达的科学技术、先进的机器设备，还有日本企业与众不同的品牌文化精神。

对于日本企业成功的奥秘，美国研究者进行了深入的研究，美日企业管理模式和美日企业文化对比成为美国研究企业文化的第一个阶段的主题。在这个阶段，美国理论界首先对日本企业的管理方式、管理结构、人的潜力的发挥进行了系统的研究分析。他们指出：企业管理不只是一门专业性、艺术性、操作性很强的应用学科，而且本身就是一种包罗万象的文化。这种文化根据具体的情况差别表现为不同的特质。

美国人在对日本企业文化及其赖以生存的社会文化、历史传统的剖析过程中认识到：既然企业文化与自身素质和外部环境紧密相连，那么盲目崇拜和照搬必然会导致失败。只有从本国和本企业的情况出发，发挥自身的优势，才能形成美国特有的品牌文化。

（2）美国公司品牌文化的提出。在这个阶段，美国企业界一方面认真总结本国企业品牌文化的成果，并运用于本企业；另一方面在联系日本经验、结合本国企业方面投入了很大精力。经过研究，发表了很多论文和专著。其中较有影响的有：埃兹拉·F.沃格尔的《独占鳌头的日本——美国的教训》，该书用大量事实，从各方面肯定了日本的经济发展和工业成就，摆脱美国一向以技术自居的习惯和学术风格。理查德·帕斯卡尔和安东尼·阿索斯合著的《日本企业管理艺术》从战略、结构、制度、人员、技能、作风、最高目标、企业文化等方面将日本企业与美国企业进行对比。特别是选择了松下电器和他的创始人松下幸之助作为日本企业管理的典型代表。威廉·大内发表的《Z理论——美国企业界如何迎接日本的挑战》，发现日本提高生产率主要靠人与人之间的信任与亲密的合作，以及其中一些微妙的文化因素，而美国企业恰恰缺乏这种因素。

美国人经过对日本企业的文化研究，发现美国的管理并没有像日本的管理那样注重人的作用。对产品的文化塑造不够重视。

（3）对组织文化和跨文化的研究。在这一阶段，美国理论界对企业文化的研究向着更加纵深的方向发展，这一阶段的特点是：试图从整体社会或某一局部入手，分析文化在其中的作用，以及文化本身的发展条件。试图把企业作为独立个体来研究其中的文化现象、作用以及发展条件。20世纪70年代对跨国文化的研究，是世界进一步向纵深开发的结果。随着国际交流的日益扩大，企业的产品市场拓展到国际领域，品牌文化差异自然就变得突出。

2. 美国企业品牌文化的特点

当今美国很多公司都形成了自己独到的品牌文化，成为企业在激烈的竞争中保持不败的动力。鼓励发明创造、注重培养员工、领导身体力行等已经成为美国品牌文化的整体特点。具体地说，美国的商品通常给人如下的文化印象：

（1）注重使用、务实精神，强调实战性。在美国人心目中，白手起家的人是社会的英雄，美国的社会文化和社会心态要求个人在社会生活中充分表现自我。美国大企业中的各类独创性的英雄是美国文化的要素。美国式的个人主义，引发出美国品牌文化中注重实用和务实的精神气质。在美国哲学中，实用主义曾经一度占据绝对优势。任何一项发明或者发现是否会被美国人接受，关键在于能否在现实中加以运用，能否在实际中产生效应。

（2）价值是美国品牌文化的基石。美国企业奉行顾客就是上帝的信条，各项工作围绕顾客展开。公司雇员千方百计接触顾客，听取他们的意见和建议，并高度重视。美国企业消除等级划分，加强民主管理。企业的价值观在企业内部与员工共享。价值观构成美国企业文化的基石。这使企业家在方向的确立上，与个人奋斗心态的价值观相一致，与其务实精神相统一。这种企业、员工共享的价值观一经确认，就会产生强大的文化力，以激励员工为了个人利益的实现和为企业价值的实现而拼搏和奋斗，在这种文化背景下的商品也能同美国消费者产生强烈的共鸣。

二、对日本品牌的分析借鉴

问题 2： 日本的品牌文化特点是什么？

1. 日本企业文化形成的条件

一个国家的民族特征和社会结构的特点，是形成国家品牌文化的基石。日本企业的品牌文化形成可以追溯到史前时期。

（1）单一民族、同质社会基础为形成集团主义创造了条件。日本单一民族和同质社会的特征使日本形成集团取向的传统，并由此产生共同习惯、语言、思维习惯。日本人对他们所属的企业文化有责任感、认同感、事业心，并促进集团主义形成。在民族宗教信仰上，日本民族信仰古老的神道教，这是一种泛神宗教，崇拜自然现象和神话中的祖先。日本人认为天皇是神的后代，是权力的象征。它形成了日本文化的一种包容性，使它具有集体意识的集团指向性和对海外文化的认同。

（2）海外文化是日本文化的重要营养源。在日本民族心里，存在着一个绝对不可变更的目标，即确保整个民族的生存和发展。为此，日本人对外来文明采取吸纳借鉴的做法，以便更好地发展自己。强调原则和控制的同时，巧妙地把目标、人员和环境结合起来，融人情、理性与一体，形成既有原则又有信条和精神的企业文化，赋予了企业产品以极强的生命力。

（3）改革创造了良好的环境。从美国引进职务分析、职务评价及津贴制度，废除身份制代之以职能制。1950 年日本修改了商法，引进了美国式的企业管理和制度。引进董事会制度，改革最高决策管理部门。设立职能部门，加强内部控制，把成本管理、会计检查等部门从管理部门中分离出来，强化了检查与统计管理。

2. 日本品牌文化的特点

日本的品牌文化与日本的传统文化、民族心理紧密地联系在一起。一方面受中国传统文化的影响，另一方面受日本家族文化的影响。

（1）崇尚企业集团主义。日本企业集团文化是与日本的经营方式分不开的。日本企业集团主义在实际生活中表现为：与自己从属的企业同心同德，视为一体，忠于职守、忘我地投入到企业集团的事业中，重视企业内部集团秩序的稳定，绝对维护上级权威，集团内部之间相互尊重、相互体谅。

（2）信奉热爱劳动的价值观。日本文化倡导企业职工勤奋工作，竭尽努力。许多人下班后还会在公司继续工作一到两个小时，企业倡导生活的价值在于劳动，其首要意义在于自觉地分担一部分社会责任和义务。信奉人"仅求生存是无意义的，只有工作，生命才有意义"的信条，帮助公司的品牌成长、繁荣是企业价值的核心。

（3）日本品牌文化深受儒教和佛教的影响，突出表现为集体主义下的个人主义。受国内外因素的影响，日本企业文化较注重实践和行动。

活动：比较分析。

选择美国和日本的企业各三家，比较其品牌文化有什么异同，并试着分析异同形成的原因，说明这种品牌文化在企业发展的过程中起到哪些作用。四人一组形成讨论报告，由老师进行点评。

第二节 卓越企业家与品牌文化塑造

一、企业家的品牌意识

当今市场经济条件下，企业间的竞争日趋激烈，品牌战已经成为不可逆转的趋势，而为了应对品牌竞争，企业家必须具备品牌意识。

问题3：为什么要树立企业家的品牌意识？

美国市场营销协会对品牌进行定义：品牌是一种名称、术语、符号、象征、设计，或是它们的组合运用，其目的是用来辨别某个销售者或某群销售者的产品或服务，使之与竞争对手的产品或服务区分开来。当今社会商业品牌化的发展非常迅速。时至今日，已经很少有产品不使用品牌了。品牌意味着市场定位，意味着产品质量、性能、技术、装备和服务等价值，它最终体现了企业的经营理念。品牌是有灵魂、有个性、有环境特征的，是活生生的，更重要的是，品牌是无国籍的。如"耐克"出售的是品牌而不是鞋子，不论在哪里生产，消费者的感受都是一样的。

有人曾问过国内一些知名企业的老总：企业经营的目标是什么？答案是品牌的市场占有率。这表明许多知名企业的老总已认识到品牌的重要性。事实上，许多世界知名企业往往都是把品牌发展看成企业开拓国际市场的优先战略。可口可乐、百事可乐、麦当劳等无一不是先从抓品牌战略开始的，即创立属于自己的名牌产品，并把它作为一种开拓市场的手段，最终占领市场。而且，由于名牌的综合带动作用十分巨大，外向度也相当高，所以往往是一个产品的品牌创立后，逐渐形成一个系列并带动相关配套产业的发展。可以说，品牌是企业进入市场、占领市场的武器。特别是在国际市场竞争已日趋激烈的今天，企业有没有自己的品牌、品牌形象如何都已变得十分重要。品牌作为巨大的无形资产，其重要性已超过土地、货币、技术和人力资源等构成企业的诸多因素。世界性品牌的拥有量已成为衡量一个国家实力的重要标准。像美国、日本等发达国家，其世界性品牌的拥有量与其国家的实力都是十分匹配的。可以说，现代社会的全球经济将会演变成品牌的竞争。

二、企业家运筹品牌延伸

问题 4：企业家在品牌延伸中应当怎样做？

1. 企业品牌的建立

因为企业品牌的重要性，企业在发展的过程中建立自己的品牌是必需的，但是在此过程中有很多值得注意的地方。

（1）企业家自身必须要树立强烈的品牌战略意识。一般大型商业企业（集团）的经营者要学习现代商业知识，了解国内与国际商业发展的形势，即抓住机遇，实施和推进本企业的品牌战略。以高度的政治责任心和紧迫感实施与推进企业的品牌战略。

（2）企业家要选准市场定位，确定战略品牌。各个企业通常经营的商品种类少则成百上千，多则成千上万。在建立品牌的过程中不可能同时发展这么多的品牌商品。因此要经过市场调查，从本企业的实际出发，开发部分品牌如早期的海尔集团，海尔集团是目前世界第四大白色家电制造商、中国最具价值品牌。最初海尔生产的是电冰箱，将电冰箱生产的发展作为企业的战略品牌。自1990 年，海尔首次出口 2 万台冰箱，就吹响了向欧洲市场进军的号角，海尔凭借高质量产品、个性化设计和速度优势树立起自己的品牌。

（3）在发展过程中也要为自己的品牌做好宣传。在发展品牌过程中的宣传是很重要的，非常可乐就是一个非常好的例子。在娃哈哈公司推出非常可乐时，当时的市场已经被百事可乐和可口可乐两大饮料巨头占领，非常可乐要想打入可乐市场是很难的。在中央电视台直播法国世界杯足球赛前的黄金时段却出现了非常可乐的广告。"非常可乐，中国人自己的可乐。"一时间非常可乐的广告传遍了大江南北，媒体也纷纷以"非常可乐对可口可乐、百事可乐的攻势"为题大肆渲染，推波助澜，使得这则非常可乐广告又一次成为众多媒体的宠儿和人们茶余饭后谈论的焦点。人们更是惊奇地发现，"非常可乐"广告牌已在各百货商店和公交站台上扎下了根。这种大手笔的经营策略和宣传营销战略，就是非常可乐一夜成名的"非常行动"。非常可乐品牌之所以能够打响，原因在于它打着"民族牌"，抓住消费者的心理来做宣传，并且非常可乐在后来的一次"有喜事自然非常可乐"的广告宣传过程中也是如此，结果也非常成功。这个案例说明了宣传对于发展品牌是极其重要的，并且要从品牌的市场定位着手。

2. 企业品牌的维护

对于消费者自身来说，很少一直忠诚于某一个品牌，因为消费者是很难抵挡其他品牌的诱惑的。如果你作为一名消费者而经常光顾一家书店或者一家服装店时，其产品质量和服务水平一定有使你再次光顾的冲动。

对于企业自身来说，企业品牌的树立并不代表企业就大功告成了。在企业千辛万苦创出名牌之后，仍不能松懈，而要对名牌进行精心的呵护，否则名牌会很快衰落，消失在汹涌澎湃的商潮之中。究其原因，不外乎两个方面：一是企业自己倒牌子。企业创出名牌之后，不思进取、缺乏创新，导致品牌逐渐失宠于市场。二是企业不注意对名牌进行保护，使别的企业钻空子。名牌蕴涵着巨大的利益，很多人对之虎视眈眈，想尽办法从中牟取利益。如抢注名牌商标，仿冒名牌商标，生产假冒名牌产品等，其结果是破坏了名牌的声誉。

在现实中自己倒牌子的例子有很多，如三鹿集团三鹿牌婴幼儿奶粉受到三聚氰胺的污染，致使三鹿品牌形象一落千丈，最终落到了宣告破产的结局。这样的结局是三鹿公司自己一手造成的，因其生产劣质产品，遭到消费者的强烈抗议，其品牌也就倒下了。企业家本身在建立品牌后就应该对品牌产品负责，而不是依赖于刚刚建立起来的消费者忠诚度。注重企业产品质量的加强，努力创新，不断提高自己的服务质量，从而满足消费者不断增长的需求。

因为利益的诱惑，有很多不法分子会不顾法律而假冒一些名牌产品，或者做出很多的侵权的事情。这些行为都会损害到企业的利益并直接影响到企业的品牌形象。所以企业家应采取法律措施以确保著名品牌不受任何形式的侵犯，更应该采用经营维护手段使著名品牌作为一种资源能得到充分利用，使品牌价值不断提升。

三、承担风险与挑战

管理企业就需要承担风险，卓越的企业家必须具备承担风险的特质，而新世纪的企业管理对企业家又提出了新的挑战，它要求企业家具备一系列的特质。

问题 5: 为了应对新的挑战,企业家应具备什么样的特质?

1. 承担风险、善于创新、做实事而不尚空谈

从企业家的内涵看,企业家必须具有风险意识。作为企业生产经营的主要指挥者、决策者,企业家对关系企业兴衰成败的经营决策起决定作用。企业生产什么,企业所生产的产品如何适销对路?企业产品生产能力的扩大或缩小、生产品种的增加或淘汰、产品价格的提高或降低,新技术、新设备、新工艺的选择和应用,市场的开发和占领,企业发展战略的制定和实施等方面的决策,都存在着巨大的、不确定的风险。这是一种"非可保险"的决策。决策的成功与否直接关系到企业的命运,直接关系到职工的利益以及企业家本人的声誉、地位和利益。决策失误和经营失败的企业家将受到降薪、解雇、身价贬值,甚至失去企业家资格等惩罚。而对于那些实行租赁制、资产经营责任制、企业经营责任制、股份制等经济性质的企业,其企业家还可能因此而倾家荡产甚至负法律责任。企业家本身就意味着风险,企业家的事业就是一个充满风险的事业。

企业家作为商品经济社会中企业运行和企业管理的主角,不是纵向从属于行政权力,而是遵循和服从优胜劣汰的市场法则,靠善于经营和精于管理开拓自己的事业。企业家依靠自己的知识和才能,独立自主地经营企业,运用创新精神进行企业决策、开发产品和市场,以自己的才智和勇气去进行改革,迎接挑战。

283

2. 想象力、判断力、组织才能和领导才能

企业家必须具备超过常人的、非凡的想象力和开创风险事业的能力。在现有的大公司、大企业中,已有一些企业家和最高领导人利用想象力去重建公司,并获得巨大成功。正如马萨诸塞州沃斯特市汉诺威保险公司总经理威廉·奥布赖恩所说:我们每个人的行动都受自己思想图景的影响,我把这种思想图景称之为想象力。在决定公司的未来时,这种想象力发挥着重要的作用。

想象力的信息迅速传递给企业的各个部门,它是企业哲学、企业文化、企业活力的标志。当计算机还处于昂贵、笨拙、不可靠的初始年代时,史蒂夫·乔布斯就认定,它将在不久的将来成为无所不在的个人工具。想象力能转化为销售额、利润以及投资回收率的增长。想象力在工商业领域、在企业家脑海中发挥着强大的力量,他们利用想象力塑造工商企业的新形象,把想象力转化为现实的成功。微软、英特尔、康柏等高科技产业及其精英都是凭借丰富的想象力使梦想变为现实。

3. 追求国际经营多样化的企业战略

在传统工业社会，人们消费的同质性较强，因而大规模生产受到推崇和欢迎。随着社会的发展，人们收入水平提高，消费者价值观念变化，导致消费方式日益向着讲求精致优雅和多样化方向发展。这种状况使企业传统经营思想受到强烈挑战，迫使众多企业采取多元化经营战略。新的消费形态趋于小批量、多品种和个性化，它使产品的生命周期越来越短，消费市场的变化更加迅速。

在很长一个时期内，商品出口作为获取利润、增加收益的有力手段，一直是各国企业紧紧追逐的对象。在国际市场上，高性能、高科技的产品，一直是卓越企业在国际竞争中维持优势、立于不败之地的强有力的物质保证。但是单纯依靠商品出口的国际经营正在产生越来越多的负面效应，由此而引起的贸易摩擦也越来越多，且日趋严重。日本企业为了避免摩擦的加剧，正在采取多样化的国际经营战略。由更多的技术出口逐步取代大宗的商品出口，由推销产品逐步转为在当地建厂生产，这种做法代表了今后企业进行多样化国际经营的发展方向，将成为 21 世纪企业发展的重要经营模式。由于国际竞争的激化，在未来更加相对缩小的世界市场中，企业是无法仅仅依仗产品进行单一经营的，国际经营的多样化是 21 世纪的趋势。

阅读材料

通用公司发展中的企业家作用

美国通用电气公司（GE）的成功，来源于韦尔奇卓有成效的企业理念整合与渗透，其核心是通过言行将所确定的企业发展战略、企业目标、企业精神传达给群众，争取全体员工的合作，并形成影响力，使相信远景目标和战略的人们形成联盟，得到他们的支持。韦尔奇在改革进程中，为了贯彻和实现其战略目标，通过克罗顿—哈得逊的通用电气公司培训中心先后为 GE 的 15000 名高级管理人员上课，通过突击检查、与下属共进午餐等多种方式与企业各阶层人员接触沟通，他强调对"人"的理解，强调开放、坦诚、自信、正直、快速反应、高效的企业价值观，致力于培养每个员工的企业责任感和事业心。

GE 在实施企业理念渗透中，通过唤起员工的热情、需求，激励人们战胜变革中遇到的官僚、政治和资源等方面的障碍。通用电气笃信"从人类精神流露出来的创造力是永无止境的"。公司决策层为推进企业文化的变革，首先从变革环境和挖掘员工内在潜力入手，具备了这个基础之后，大胆改革官僚制度，建立了轮轴式的企业组织形式，为实现其既定的目标创造了良好的文化氛围。企业文化总是随着公司的发展而不断变化、不断革新的，每一个新上任的公司总裁是新企业文化的提倡者和推动者。曾任第二届公司总裁的科芬建立了层级分明的纵向组织结构，打破了前任总裁的组织管理体制。第三届总裁威尔逊打破了科芬建立起来的劳资关系和企业伦理。韦尔奇打破了琼斯建立的科层制度。这也说明，在企业文化需要变革时，新的富于创造精神的领导就是在这个时候诞生的，他对推动企业文化的革新起到催生的作用。这些革新者把握着企业的命运和未来。如韦尔奇实施的一系列变革，使通用的市场价值从 1981年的 120 亿美元猛增至 1998 年的 3000 亿美元。理念渗透是与韦尔奇的人格力量、企业家特质联系在一起的。注重企业家自身素质和自我约束能力的培养和提高，是企业人力资源管理的重要内容。人力资源不局限于人的知识、技能和体力、智力，还包括人的心理、情绪、品性、品行等深层次的潜能。影响企业家的领导能力、决策能力，不只是"智力商数"（IQ），而且还有更具活力特征的"情绪商数"（EQ）和更具有内在恒定特征、毅力特征的"伦理商数"（MQ）。韦尔奇从小在母亲的教导下，懂得"独立、自信、充实自我"对人生、事业成功的价值。任职初期，在塑料事业部鼓励竞争和相对宽松自在的环境中，他得到了充分施展自己才能的机会，培养了自己"变革、创新"、"坦率、正直"、"机智、聪颖"、"自信、坚韧"的伦理素质，而这些素质和"实践智慧（亚里士多德语）"对于一个成功的企业家来说是必不可少的。企业家的知识、情感、意志决定了他今后的决策能力、创新能力、人际关系能力、组织协调能力、规划判断能力、竞争能力、社交能力等。有了这些人格素质和能力特质，企业家才能在动态竞争的经济社会里富于创新精神，具有冲破传统、克服重重困难的勇气，带领企业走出困境，迈向成功。

285

资料来源：http://www.gci-corp.com/article/rlzy/200611/24104.html。

第三节　塑造品牌文化与企业家的责任

经济的发展向企业提出了更新的要求，企业家要增强企业的应变能力，从多维度、多视角、多层面上思考和组织企业进行变革，而企业的所有变革都离不开首要的变革——企业家观念的变革。

一、品牌文化的创造者与倡导者

企业家在品牌文化的创造中所起的重要作用是毋庸置疑的，那么为了企业品牌战略的成功，企业家在品牌文化塑造的过程中需要背负什么样的责任呢？

问题 6：企业家在品牌文化塑造中的责任是什么？

1. 培养企业创新精神

企业家在迈向 21 世纪时需要一种创新精神。企业家的创新精神，是指他们的意识、思维活动和心理状态通常保持一种非凡的活力。一位法国学者曾这样描述具有创新精神的新型企业家：他们很像勇士，能迅速做出决定，具有不寻常的精力和毅力，满怀非凡的勇气和果断的魄力；他们奋不顾身地冲向广阔的经济战场，开辟一片又一片创新的领域；他们以一种广泛、灵活的应变能力和行动准则指导企业运行；他们有青年人的好奇心、发明者的创造欲、初恋者的新鲜感、亚神经质般的敏感性以及建设者和破坏者兼备的变革意识；他们双眼紧盯着国内外的各种信息，紧盯着市场需求，大脑中急速地将外界的信息重新组合，构造出新的创新决策。

21 世纪的企业家更需要有这种创新的特质和随时捕捉国内外经济信息的敏锐洞察力。因为未来世界经济将呈现出经济全球化的趋势。以国际分工为基础的经济生活的国际化，随着世界市场的不断发展得到不断深化。世界各国的经济联系也日益密切，国际相互交往不断扩大，国与国之间在经济上的相互依赖、相互促进日益加强，整个世界经济已成为一个有机的整体。在 21 世纪初，各国经济之间的相互渗透将会进一步加深，整个世界将变得更加开放，将变成一个真正的"地球村"，世界经济将日益融合。但是，各国都试图追求自身利益的最大化，国际间的经济矛盾、冲突和摩擦将不可避免，尤其是不同文化背景、不同文化价值观念之间的撞击，常常会成为企业之间，特别是跨国公司内部员工之间关系融洽的障碍。这是企业家们需要认真考虑的问题。

2. 大力宣传企业文化

当今是知识经济的社会，重知识、重人才，应当成为全社会的导向，财富、经济是由人创造的，那种重物不重人、见物不见人的观念是"穷人思维"，这样的人永远摆脱不了贫穷的困境。

传统的社会发展观认为，社会的发展主要在于经济的增长，特别是国民生产总值的增长。近年来，出现了一种新的发展观，认为社会的发展不仅在于经济的增长，而且在于社会的全面进步，在于文化的发展。在政治、经济、文化三大系统中，文化处于最高层次，起着统帅和导向的作用。经济、文化一体化是当代社会发展的大趋势，这个大趋势随着 21 世纪的到来而更加明显。作为新世纪的企业家，应当及时发现这个根本性的转变，要研究经济、文化一体化在社会宏观问题和企业微观问题中的结合点，要研究经济、文化协调发展、相互促进的关系，寻求社会宏观问题和企业微观问题的最佳解决途径。

培育卓越企业家需要有一定的知识和文化氛围，这种知识和文化氛围并非是主观设定的，而是需要企业家敏感地触摸"时代脉搏"，从这个基点上去营造企业文化和把握未来。这个"时代脉搏"至少包括以下几个特点：

（1）人们的文化价值观逐步由原来的"物本主义"转向"人本主义"。经济学（包括社会宏观经济学和企业微观经济学）的研究也必须适应这个转变。企业家作为企业的决策者和管理者，应当从宏观和微观这两个层面上适应这个转变。传统的经济学只强调物质资本的作用，传统的企业家也注重企业的资本增值，而"人本主义"的经济学强调人，特别是掌握现代科学技术的人对经济发展的作用。这种转变实际上改变了整个经济学的研究方法。它强调从关心人、爱护人、以人为本的企业价值观出发，重视企业的科技人才，尽可能地发挥知识分子的积极作用，顺应知识经济的客观规律。

（2）社会消费者从原来的注重物质产品导向转向注重服务经济导向。企业家在企业决策和企业整个运营过程中也必须由原来的注重产品制造转向注重服务质量，把消费者的利益和顾客满意放在首位。

一个多世纪以来，经济学只重视物质产品的开发、生产和产出。企业也完全遵循这个铁的制度和法则。随着经济的发展，对服务经济的需求日益旺盛，服务经济在国民经济中所占的比重成为国家现代化与否的一个标志，服务经济同时也成为衡量一个企业形象优劣的重要标志，服务经济导向不仅成为经济学的研究重点，而且成为国家经济、企业经济、企业家价值观的一个评价尺度。

287

（3）社会价值观念表现在人与自然的相互关系上，由原来的只注重简单的物质变化即生产物质产品，转向重视人与自然、人与生态协调的可持续发展。长期以来，人类以自然界的主人自居，不停地谋求自身的利益而忽视了人与自然的统一性，逐渐陷入了"唯人论"的泥潭。殊不知，大规模的掠夺性开采和生产破坏了人类赖以生存的自然环境和自然资源。把消费或占有自然资源的程度作为衡量民族和个人自我价值实现的尺度和经济发达与否的标志。不断提高现代人的生活水准成为天经地义的事，而从不考虑对生态自然的开发利用会不会引起资源枯竭，不去考虑这种开发会不会影响子孙后代的利益。

旧价值体系习惯于把生产力解释为"人们征服自然和改造自然的能力"。它只强调人对自然的征服、改造和索取。客观上为人们一切不负责任的经济活动——掠夺性开采和生产提供了理论依据，为破坏生态、毁灭物种和环境资源打开了方便之门。

为了充分兼顾人、生态自然的相互关系，充分兼顾现代人和子孙后代的利益，21世纪的经济学必须正视人与自然交往活动所产生的正、负效应，使社会经济、物质生产以最合理的方式平衡协调地发展。这就要求有远见的企业家重新认识人类作为自然界的成员和公民的地位和作用。人在自然界不应是一个根据"人类利己主义"原则做出有关生态环境、生产发展决策的"经济人",而应当把企业伦理、企业道德扩大到自然界,自觉成为保护生态环境的"道德人"。

二、因果联系:企业家与品牌文化

品牌文化在很大程度上同企业家自身文化特质存在着强烈的因果联系。因此,为了企业品牌文化战略的顺利实施,企业家应当注意提高自身素质,锻造优秀的个人品质。

问题 7: 企业家应具备什么样的品质?

1. 企业家要尊重知识和文化

卓越的企业家一定是尊重知识和文化的,那种只看到金钱的力量、以为金钱是万能的人不可能成为卓越的企业家。中外各国经济发展的历史证明,企业家群体既是现代企业的生命和灵魂,又是国家经济发展的栋梁。企业竞争说到底是人才的竞争,企业家作为企业人才的组织者本身就是一种稀缺的人才。谁拥有高素质的、具有创新意识的企业家群体,谁就会在国际经济竞争大舞台上立于不败之地。

企业是整个社会的一个组成部分。我们每天都在创造社会各个领域的新生事物,每天都在进行包括经济、政治、文化、教育、意识形态等方面的变革。但是,企业是对变革最敏感的社会组织。企业不是每几年、每隔一个时期或每个月进行一次评价,而是每天都要面临市场的严峻挑战,顾客不同于一般的选民,他们每天都要对企业的表现进行投票,促进企业的改革。在传统工业社会,由于作为文明基础的技术相对稳定,与之相适应的价值观、企业所处的环境也相对稳定。而当今社会,新信息技术、计算机技术、通信技术的发展形成了一个庞大综合的新产业网络,铺天盖地把各个学科创造的新成果运用于经济文化的各个领域,它同时又对个人和社会价值观的各个方面产生了强烈的冲击。

新型企业和老式企业在目标和基本假设这两方面都存在差别。在传统工业化时代,战略资源是资本,企业的唯一目标就是不断赚钱。在信息时代,战略资源是信息、知识和创造性。过去看重的是实物财富,现在更看重的是知识价值、品牌形象、企业形象、企业文化、人本主义价值取向。在信息社会,人的价值、人力资源是任何组织富有竞争性的"利刃"。

卓越的企业家善于把握员工价值观的变化。越来越多的人相信,工作是整个生活计划的一个组成部分,工作应当是有趣的。越来越多的人在权衡成功所得到的报酬时，通常较少考虑金钱的多少而较多考虑个人成就的满足程度。现代人还希望工作能表现出工作者本身及其价值观，表现出社会上的差别，以及同其他的因素——家庭、保健、精神等保持和谐一致。

企业发展至今，已不仅仅是一个工作场所，而且是一个文化体系，在人们的生活中企业文化对于企业家和员工具有越来越重要的作用。企业如果能在为人们提高收入的同时，充分展示出一种人性化的企业氛围，如优雅舒适的工作环境，对才能的充分重视，对人的价值的充分尊重，企业就能充满活力。

2. 企业家要具有诚实精神

企业文化建设需要企业干部和员工长期努力地学习，不能不懂装懂，一些人以为手中有企业资源、有钱或权就可以对专家、专业人员指手画脚瞎指挥，自以为是，认为钱可以支配一切，可以违反客观规律，到头来只能是以失败告终。

卓越的企业家在企业中既是卓越的管理者，又是员工的思想领袖，他以自己的新思想、新观念、新思维、新的价值取向来倡导和培植卓越的企业文化。这种企业文化既有时代特色，又是本国传统思想、伦理、价值观念融合现代精神而成的精神力量，是先进的、科学的、有生命力的文化与现代企业的完美结合。

美国著名管理学家劳伦斯·米勒说过，卓越并非一种成就，而是一种永不满足的追求和出类拔萃的进取精神。这一精神掌握了一个人或一个企业的生命和灵魂，它就无往不胜。卓越是一个永无休止的学习过程，这种精神被企业家所接受并以此为追求目标，他就成为卓越的企业家。

国际竞争策略大师密歇根大学教授普拉哈拉德和伦敦商学院教授哈梅尔认为，卓越的企业家是善于利用各种资讯来了解未来的竞争与今天究竟有何不同之处，企业家必须先"忘掉"过去，才能迎向未来，不可沉迷于过去或现有的成功，要不断地重新构思市场范围，重划营运"疆域"，建立新的企业价值观和企业文化，检讨本身是对竞争最根本的假设。

3. 卓越的企业家应努力提高本企业的素质和员工的素质

应当重视员工的参与，提高员工的参与意识。员工的参与需要高层主管有接受挑战和不同意见的雅量，还需要企业家的支持与放手发动，要让员工分享成功的果实，并要提供员工参与所需的资讯和工具。

应当有产业的先见之明。策略架构的提出，须基于理性分析，不可鲁莽从事，也不可只是企业家、高层主管的个人看法；企业家和高层主管必须发掘和利用整个企业的各种意见和合理化建议，借此来建立对未来的共识和认同，借此来形成卓越的企业文化。

应当重视速度。未来的社会经济，竞争将更为激烈。因此，速度在制胜先机上具有重要的地位，不仅产业先见之明的形成要讲求速度，就是连新产品和服务的推出也要讲求速度，不仅要缩短由构想到上市的时间，更应缩短由"构想到全球市场"的时间。这是新世纪卓越企业的理念，应当营造"时不我待"的积极进取的企业价值观和企业文化氛围。

三、企业家与品牌文化制胜

问题 8：品牌文化制胜的实施步骤是什么？

第一步：提炼出个性鲜明且能拨动消费者心弦的品牌核心价值，并以非凡的定力坚持维护品牌核心价值。

品牌核心价值是品牌的灵魂和精髓，是企业一切营销传播活动围绕的中心。品牌核心价值应该个性鲜明独特，且能打动消费者的内心。当今是需求多元化的社会，没有一个品牌能成为通吃的"万金油"，只有高度差异化、个性鲜明的品牌核心价值才能"万绿丛中一点红"，以低成本吸引消费者眼球。例如，百事可乐的"年轻一代的选择"、雅芳的"女性知己"、宝马的"驾驶的乐趣"、金利来的"男人世界"、舒肤佳的"除菌"……，无一不个性独特鲜明。

品牌核心价值一旦确定，就应该以非凡的定力，持之以恒地坚持维护它，这已成为国际一流品牌创建百年金字招牌的秘诀。

横向坚持：同一时期内，产品的包装、广告、公关、市场生动化等都应围绕同一主题和形象。

纵向坚持：1 年、2 年、10 年……品牌不同时期的不同表达主题都应围绕同一品牌核心价值。

例如，可口可乐演绎"乐观向上"的核心价值百年未变，力士传达"滋润高贵"的形象已有 70 年，万宝路诠释"阳刚"豪迈也有 50 年。

反观国内许多品牌（甚至知名品牌），品牌核心价值定位不清、广告诉求主题朝令夕改，尽管品牌建设投入巨大，但品牌资产却未得到有效提升。

第二步：在品牌核心价值确定后，围绕品牌核心价值制定品牌宪法，使其具有可操作性。

以品牌核心价值为中心的品牌宪法是统率企业一切营销传播活动的大法，它使企业一切营销传播活动有法可依，有章可循。

品牌宪法由品牌战略架构和品牌识别系统构成。

品牌战略架构主要确认以下问题：

（1）企业是采取单一品牌战略、多品牌战略，还是担保品牌战略等？

（2）企业品牌与产品品牌的关系如何处理？

（3）企业发展的新产品是用新品牌，还是用老品牌来延伸，抑或采用副品牌来张显新产品个性？

（4）新品牌、副品牌的数量为多少会比较合适？

（5）如何发挥副品牌反作用于主品牌的作用？

……

品牌战略架构是事关企业发展的大事，战略架构决策的正确与否会导致企业数千上亿资产的得失，甚至是企业的命运。

品牌识别系统包括：品牌的产品识别、理念识别、视觉识别、气质识别、行为识别、责任识别等，在这些识别系统中，具体界定规范了一个品牌的企业理念文化、价值观和使命、品牌的产品品质、特色、用途、档次、品牌的产品包装、IT系统、影视广告、海报、品牌的气质特点、品牌在同行业中的地位、品牌的企业社会责任感以及品牌的企业行为制度等。

这些品牌识别系统具体界定了企业营销传播活动的标准和方向，使品牌核心价值这个抽象的概念能和企业日常活动有效对接且具有可操作性。

例如，肯德基薯条5分钟内没有卖掉就丢弃以保证食品的新鲜，体现着其产品特色识别；1000元一支的派克笔体现着其产品档次识别；IBM、雀巢在全球IT与食品业的领导者形象体现了其地位识别；张裕干红的广告片浪漫幽雅的情节体现着其气质识别；锐步为第三世界的制鞋工人提供劳保福利体现了其企业社会责任感识别等。

第三步，用以品牌核心价值为中心的品牌宪法统率企业的一切营销传播活动。

品牌宪法制定后，企业的一切营销传播活动都应遵守品牌宪法，围绕品牌核心价值展开。从产品研发、原料采购、包装设计到广告宣传、公关活动、新闻炒作、店面布置、促销活动、售后服务、与客户消费者沟通等，都应演绎出品牌的核心价值。这样就会使消费者在每一次接触品牌时都能感受到品牌核心价值的信息，这样意味着企业的每一分营销传播费用都在加强消费者对品牌核心价值的认知和记忆，都在为品牌做加法。例如，百事可乐的所有形象代言人都是年轻时尚人士，体现了其"年青一代的选择"；劳斯莱斯的每个部件都是手工打造，诠释着其"皇家的座骑"；海尔的"国际星级服务"表达着"真诚到永远"。

对品牌核心价值的维护不仅要体现在广告宣传传播手段上，还应体现在产品功能、包装、价格、人性化服务等营销策略上。但国内许多品牌对品牌核心价值的维护往往在传播活动中尚能贯彻，但在营销活动中却因为市场环境变化等种种原因偏离了原有轨道。例如，康佳原来打的是"高科技"牌，但面对长虹的降价攻势乱了阵脚，也打起了价格战，结果 2000 年惨败而归。

第四步，用心打动消费者，提升品牌的美誉度和忠诚度。

在过去广告力时代，广告是企业最重要、最有效的传播手段，企业单靠广告的狂轰滥炸也许就能创造一个名牌且大获其利。然而在今天的品牌力时代，企业若还单纯依靠广告这种手法，也许灾难已不再遥远。一个品牌要想成为强势品牌，必须提升品牌的美誉度和忠诚度，用心打动消费者，即所谓"心战为上，兵战为下"。其实品牌的巨大无形资产是在消费者心中的，消费者只有发自肺腑地认同某个品牌，它才会成为强势品牌。

例如，麦当劳的经营理念"品质、服务、清洁、价值"，使消费者一进餐厅就能感到切实的优质服务。雅芳"赞助乳腺癌防治教育"、"赞助中国女子足球队"、"捐助重病儿童"、"举办母亲节"等一系列公益活动，使消费者真切地感到了雅芳是"女性的知己"。海尔洗衣机于 2000 年上半年就成功开发 42 款新产品，其中大部分是根据消费者的需求"量体裁衣"研发的，这使消费者感受到了"真诚到永远"。沃尔沃从 1945 年到 1990 年，在出厂的各式新车上设计配置了 32 项安全装置，其中多项已被国际汽车工业界广泛采用，这不折不扣地体现着其"安全"的品牌核心价值。

可见，一个品牌只有首先付出了真诚，才能打动消费者，才能在消费者心中扎下根。

第五步，打好品牌延伸这张牌。

一个品牌发展到一定阶段后会推出新产品，是用原有品牌还是推出新品牌，这时就应打好品牌延伸这张牌。

在竞争日趋激烈的市场上，要完全打造一个新品牌将耗费巨大的人力、物力、财力。据统计，新品牌的失败率高达 80%，在美国开发一个新品牌需要 3500 万~5000 万美元，而品牌延伸只需 50 万美元，这不失为一条快速占领市场的"绿色通道"。雀巢经过品牌延伸后，产品拓展到咖啡、婴儿奶粉、炼乳、冰激凌、柠檬茶等，结果每种产品都卖得不错；乐百氏品牌延伸前销售额只有 4 亿多元，延伸后不到 3 年就达到了近 20 亿元。

然而，品牌延伸是把"双刃剑"，它可以是企业发展的"加速器"，也可以是企业发展的"滑铁卢"。所以品牌延伸应该谨慎决策，一定应遵循品牌延伸的原则。①延伸的新产品应与原产品符合同一品牌核心价值。例如，金利来品牌核心价值是"男人的世界"，但曾一度推出女装皮具，结果收效甚微。②新老产品的产品属性应具有相关性。例如，三九胃泰曾延伸出三九啤酒，结果惨败而归。③延伸的新产品必须具有较好的市场前景。例如，海尔公司遵循的原则是：延伸产品发展到一定规模后，必须能在同类产品中位居前三名。

本章小结

★★★★

本章内容包括：美国和日本品牌文化的概述和值得企业家借鉴的品牌文化特质；企业家在品牌文化塑造中所应具备的素质。

企业家在品牌文化的塑造中应具备如下重要品质：承担风险、善于创新、做实事而不尚空谈；想象力、判断力、组织才能和领导才能；追求国际经营多样化的企业战略。

介绍了在品牌文化塑造中企业家需要背负的责任。主要有：企业家要尊重知识和文化。企业家要具有诚实精神，企业文化建设需要企业干部和员工长期努力地学习，不能不懂装懂，一些人以为手中有企业的资源，有钱或权就可以对专家、专业人员指手画脚瞎指挥，自以为是，认为钱可以支配一切，可以违反客观规律，到头来只能是以失败告终。卓越的企业家应努力提高本企业的素质和员工的素质。

深入学习与考试预备知识

★★★★

293

企业家应具备的特质

（1）承担风险、善于创新、做实事而不尚空谈。从企业家的内涵看，企业家必须具有风险意识。作为企业生产经营的主要指挥者、决策者，企业家对关系企业兴衰成败的经营决策起决定作用。企业生产什么，企业所生产的产品如何适销对路？企业产品生产能力的扩大或缩小、生产品种的增加或淘汰、产品价格的提高或降低，新技术、新设备、新工艺的选择和应用，市场的开发和占领，企业发展战略的制定和实施等方面的决策，都存在着巨大的、不确定的风险。这是一种"非可保险"的决策。决策的成功与否直接关系到企业的命运，直接关系到职工的利益以及企业家本人的声誉、地位和利益。决策失误和经营失败的企业家将受到降薪、解雇、身价贬值，甚至失去企业家资格等惩罚。而对于那些实行租赁制、资产经营责任制、企业经营责任制、股份制等经济性质的企业家，弄不好还可能因此而倾家荡产甚至负法律责任。企业家本身就意味着风险，企业家的事业就是一个充满风险的事业。

（2）想象力、判断力、组织才能和领导才能。企业家必须具备超过常人的、非凡的想象力和开创风险事业的能力。在现有的大公司、大企业中，已有一些企业家和最高领导人利用想象力去重建公司，并获得巨大成功。正如马萨诸塞州沃斯特市汉诺威保险公司总经理威廉·奥布赖恩所说："我们每个人的行动都受自己思想图景的影响，我把这种思想图景称之为想象力。"在决定公司的未来时，这种想象力发挥着重要的作用。

（3）追求国际经营多样化的企业战略。在传统工业社会，人们消费的同质性较强，因而大规模生产受到推崇和欢迎。随着社会的发展，人们收入水平提高，消费者价值观念变化，导致消费方式日益向着讲求精致优雅和多样化方向发展。这种状况使企业传统经营思想受到强烈挑战，迫使众多企业采取多元化经营战略。新的消费形态趋于小批量、多品种和个性化，它使产品的生命周期越来越短，消费市场的变化更加迅速。

企业家应具备的品质

（1）企业家要尊重知识和文化。卓越的企业家一定是尊重知识和文化的，那种只看到金钱的力量、以为金钱是万能的人不可能成为卓越的企业家。中外各国经济发展的历史证明，企业家群体既是现代企业的生命和灵魂，又是国家经济发展的栋梁。企业竞争说到底是人才的竞争，企业家作为企业人才的组织者本身就是一种稀缺的人才。谁拥有高素质的、具有创新意识的企业家群体，谁就会在国际经济竞争大舞台上立于不败之地。

企业是整个社会的一个组成部分。我们每天都在创造社会各个领域的新生事物，每天都在进行包括经济、政治、文化、教育、意识形态等方面的变革。但是，企业是对变革最敏感的社会组织。企业不是每几年、每隔一段时期或每个月进行一次评价，而是每天都要面临市场的严峻挑战，顾客不同于一般的选民，他们每天都要对企业的表现进行投票，促进企业的改革。在传统工业社会，由于作为文明基础的技术相对稳定，与之相适应的价值观、企业所处的环境也相对稳定。而当今社会，新信息技术、计算机技术、通讯技术的发展形成了一个庞大综合的新产业网络，铺天盖地把各个学科创造的新成果运用于经济文化的各个领域，它同时又对个人和社会价值观的各个方面产生了强烈的冲击。

（2）企业家要具有诚实精神。企业文化建设需要企业干部和员工长期努力地学习，不能不懂装懂，一些人以为手中有企业的资源、有钱或权就可以对专家、专业人员指手画脚瞎指挥，自以为是，认为钱可以支配一切，可以违反客观规律，到头来只能是以失败告终。

卓越的企业家在企业中既是卓越的管理者，又是员工的思想领袖，他以自己的新思想、新观念、新思维、新的价值取向来倡导和培植卓越的企业文化。

这种企业文化既有时代特色，又是本国传统思想、伦理、价值观念融合现代精神而成的精神力量，是先进的、科学的、有生命力的文化与现代企业的完美结合。

（3）卓越的企业家应努力提高本企业的素质和员工的素质。应当重视员工的参与，提高员工的参与意识。员工的参与需要高层主管有接受挑战和不同意见的雅量，还需要企业家的支持与放手发动，要让员工分享成功的果实，并要提供员工参与所需的资讯和工具。

知识扩展
★★★★

中国企业家应注意的"四个弱势"

（1）重于进攻、疏于防守。每次当我访问企业家，请他们回答当前最大的挑战时，答案往往是人才的短缺。但是当我们观察其决策活动时却发现，他们也许是最不重视人才培育和储备的企业家。中国的企业家很善于进攻，他们是打价格战的好手，是不计后果的进击者，他们的战略和营销充满了浪漫主义的激情，但是他们却很少考虑防守，在组织能力建设、财务安全、人才储备、已有市场的巩固和对未来市场的培育上，他们显得非常的茫然和不以为然。

（2）针对本土、创新不足。与印度等南亚地区的企业家相比，中国企业家对本土市场，特别是大量的低收入人群市场的创新严重不足。孟加拉国的银行家穆罕默德·尤努斯博士因为创办农村银行而被称为"穷人银行家"，在中国还没有看到类似的企业家出现。在过去的二十多年里，中国的企业家是一群拿来主义的信奉者，他们从美国和日本买来生产线，买来技术，却并没有创造出新的产品和服务，尽管技术创新一直像烟花一样地被高高地燃放，但是它从来是昙花一现而没有落到实处。陈玮的观点认为，中国企业未来最大的前途其实还是在中国市场，针对本土市场的创新不足将成为阻碍他们进步的最大障碍。

（3）高层团队管理不善。中国公司高层团队的合作问题很大，高层对自己在战略执行中的角色不清晰。大量的企业都是强制型与父爱型的，往往是一头"狮子"领着一群"绵羊"在战斗。愿景型与民主型的企业非常罕见。"中国的职业经理人阶层的不成熟是由中国企业家的现有主流类型决定的。企业家是'狮子'，就不可能产生职业经理人。"这是陈玮得出的结论。

（4）靠直觉而非靠思考。企业家在广泛收集和研究信息方面的能力非常不足。他们往往更依靠直觉，而非依赖深入的思考。低层次的企业家的速度与行动都是很快的，深入思考的人才可能走向成熟。在研究企业家的内在驱动力时，还有一个很奇特的发现，即跟其他国家相比，中国企业家的成就动机非常之高，内心往往有着很大的改造社会的冲动。这也许是由东方式的人生观所造成的。表现在商业活动中就是过于强大的欲望与易于冲动的素质，往往容易形成冒进而草率的决策。

答案

★★★★

引导案例：

1. 巴雷特主要是通过自上而下的方针贯彻企业文化的。首先，从高层做起，培养出忠于公司文化的高层管理者和总经理。同时，实行"走动式"管理，让企业主管经常走动于生产第一线，与员工见面、交谈，由高层感染员工，使企业文化由高层传递到员工中去。

2. 在企业品牌的塑造中，企业家主要起到确定和推广企业文化的作用，企业文化准则需要由企业家来确定，确定之后又需要企业家以身作则，在员工中形成示范效应，使企业文化贯穿于全公司。

参考文献

英文部分

1. Hayek, Sensory Order, Routledge & Kegan Paul, 1952.

2. Hayek, The Counter Revolution of Science, Glencoe: Free Press, 1952.

3. Hayek, Studies in Philosophy, Politics and Economics, Routledge & Kegan Paul, 1967.

4. Hayek, Law, Legislation and Liberty: Rules and Order (Ⅰ), The University of Chicago Press, 1973.

5. Hayek, Law, Legislation and Liberty: The Mirage of Social Justice (Ⅱ), The University of Chicago Press, 1976.

6. Hayek, New Studies in Philosophy, Politics, Economics and the History of Ideas, Routledge & Kegan Paul, 1978.

7. Hayek, Law, Legislation and Liberty: The Political Order of a Free People (Ⅲ), Routledge & Kegan Paul, 1979.

8. F. Machlup, ed., Essays on Hayek, London and New York: Routledge, 1977.

9. S. Kresge and L. Wenar, ed. Hayek on Hayek: An Autobiographical Dialogue, London and New York: Routledge, 1994.

10. A. Seldon, Agenda for a Free Society: Essays on Hayek's The Constitution of Liberty, Hutchinson, 1961.

11. E. Streissler, et al., ed., Roads to Freedom: Essays in Honour of F. A. Hayek, London: Routledge, 1969.

12. M. Sandel, ed., Liberalism and Its Critics, Oxford, 1984.

13. A. Arblaster, The Rise and Decline of Western Liberalism, Oxford, 1985.

14. J. N. Gray, Liberalism, Milton Keynes, 1986.

15. N. Barry, Hayeks Social and Political Philosophy, London: Macmillan,

1979.

16. On Classical Liberalism and Libertarianism, London: Macmillan, 1986。

17. J. N. Gray, Hayek on Liberty, Oxford, 1984.

18. R. Butler, Hayek: His Contribution to the Political and Economic Thought of Our Time, London, 1983.

19. B. L. Crowley, The Self, the Individual, and the Community: Liberalism in the Political Thought of F. A. Hayek and Sidney and Beatrice Webb, Oxford, 1987.

20. H. Gissurarson, Hayek's Conservative Liberalism, New York: Garland, 1987.

21. C. Kukathas, Hayek and Modern Liberalism, Oxford, 1989.

22. J. Tomlinson, Hayek and the Market, London: Pluto, 1990.

23. J. C. Wood and R. N. Woods, ed., F.A. Hayek: Critical Assessments, London and New York: Routledge, 1991.

24. J. Birner and R. van Zijp, ed., Hayek, Coordination and Evolution, London: Routledge, 1994.

25. R. Kley, Hayeks Social and Political Thought, Oxford: Clarendon Press, 1994.

26. M. Colona and H. Hageman, The Economics of Hayek, Vol. 1: Money and Business Cycles, Hants.: Edward Elgar, 1994.

27. Chris M. Sciabarra, Marx, Hayek, and Utopia, State University of New York Press, 1995.

28. S. Frowen, ed., Hayek the Economist and Social Philosopher: A Critical Retrospect, London: Macmillan, 1995.

29. S. Fleetwood, Hayeks Political Economy: The Socio−economics of Order, London and New York: Routledge, 1995.

30. J. Shearmur, Hayek and After: Hayekian Liberalism as a Research Programme, London and New York: Routledge, 1996.

31. Andrew Gamble, Hayek: The Iron Cage of Liberty, Westview Press, 1996.

32. Gerald P. O'Driscoll, Jr. And Mario J. Rizzo, The Economics of Time and Ignorance, London and New York: Routledge, 1996.

33. Lord Radeliffe, Law and the Democratic State, Holdsworth Lecture, Birmingham: University of Birmingham, 1955.

参
考
文
献

34. W. Butos, "Hayek and General Equilibrium Analysis", Southern Economic Journal, 52 (1985, October).

35. Gilbert Ryle, "Knowing How and Knowing That", Proceedings of the Aristotelian Society, 46 [1945-6].

36. M. Polanyi, Personal Knowledge, London: Routledge & Kegan Paul, 1958.

37. The Tacit Dimension, London: Routledge & Kegan Paul, 1966.

38. M. Oakeshott, Rationalism in Politics, London: Methuen, 1962.

39. Mary Gregor, Laws of Freedom, Oxford, 1963.

40. Bruno Leoni, Freedom and the Law, Princeton, 1961.

41. M. J. Lacey and K. Haakonssen, ed., A Culture of Rights, Cambridge University Press, 1991.

42. Robert L. Cunningham, ed., Liberty and the Rule of Law, Texas A&M University Press, 1979.

43. Peter Pratley: The Essence of Business Ethics Authorized Translation from the English Language Edition Published by Prentice Hall Europe 1995.

44. Jacalyn Sherrition & James L. Stern: Corporate Culture Prentice by Amacom, a Division, International, New York.

45. Machael Porter: Competitive Advantage of Nations. Prentice Harvard Business 1990.

46. John P. Kotter & James L., Heskett: Corporate Culture and Performance. Prentice Simon & Schuster, New York 1992.

47. Steven Howard: Corporate Image Management A Marketing Discipline for the 21st Century. Prentice Butterworth-Heinemann 1998.

48. Edgar H.Schein: The Corporate Culture Survival Guide. Jossey -Bass Publishers San Francisco 1999.

49. Amartya Sen: On Ethics & Economics. Blackwell Publishers 1999.

50. Laurence D. Ackerman: Identity is Destiny: leadership and the roots of value creation Prentice Berret-Koehler 2000.

51. Jesper Kunde: Corporate Religion. Prentice Borsen Forlag 1997.

52. Phillip R. Harris & Robert T.Moran Prentice Butterworth-Heinemann 2000.

53. Stigler, G.J.1981: Economics or Ethics? In S. McMurrin. Tanner Lectures on Human Values, vol.2, Cambridge: University Press.

54. Cambridge, Mass: Harvard University Press.and Samuelson, P.A.1950:

Ecaluation of Real Nation Income. Oxford Economic Paper.

55. Narrative Ethics William. Ellos Printed and Bound in Great by Athenacum Press Ltd., Newcastle Tyne 1994.

56. Her zbargheErs, F. and others, "The motivation to Work" Published by Arrangement With Doubleday, a Division of Bantam Doubleday Doll Publishing Group, Inc.

57. Managing Credit Risk john B·Caouette, Edward I Altman, Paul Narayanan John Wiley Sons, Inc.

58. Susan C. Schneider：Managing Across Cultures. Prentice Hall Europe 1997.

59. Stigler, G.J. 1981：Economics or Ethics？ In S. McMurrin. Tanner Lectures on Human Values, Vol.2, Cambridge：University Press.

60. Cambridge, Mass：Harvard University Press.and Samuelson, P.A.1950：Ecaluation of Real Nation Income. oxford Economic Paper.

61. Her ZbargheErs, F and others, "The Motivation to Work" Published by arrangement With Doubleday, a division of Bantam Doubleday Doll Publishing Croup, Inc.

62. Michael Well：Creating A Culture of Compentence Cropyright by John Wiley & Sons, Inc.

63. On Ethics and Economic Blackwell Publishers Ltd. Amartya Sen 1990.

中文部分

1. 约翰·凯：《企业成功的基础》，新华出版社 2005 年版。

2. 阿马蒂亚·森：《伦理学与经济学》，商务印书馆 2000 年版。

3. 彼得·德鲁克：《创新和企业家精神》，企业管理出版社 1989 年版。

4. 加里·贝克尔：《人类行为的经济分析》，上海三联书店、上海人民出版社 1995 年版。

5. 刘光明：《商业伦理学》，人民出版社 1994 年版。

6. 陈争平、兰日旭：《中国近现代经济史教程》，清华大学出版社 2009 年版。

7. 上海财经大学课题组：《中国经济发展史（上下 1949–2005）》，上海财经大学出版社 2007 年版。

8. 李占祥：《现代企业管理学》，中国人民大学出版社 1990 年版。

9. 帕斯卡尔·阿索斯：《日本企业管理艺术》，北京科学技术出版社 1984 年版。

10. 威廉·A.哈维兰：《当代人类学》，上海人民出版社 1987 年版。

11. 盛田昭夫：《日本造》，生活·读书·新知三联书店 1988 年版。

12. 维克多·埃尔：《文化概念》，上海人民出版社 1988 年版。

13. 柳田邦男：《企业活力的奥秘》，国际文化出版公司 1989 年版。

14. 威廉·大内：《Z 理论——美国企业界怎样迎接日本的挑战》，中国社会科学出版社 1984 年版。

15. 沙因：《企业文化与领导》，中国友谊出版公司 1989 年版。

16. 约翰·科特：《新规则》，华夏出版社 1997 年版。

17. 约翰·科特：《企业文化与经营业绩》，华夏出版社 1997 年版。

18. 哈耶克：《不幸的观念：社会主义的谬误》，刘戟锋等译，东方出版社 1991 年版。

19. 黄河涛：《现代市场的美学冲击》，人民出版社 1996 年版。

20. 周旻：《CI：从理念到行为》，中国经济出版社 1996 年版。

21. 杨金德：《CI 基本原理》，中国经济出版社 1996 年版。

22. 周祖城等：《企业伦理》，天津人民出版社 1996 年版。

23. 哈罗德·孔茨：《管理学》，经济科学出版社 1993 年版。

24. 张福墀等：《企业家精神》，企业管理出版社 1997 年版。

25. 万力：《名牌：CI 策划》，中国人民大学出版社 1997 年版。

26. 斯塔夫里阿诺斯：《远古以来的人类生命线》，中国社会科学出版社 2002 年版。

27. 邓正来：《布莱克维尔政治学百科全书》（中译本），中国政法大学出版社 1992 年版。

28. 牛汝辰等：《无形的资本》，中国城市出版社 1995 年版。

29. 博登海默：《法理学：法律哲学和法律方法》，邓正来译，中国政法大学出版社 1999 年版。

30. 阿尔·里斯等：《22 条商规》，经济科学出版社 1996 年版。

31. 利普塞特：《政治人：政治的社会基础》，刘钢敏等译，聂崇信校，商务印书馆 1993 年版。

32. 哈耶克：《个人主义与经济秩序》，贾湛等译，北京经济学院出版社 1991 年版。

33. 哈耶克：《自由秩序原理》，邓正来译，三联书店 1997 年版。

34. 霍伊：《自由主义政治哲学》，刘锋译，三联书店 1992 年版。

35. 艺风堂：《CI 理论与实例》，中国台湾艺风堂 1992 年版。

36. 加藤邦宏：《企业形象革命》，中国台湾艺风堂 1992 年版。

37. 心田理英：《新 CI 战略》，中国台湾艺风堂 1992 年版。

38. 加藤邦宏：《CI 推进手册》，中国台湾艺风堂 1992 年版。

39. 艺风堂：《日本型 CI 战略》，中国台湾艺风堂 1992 年版。

40. 刘光明：《现代企业家与企业文化》，经济管理出版社 1996 年版。

41. 布坎南：《自由，市场与国家》，平新乔等译，上海三联书店 1989 年版。

42. 范里安：《微观经济学：现代观点》，上海三联书店、上海人民出版社 1994 年版。

43. 奈比斯特等：《90 年代的挑战》，中国人民大学出版社 1988 年版。

44. 国家计委：《中国环境与发展》，科学出版社 1992 年版。

45. 池田大作：《二十一世纪的警钟》，中国国际广播出版社 1988 年版。

46. 汤因比：《人类与大地母亲》，上海人民出版社 1992 年版。

47. 海克尔：《宇宙之谜》，上海人民出版社 1974 年版。

48. 姜学敏等：《山东企业文化建设》，人民出版社 1998 年版。

49. 陆嘉玉等：《企业文化在中国》，光明日报出版社 1998 年版。

50. 安妮·布鲁金：《第三资源智力资本及其管理》，东北财经大学出版社 1998 年版。

51. 米尔顿·弗里德曼：《实证经济学的方法论》，北京经济学院出版社 1991 年版。

52. 陆嘉玉、姚秉彦：《企业文化在中国》，光明日报出版社 1998 年版。

53. 米尔顿·弗里德曼：《经济学中的价值判断》，载《弗里德曼文萃》，北京经济学院出版社 1991 年版。

54. 王伟：《北京牡丹电子集团公司企业文化研究》，人民出版社 1993 年版。

55. 哈耶克：《通往奴役之路》，王明毅等译，中国社会科学出版社 1997 年版。

56. 阿伦·肯尼迪：《西方企业文化》，中国对外翻译出版公司 1989 年版。

57. 彼得·F.德鲁克等：《知识管理》，中国人民大学出版社 1999 年版。

58. 道格拉斯·诺斯：《经济史上的结构和变革》，商务印书馆 1992 年版。

59. 刘光明：《企业信用：伦理、文化、业绩等多重视角的研究》，经济管理出版社 2007 年版。